中央高校基本科研业务费专项资助项目：
"南中国海周边区域的族群关系与社会文化"（项目号 ZK1032）

厦门大学国学研究院资助出版丛书 ◎ 之四十七

闽南绵治人的社会与文化

余光弘　钟鹭艺　主编

图书在版编目(CIP)数据

闽南绵治人的社会与文化/余光弘,钟鹭艺主编. —厦门:厦门大学出版社,2014.5
(厦门大学国学研究院资助出版丛书)
ISBN 978-7-5615-5081-6

Ⅰ.①闽… Ⅱ.①余…②钟… Ⅲ.①乡村-社会调查-华安县 Ⅳ.①D668

中国版本图书馆 CIP 数据核字(2014)第 099085 号

厦门大学出版社出版发行
(地址:厦门市软件园二期望海路 39 号　邮编:361008)
http://www.xmupress.com
xmup @ xmupress.com
厦门市金凯龙印刷有限公司印刷
2014 年 5 月第 1 版　2014 年 5 月第 1 次印刷
开本:880×1230　1/32　印张:13.75　插页:2
字数:370 千字　印数:1～1 600 册
定价:39.00 元
本书如有印装质量问题请直接寄承印厂调换

目 录

第一章 导 言 ·· 余光弘 / 1
  附图一 绵治村地理位置图 ···································· 6
  附图二 绵治村主要建筑物位置示意图 ···························· 9
第二章 绵治的甘蔗种植 ······································· 钟 涛 12
  前言 ·· 12
  一、土地资源 ·· 13
  二、甘蔗种植的历史 ·· 16
  三、甘蔗种植的发展 ·· 18
  四、甘蔗种植的衰落 ·· 31
  结语 ·· 45
第三章 绵治的人口与家庭 ····································· 程学传 / 48
  前言 ·· 48
  一、人口 ·· 49
  二、家庭结构 ·· 58
  三、分家 ·· 67
  四、赡养 ·· 72
  结语 ·· 73

附录一　兄弟分家合约 …………………………………… 75
附录二　家户调查表 …………………………………… 77

第四章　绵治学校的变迁 …………………………… 沈宏娜 / 78
前言 …………………………………… 78
一、绵治学校的变迁 …………………………………… 80
二、绵治家长的教育观念 …………………………… 94
结语 …………………………………… 102
附录　绵治村家长对子女教育状况调查问卷 …………… 104

第五章　绵治邹氏宗族研究 ………………………… 杨洁琼 / 107
前言 …………………………………… 107
一、绵治邹氏宗族的历史与变迁 …………… 108
二、绵治邹氏宗族的特征与仪式 …………… 118
三、绵治邹氏宗族的权力与关系 …………… 132
结语 …………………………………… 137
附录一　过房书 …………………………………… 141
附录二　邹氏祖训十六条 ……………………… 142
附录三　绵治邹氏世系谱（部分） ……………… 143

第六章　绵治的家庭宗教 …………………………… 谢琳 / 191
前言 …………………………………… 191
一、家屋建造 …………………………………… 192
二、家庭神明 …………………………………… 208
三、祖先崇拜 …………………………………… 215
四、家宅厌胜物 ………………………………… 217
结语 …………………………………… 221

第七章　绵治的聚落宗教 …………………………… 钟鹭艺 / 223
前言 …………………………………… 223

一、寺庙基本资料 …………………………………………… 224

二、寺庙管理 ………………………………………………… 233

三、乩童 ……………………………………………………… 238

四、聚落性宗教活动 ………………………………………… 242

结语 …………………………………………………………… 251

第八章 绵治的岁时祭仪 ………………………… 马 越 / 254

前言 …………………………………………………………… 254

一、春季节日 ………………………………………………… 255

二、夏季节庆 ………………………………………………… 260

三、秋季节庆 ………………………………………………… 264

四、冬季节庆 ………………………………………………… 269

五、祭品 ……………………………………………………… 272

结语 …………………………………………………………… 283

第九章 绵治人的婚姻 …………………………… 葛赢超 / 286

前言 …………………………………………………………… 286

一、嫁娶婚 …………………………………………………… 287

二、其他婚姻形式 …………………………………………… 309

结语 …………………………………………………………… 311

第十章 绵治的丧葬习俗 ………………………… 杜 鸣 / 313

前言 …………………………………………………………… 313

一、丧葬仪式 ………………………………………………… 314

二、葬后仪式 ………………………………………………… 332

三、做功德 …………………………………………………… 336

四、孝服 ……………………………………………………… 346

五、坟制 ……………………………………………………… 348

六、互助行为 ………………………………………………… 349

七、变迁 …………………………………………………… 351
结语 ……………………………………………………… 353
附录一　棺前奠文(祭母) ……………………………… 355
附录二　致祭祭文(子祭母) …………………………… 356

第十一章　绵治人的草药运用 ……………… 汪春春 / 357
前言 ……………………………………………………… 357
一、草药分类 …………………………………………… 358
二、草药采摘 …………………………………………… 371
三、草药运用 …………………………………………… 372
四、绵治草药知识来源 ………………………………… 388
五、草药运用对比 ……………………………………… 389
结语 ……………………………………………………… 396
附图　绵治人草药采集地示意图 ……………………… 399

第十二章　绵治的传统童玩 ………………… 江腾飞 / 400
前言 ……………………………………………………… 400
一、游戏 ………………………………………………… 401
二、玩具 ………………………………………………… 414
结语 ……………………………………………………… 427

表格目次

表 2-1　　1999—2012 年绵治村红尖组土地承包情况表
表 2-2　　绵治蔗地主要分布地区一览表
表 2-3　　绵治村主要甘蔗种植地路况表
表 2-4　　每亩甘蔗投入一览表
表 2-5　　每亩甘蔗利润
表 2-6　　每亩杉木投入一览表
表 2-7　　每亩杉木每年利润
表 2-8　　每亩巨尾桉投入一览表
表 2-9　　每亩巨尾桉每年利润
表 2-10　 每亩麻竹投入一栏表
表 2-11　 每亩麻竹利润
表 2-12　 每亩铁观音投入一览表
表 2-13　 每亩铁观音利润
表 2-14　 每亩辣椒投入一览表
表 3-1　　性别和年龄分组统计表
表 3-2　　2001—2010 年人口迁入与迁出统计表
表 3-3　　教育程度统计表

表 3-4	职业状况统计表
表 3-5	家庭类型表
表 3-6	家庭类型统计表
表 3-7	分家时机统计表
表 3-8	绵治老人赡养方式统计表
表 4-1	绵治学校师生数统计表(1978—1996年)
表 4-2	学校收费变化表
表 4-3	教育程度统计表(1970—1990年)
表 4-4	绵治学校师生数统计表(1998年9月—2011年9月)
表 4-5	绵治村6～12周岁儿童就学情况统计表
表 5-1	绵治各宗祠祖屋表
表 6-1	大厅神灵
表 6-2	绵治家屋安放的八卦
表 11-1	绵治人常用草药一览表
表 11-2	部分草药药性对比一览表

图片目次

图 2-1　置放于村部的石碾
图 2-2　置放于芹菜湖的石碾
图 2-3　石碾榨蔗汁示意图
图 2-4　绵治蔗地主要分布地区图
图 2-5　甘蔗沟植排种方式
图 2-6　响枪
图 3-1　年龄组统计分布图
图 3-2　2001—2010年人口迁入与迁出统计图
图 5-1　绵治邹氏世系简图
图 5-2　五官公派下世系简图
图 5-3　绵治村祠堂、祖屋分布图
图 5-4　追来堂外观
图 5-5　追来堂正厅
图 5-6　诒谋堂远景
图 5-7　顶学底平面简图
图 5-8　顶学底残壁
图 5-9　天保楼外观
图 5-10　天保楼院落
图 5-11　天保楼祖先像
图 5-12　御赐匾额
图 5-13　绵治楼外观
图 5-14　华安县《邹氏族谱》
图 5-15　追来堂谱记
图 6-1　墙狮
图 6-2　带天井夯土房格局
图 6-3　简化夯土房格局
图 6-4　新楼房格局
图 6-5　神位
图 6-6　灶君神像(1)
图 6-7　灶君神像(2)
图 6-8　灶君神像(3)

图 6-9	八卦(1)	图 8-9	粉粿
图 6-10	八卦(2)	图 8-10	糕仔粿
图 6-11	牛担	图 8-11	米糕
图 6-12	平安符	图 8-12	面线甜
图 7-1	广佑圣王庙	图 8-13	天公金
图 7-2	千百堂	图 8-14	长钱展开前
图 7-3	社头土地公庙	图 8-15	七月尾祭祀活动的长钱
图 7-4	西侧村境土地公庙		
图 7-5	刺球	图 8-16	寿金
图 7-6	刀轿	图 8-17	银箔
图 7-7	洋大宅:集中祭拜处	图 8-18	更衣
图 7-8	供桌	图 8-19	冥币
图 7-9	全猪牲礼	图 8-20	云马
图 7-10	村人所设之供桌	图 8-21	改灵经
图 7-11	拜天公	图 8-22	神龛中的电烛
图 7-12	供桌摆设	图 9-1	择日日课表
图 7-13	祭拜	图 9-2	开剪
图 8-1	天公串	图 9-3	撑红伞请祖先
图 8-2	牛角粽	图 9-4	母舅联
图 8-3	金轿与木轿	图 9-5	拜天公祭坛
图 8-4	"七月尾"祭拜用的公鸡	图 9-6	新娘到达新郎家门口
		图 9-7	随新娘一起进门的嫁妆
图 8-5	赤米粿		
图 8-6	发粿	图 9-8	"做新娘"前准备
图 8-7	两种红桃粿	图 9-9	新房门口
图 8-8	红桃粿的摆放	图 9-10	新人向长辈敬茶

图 9-11	新婚时的灶神		图 10-26	还库时供品
图 10-1	卐字符		图 10-27	还库时用铁锅
图 10-2	纸扎奴才		图 10-28	纸扎地狱城
图 10-3	纸扎女婢		图 10-29	文字架
图 10-4	辞生时供品		图 10-30	灵厝前供品
图 10-5	乞饭		图 10-31	男性孝巾图
图 10-6	哭丧棒		图 10-32	女性孝巾图
图 10-7	财灯图		图 10-33	"头盔"
图 10-8	纸扎金银山		图 10-34	"济公帽"
图 10-9	魂轿		图 10-35	孝女盖头
图 10-10	铭旌		图 10-36	孝媳盖头
图 10-11	大灯		图 10-37	钟形坟
图 10-12	灵位		图 10-38	椅子形坟
图 10-13	鹄		图 11-1	猫尾草
图 10-14	缎花		图 11-2	乌拉草
图 10-15	灵厝		图 11-3	东方肉穗草
图 10-16	魂身		图 11-4	金簪花
图 10-17	灵堂门口		图 11-5	鸢尾
图 10-18	法坛正面		图 11-6	含铃草
图 10-19	法坛门口		图 11-7	秤杆
图 10-20	表盘		图 11-8	地苍
图 10-21	云马		图 11-9	鸡眼草
图 10-22	小型纸厝		图 11-10	膨泡树
图 10-23	幡		图 11-11	金丝草
图 10-24	献供用品		图 11-12	韩信草
图 10-25	还库时挂像		图 11-13	菝葜

闽南绵治人的社会与文化

图 11-14　石菖蒲　　　　　图 12-18　棕榈树叶
图 11-15　肾蕨　　　　　　图 12-19　草蛇
图 11-16　谷精草　　　　　图 12-20　"咬住"指头
图 12-1　走直棋盘　　　　图 12-21　蔺草
图 12-2　围金瓜　　　　　图 12-22　铃铛(1)
图 12-3　虎豹狮象　　　　图 12-23　铃铛(2)
图 12-4　直线拦关　　　　图 12-24　铃铛(3)
图 12-5　手电筒闯关　　　图 12-25　铃铛(4)
图 12-6　之字形　　　　　图 12-26　草小狗
图 12-7　王(工)字形　　　图 12-27　折纸示例
图 12-8　救国游戏　　　　图 12-28　纸飞机
图 12-9　踢瓦片　　　　　图 12-29　纸炮
图 12-10　跳大肚　　　　　图 12-30　纸船
图 12-11　博金游戏　　　　图 12-31　军舰
图 12-12　手影：狼　　　　图 12-32　官帽
图 12-13　手影：兔子　　　图 12-33　状元帽
图 12-14　手影：老鹰　　　图 12-34　纸青蛙
图 12-15　智力移火柴　　　图 12-35　纸小狗
图 12-16　竹木偶草图　　　图 12-36　口笛
图 12-17　竹木偶照片　　　图 12-37　胶梨

第一章

导　言

◎ 余光弘

绵治村位于漳州市华安县新圩镇的西南边,南距漳州市57公里,北距华安县城31公里。根据1982年版的《华安县地名录》,绵治村除绵治中心村外,还有长者地、质仑楼、七垱格、七垱尾、水米龙、溪平、含湖、芹菜湖、崩溪、洋大宅、灰墓、甘棠坑、郑竹等共14个自然村(福建省华安县地名办公室 1982:52—53)。但是1996年版的《华安县志》却记载绵治有17个自然村,包括绵治、长者地、质仑楼、七垱格、上垱尾、水米龙、溪平、含湖、芹菜湖、崩溪、洋大宅、灰墓、甘棠坑、郑竹、粟仔舍、半岭亭、鸟屎尾(华安县地方志编纂委员会 1996:59)。两相对照,1982年栗(或粟)仔舍已被列为废村,半岭亭及鸟屎尾为地片,而非村名,另将七垱尾写为上垱尾(福建省华安县地名办公室 1982:53)。近年绵治村的人口有向中心村集中聚居的趋势,目前绵治村下辖自然村已减至8个,除中心村外还有洋大宅、芹菜湖、长者地、七垱格、七垱尾、甘棠坑、郑竹等。中心村的人口及宅居地的扩张,已将绵治与溪平合而为一,虽有一溪之隔,溪平似乎已经不再被视为单独的自然村。绵治村之下又分22个村民小组,全村约700

闽南绵治人的社会与文化

户,2500人,大约八成人口住在绵治,其他自然村的居民数仅剩百余或数十人。绵治中心村多数居民姓邹,可谓邹氏的单姓村,因为其他自然村人口的迁入,现在村中渐有异姓人家混居,但是仅占微小的比率。

绵治是一个典型的农业村,根据2012年6月的统计,全村土地总面积3775公顷(56625亩),其中山地面积52000亩,耕地面积约4400亩。自1990年代起,村民逐渐转向经济作物的栽培,经济收益日益提升,甘蔗的种植一度协助村人走上小康之路,近年来新的作物引进,甘蔗在种植的比重中日渐减少。目前主要经济作物中茶树(铁观音)种植面积约4000亩,甘蔗约2000亩,水果栽培主要是李子,约3000亩;传统林业栽培杉木、麻竹、毛竹、桉树等;有村人开始试验栽培蘑菇(约24亩),未来可能会有较大的发展。水稻的重要性日减,大多数的农户仅种植足够自家消费的稻米。

绵治曾是交通要道,漳州市往华安必须经过绵治,高安与漳州间的来往也须借道绵治。绵治因为车辆辐辏,人来人往而有短暂的繁荣。但是随着九龙江沿江公路及漳龙公路的开通,绵治因远离新开辟、更便捷的公路,市面转趋萧条,原有的商铺也大都结束营业。现在的绵治是一个安静的农村,村人若非出外打工,就是日出而作、日入而息的耕夫。

山环水绕的绵治平均高度海拔580米,夏天日间的气温并不亚于漳州、厦门,但是太阳下山后,溽暑燠热迅速消散,颇适人居。能够找到绵治做为田野调查的地点,必须感谢老朋友漳州市政协文史委涂志伟主任的大力支持。

2012年春天我与涂志伟主任联系,请他代为物色一个暑期我能带学生做田野实习的农村。志伟兄接获我的请求后,即积极在漳州市的辖区内寻寻觅觅。一则因他少年时曾在华安县沙建镇的岱山村做为插队知青,闲暇时常去邻近的新圩镇绵治村;再则因职务上的关系与华安县政协两位副主席蔡国良(原任新圩镇镇长)、蔡旺根(时兼任新圩镇党委书记)相熟。在他们的推荐下,终于选定绵治为田野调

第一章
导言

查的目标。斯时,漳州市纪委干部潘建忠正在绵治挂职任第一书记,获知我们的调查计划后,立刻表示愿意全力支持。2012年5月初,志伟兄在百忙中拨冗陪我们前去勘察田野点,潘书记率领绵治村的邹至章书记、邹明国村主任以及村两委(党委和村民委员会)的干部接待我们,热情可感。在潘书记等人的带领下,我们看了绵治小学校校舍及其他两三处可以住宿的房舍,我们觉得学校似乎是较理想的选择,并征得校长的同意。由于潘书记及村两委干部的真诚保证,所以虽然将近3000人的绵治(中心)村在做参与观察时是有些力不从心的,我们也愿意以之做为学生田野实习的地点。抵达绵治之后与潘书记及村两委所有干部四十余日的相处,证明他们确实遵守诺言,对我们给予最妥善的照顾与协助。

2012年6月10日,我们大队人马抵达时,迎接我们的村两委代表邹佳良却并未带我们到绵治学校,而是到村中唯一的饭馆。原来分属邹智敏、智明两兄弟的两层洋房,楼上房间曾经做为农家乐出租,现在绵治缺乏便捷的公共交通工具,少见外来人口,四个房间因此空置。潘建忠书记考虑学校尚未停课,我们若借住教室,白天学生上课时必须让出,要待学生下课后才能再进入,如此多有不便,因此为我们找到更理想的住处。我们使用的四个房间中,中间的两间较大,各附一厅,正好分别做为我们的饭厅及会议厅;智明在一楼的店面经营饭馆,我们每日三餐的伙食顺理成章就由他负责。潘书记的安排是十分妥当理想的。

参加2012年6月10日至7月23日暑期田野调查实习的学生主要是厦门大学人类学与民族学系2011级硕士班的11名学生,加上2012级博士班的学生一名。其中回族学生库尔班江停留约两周后,因为饮食问题一直无法适应,先行离队。学生名单及调查主题如下:钟涛(农业)、程学传(人口与家庭)、杨洁琼(宗族)、谢琳(家庭宗教)、钟鹭艺(聚落宗教)、马越(岁时祭仪)、葛赢超(婚礼)、石英(生育与养育)、沈宏娜(学校教育)、杜鸣(葬礼)、汪春春(草药的运用)。后来福建师范大学社会历史学院人类学专业2011级的江腾飞在7月初要求加入，我指定他收集童玩的资料。

在正值盛夏的44天调查中，每位学生可谓辛苦备尝，但是大家都能发挥课堂中学到的田野调查方法，努力搜集与各人研究主题相关的材料。暑假中也都将田野材料整理成初步的报告，在秋季学期开学后交给我审阅，并就报告内容与我经过多次的反复讨论及修改，终于我们的成果可以出版了。

必须声明的是，本书仅是学生的实习报告，注重的是学生在田野调查中搜集资料，以及调查结束后整理资料并撰写报告的训练，我们确实能看到学生在参与的整个过程中取得的进步。例如我要求汪春春在报告中涉及的草药不仅要附上学名，每样草药的土语拼音也须注明，汪同学原本对用国际音标标注闽南话完全不知如何下手，在反复细听报道人念出的草药名的录音，并经过我四至五次的修改后，总算能够交出一份差强人意的草药词汇。学校位于福州的江腾飞要与我讨论更为麻烦，为了修改他的报告，他不惮其烦地从福州来厦门五六次；我要求他每样游戏及玩具都要写到让读者一目了然，可依据其报告依样画葫芦，虽然实际上仍有数个项目的解说不尽理想，但他确实已经尽力了。所以要从学术的标准来衡量，本书收录的每一篇报告并非都达到出版的水平，但基于对学生的努力的肯定，还是将多数人辛苦经年的成果呈现。由于学生大都不谙闽南话，可能记录的资料会有一些问题，希望绵治乃至华安的乡亲以及大雅方家不吝赐予指教。

这本书能够顺利出版，首先要感谢绵治的朋友，我们的居停主人智敏、智明贤昆玉及所有家人对我们照顾，使我们师生一行能在绵治"安居乐业"。在我们刚抵村的第三天，就设宴招待我们的邹元波先生，以及赐宴为我们饯行的邹国兴老先生，在此特申谢忱。当然，我们最感激的是绵治村的所有父老兄弟姊妹，在我们田野调查期间对我们的耐心指导与热心招待，经常要不厌其烦地回答学生无尽的问题。我们对所有绵治村乡亲的感激难以用笔墨形容，由于篇幅的关系，在此不能列出所有村人的名字，仅能对全体绵治村民致上最真诚的谢意。

  我们做调查的经费来自厦门大学研究生院,感谢研究生院这么多年来对我们持续的支持。出版经费由厦门大学国学研究院资助,感谢陈支平教授一贯慷慨的热忱支持。最后要感谢漳州市政协杨银玉副主席率领市政协文史委涂志伟主任、民宗委林炳章主任(原华安县副县长),及华安县政协的曾果生主席及蔡旺根、蔡国良两位副主席,冒暑到绵治探望我们,并赐宴招待。潘建忠书记暨绵治村的邹至章书记、邹明国村主任以及村两委的干部对我们无微不至的照顾,我们将永铭于心。

参考文献

福建省华安县地名办公室(编)
  1982 《华安县地名录》(内部资料)。华安:华安县印刷厂。
华安县地方志编纂委员会(编)
  1996 《华安县志》。厦门:厦门大学出版社。

闽南绵治人的社会与文化

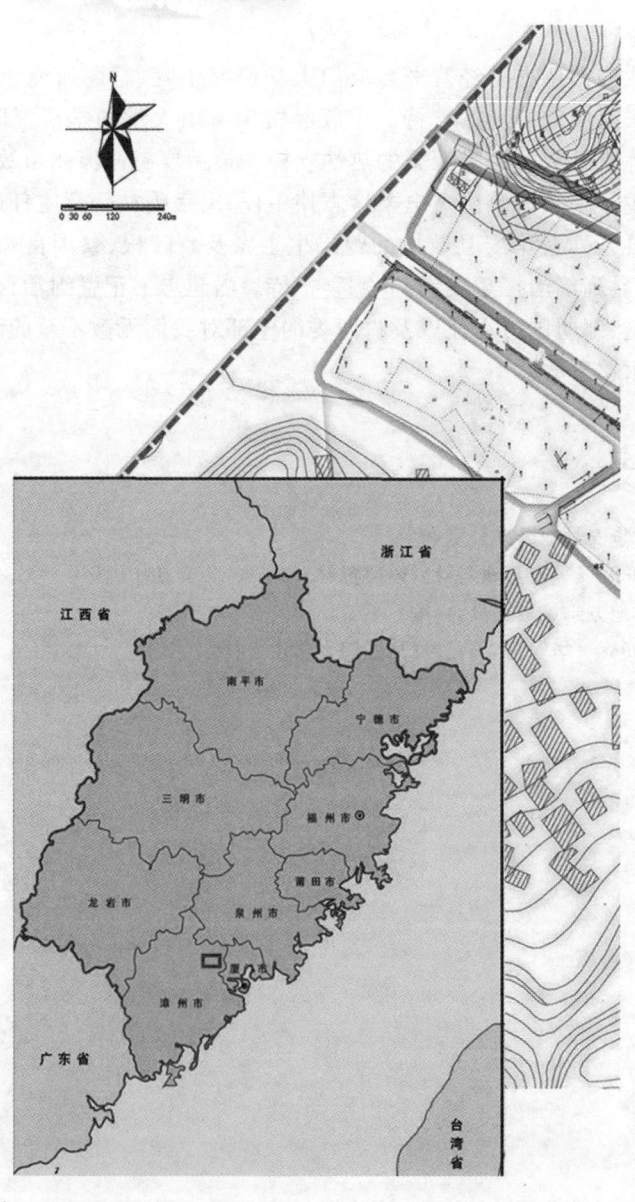

第一章 导言

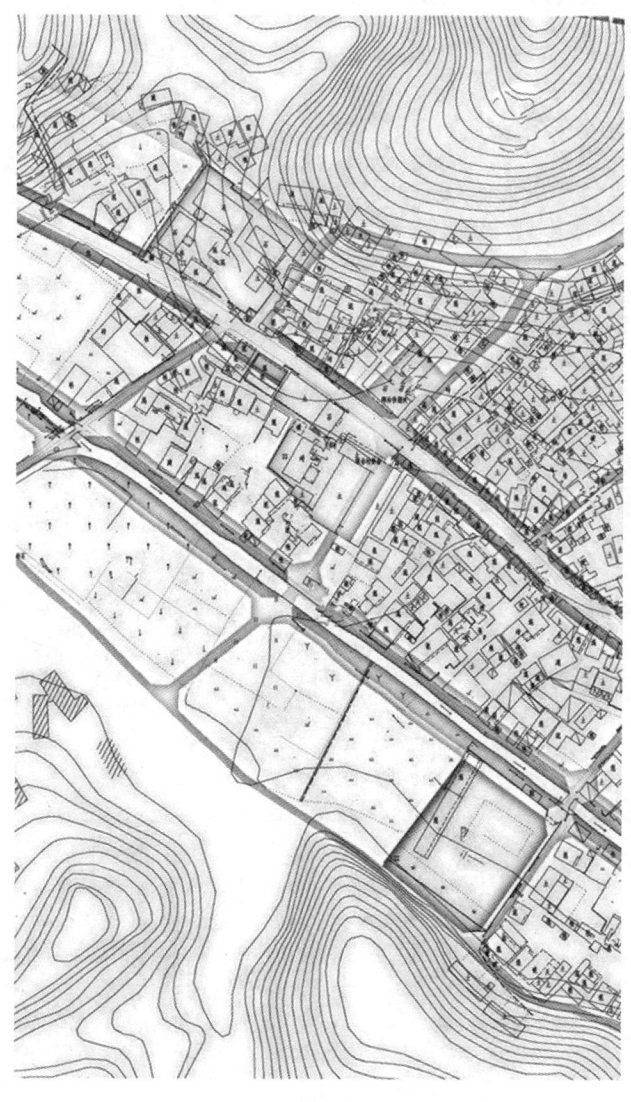

闽南绵治人的社会与文化

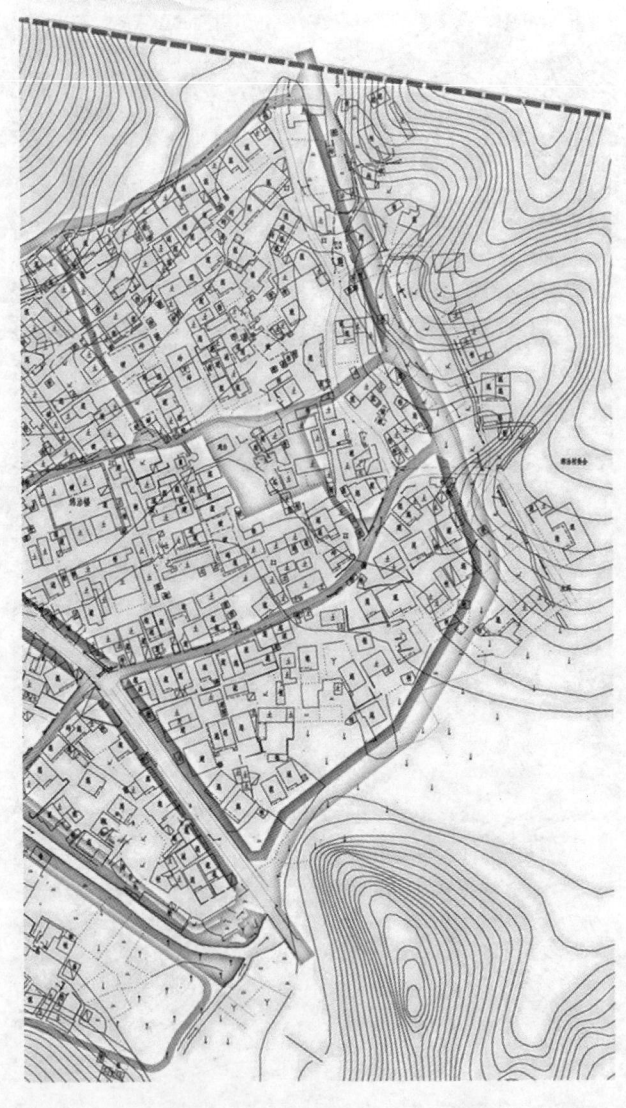

附图一　绵治村地理位置图

闽南绵治人的社会与文化

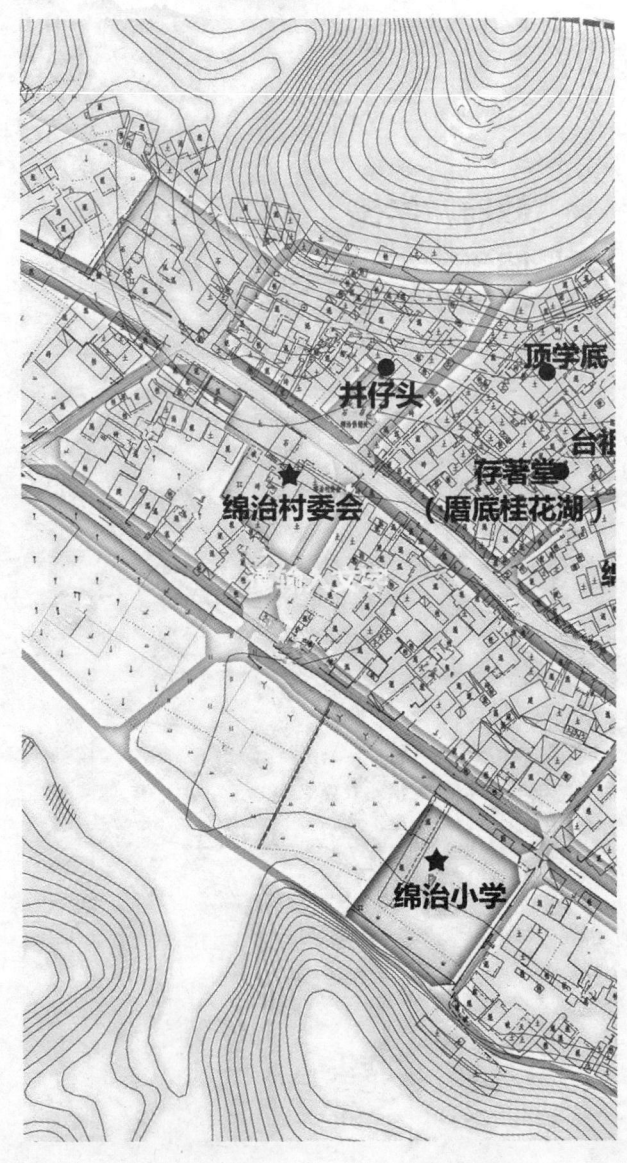

附图二　绵治村主要建筑物位置示意图

本底图由绵治村委会提供,谨申谢忱。

第二章

绵治的甘蔗种植

◎ 钟 涛

前 言

农业是绵治人主要的生计方式,绵治传统的农业以水稻种植为主,所获仅供自家食用;甘蔗虽为栽培作物之一,但与水稻相较则规模有限。远在清朝时代绵治已有甘蔗的零星种植,而后数年内延续种植,但皆未形成规模。直至1976年前后,在生产队的统一管理下规模种植几十余亩,却因公粮缴纳标准高及水稻种植任务重,无法抽出太多人力种蔗而一度中断。直至20世纪90年代随着甘蔗收益的增加和政策的支持,绵治村才再次引进和种植甘蔗。伴随甘蔗的再次引进和种植,绵治村才踏上种植经济作物致富的发展道路。1995年绵治人被邻村蔗农雇佣采收甘蔗时,得知甘蔗利润远远高于水稻,部分有远见的村民开始改变栽培作物,放弃水稻转种甘蔗,数年后全村有目共睹甘蔗带来的巨大经济利益;且因政府及糖厂的积极推动,绵治农地逐渐大面积转种甘蔗,经济实现跨越式发展。

第二章
绵治的甘蔗种植

甘蔗的再次引进和大面积种植,改变绵治人传统的营生方式。随甘蔗种植效益的日益突出,绵治经济作物的发展突显高潮,茶叶、芦笋、辣椒、香蕉、食用菌等作物陆续被引进及栽培,随新作物的引入,甘蔗被其他更具优势的作物逐渐取代。

本章主要从绵治土地资源的状况、甘蔗的栽培技术、甘蔗种植的发展和衰落,及甘蔗种植对于绵治人的影响入手,介绍绵治农业发展的一个面相。

一、土地资源

土地毋庸置疑是农民最重要的生存资源,传统农业社会的农民依赖土地常仅能自给,勉强维持温饱;而新型农业社会的农民则利用土地创造经济利益,以逐渐改善生活。农民依附于土地,土地创造利益的比值则依赖于土壤条件、占有面积、类别和位置。甘蔗种植与土地占有和土壤条件关系十分密切。

(一)土地占有

土地占有面积和类型直接影响农作物的种植结构和产量。绵治行政村辖有8个自然村,22个村民小组,据绵治村委会从新圩镇派出所获截至2012年6月21日的资料显示全行政村共有703户,2408人。村中人口虽多,人均土地占有面积却不算少,村委会提供的2011年12月30日农村统计年报表显示,全村农作物总播面积共4596亩,人均1.91亩,略高于福建省人均耕地面积1.80亩。1999年至2012年除分家带来的土地分化及某些土地的出租和转让外,绵治土地承包所有关系并未发生太大变动,以随机抽样抽取36个样本户,并参考绵治村承包土地档案,表2-1显示土地承包总面积200.50

亩,人均土地承包面积1.65亩①,由此可知每户土地资源充足。与福建其他农村相比,漳州市东山县顶城村人均土地承包面积仅0.473亩(曾德斌 2012:13),三明市宁化县庵坝人均土地承包面积0.5亩(江金秀 2008:10),绵治的人均土地占有为二者的3~4倍。充足的土地资源,为绵治农业发展奠定良好的基础。

表2-1 1999—2012年绵治村红尖组土地承包情况表

户主	人口数(人)	水田承包面积(亩)	旱地承包面积(亩)	承包总面积(亩)	人均承包面积(亩)
邹人民	7	2.90	1.38	4.28	0.61
邹绵文	3	2.20	1.23	3.43	1.14
邹绵治	3	2.40	1.02	3.42	1.14
邹东英	4	4.14	1.00	5.14	1.29
邹绵龙	3	2.20	1.22	3.42	1.14
邹绵辉	4	2.10	1.32	3.42	0.86
邹福溪	4	3.00	1.13	4.13	1.03
邹建国	4	2.50	0.92	3.42	0.86
邹绵成	3	2.20	1.22	3.42	1.14
邹建文	5	4.00	1.14	5.14	1.03
邹建中	4	5.60	1.25	6.85	1.71
邹北伐	5	3.10	1.04	4.14	0.83
邹北花	3	1.70	0.00	1.70	0.57
邹清枝	2	8.70	1.57	10.27	5.14
邹宗华	4	1.75	0.80	2.55	0.64
邹人和	8	3.00	1.28	4.28	0.54
邹海云	4	3.80	1.34	5.14	1.29
邹金仙	4	9.50	0.77	10.27	2.57

---

① 人均农作物播种面积与人均土地承包面积存在差异,源于自主开荒面积计入播种面积。

续表

户主	人口数（人）	水田承包面积（亩）	旱地承包面积（亩）	承包总面积（亩）	人均承包面积（亩）
邹东忠	3	7.00	1.56	8.56	2.85
邹进加	10	14.50	0.90	15.40	1.54
邹亚辉	4	3.20	1.93	5.13	1.28
邹双木	4	5.00	1.85	6.85	1.71
邹和文	6	6.80	1.76	8.56	1.43
邹建团	6	6.00	2.56	8.56	1.43
邹天送	4	9.00	4.70	13.70	3.43
邹亚义	5	5.00	1.85	6.85	1.37
邹三才	3	6.95	1.90	8.85	2.95
邹春生	6	5.10	1.75	6.85	1.14
邹宗正	3	10.58	1.40	11.98	3.99
邹秀如	9	10.50	1.48	11.98	1.33
邹保护	5	10.98	1.00	11.98	2.40
邹亚食	2	3.30	1.84	5.14	2.57
邹永年	5	8.30	1.97	10.27	2.05
邹鸭母	11	8.10	2.17	8.10	0.74
邹金柯	8	9.50	2.48	11.98	1.50
邹宗林	5	5.90	3.97	9.87	1.98
总计	173	200.50	54.53	255.03	1.65

资料来源：绵治村村民委员会。

绵治村土地分为水田及旱地两种类型。表 2-1 显示，水田总面积及各户水田承包面积皆高于旱地。甘蔗适宜旱地耕种，然水田较多的土地状况却并未影响绵治甘蔗种植面积的增加。蔗农通过改水田为旱地变稻田为蔗地，改变土地类型以种植甘蔗适宜生长的土地环境，在甘蔗种植高峰年份，多数村人仅保留小部分稻田耕种水稻以供家人日常食用，其余土地皆用于甘蔗种植。待甘蔗种植衰落后，蔗地又陆续被用于种植其他经济作物。

除土地承包外,遵循"谁开发谁所有"的原则,村民对自主开荒所获山地拥有使用权,这些山地是村民种植经济作物的重要场地。

绵治土地除面积广外,另一突出特点为大部分土地距离村民集中居住区较远。绵治人多居住在中心村附近,而土地多分布于距中心村 3～10 公里之处,且耕地常处坡陡弯多的山麓或山上。

(二)自然条件

甘蔗属于热带亚热带作物。在生长期间喜高温、强光和湿润的环境。全生育期需要八个月以上,≥10℃ 的积温达到 6500～6800℃,年降雨量在 1500 毫米左右最为适宜"(朱爱端 1986:1)。华安县地处亚热带气候,年平均降水量在 1447.9～2119.2 毫米之间,年平均气温 20.9℃,绵治村年平均气温为 17.9℃。华安县志资料显示华安县累年日平均气温稳定,≥10℃ 的积温达到 6563.4℃(华安县志 1996:75－77)。由此可见绵治的自然条件适合甘蔗生长。

二、甘蔗种植的历史

远在清朝时代绵治已有甘蔗的零星种植,但其确实起源时间因缺乏具体文献资料佐证而无法确定。据报道人称,1976 年前后绵治村郑竹生产队[①]已种植甘蔗,并以蔗制红糖分配予生产队成员食用和出售。是年红岩生产队从新圩镇糖厂附近商店购得蔗种种植 70 余亩。人民公社时期甘蔗种植由生产队组织村民统一管理,栽种和砍收由生产队成员协作完成,以各人所得劳动工分获人均 0.7 元的日报酬。甘蔗砍收后,生产队统一以石碾制糖分予队员。往昔用于

---

① 1962 年起实行生产资料分别归公社、生产大队和生产队三级组织所有,以生产队的集体所有制经济为基础的制度。生产队是人民公社的基本核算单位。

第二章
绵治的甘蔗种植

榨蔗汁的石碾尚存三对,分别放置于村部、郑竹、芹菜湖均被置于原处。因郑竹距离较远,未能亲往测量和拍摄,故仅拍摄置于村部(见图 2-1)及芹菜湖的两对石碾(见图 2-2),两者皆保存完好,现以置于村部的石碾为例予以描述。

图 2-1 置放于村部的石碾　　图 2-2 置放于芹菜湖的石碾

村民皆称石碾于清朝以前即已存在,整对石碾被置于长 0.17 米、宽 0.80 米、高 0.21 米的石制底盘;底盘中间凿沟槽做蔗汁流出孔道。两个石碾形状和构造基本相似,呈圆形,直径 0.70 米,高 0.60 米。石碾下方距底部 0.40 米处凿直径 0.06 米的中空圆孔供穿插木棒以固定与其相交的八角形孔中放置的木棒。石碾上部 0.03 米处与顶部间平均分布 12 个宽 0.17 米的齿轮,相邻齿轮间距为 0.10 米至 0.12 米,且齿轮右边有一长、宽各 0.05 米的小洞。石碾正上方中间凿一直径 0.23 米的八角形方孔。榨汁时其一石碾上的八角形孔眼上装木制弓形木柄,上垂直一段两头绑上牛担的木棒,牛担套于牛背。转动时甘蔗插进两块石碾中间,两牛担并排同向转圈以拉动其一石碾并带动另一石碾,石碾上齿轮互相挤压榨出蔗汁(见图 2-3)。蔗汁流到底部石盘后顺沟槽流出,集足量蔗汁熬干水分后即可制成蔗糖。

改革开放以前,绵治村曾栽种一些甘蔗,却因往昔公粮缴纳标准高及水稻种植任务重,无法抽出太多人力种蔗,甘蔗种植一度中断。

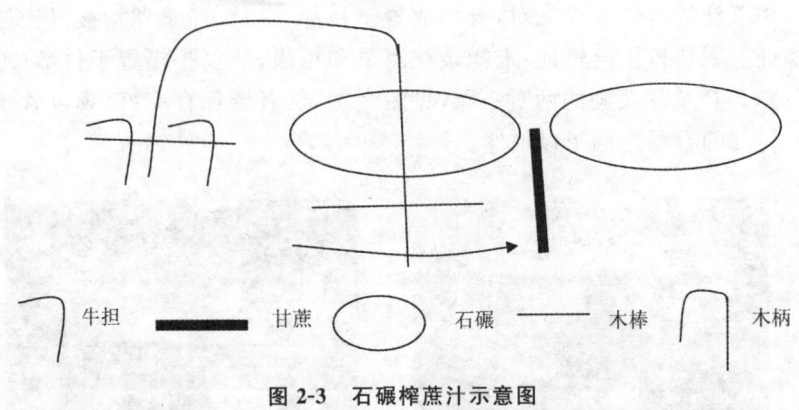

图 2-3　石碾榨蔗汁示意图

三、甘蔗种植的发展

1977年后绵治甘蔗种植一度中断。直至1995年甘蔗砍收季，红卫组村民被沙建镇上樟村和丰山镇①蔗户雇佣以助砍收，方知甘蔗亩产5000千克～6000千克，每1000千克出售价为300多元，每亩地收入达到1800多元，远远高于亩产约300千克、每1000千克以约800元出售、每亩地收益240元的水稻。村民为丰厚利润所吸引，开始从上樟村购买蔗苗以栽植甘蔗，当时红卫组共植甘蔗120亩。而其他各组在红卫小组的带动下，再次引植甘蔗，甘蔗逐渐成为村民新的经济来源。

（一）推动力

甘蔗种植再次引进后，除水稻及甘蔗收益悬殊的驱动，来自村政府及糖厂的优惠政策和大力支持，都有推动绵治甘蔗种植发展之功。

---

① 沙建镇上樟村乃绵治邻村，位于绵治以南；丰山镇位于绵治村东南部，乃沙建镇邻镇。

第二章
绵治的甘蔗种植

甘蔗因其收益高,村政府通过各种方式大力推动村民发展甘蔗种植。为解决蔗种资金紧缺问题,村政府充当蔗农的担保人,以向新圩镇农村信用合作社申请贷款,每户蔗农每亩地可借贷100元以购蔗种;针对水牛破坏蔗地问题,绵治村党委和村民委员会两委立下规定,凡水牛偷吃甘蔗,牛主被罚30元至100元,偷吃面积越多罚金越高。1997年后其他村甘蔗种植面积减退,绵治抓住机遇,在糖厂的发动下扩大甘蔗种植面积,村两委做为糖厂和镇政府的联络机构,统筹村中甘蔗估产、砍收、调运、甘蔗款发放等事宜,并以糖厂所拨整修道路资金组织整修主要的甘蔗运输路段。

为推广甘蔗种植以取得充足原料,漳州糖厂[①]和南华岩溪糖厂[②]皆予蔗农充分支持。漳州糖厂每年为绵治下拨道路整修款;南华岩溪糖厂提供蔗农道路整修款、品种阶层梯度收购价、甘蔗款补贴、免费地膜、蔗种及甘蔗专用肥无息贷款等优惠。据岩溪糖厂工作人员介绍,糖厂每年定期拨款3万~4万以供绵治村拓宽和整修甘蔗运输道路。2009年后为减少风险以使蔗农安心种植及满足需求品种,糖厂制定和落实严格的甘蔗保护价制度:每年甘蔗收购后,糖厂根据市场需糖量,以"只升不降"原则上调甘蔗收购价,并提出下年保护价,一般每吨约增长20元。据蔗农讲述,甘蔗保护价犹如定心丸一般,使其可放心种植。另外甘蔗保护价还对优良品种和普通品种予以区分。粤糖93/159、粤糖00/236、福农95/1702等优良品种2010年的保护价为450元/吨,而2011年因甘蔗补贴款的发放,保护价上调幅度稍小为480元/吨,2012年涨至570元/吨;新台糖16号、新台糖22号、闽糖86/05、闽糖76/2等普通品种此三年的保底价则分别为430元/吨、450元/吨、550元/吨。

[①] 漳州糖厂系国营企业,2001—2008年统筹绵治甘蔗推广、种植、收购等。

[②] 岩溪糖厂隶属南华糖业有限公司,南华糖业有限公司由漳州糖厂改制,2009年至今统筹绵治甘蔗推广、种植、收购等。

2011年开始糖厂对翻种和扩种甘蔗的蔗农以现金补贴。以2011年甘蔗收购价为标准,每翻种一亩给予0.6吨的补贴①,每扩种一亩则可获0.6吨加100元的现金补贴②;绵治村海拔较高,冬季温度低,为提高甘蔗产量,2011年糖厂为冬植蔗的蔗农每亩免费提供3.5千克的地膜,并补助盖膜人工费每亩50元。但因绵治独特的梯田地形,蔗地不规整,蔗农又常以小块土地种植甘蔗,地膜推广成效并不理想;为解决蔗农的资金困难,糖厂提出与蔗农签订甘蔗肥料预支协议书或甘蔗贷款协议,蔗农可先从糖厂预支肥料和资金,待收成后,糖厂再从蔗款中扣除欠款。

(二)种植地分布

在村两委和糖厂的大力支持及蔗农的共同努力下,绵治于1997年开始大面积种植甘蔗,2003年、2004年达到顶峰期。报道人常提及该阶段几乎村中各户皆多少种植一些甘蔗。

绵治土地面积广,各小组蔗地分布村中四处。一中、二中、四中③主要分布在甘蔗园"红思洋",三中红星组蔗地也位于此地。三中其他小组蔗地分散于郑竹、甘棠坑一带,其中以红明组为主,红前组蔗地则主要位于姑婆坑一带(参见表2-2和图2-4)。

---

① 补贴款=翻种面积×甘蔗品种价格×0.6吨。2011年以翻种1亩优良品种为例,补贴款为1×480×0.6=288元。

② 补贴款=扩种面积×(甘蔗品种价格×0.6吨+100元),以扩种1亩优良品种为例,补贴款为1×(480×0.6+100)=388元。

③ 人民公社时期绵治分为四个中队。

表 2-2　绵治蔗地主要分布地区一览表

中队名	生产小组	主要种植地
一中	红卫	东乾、大山、簝脚
	红岩	南北底、园山、杉仔仓、狗棍尾、塔仑
	红洋	簝脚
	长者地	长者地、杀牛底、大水路、楼前 A
	红村	长者地、格内、庵仔前
二中	红湖	庵仔下、大弯、小弯、黄朝旗、内路、埔仔、庵边、大塽
	红仑	庵仔仑、庵仔下、庵边、后毛山、大弯、小弯、岭尾山、庵脚
	红尖	甘棠坑、畚底、石尖、尾仑、庵脚、火烧格、山方亭、小塽、牛仔坑
	七埒格	当光洋、蔗口、和丘、梅仔坪、毛山、大仓头、石丘
	七埒尾	楼前 A、湖头、仙舒公、湖坪
	芹菜湖	格丘、鱼池、茶仔林、房脚、房后、浇洋底、格前
三中	红前	亭脚、小塽、坂仔
	红明	郑竹庵、坑寨
	红星	淳平洋、庵边
	郑下	下房
	郑上	麻埔
	洋大宅	保丁
	甘棠坑	大岭、楼前 B
四中	新村	格外、果场
	半岭	楼前 C
	红塽	上半岭
	格仔尾	大塽

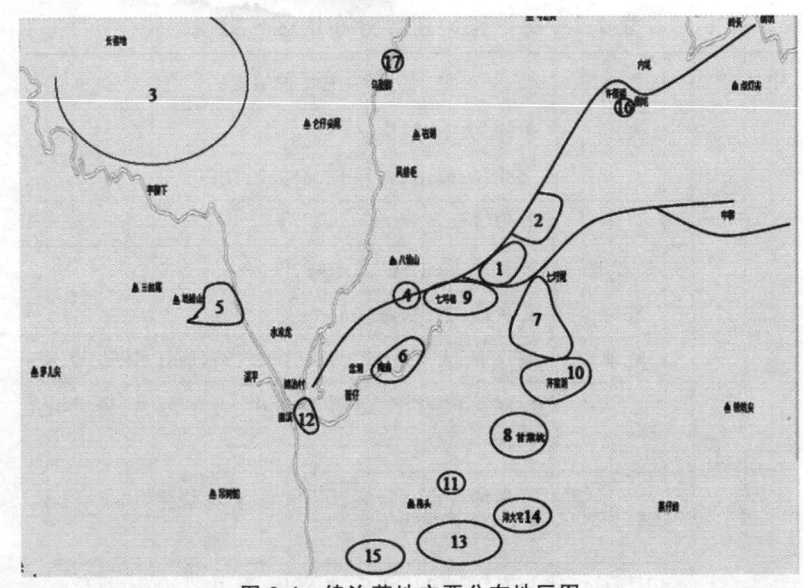

图 2-4 绵治蔗地主要分布地区图

说明:1 东乾、大山、蓁脚。2 南北底、园山、杉仔仑、狗棍尾。3 长者地、杀牛底、大水路、楼前 A、格内、庵仔前。4 大弯、小弯、黄朝旗、岭尾山、山方亭、小墘。5 内路。6 埔仔、庵边、大墘、后毛山、庵脚、火烧格、牛仔坑。7 庵仔下、庵仔仑、石尖、尾仑、石丘、楼前 A、湖头、仙舒公、湖坪。8 甘棠坑、畲底。9 当光洋、蔗口、和丘、梅仔坪、毛山、大仓头。10 鱼池、茶仔林、房脚、房后、浇洋底、格丘、格前。11 亭脚。12 坂仔、坑寨。13 郑竹庵、下房、麻埔。14 保丁、楼前 B、大岭。15 果场、楼前 C、上半岭、大墘。16 塔仑。17 淳平洋。

(三)种植过程

绵治村以冬植蔗为主,种植时间从农历十一月至翌年冬至,经历蔗地整理、种苗与下种、田间管理、甘蔗砍收四个阶段,各阶段紧密相接。

1. 蔗地整理

蔗地整理须提供甘蔗生长深、肥、松、碎的土壤条件,以充分满足其根系伸展发育需要,亦减少地下虫害和杂草。故蔗地整理与甘蔗产量息息相关。绵治蔗农每年农历十一月①开始整地以备种植。整地前如遇地中杂草旺盛,则以除草剂草甘膦去之。整地主要包括深耕和开种植沟。视情况不同,两项工作的处理方式略有差异。对于上年未植蔗田地,蔗农以犁深耕,将土犁翻,再以锄按蔗沟宽30厘米,行距约110厘米开种植沟;对于上年曾植蔗的田地,因蔗茎深埋地中,犁难以将土翻松,蔗农只能以锄头将土挖翻后再开沟。

2. 种苗与下种

绵治甘蔗种苗来源渠道不一。村中首批种苗从漳州糖厂购买而来;而后数年翻新所需种苗亦从漳州糖厂买进;除购买而得外,村民亦可自育种苗,在收获季选择直立、茎粗、少病虫害的蔗株,斩下尾部约100厘米,将之堆放于蔗地,覆以蔗叶,以做种苗。待种植时,再将蔗苗切成平滑切口的双芽苗以便种植;如蔗农对蔗地管理尚好,蔗兜②未遭虫害,亦可将其留于蔗地做为宿根蔗,来年无须重植③。

绵治蔗农采取深沟平放条植法下种,并以沟植式布种,依据布种量、行距及实际需要,以单行、双行或双行三角式予以排种(如图2-5)。下种时以过磷酸钙为基肥,施入种植沟再以水淋湿。下种后为防止蛴螬(Melolonthidae)危害,每亩须以4~5包地虫灵撒至种苗上,盖以湿润细土,盖土厚度以2~3厘米为宜。盖毕,再在靠近蔗根处施钙镁磷、过磷酸钙或有机质肥,增加土壤肥力。逢蔗地较湿润,为防止杂草滋生,还须喷洒乙草胺;遇蔗地干燥,即等雨天土壤湿润后,或杂草抽出嫩芽时才喷除草剂。此外除气温较高的郑竹、洋大宅等地,其他区域的蔗农为使甘蔗提早发芽,常使用宽50厘米的地膜或自备的易降解的薄膜覆盖蔗地,再以竹篾或土块固定地膜或者薄

---

① 以下提及的时间,若未特别指明,均以农历为准。
② 蔗兜即收获余留的残株。
③ 甘蔗始种之际,村中甘蔗均可保留宿根三年以上,但随连种时间的增加,蔗地土质变差,虫害增加,蔗农每年都须培植新种苗。

膜。地膜的普遍使用是 2011 年糖厂免费补助政策促成的。

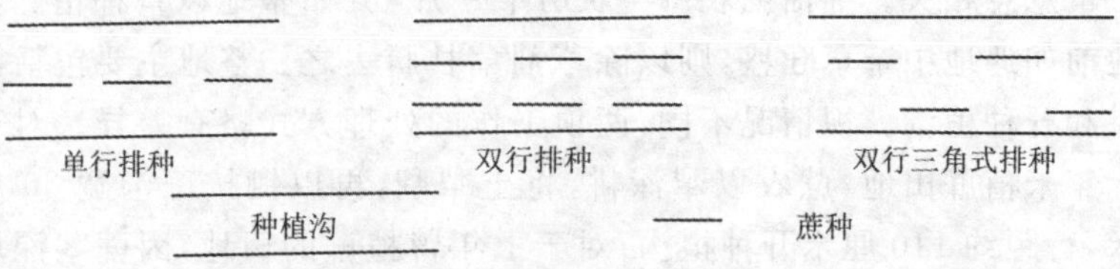

```
————            ————            ————
————            ————            ————
 单行排种         双行排种         双行三角式排种
        种植沟              蔗种
```

图 2-5　甘蔗沟植排种方式

3. 田间管理

学者对甘蔗生育期的划分各不相同。苏广达等人(1983)将甘蔗的生育期划分为萌芽期、幼苗期、分蘖期、伸长期、成熟期五个阶段;王鉴明(1980)及轻工业部甘蔗糖业科学研究所编的《甘蔗栽培技术》则划分为萌芽期、分蘖期、伸长期、成熟期四个阶段。绵治人却将甘蔗生育期划分为发芽期、分蘖与旺长期、拔节期、成熟期四个阶段。

苏广达等(1983:52)认为甘蔗下种后至有 80% 以上的萌芽发出土时,称为萌芽期。其中萌芽出土的芽数占总发芽数 10% 以上时,为萌芽初期;占 50% 以上时,为萌芽盛期;占 80% 以上时,为萌芽后期。由于各地区温度和水分条件不同,萌芽的快慢就不尽相同。绵治蔗农则将十二月至翌年二月称为甘蔗发芽期。此间蛴螬为主要虫害,为治虫害绵治人常撒地虫灵至蔗地。待蔗芽长至约 20 厘米,为促进甘蔗苗齐、匀、壮,蔗农施首次攻苗肥,以含氮 46% 或 48% 的尿素为主。待蔗苗再经约一月发育,进入甘蔗发芽后期,施第二次攻苗肥,以含氮 10%、磷 5%、钾 15% 的钙镁磷为主。整个发芽期中,蔗芽的发芽率可能因缺水、排水不畅,或蛴螬的破坏不能达到百分之百。面对问题,蔗农积极以各种方法予以解决。连续干旱土壤干燥时,蔗农以人工抽水助蔗苗获水分,但因蔗地多处山地,位置较高,离溪河较远,水源紧缺,缺水问题一直困扰蔗农;雨天植蔗沟积水时,蔗农须放水疏通,防止蔗苗发黄或死亡。

三月蔗苗继续生长,绵治蔗农未将此阶段明确划分为某一生育期。"从蔗芽萌发出土后有10%发生第一片真叶起,至有50%以上的幼苗发生5片真叶时,属幼苗期。在幼苗期里,种根继续生长,新株根继续发生,幼苗从土壤中吸取养分和水分越来越多;叶片不断出现,光合作用面积不断扩大,通过光合作用制造的营养物质越来越多,幼苗不断成长,是培育壮苗为分蘖和伸长打基础的时期"(苏广达等 1983:53)。这与蔗农对三月里幼苗不断生长的描述相符,因此我们可以推断蔗农所谓"蔗苗继续生长的三月"即苏广达等人所说的幼苗期。

"自有分蘖的幼苗占10%起到全部蔗苗开始拔节,蔗茎平均伸张速度在每旬3厘米以下,称为甘蔗的分蘖期。"(苏广达等 1983:53—54)绵治蔗农将该阶段称为分蘖期和旺长期,贯穿四月至六月。蔗农于此期间对蔗地进行中耕培土,将杂草除净,翻动土壤,以提高土壤肥力的通气性;施钙镁磷,配以地虫灵,预防蛴螬吸尽叶汁,并喷乙草胺,防止杂草滋生。此期间,因分蘖期分有效分蘖和无效分蘖,六月前的分蘖属有效分裂,六月后的分蘖属无效分蘖。前阶段主脉长出的多余蔗枝可以保留;后阶段主脉生长的多余蔗枝将主脉水分分流,故蔗农须将无效分蘖期的多余蔗枝摘除。虫害贯穿甘蔗生长的各个阶段,除蛴螬外,螟虫(Pyralidete)[①]集中活跃在旺长阶段。其防治须以约3两甲胺膦配以15升水混合成为溶液,每亩地喷洒45升至60升。

"从甘蔗开始拔节,且蔗茎平均伸长率达每旬3厘米以上时起,至伸长基本停止这段时间为伸张期"(苏广达等 1983:54)。绵治蔗农将该阶段统称为拔节期,六月至七月为限。期间以钙镁磷为主施攻茎肥,为甘蔗的大生长供给充足养分;为使蔗地通过通气促进成

---

① 螟虫俗称"钻心虫",属鳞翅目,螟蛾科、姬卷叶蛾科或夜蛾科。分为二点螟、黄螟、大螟、白螟、条螟等。福建省以二点螟、大螟为最多(福建省农业厅植物保护处 1963:181)。

熟,减少病虫窝藏,增加产量,每间隔一月须将枯叶剥净。此间甘蔗逐渐趋于成熟,糖分增加,病虫害的防治蔗农倍加注意。以 75 克氧化乐果配以 16 升水喷洒,防止甘蔗棉蚜(Aphididae)[1]肆虐;使用三环唑配水防治黄叶斑病[2]。

另外绵治蔗地多处山林,山猪在该阶段常出没损坏作物,蔗农常以破旧衣服扎成稻草人或傍晚于田间施放"响抢"(见图 2-6)驱之[3];也有人以布吸取味浓的农药悬挂田间,或以猪血混农药,以布包裹,既防止苍蝇等虫将猪血食尽,又使其发

图 2-6　响枪

出阵阵臭味,使山猪远离。最有效但成本最高的方法是以竹篾编成围栏,插于蔗地四周防止山猪进入。

九月以后,甘蔗渐趋成熟,糖分增多,是甘蔗成熟期。本阶段因甘蔗糖分充足,蔗农须特别注意鼠害和山猪的防治。鼠害的防治常以大卫鼠药、饵料稻谷倒入盛开水的杯中搅拌,混合后分放蔗地四

---

[1] 蚜虫,甘蔗蚜虫属半翅目、同翅亚目、蚜科。主要分为黄蚜、刺根蚜、棉蚜等。以绵蚜最普遍且最严重(张贵生 1959:73)。绵蚜若虫、成虫均寄生在蔗叶背面总脉之两侧吸食甘蔗汁液,使甘蔗叶枯黄凋萎,萎杆矮小节短,被害严重的蔗心变成空瘪。绵蚜分泌的蜜露散布在叶片或地上茎上,蔗叶就会产生煤污病。被绵蚜危害的甘蔗产量低,糖分少(福建省农业厅植物保护处 1963:179)。

[2] 黄叶斑病危害蔗叶,甘蔗染病后,除心叶及顶部二、三片嫩叶外,其他叶片均有病斑发生。发病初期叶面上出现很多黄色小斑块,以后逐渐扩大变赤色,叶片组织枯死。该病致使甘蔗产量及糖分受损(广东省甘蔗糖业食品科学研究所 1972:48)。

[3] 一般而言,在第一次施放"响枪"后的一个半月,野猪会再次侵扰蔗地,蔗农又会再一次施放"响枪"。

周。山猪防治方法与拔节期相同。

4. 甘蔗的砍收

甘蔗砍收工作于冬至后陆续展开。从准备到运蔗至糖厂，砍收工作主要经历摸底、抓阄、派票、雇工、砍收、运输等六个阶段。

对蔗农种植面积的摸底牵涉到甘蔗砍收派票工作的有序进行，随着甘蔗生产统筹人的变化，摸底工作主要经历三个发展阶段。2000年以前新圩镇甘蔗生产领导小组统筹全镇甘蔗砍收工作；2001年至2008年转变为绵治与漳州糖厂直接对接；2009年后漳州糖厂被南华糖业有限公司岩溪糖厂收购，变为私营企业，从此改由联络员与糖厂对接。

摸底过程随负责单位或负责人的转变而有差异。新圩镇统筹阶段，各生产小组的蔗农将种植面积上报小组长，小组长将小组种植总面积上报负责甘蔗生产的村两委；村两委根据对实际情况之了解，对各组上报种植面积和实种面积进行估算，遇某组为提前完成砍收工作以期多获票，而虚报实种面积时，则对上报面积做适当调整；再根据村中种植总面积，按照亩产5吨的比例进行换算，将吨数上报新圩镇甘蔗生产领导小组。2001年绵治村独立统筹时，与前一阶段唯一不同处在村两委不再将估算面积和吨数上报新圩镇甘蔗生产领导小组，而直接上报糖厂。2009年漳州糖厂改制后，联络员接手甘蔗生产和砍收的统筹工作，估算工作与前两个时期呈现较大差异，工作共分三个步骤；阳历4月为首次估算，联络员走访各家蔗农，探询种植面积，并以中心村土质较差，甘蔗产量较低，中心村外土质较好，产量较高的特征为原则，将中心村周围蔗地以亩产4吨，中心村外6吨为基值，后取平均值，以亩产5吨进行估算，得出结果，将村中各蔗农总产量于阳历5月1日前向糖厂上报。阳历10月再将4月首次上报蔗量报于糖厂做为二次估算结果。阳历12月甘蔗开始砍收后，以已砍收甘蔗的实际亩产对未砍收甘蔗亩产进行估算调整，进行末次估算，将数据上报糖厂。三次估算中，因末次数据以实际产量为参照，其统计数据与实际甘蔗总产量最为接近。

抓阄乃砍收之第二个准备阶段。2009年以前新圩镇和村两委统筹甘蔗砍收工作时,生产小组长以本小组上报的种植面积,按照亩产5吨,每车10吨的比例,计算出蔗农需要的运蔗车辆数,再召集蔗农于小组长家中进行抓阄。抓阄前小组长根据本小组砍收所需总车辆数以纸条进行对等编号,并将编号后的纸条揉团放于罐中以供抓取。除以手抓阄外,为防止作弊,部分小组还用筷子夹取。小组长因负责编号,不参与抽签,全部蔗农抓完后剩下签号即为其所有。编号以每户所需车辆数为依据,抓阄结果全赖运气,同一蔗农可能抽取连续编号,亦可能得非连续编号,但得到连续编号的蔗农亦不一定在同日或相邻日完成全部砍收工作。究其原因乃村两委对各小组进行任务分配时,根据糖厂所派当天任务量和各小组甘蔗种植面积进行合理分配,即某日糖厂发票数小于22[①],不能满足22个小组各获一张票,则种植面积少的小组当天即可能不会分到车辆运蔗,若当天发票数大于22,则种植面积多的小组会被多分配车次。2009年由联络员负责统筹以后,根据末次种蔗量估算,计算出各户总产量,再以每车10吨的比例,计算出各户所需车辆数,并根据车辆数对各小组抽签号进行编号;为防止作弊,种植面积广的小组,由联络员亲自编写签号,并参与整个抽签过程,记录抽签顺序;种植面积较少的小组,联络员则将计算好的车辆数交予小组长进行编号,并组织抽签,记录签号顺序后汇总于联络员。抓阄地点除小组长家外,还可能为联络员家中,或小组中甘蔗种植大户家中。

甘蔗砍收的第三个准备阶段为派票。砍收季中糖厂根据需求进行派票,每张票代表一车,有效期为两天,逢雨天无法砍收,其有效期自动后延。2009年以前糖厂以新圩镇或村两委上报的甘蔗总量为依据,每次派发3~4天的票。糖厂根据需求,每天派发票数不一定对等,可能第一日10张,第二日15张,第三日12张。收购伊始,榨

---

① 与人民公社时期的22个生产小组相对应。

第二章
绵治的甘蔗种植

蔗机刚开始运转,甘蔗需求量较少,故派票初期糖厂每天常仅派3～6张票至村中;数日后待榨机运转加速,甘蔗需求量上升,派票数量也随之增加。接到糖厂派票通知后,村两委将票分发予小组长,由小组长按抓阄顺序通知蔗农进行砍收。2009年以后糖厂提前三日将票派予联络员,并每间隔三日向联络员派发未来三日的票数,每次基本一致。如第1日下达第4日、第5日、第6日的任务车辆数,到第4日下达第7日、第8日、第9日的任务车辆数。联络员接到糖厂的派票通知后,按照抽签顺序记录表通知蔗农砍收。不管是2009年前还是2009年后,整个派票过程中,糖厂基本上不论晴雨每日坚持派票,逢下雨天,村两委或联络员会在12点之前回馈糖厂因雨不能完成的任务量,以便合理安排后续派票数量。派票过程中,村两委或联络员均会根据糖厂所下任务量和各生产小组甘蔗种植面积合理派票,遵循"多种植多派票"原则。

甘蔗砍收需大量劳力,若仅1人砍收,每亩地大约需25天,故蔗农获悉砍收通知后,立即联系帮工。帮工群体主要分为三种:一是以血缘关系或者朋邻关系为基础,互帮互助,无须支付报酬的群体;二是以蔗农组成帮工群体,群体间互换劳力,对等天数交换无须支付报酬,若一方付出的劳动天数多于另一方,则天数较少一方须按照当年村中雇工价钱给付出劳力较多的一方;三是雇请未种植甘蔗的劳力,按日计酬。无论属于何种换工群体,群体内多为固定几人。实际砍收中,可能出现固定群体间砍收时间相互冲突,遇此种情况蔗农会根据需要寻找替代雇佣工或者换工者。

为保证在规定时间内完成砍收工作,凡无雨清晨,蔗农都会如期砍收,逢中途下雨,自动往后延期;逢雨天路况不佳,甘蔗无法运出,蔗农便会联系蔗地离公路较近的蔗户,与其调换砍收及运送顺序。入地砍收后,在劳力充足的情况下,至少以三人为一砍收组。一人在前用蔗刀或者砍蔗小锄①对准蔗茎入土3~5厘米处将其砍倒,一人将砍倒甘蔗就近拖积成小堆,另一人负责剥除蔗叶,拧断蔗尖,并以每捆约30千克~35千克捆绑。随人数增加,分工情况略有变动。若增加1~2人,因剥蔗叶者负责工序较多,则多出之人先加入该项工作。若人数再继续增加,因拖蔗速度慢于砍蔗速度,则先加入拖蔗工作,最后才增加砍蔗人力。当日完工后,须将捆绑好的甘蔗用肩扛至公路旁堆积,等待运蔗车。若运蔗车在砍蔗中途即到,村人先将已捆绑好的甘蔗搬至车上后再继续砍收。待甘蔗砍尽后,所有人共同将蔗叶均匀平铺于蔗地,以将其晒干,数日后再将晒干后的蔗叶焚烧。因蔗地距家较远,砍收期间,蔗农常将锅、碗、筷置放蔗地,每日做工前将家中备好的蔬菜或肉类带至蔗地,以石头简易搭灶烹煮。

甘蔗砍收的最后一个阶段为运输。绵治村现有运蔗车共18辆。逢晴天运输计划基本能如期完成。但也常因特殊原因致使计划延期,如糖厂等待交货车辆过多,打乱原有计划运输时间,带来晚间装车及运输现象;雨天路况较差,甘蔗运输常遇困难。为防止雨天路滑,司机仅能以车轮绑铁链增加摩擦力,力求完成运输任务;若遇降雨量较大,甘蔗运出困难,村两委或联络员只能与糖厂联系,协调时间后延期。2009年砍收期间雨水颇多,甘蔗堆积现象严重,一逢晴天即出现抢收情况,当时最大运输量日达42车。2010年砍收期天气较晴朗,故最多仅达到每日20车。2011年又因收获季多雨,最大运输量回升至30车。

(四)对经济生活的影响

绵治人一致认为"没有甘蔗种植就没有如今绵治经济的发展"。甘蔗收益为绵治房屋结构变化的主要推动力之一。传统农业社会,

---

① 使用小锄低砍,甘蔗产量增收,工效提高,故绵治蔗农多数人使用小锄砍收甘蔗。

水稻廉价,村人无钱建新房,甘蔗引进和发展后,蔗农仰赖甘蔗收益终有能力新建或整修房屋。在甘蔗收益较丰年份,蔗农常将水稻收益用以购买农作物所需肥料、蔗种及日常生活支出需求,待年底甘蔗收成后,仅预留部分资金以供来年生产之需,余款全部集中储蓄,累积到一定程度后,用以修建房屋。每当提及新建房屋,蔗农均说得力于甘蔗收益。某蔗农说新建和装修家屋共花费16万元,其中60%以上都源于甘蔗收益。

绵治人多居住在中心村附近,但耕地却分布于距离3000~10000米外的自然村,多为山路,路窄坡陡。远距离做工使摩托车成为村人的主要交通工具,村中几乎每户都至少拥有一辆摩托车。甘蔗引进后,蔗户收入增加,由水稻种植时购买的嘉陵50cc,更换为嘉陵70cc。数位蔗农提及因甘蔗收益的增长,将昔日购买的价值1900元的轻骑变为价值3000多元的嘉陵110cc。

甘蔗效益让村民生活水平得以提升,村民因此体会到经济作物对于经济发展的推动作用巨大,开始陆续引进和大量种植其他经济作物。如茶叶、水果玉米、香蕉、食用菌、麻竹、辣椒、烟叶等。传统的自给自足生产观念亦渐改变,作物种植结构不断调整,村人依赖经济作物获取的收益不断增加。访问的报道人中已无单纯依赖种植粮食作物维生者,有些报道人仅以小面积土地种植粮食以供自家消费,部分报道人已将全部土地改种经济作物,所需粮食完全从市场上购买。

甘蔗引进改变了蔗农时间分配方式。因甘蔗宿根仍可生长,生长期长,管理时间相对较少,一年只需收获一次,与绵治两季稻相比,突显出投入时间及人力均少的优势。蔗农利用该优势,将余出时间充分利用于其他经济活动,如从事采茶工、砖工、水泥工等,以补贴家用。

四、甘蔗种植的衰落

商品经济的发展受市场供求关系影响。当今国际、国内市场的蔗糖需求上升,甘蔗收购价逐年增长,但绵治甘蔗种植面积近来却逐年减少。报道人提及2003年至2005年的高峰期,绵治甘蔗种植曾达到2800多亩。2006年、2007年种植面积开始下滑,因资料欠缺具体面积无法统计。2011年下降到1700多亩,2012年跌至1340多亩,相比村中种植面积最广时减少1000多亩。访谈过程中,部分蔗农谈到明年将以其他作物取代甘蔗,甘蔗种植面积仍将持续递减。究其原因在于多年连种导致产量降低;冬春雨天多,道路泥泞,困扰砍收和运输工作;青壮年外出打工,使砍收工作陷入劳力缺乏困境;糖厂杂质扣除制度严重打击蔗农种植积极性等。

(一)主要问题

作物轮种或轮间套种方法未被绵治蔗农采用,多年连种导致土壤肥力下降,发芽率降低,虫害增多,产量下降,翻新次数增多。蔗农提及当年改种甘蔗时,常说:"种植甘蔗省事。"村中再次引进甘蔗的最初数年,甘蔗宿根保留年限至少为三年,部分土地甚至长达五年。但连续种植六年后,则每年或每两年即须翻新重植蔗苗,才可保证发芽率。蔗地翻种频繁又使翻种所需蔗种、肥料、劳力成本增加,"种植甘蔗不再省事",影响蔗农继续选择种植甘蔗。

甘蔗砍收受天气影响较大。一方面风害使甘蔗倒伏,弯曲生长,枝叶纠缠错杂,砍收难度增加;另一方面绵治冬季降雨多,近几年逢砍收季常多雨,运输困难。尤其是大多蔗地位于山间或山上,山路泥泞,遇雨运蔗车进出困难。表2-3显示,各小组主要蔗地除小部分紧挨水泥路外,其余蔗地与水泥路间都有约500~4000米不等的土路。每逢雨天运蔗车行驶湿泥上易打滑,再者多处运输必经路段路面较窄,仅有不到3米宽,且多为山路,坡度较陡,运输难度增加。2005年一位运蔗车司机在往七垾尾方向的山路即因打滑翻车致死。

表 2-3 绵治村主要甘蔗种植地路况表

生产小组	主要种植地	土路距水泥路距离/米
红卫	东乾	4000
	大山	4000
	蓁脚	4000
红岩	南北底	3000
	园山	3000
	杉仔仑	2000
	狗棍尾	0
	塔仑	500
红洋	蓁脚	4000
长者地	长者地	2000
	杀牛底	2000
	大铁路	2000
	楼前 A	2000
红村	长者地	2000
	格内	2000
	庵仔前	2000
红湖	庵仔下	2000
	大弯	1000
	小弯	1000
	黄朝旗	0
	内路	0
	埔仔	0
	庵边	0
	大墘	0
红仑	庵仔仑	2000
	庵仔下	2000
	庵边	0

续表

生产小组	主要种植地	土路距水泥路距离/米
	后毛山	500
	大弯	1000
	小弯	1000
	岭尾山	1000
	庵脚	2000
红尖	甘棠坑	2000
	畲底	3000
	石尖	3000
	尾仑	3000
	庵脚	2000
	火烧格	0
	山方亭	0
	小塖	0
	牛仔坑	0
七埒格	当光洋	1500
	蔗口	1500
	和丘	1500
	梅仔坪	1500
	毛山	1500
	大仑头	1500
	石丘	1500
七埒尾	楼前	1000
	湖头	1000
	仙舒公	1500
	湖坪	1700
芹菜湖	格丘	1000
	渔池	600

续表

生产小组	主要种植地	土路距水泥路距离/米
	茶仔林	0
	房脚	0
	房后	0
	浇洋底	1500
	格前	1000
红前	亭脚	2000
	小塬	0
	坂仔	0
红明	郑竹庵	1500
	坑寨	0
红星	淳平洋	500
郑下	下房	1500
郑上	麻埔	2000
洋大宅	保丁	1000
甘棠坑	大岭	2000
	楼前 B	2000
新村	果场	3000
半岭	楼前 C	2000
红塬	上半岭	2000
格仔尾	大塬	1500

甘蔗砍收需要较多人力，每亩地若仅 1 人砍收须花费至少 25 天，每捆重 30 千克～35 千克的甘蔗，全凭肩背之力扛抬至运输车上。在谈到甘蔗种植面积持续下滑的原因时，多数报道人提及一方面年龄有所增长，许多蔗农数年前体力充沛，足以完成砍收任务，但现已经迈入老年，对需要大量体力的砍收工作常觉力不从心。另一方面村中青年人多外出打工或就学，造成劳动力的流失。再者多数绵治人不愿再干

如此重活，而将劳动力转向到种植茶叶等其他经济作物。

糖厂杂质扣除成为蔗农种植甘蔗兴趣降低的另一因素。甘蔗交货时蔗农并未与糖厂接触，多通过运蔗车驾驶员完成，并由其代领过磅单。因过磅单上只列出杂质扣除总量百分比，故蔗农无法得知具体扣除项目，只能通过驾驶员向糖厂质检员了解。糖厂工作人员承认杂质扣除现象确实存在，糖厂以"三白"——梢白、身白、头白为原则，主要扣除项目有蔗头、蔗梢、蔗叶未清除干净以及甘蔗发霉、雨天黏土等。通过采取偶遇抽样的方法，找到愿意对此表示意见的 17 户蔗农进行调查，结果显示，17 户蔗农均曾遭遇扣除。其中遭遇根部未净被扣者有 2 户；梢部未净被扣有 3 户；身部未净被扣有 4 户；发霉被扣有 5 户，不明白为何原因被扣有 3 户。克扣本已激起蔗农怨言，更有在交售过程中以钱买通质检员，以换普通品种为优良品种的现象更是屡见不鲜，严重影响了蔗农对收购者的信任。

甘蔗工伤多也影响蔗农的植蔗意愿。村中甘蔗种植引起的工伤主要有三种，最常见的是装车过程中意外摔倒，每年装车期间，都有 4~5 人受伤，有人在运蔗车上不小心摔落，其中最严重情况发生于村人帮助别人家装车时不慎从车上跌落，摔成颅内积血，另一种情况则是装车者从地面与运蔗车间所搭木板摔下。装车使用跳板分长短两种，短板长约 3 米，长板约长 5 米，但宽度均仅为 0.3 米，由于木板较窄，扛蔗上车时稍不留意就易跌落。砍甘蔗时误伤手脚也为屡见不鲜之事。此外村中因种植甘蔗引起的突发事件也让蔗农引以为戒，某蔗农焚烧蔗叶时，不慎引燃紧邻蔗地的蔗叶，为将火扑灭，却意外葬身其中。

（二）替代作物

甘蔗种植存在上述的各种问题，寻找新作物代替甘蔗成为村民不得已之选择，茶叶、竹笋、杉木、辣椒、烟叶陆续成为替代作物。下文将从劳力、经济收入、资金投入、销售等方面，将各类作物与甘蔗做比较，由此也可了解绵治甘蔗种植面积持续减少的原因。

表 2-4　每亩甘蔗投入一览表

工序		每亩用量	成本（元）	工时（天/亩）
整地（二选一）	人工整地	/	/	2
	拖拉机	一天	140	
	砍种	900 千克	100	1
	下种、覆土、打地虫灵	3.60 千克	18	2
施底肥（二选一）	过磷酸钙	50 千克	28	0.25
	钙镁磷	50 千克	36	0.25
	盖地膜	/	0	0.5
	喷乙草胺	0.35 千克	7	0.5
	掀地膜	/	/	0.5
	施第一次肥（尿素）	20 千克	100	0.5
	施第二次肥（钙镁磷）	50 千克	120	0.5
喷除草剂（四选一）	草甘膦配乙草胺	草甘膦：500ml 乙草胺：0.35 千克	17	0.25
	百草枯配乙草胺	百草枯：0.50 千克 乙草胺：0.35 千克	18	0.25
	甘蔗苗专用除草剂阿灭净	0.02 千克	5	0.25
	二甲四氯钠粉剂	700ml	6	0.25
中耕培土	钙镁磷配地虫灵	钙镁磷：50 千克 地虫灵：3.60 千克 乙草胺：0.35 千克 钙镁磷：50 千克	325	4
	培土			
	喷乙草胺			
	钙镁磷			
	剥第一次枯叶	/	/	2
	防治蚜虫（氧化乐果）	0.60 千克	14	0.25
	施第三次肥（尿素）	20 千克	36	0.5
	剥第二次枯叶	/	/	2
	砍收甘蔗（包括装车）	/	/	10
	运输	6000 千克	420	

说明：本表所列均以 2011 年绵治的物价为标准。

以普通品种为例,2011年甘蔗销售价为450元/吨,每亩地约产6吨。2011年普通品种新种每亩补贴258元;扩种水田每亩补贴100元,蔗田补贴258元,此处为便于计算,以连种为条件,整地至掀地膜步骤忽略不计,以方案一为标准,参见表2-5,可得出每亩甘蔗收入为2700元,利润仅468元。从分析看出,以当地工价为准,甘蔗年收入仅相当于做工45天,计算工时在内的纯利润只相当于做工8天;以福州等地农民工雇佣日价约150元,甘蔗利润就显更低。

表2-5 每亩甘蔗利润

收入	450元/吨×6吨	2700元
用料成本	(100+120+17+325+14+36+420)元	1032元
人工成本	(0.5+0.5+0.25+4+2+0.25+0.5+2+10)天×60元/天	1200元
利润		468元

1. 直接替代型

与甘蔗相比,杉木和巨尾桉收益较少。种植杉木只需头三年管理,生长20年后收成,每亩杉木能产出200棵,村民按照现今杉木市场出售价皆称每棵售价50元,减去种苗60元,三年九次除草使用草甘膦30元,乙草胺13.5元,三年施用九次钙镁磷价值540元,以及种植所需27天[①]工时。若不计工时,村民平均年收益约为468元(见表2-5)。若将工时计算在内,目前似则无利润可言,但一方面因种植省工,另一方面20年后杉木的价格可能增长,故杉木深受村民喜爱。与杉木相似,巨尾桉投入除种苗约90元、种植时需施底肥及7年可收成外,其投入和售价与杉木相等,但与杉木不同之处在于巨尾桉年收益约为696.6元(见表2-9)高于甘蔗年收益,为绵治人所喜爱。

---

① 三年九次除草,九次施用钙镁磷,共用18工时,每个工时1.5天,共用27天。

表2-6　每亩杉木投入一览表

工序	每亩用量	成本(元)	工时(天/亩)
挖坑种植种苗	200棵	0.6	1.5
除草(草甘膦)	0.15kg	30	1.5
除草(乙草胺)	0.075kg	13.5	
施肥(钙镁磷)	15kg	540	1.5

表2-7　每亩杉木每年利润

收入	(50元/棵×200棵)		10000元
用料成本	种苗(0.3元/棵×200棵)	60元	643.5元
	9次除草(草甘膦)	30元	
	9次除草(乙草胺)	13.5元	
	9次施肥(钙镁磷)	540元	
人工成本	28.5天[①]×60元/天		1710元
二十年利润			7646.5元
平均年利润	7736.5元/20		382.33元

表2-8　每亩巨尾桉投入一览表

工序	每亩用量	成本(元)	工时(天/亩)
挖坑种植种苗	150棵	0.60	1.5
种植时施底肥(钙镁磷)	15kg	60	1.5
除草(草甘膦)	0.15kg	30	1.5
除草(乙草胺)	0.075kg	13.5	
施肥(钙镁磷)	15kg	540	1.5

① 挖种植坑需1.5天；三年九次除草，九次施用钙镁磷，共用18工时，每个工时1.5天，共用27天，合计28.5天。

闽南绵治人的社会与文化

表 2-9　每亩巨尾桉每年利润

收入	（50元/棵×150棵）		7500元
用料成本	种苗(0.6元/棵×150棵)	90元	733.5元
	种植时施底肥(钙镁磷)	60	
	9次除草(草甘膦)	30元	
	9次除草(乙草胺)	13.5元	
	9次施肥(钙镁磷)	540元	
人工成本	31.5天×60元/天		1890元
七年利润			4876.5元
平均年利润	4876.5元/7		696.6元

改蔗为树乃蔗农选择之一，改蔗为竹亦成为村人另一取向。村人眼中的麻竹，与甘蔗比较，具有效益高、劳动强度低、采收不受天气影响、需自行运输到厂等特点。从表2-10中可以看出，以挖野生种苗为例，麻竹第一年种植每亩投入资金89元，工时投入6天。第二年每亩资金投入131元，工时投入1.75工时。相比甘蔗每亩地年资金投入1032元以及投入18工时，种植麻竹的资金投入仅占甘蔗投入的大约八分之一，工时投入仅占十分之一。从麻竹的收益来看，第一年无产量，第二年每亩地能产竹笋500千克，每0.5千克0.5元，毛利润为500元，扣除资金和工时成本，每亩年纯收益约为264元[①]。第三年每亩地能产约2500千克竹笋，毛利润为2500元。由于第三年和第二年投入相当，故第三年每亩地竹笋纯收益为2264元。麻竹除竹笋收益外，竹子也能贩售创造收益。与甘蔗收益对比，虽然麻竹第一年收益为零，第二年当年收益低于甘蔗，但麻竹从第三年开始仅算每亩竹笋的纯收益就高于甘蔗1500元以上。且从年平均

---

① 麻竹首年投入少，投入后能创收年限不固定，故收益计算时未将首年成本扣除。

利润来看,麻竹首年年平均利润为-449元,第一年、第二年年平均利润为-92.5元,但从第三年开始,年平均利润增长至693元,高于以连种为例的甘蔗收益468元,第四年麻竹至少收益2500千克,使前四年年平均利润为1085.75元,超出甘蔗收益近3倍。从对比中可以明显看出,从长远来看,与甘蔗相比较而言,麻竹种植投入少,收益高。

表2-10 每亩麻竹投入一栏表

年份	工序		每亩用量	成本(元)	工时(天/亩)
第一年	下种(二选一)	挖野生种苗	/	/	2
		买苗	约50棵	250	
	挖坑种植	施肥(钙镁磷)	100千克	72	
		放入除草剂(草甘膦配以2甲4氯钠)	草甘膦:150ml 2甲4氯钠粉剂:0.35千克	3	3
	喷除草剂(草甘膦,一年两次)		150ml	4	0.25
	防蚜虫(地虫灵)		1.80千克	10	0.25
	挖竹笋		/	/	0.5
第二年	开沟施钙镁磷		50千克	120	0.5
	喷除草剂(草甘膦,一年两次)		150ml	4	0.25
	防止蚜虫(氧化乐果)		0.30千克	7	0.5
	挖竹		/	/	0.5

表2-11 每亩麻竹利润

	第一年	第二年	第三年
收入	0元	500千克×1元/千克 500元	2500千克×1元/千克 2500元
用料成本	89元	131元	131元
人工成本	6天×60元/天 360元	1.75天×60元/天 105元	1.75天×60元/天 105元
当年利润	-449元	264元	2264元
平均年利润	-449元	-92.5元	693元

2. 间接替代性

2003年、2004年随着茶的引进和种植,其利润激发了村民的种植热情,致使种植劳力和资金转移。多数报道人谈到前几年,铁观音利润明显高于甘蔗,下面将从表2-5与表2-13做对比分析。

表2-12 每亩铁观音投入一览表

工序			具体需求	成本（元）	工时（天/亩）
初胚整地（二选一）	人工		/	/	25
	挖掘机		/	1300	
细整及施农家肥			120千克	70	4
茶苗（二选一）	自家培育				
	购买		4800棵	720	
除草	人工拔草（两次）				2
	喷乙草胺		400ml	12	1
覆盖稻草			250千克	100	1
剪枝（一年三次）			/	/	1.5
喷杀茶虫（从第三年开始）				30	
施肥（茶叶专用肥）①	第一年	春茶	15千克	37.5	1
	第二年	春茶	75千克	187.5	1
		秋香	45千克	112.5	1
	第三年	春茶	250千克	625	1
		秋香	250千克	625	1
采茶			/	/	1

说明:为便于计算,均以第一种方案为例。

---

① 茶农施肥以1千克茶叶施1千克肥料进行估算。因大部分茶农都采春茶和秋香,夏茶和暑茶相对较少,故计算中未将其纳入。

表 2-13　每亩铁观音利润

	第一年	第二年	第三年
收入	15 千克 × 16 元/千克	75 千克×6 元/千克＋45 千克×14 元/千克	250 千克×10 元/千克＋250 千克×10 元/千克
	240 元	1080 元	5000 元
用料成本	70 元＋100 元＋13.5 元	187.5 元＋112.5 元	625 元＋625 元＋30 元
	207.5 元	300 元	1280 元
人工成本	(25＋4＋2＋1.5×3＋1)天×60 元/天	(2＋1.5×3＋1)天×60 元/天	(2＋1.5×3＋1＋0.5)天×60 元/天
	2190 元	450 元	480 元
当年利润	－2067.5 元	330 元	3240 元
平均年利润	－2067.4 元	－868.5 元	1080 元

从表 2-13 中可知,铁观音的第一年属于负盈利状态,第二年当年利润为正值,平均年利润为负值,到第三年每亩获利 3240 元①和平均年利润为 1080 元,且从第三年后,各年产量和利益均等于或大于第三年利润,从长远计算其获利远高于甘蔗年利润,故受到绵治人的青睐。

以铁观音第三年种植收益为例,从表 2-5 和 2-13 的对比计算得出,以 2011 年物价为基准,不计算劳力,每亩甘蔗收益为 1688 元,铁观音收益为 3730 元,每亩铁观音收益比甘蔗高约 2000 元。将劳动力计算在内,每亩甘蔗收益纯利润为 468 元,每亩铁观音收益约为 3240 元,铁观音每亩收益高于甘蔗 2772 元。两种作物收益相较,即可看出为何村民选择将劳力和资金转移到铁观音的种植。不仅收益

---

① 铁观音种植从第二年开始,初胚整地、细整、茶苗投入、覆盖掉草都不再须投入。

明显高于甘蔗,茶叶平时管理所需工时低,茶叶采收多雇佣采茶工,茶农付出劳力低于甘蔗更是加大了绵治人对种茶的积极性。从表2-4和2-12的对比可知,每亩甘蔗采收每人需10个工时,茶叶所需工时约1个工时,比甘蔗少9个工时。故茶叶以收益高、采收时茶农自家付出劳力低等特点成为村民的重要选择。

不仅铁观音种植成为村民的选择,辣椒种植以所需劳力少、销售方便的优势造成村民在住地附近种椒不种蔗。辣椒种植包括育苗、整栽种地、移苗、培土施肥、除草、除虫、除病毒、采摘等主要步骤,步骤不多,但资金和劳力的投入却不少。

表2-14 每亩辣椒投入一览表

工序		具体需求	成本(元)	工时(天/亩)
育苗(整育苗地及撒种)		0.04千克	100	2
整栽种地	牛力翻田	1天	180	
	垒长方形块			4
移苗施基肥		250千克	150	2
培土施肥		250千克	150	2
施钙镁磷(一季两次)		15千克	80	1
草甘膦(一季两次)		600ml	16	0.25
百草枯(一季两次)		0.40千克	12	0.25
杀虫(甲氨阿维菌素苯甲酸盐,一年五次)		500ml	50	1.25
杀菌(根据情况进行)		/	60	1

从表2-14辣椒投入一览表看出,辣椒每季每亩地须投入大约800元,比每亩甘蔗投入1000元低200元。辣椒种植和日常管理投入工时约14天,加上连续3个月左右的零散采摘工时,工时投入超过甘蔗。以2011年为例,每亩辣椒收入约2000元,不计算工时,减去成本,辣椒收益为1200元,比甘蔗低500元。计算工时在内,辣椒

的收入就更不能与甘蔗相提并论。虽投入工时多,收入少于甘蔗,村民宁愿在家附近种植辣椒,究其原因在于甘蔗砍收所需劳力集中,需多人完成,而辣椒采摘工作仅单人即可完成,且辣椒出售给村中中间商即可,而甘蔗须蔗农租车运输至糖厂;辣椒收购中间商较多,椒农销售渠道多,销售方便,价钱灵活性大,而甘蔗只能出售给糖厂,售价全由糖厂决定,吃折扣的问题又常在,诸多原因使得村民选择以椒代蔗。

结　　语

本章的分析材料主要得于自2012年暑假为期44天的田野调查,通过与报道人建立投契,获得家庭收支账本,为作物投入产出表的制作提供思路,最终通过细化以制作本章列举的各类作物投入产出表。在调查方法方面,除参与观察、深度访谈外,还采用随机抽样、偶遇抽样方法,即以随机抽样方法选取红尖小组来分析绵治村土地占有情况,而以偶遇抽样方法对17户蔗农进行糖厂克扣情况调查。

通过前文分析可以看出,甘蔗种植的再次引进使得绵治村经济结构及农民的生活方式发生重大变化。因为甘蔗的种植,农民从自给自足的生计方式转变为以市场为导向,其他各种经济作物也陆续在绵治兴起和发展,农民的物质生活因之得到极大的提升。甘蔗种植曾经是村民心目中的快速致富之路,但随着其他经济作物的不断引进,在利害相较之下,近几年甘蔗逐渐被其他经济作物替代。从绵治甘蔗的发展之路一方面可以看出绵治农业的发展路径和趋势:20世纪90年代前为以水稻种植为主的传统农业,间有少量的甘蔗种植;20世纪90年代中期受价格驱动,放弃粮食作物改走以甘蔗种植为主的农业;近年来面对甘蔗产量下降、雨天影响砍收工资、所需劳力大、糖厂克扣等问题,绵治人开始寻找收益更高的铁观音或方便省工的杉木、巨尾桉及辣椒等经济作物替代甘蔗,绵治的农业发展也从单种经济作物逐步走上多种经济作物共同发展的道路。另一方面从

闽南绵治人的社会与文化

绵治人对作物的选择可以看出绵治农业发展并非完全取决于市场需求和经济收益最大化,还取决于农民自身的需求和自身实际情况的考虑。通过深度访谈的方法,在44天的田野调查了解到绵治人以蔗替稻的选择中,皆以经济收益为主要考虑,市场需求旺盛时期,甘蔗的收益远远高于水稻,村人为追求高的经济利益选择甘蔗种植。种植铁观音也是如此,在甘蔗产量降低、所耗劳力大等缺点暴露,利润高于甘蔗数倍的铁观音吸引村人选择。而在杉木和巨尾桉的种植中,绵治人则放弃经济利润的引导,以省时省工为原则,选择受天气影响小、管理时间少、所耗劳力少、出售方便的杉木和巨尾桉。这印证了经济人类学中的论点:不一定能够从理性决策和效用极大化的角度去分析所有人类经济行为。绵治村人寻找新作物替代甘蔗时,从对杉木和巨尾桉的选择而言,后两者的经济利润远不如甘蔗,但因省时省工的需要村人舍蔗植树。

总体而言,本章以绵治村甘蔗种植的兴衰为主线,描述甘蔗的栽培,甘蔗种植的发展史,分析甘蔗种植兴衰原因,最终得出农民对种植作物的选择不一定只受到市场因素的决定,影响其作出判断和决定的更多的是自身需要的因素。

参考文献

广东省甘蔗糖业食品科学研究所(编)
  1972 甘蔗栽培知识。广东:广东人民出版社。
中国农业年鉴编辑委员会(编)
  1999 中国农业年鉴1982。北京:中国农业出版社。
王鉴明
  1980 甘蔗栽培生理。北京:农业出版社。
农业部植物保护局(编)
  1958 中国农作物主要病害及其防治。北京:农业出版社。
华安县地方志编纂委员会(编)
  1996 华安县志。厦门:厦门大学出版社

朱爱端
　　1986　甘蔗与气象。北京：气象出版社。
江金秀
　　2008　庵坝的农业生产与副业。在余光弘、蒋俊、赵红梅（合编），闽西庵坝人的社会与文化。厦门：厦门大学出版社。
张贵生编
　　1959　甘蔗害虫及其防治。北京：轻工业出版社。
苏广达、叶振帮、吴伯烇、李玉潜、陈俊昌
　　1983　甘蔗栽培生物学。北京：轻工业出版社。
轻工业部甘蔗糖业科学研究所（编）
　　1980　甘蔗栽培技术。北京：农业出版社。
曾德斌
　　2012　顶城人的经济生活——以芦笋种植为中心的考察。在余光弘、杨晋涛（合编），闽南顶城人的社会与文化。厦门：厦门大学出版社。
福建省农业厅植物保护处（编）
　　1963　福建省农作物主要病虫害及其防治。福州：福建人民出版社。

闽南绵治人的社会与文化

第三章

绵治的人口与家庭

◎ 程学传

前　言

本章从人口、家庭结构、分家、赡养四个方面对绵治行政村[①]的人口与家庭状况进行描述和分析。在为期一个多月的田野调查中，获取资料的方式有：一是访谈法；二是观察法；三是官方渠道（包括村委会户籍册、统计报表、计生册、新圩镇派出所对绵治行政村的户籍统计）；四是对中心村家户的抽样调查。

村委会户籍册的资料比较详细，但存在统计滞后于人口变动、缺乏职业和教育内容等缺陷；新圩镇派出所户籍统计资料并没有按照其管辖下各行政村来分类；家户调查因时间、人力有限等缘故，而无法对中心村全部家户做调查。官方人口统计资料是依据户籍管辖的

---

① 绵治行政村辖有绵治中心村、洋大宅、芹菜湖、七垾格、七垾尾、长者地、溪平、甘棠坑8个自然村。下文中的绵治村如无特别指明，皆指绵治行政村。

原则统计所得，故存在漏、多和错统计的状况。通过与官方人口统计资料的比照，家户抽样调查所得资料中有9人在年龄与户籍上略有出入、12人户口未迁入（在村内常住）未统计、4例挂靠户口（未在村内居住）多统计、4例近年出生的孩童因未取得户口而未统计。官方的资料虽存在稍许缺陷，但其可信度仍较高。另因绵治各自然村目前少有人居住，绝大多数人口已搬入中心村，因此对中心村进行家户抽样调查能够反映整个绵治行政村的人口状况。故本报告是对上述三种资料的综合运用。

家户调查预期获取100户的资料，于是我们从中心村524位户中抽样100户，再从524户中抽取30户做为替代样本，替代样本用于替代调查中无法访问到的情况。但走访初期一些单身户较难访问到，调查员需动用替代样本来访问。为了不影响整体抽样的分布，完整的呈现中心村的人口分布，遂将100户加上替代样本共130户全部做家户调查，最后成功访问113户，样本回收率为87%。

本章除了前言和结语外分为四节。第一节介绍绵治村的人口状况，包括性别和年龄、出生与死亡情况、教育程度以及职业。第二节根据家户抽样调查资料整理出绵治村的家庭形式。第三节是绵治村的分家状况，主要依据对报道人的访谈和家户抽样调查资料，略述分家的仪式和过程，并附上数个分家案例来阐述绵治村的分家状况。第四节介绍绵治村的养老情况。

一、人　　口

绵治行政村下辖8个自然村，22个村民小组[①]，依据绵治村委会

[①] 22个村民小组为红尖、红仓、红湖、七垺尾、七垺格、芹菜湖、长者地、红卫、红洋、红村、红岩、红明、郑竹上、郑竹下、洋大宅、红前、红星、甘棠坑、半岺、红墘、格仔尾、新村。

统计报表和户籍册以及新圩镇派出所户籍资料,2010年行政村有男1283人,女1130人,共2413人。我们在绵治时正值村两委换届选举期间,村委会从新圩镇派出所获得最新资料(截至2012年6月21日)显示全行政村共有703户,人口2408人,外出有资格选民501人。综合这两份资料、对报道人的访谈和计算,大致得出目前中心村常住人口约有1800人左右,占总人口75%。另依据村委会的往年资料,2001年行政村约2600人,2005年行政村约2500人。依2010年的中心村人口比例,可算出2001年中心村人口约1950人,2005年中心村人口约1875人,这只是粗略估算,有一定的误差。但绵治村的常住人口确有下降的趋势,原因可能与出生率的下降、外出人口的增多等因素有关。

(一)性别与年龄分组

首先对绵治行政村人口的性别与年龄分组情况进行介绍,此部分的资料主要来自于村委会统计报表、户籍册和新圩镇派出所户籍统计资料,详情见图3-1与表3-1。从中可以看出,绵治行政村21~60岁人口占67.4%。其中人口最多集中在21~25岁年龄段,为258人,占10.7%;其次多的人口集中在41~45岁年龄段,为249人,占10.3%,这个年龄段仅比21~25岁年龄段少9人;再次多的人口集中在46~50岁年龄段,为235人,占9.7%。5岁以下的为89人,仅占3.7%。60岁以上人口为353人,占14.6%;65岁以上人口为261人,占10.8%。按照联合国的标准,一个国家或地区60岁及以上人口超过10%为老年型人口;或者65岁及以上人口超过7%即为老年型人口。综合这两个标准,可以得出绵治村存在较严重的老龄化现象。这其中61~65岁和66~70岁两个年龄段人数为102和73,各占4.2%和3.0%;71~75岁、76~80岁两个年龄段人数为75和59,各占3.1%和2.4%;80岁以上高龄人口所占比例很少,仅有44人,占1.8%。从表3-1还可以看出,绵治男性总人口多于女性,各年龄段男性人口也大都多于女性人口,仅在6~10岁、

46~50岁、51~55岁、76~80岁和80岁以上这五个年龄段女性人口才稍多于同年龄段男性人口。

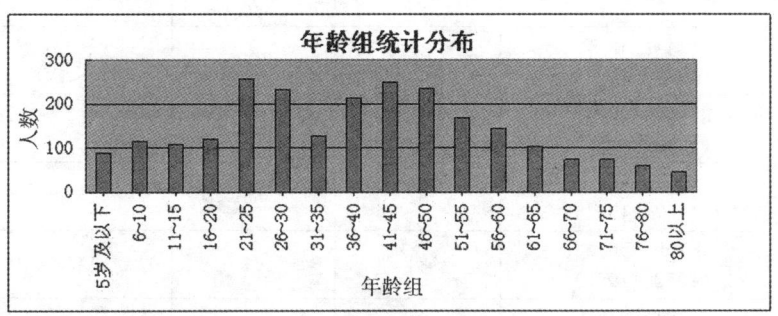

图 3-1 年龄组统计分布图

表 3-1 性别和年龄分组统计表

年龄	性别		合计
	男	女	
5岁及以下 (2007—2012)	48	41	89
6~10 (2002—2006)	54	62	116
11~15 (1997—2001)	54	53	107
16~20 (1992—1996)	70	51	121
21~25 (1987—1991)	139	119	258
26~30 (1982—1986)	133	99	232
31~35 (1977—1981)	71	57	128
36~40 (1972—1976)	117	96	213

续表

年龄	性别		合计
	男	女	
41～45（1967—1971）	146	103	249
46～50（1962—1966）	117	118	235
51～55（1957—1961）	82	85	167
56～60（1952—1956）	84	61	145
61～65（1947—1951）	56	46	102
66～70（1942—1946）	37	36	73
71～75（1937—1941）	40	35	75
76～80（1932—1936）	23	36	59
80岁以上（1932以前）	12	32	44
合　　计	1283	1130	2413

(二)出生与死亡情况

根据新圩镇派出所统计的人口变动情况,从2001—2010年,绵治行政村共出生221人。2001出生男女人数相同,都为5人,2002年出生男性人数比女性人数多2人,男为7人,女为5人。2003—2008年出生女性人数都多于男性人数:2003年出生男为7人,女为9人;2004年出生男为5人,女为12人;2005年出生男为10人,女为11人;2006年出生男为9人,女为13人;2007年出生男为11人,女为12人;2008年出生男为13人,女为19人。2009年出生的男女人数相同,都为20人。2010年出生的男性人数为18人,比女性多8人。2001年人口增长率为0.5%,2005年为0.8%,2010年为1.2%,可以看出人口出生率有略微增长的趋势。

另统计出绵治行政村2001年死亡15人,2002年死亡24人,2003年死亡13人,2004年死亡13人,2005年死亡19人,2006年死亡21人,2007年死亡11人,2008年死亡15人,2009年死亡15人,2010年死亡28人,共计174人。而2001到2010年共出生221人,2001年到2010年的总出生人数大于总死亡人数。

(三)迁入与迁出

依据新圩镇派出所统计的2001—2010年人口变动情况,迁入与迁出详情见图3-2和表3-2。从中可以看出,除2002年和2010年人口迁出数量略小于迁入数量,绵治行政村的人口流动总体是迁出数量大于迁入的数量。迁入的情况主要分为三种情况:一是因为结婚而迁入户口;二是因为夫妻投靠、夫妇投靠子女、子女投靠父母而迁入户口;三是大学生毕业后户口回迁。迁出的情况:一是因为上大学的学生户口迁到学校所在地;二是在外地购买房屋,户口迁出。在华安、漳州等地买房子的村民近年有增加的趋势,以后可能会更多。迁出总量大于迁入总量反映当前人口流动的大趋势主要是从农村流向城市。

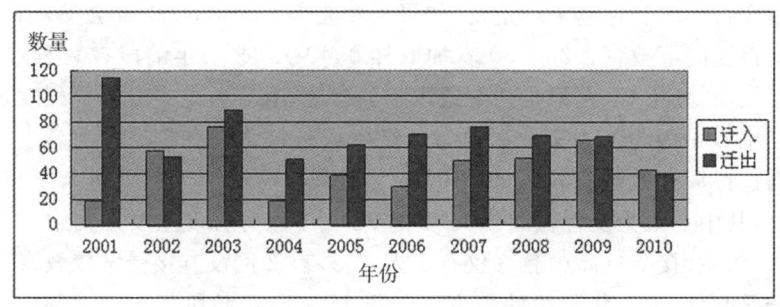

图3-2 2001—2010人口迁入与迁出统计图

表 3-2　2001—2010 年人口迁入与迁出统计表

年份	2001	2002	2003	2004	2005	2006	2007	2008	2009	2010
迁入数量	19	58	76	19	39	30	50	52	66	43
迁出数量	114	23	89	51	62	71	76	70	69	39

（四）教育程度

绵治村人教育程度的资料主要来源于村委会的计生、户籍资料和家户抽样调查。通过中心村家户抽样调查 398 人（男 214 人，女 184 人）教育程度的统计分析（见表 3-3），发现不同年龄段教育程度存在差别，而且不同年龄段教育程度在性别上也存在一些差异。

10 岁以下的适龄入学儿童基本上都在小学就读，这个年龄段的 41 人中有 28 人正在或即将接受幼儿园教育，13 人在接受小学教育。11～15 岁年龄段的 14 人也都在接受学校教育中，其中有 6 人在读小学，8 人在读初中。16～20 岁抽样到 18 人，其中有 1 人是小学教育程度，7 人在读初中，2 人在读中专，8 人在读高中，正读初中和高中的有继续读高中和大学的可能。21～25 岁这一年龄段是抽样占总体样本较大的年龄段，有 44 人，这个年龄段的人受教育程度高，44 人中的 36 人都接受过初中或以上的教育，接受大学教育的人数也是所有年龄段中最多的，为 14 人。从田野调查中的访谈也可以看出，如今村民对教育越来越重视，如果子女能考上大学，父母都会支持子女接受高等教育。26～30 岁抽取样本 40 人，这一年龄段教育程度也较高，其中 35 人都是初中或以上的程度，有 5 人是中专教育程度，读中专是因为初中毕业后没考上高中或是自认没有希望考上高中，而选择职业性教育较强的中专；该年龄段中也有 7 人接受过大学教育，其中 3 人为女性。31～35 岁的 22 人中教育程度主要以初中（14 人）为主，接受过高中教育仅有 1 人，另外有 2 例没有接受学校教育，全是女性；这一年龄段的教育程度跟 26～30 年龄段相比，开始有下降的趋势。36～40 岁抽取样本 30 人，其中小学教育程度有 17 人，占到了这个年龄段一半以上,教育程度为初中的为 8 人,中专为 2 人,3 例文盲也全是女性。41~45 岁的 37 人中,教育程度以小学(22 人)为主,初中为 8 人,男性中抽样到一例教育程度为高中;另外 6 人为文盲,其中 1 人为男性。反映出该年龄段教育程度有进一步下降的趋势。46~50 岁抽样样本为 35 人,教育程度也是以小学(17 人)和初中(11 人)为主,高中教育程度仅有 1 男性,文盲有 6 人,其中 5 名为女性。51~60 年龄段的教育程度以小学为主,男性中有 24 人受过小学教育,初中、中专、高中教育程度的各为 7 人、1 人、2 人,文盲为 6 人,女性中 30 人仅有 5 人受过小学教育,文盲为 25 人,远远低于这个年龄段男性的受教育程度。61~70 年龄段也反映了这个年龄段女性的受教育程度低于男性,该年龄段男性小学、初中教育程度分别为 8 人、3 人,文盲为 3 人,但女性文盲有 12 人,小学教育程度 3 人,样本中有一女性为高中教育程度。71~80 年龄段女性也主要是以文盲为主,小学教育程度很少,女性文盲多于男性,男性文盲数和小学教育程度人数相当,这也可以看出男性在受教育程度上高于女性。80 岁以上的只抽样到 7 人,都是文盲,男性文盲为 1 人,女性文盲为 6 人。

  样本中男性共 214 人,女性共 184 人。其中男性文盲 22 人,占男性总样本 10.3%,女性文盲 75 人,占女性总样本 40.8%;小学教育程度男性 82 人,占男性总样本 38.3%,女性 61 人,占女性总样本 33.1%;初中教育程度男性 78 人,占 36.4%,女性 28 人,占 15.2%;中专教育程度男性 10 人,占 4.7%,女性 4 人,占 2.2%;高中教育程度男性 8 人,占 3.7%,女性 9 人,占 4.9%;大学教育程度男性 14 人,占 6.5%,女性 7 人,占 3.8%。女性的文盲率大大高于男性,而且除去高中教育程度此一单项男性稍低于女性外,其他各项教育程度都是男性高于女性。可看出村内男性总体教育程度高于女性,尤其是年龄在 30 岁以上的分布更是明显。从以上的统计分析我们还可以得出:村人出生年代越早,教育程度就越低;随着经济的发展,村人对教育重视程度也越来越高,年轻一代教育程度也是逐渐增长中。

表 3-3　教育程度统计表

年龄	男性						女性						合计
	文盲	小学	初中	中专	高中	大学	文盲	小学	初中	中专	高中	大学	
10 岁以下		9						4					13
11～15		1	5					5	3				14
16～20		1	4	1	2				3	1	6		18
21～25		5	13	2	1	10		3	5	1		4	44
26～30		1	13	4	1	4		4	8	1	1	3	40
31～35		1	8				2	3	6	1			22
36～40		9	7	2			3	8	1				30
41～45	1	10	7		1		5	12	1				37
46～50	1	5	10		1			12	1				35
51～55	4	11	3	1	2		14	5					40
56～60	2	13	4				11						30
61～65		6	1				6	3			1		17
66～70	3	2	2				6						13
71～75	7	4	1				9	2					23
76～80	3	4											15
80 岁以上	1						6						7
合计	22	82	78	10	8	14	75	61	28	4	9	7	398

（五）职　　业

绵治行政村土地总面积 37.75 平方公里,其中山地 52000 亩①,耕地 4600 亩,盛产麻竹、甘蔗、茶叶和各种果蔬。不包括山地全村人均的可耕地面积为 1.91 亩。农业是目前村民的主业,但城市地区的

---

① 1 亩约等于 666.67 平方米。1 平方公里＝1500 亩。

企业吸引了一部分劳动力,因此绵治村在外务工的人也不在少数。在我们调查期间,抽样访问绵治中心村 16～70 岁年龄段男性 179 人,女性 147 人,共 326 人的职业状况(见表 3-4),虽没有访问到全村每个人的职业,但是从中还是能看出绵治人的基本职业状况。16 岁以下适学年龄的孩童都在接受学校教育,只有其中年纪稍长的会在平时或农忙时帮助农活,因此他们不在我们考察的职业范畴之内。另外大部分 70 岁以上的村民基本处于退休状态,一般不做什么重活,因此也未在表中列出。

务农指在绵治村内以农业为主要生计活动,如种植水稻、辣椒、麻竹等经济作物;另外近年也出现了养殖业,但村内专门从事养殖业的还不多,而且规模较小,如养猪、养牛蛙等。做生意指开商店、餐馆等,建筑业指为人建造房屋的泥水匠,或是为泥水匠打下手的。司机指拥有车辆或是和别人合伙购车经营,以运输人或货物为主要收入。家务指没有务农或是只耕种少量土地,主要是在家中照顾子女或者做家务为主的女性。其他指少数人从事的职业,如医生、教师等。

从表中的数据可以看出,在抽样的 326 人中,以务农 190 人及务工 61 人最多。16～20 岁的人中,很大一部分人在读书,仅有很少人在家务农或是在外打工。21～30 岁的人中,除了还在读书的一小部分人外,大都在外面打工,从事农业生产的人所占比例很小。31～50 岁年龄段以务农和打工居多,其中 36～50 年龄段以务农居多。51～70 年龄段仅有男性 1 人打工,一则是体力不足以胜任,另则是此一年龄段文化程度普遍不高而不能很好适应城市紧张的工作环境,基本都选择在家务农。从性别分工上来看,男、女性从事的职业存在差异。如男性从事的建筑业和运输业女性很少涉足,女性除了农业生产以外,也会做家务,男性做生意的人数也比女性多。样本中 26～40 年龄段有 5 名女性是专职做家务,因家中未种土地或是仅仅种了很少土地。56～70 年龄段抽样到专职做家务的 4 名女性基本处于退休的状态。目前村内务农人数还是占有很大比例,但是打工者数量在这些年有继续增长的趋势,年轻人专职务农者已不多见。因绵治村地处山区,附近工厂很少,所以在村内、附近村子或周边乡镇务工的人不多。在外务工的61人中,以去漳州者最多,其次是厦门、泉州、省外、华安县内各地。漳州、厦门地区经济发展较好,企业较多,能吸引很多劳动力转移到城市就业,而且漳州、厦门离绵治村不远,也方便务工者回家照顾老人和子女,因此村中隔代家庭较少。

表3-4 职业状况统计表

年龄	男性								女性								合计
	学生	务农	打工	做生意	建筑业	司机	其他	小计	学生	务农	打工	服务员	做生意	家务	其他	小计	
16~20	5	1	2					8	7	1	2					10	18
21~25	6	7	15		1		2	31	6	3	2	1			1	13	44
26~30		2	13	3		3	2	23		8	5			3	1	17	40
31~35		4	1	1	2		1	9		4	7		1	1		13	22
36~40		10	5	2	1			18		7	3		1	1		12	30
41~45		9	2	2	1	3	2	19		17	1					18	37
46~50		14	1			2		17		17	1					18	35
51~55		20	1					21		19						19	40
56~60		16		2			1	19					1	1		11	30
61~65		6					1	7		7				3		10	17
66~70		3					4	7		6					6		13
66~70																	
合计	11	92	40	10	5	9	11	179	13	98	21	1	3	9	2	147	326

二、家庭结构

家庭是社会和经济单位,最基本的是由父母及其子女组成,家庭成员相互承担特定互惠的权利与义务,特别是经济方面的权利与义务;家庭成员通常生活在同一住户中,但共同住处并不是家庭的一个明确特征。就家庭的规模与结构而言,根据绵治中心村的实际情况,将绵治村的家庭形式分为核心家庭、主干家庭、扩大家庭、其他家庭等几种结构类型,核心家庭和主干家庭又可以分为完整型和不完整型。其他家庭包括单身家庭,隔代家庭等。单身家庭是指只有一人单独生活的家庭。

在田野调查中,我们成功访问113户,样本回收率为87%。113户的家庭结构类型如表3-5所示。

表3-5 家庭类型表

序号	家庭关系	家庭类型
001	户主	单身家庭
002	户主+配偶	不完整核心家庭
003	户主+配偶+子+媳	主干家庭
004	户主+配偶	不完整核心家庭
005	户主+配偶+子+媳+孙	主干家庭
006	户主+配偶+子	核心家庭
007	户主+配偶+子+媳+孙+孙女	主干家庭
008	户主+配偶+长子+长媳+孙+次子	主干家庭
009	户主+配偶+2女	核心家庭
010	户主+子+媳+2孙	不完整主干家庭
011	户主+配偶	不完整核心家庭
012	户主+配偶+子+媳+孙	主干家庭
013	户主+2子+母	不完整主干家庭
014	户主+配偶+子+媳+孙女+孙	主干家庭
015	户主	单身家庭
016	户主+配偶	不完整核心家庭
017	户主+配偶+子	核心家庭
018	户主+配偶+子	核心家庭
019	户主+配偶+子+媳+孙女	主干家庭
020	户主+配偶	不完整核心家庭

续表

序号	家庭关系	家庭类型
021	户主＋配偶＋长子＋长媳＋孙女＋次子	主干家庭
022	户主＋配偶＋子＋女	核心家庭
023	户主＋配偶＋子＋母	不完整主干家庭
024	户主＋配偶＋子＋女	核心家庭
025	户主＋配偶＋子	核心家庭
026	户主＋配偶＋子＋母	不完整主干家庭
027	户主	单身家庭
028	户主＋配偶＋长子（离异）＋孙＋次子（离异）＋末子＋末媳＋孙	扩大家庭
029	户主	单身家庭
030	户主＋配偶＋子（离异）＋女	不完整主干家庭
031	户主＋配偶＋女＋子	核心家庭
032	户主＋配偶＋长子＋长媳＋2孙女＋次子＋次媳＋孙	扩大家庭
033	户主＋配偶＋子＋媳＋孙女＋孙	主干家庭
034	户主＋配偶＋长子＋长媳＋次子	主干家庭
035	户主＋配偶＋子	核心家庭
036	户主＋子＋父＋母	不完整主干家庭
037	户主＋配偶＋子＋媳＋孙	主干家庭
038	户主＋配偶＋子＋媳＋孙女＋孙	主干家庭
039	户主＋配偶＋子	核心家庭
040	户主＋配偶＋长子＋长媳＋孙＋次子＋次媳＋孙	扩大家庭
041	户主＋配偶＋子＋媳＋孙女	主干家庭
042	户主＋配偶＋女	核心家庭
043	户主＋配偶	不完整核心家庭
044	户主＋配偶＋2女	核心家庭
045	户主＋配偶	不完整核心家庭
046	户主＋配偶	不完整核心家庭
047	户主＋配偶＋女＋母	不完整主干家庭

续表

序号	家庭关系	家庭类型
048	户主＋配偶＋长子＋长媳＋孙＋次子＋次媳＋孙女＋孙	扩大家庭
049	户主＋配偶＋女＋母	不完整主干家庭
050	户主＋配偶	不完整核心家庭
051	户主＋配偶＋女＋子	核心家庭
052	户主＋配偶＋子	核心家庭
053	户主＋配偶＋女＋女婿＋2孙女	主干家庭
054	户主＋配偶＋长子＋长媳＋次子	主干家庭
055	户主＋配偶＋子	核心家庭
056	户主＋配偶＋子＋母	不完整主干家庭
057	户主	单身家庭
058	户主＋配偶＋子	核心家庭
059	户主＋配偶＋女＋女婿	主干家庭
060	户主＋配偶＋2子	核心家庭
061	户主＋配偶＋子	核心家庭
062	户主＋配偶＋子＋媳＋孙女	主干家庭
063	户主＋配偶＋子	核心家庭
064	户主＋配偶＋子＋女	核心家庭
065	户主＋配偶＋子（离异）	不完整主干家庭
066	户主	单身家庭
067	户主＋配偶＋子	核心家庭
068	户主＋配偶＋女＋子＋母	不完整主干家庭
069	户主＋配偶＋子	核心家庭
070	户主＋配偶＋长子＋长媳＋孙＋次子＋母	不完整主干家庭
071	户主＋配偶＋女＋子	核心家庭
072	户主＋配偶＋子＋女	核心家庭
073	户主＋配偶	不完整核心家庭
074	户主＋女＋母	不完整主干家庭
075	户主＋子	不完整核心家庭

续表

序号	家庭关系	家庭类型
076	户主＋配偶＋子	核心家庭
077	户主＋配偶＋子＋媳＋孙	主干家庭
078	户主＋配偶＋子	核心家庭
079	户主＋配偶	不完整核心家庭
080	户主＋配偶＋子＋媳＋2孙女	主干家庭
081	户主＋配偶＋子＋孙女	不完整主干家庭
082	户主＋配偶＋子＋女	核心家庭
083	户主＋配偶＋子＋父＋母＋弟	主干家庭
084	户主＋配偶＋女	核心家庭
085	户主＋配偶	不完整核心家庭
086	户主＋配偶＋子＋女	核心家庭
087	户主＋配偶＋子	核心家庭
088	户主＋配偶＋子	核心家庭
089	户主＋配偶＋子	核心家庭
090	户主＋配偶＋子＋母	不完整主干家庭
091	户主＋配偶＋女＋女婿＋孙女	主干家庭
092	户主＋配偶＋子＋媳＋孙	主干家庭
093	户主＋配偶＋母	不完整主干家庭
094	户主＋配偶＋子	核心家庭
095	户主	单身家庭
096	户主＋配偶＋子＋媳＋孙女	主干家庭
097	户主＋配偶＋子＋母	不完整主干家庭
098	户主＋配偶	不完整核心家庭
099	户主	单身家庭
100	户主＋配偶＋子	核心家庭
101	户主	单身家庭
102	户主＋配偶＋长子＋长媳＋孙＋孙女＋次子	主干家庭
103	户主＋配偶＋子	核心家庭
104	户主＋配偶＋子	核心家庭

续表

序号	家庭关系	家庭类型
105	户主＋配偶＋女＋子＋母	不完整主干家庭
106	户主＋配偶＋子	核心家庭
107	户主＋配偶＋2女＋母	不完整主干家庭
108	户主＋配偶＋子＋媳	主干家庭
109	户主＋配偶＋子＋媳＋孙女	主干家庭
110	户主＋配偶＋子	核心家庭
111	户主＋配偶＋长子＋长媳＋孙＋次子	主干家庭
112	户主＋配偶＋子	核心家庭
113	户主＋配偶＋女＋子	核心家庭

表3-6 家庭类型统计表

家庭类型	核心家庭		主干家庭		扩大家庭	单身家庭	合计
	完整型	不完整型	完整型	不完整型			
户数	40	14	27	19	4	9	113
百分比	35.4%	12.4%	23.9%	16.8%	3.5%	8%	100%

由表3-6可以看出,抽样的113户中,核心家庭54户,主干家庭46户,扩大家庭4户,其他家庭9户。由此可以得出在绵治村核心家庭是最主要的家庭类型,其次是主干家庭,再次是其他家庭,而扩大家庭最少,只有4户。以下将详细介绍各类型家庭的情况。

(一)核心家庭

核心家庭是以婚姻为基础,父母与未婚子女共同居住和生活的一种家庭。这种家庭包括父亲、母亲、子/女三种角色,因此称其为完整的核心家庭。它的典型形式如22号家庭:父亲＋母亲＋子＋女,它有三种具体形式:仅由夫妻组成、夫妻加未婚子女(含领养子女)、仅有父或母与子女。

依表3-6可以看出,抽样的113户绵治家庭中,共有核心家庭54

户,占样本的47.8％,其中完整型核心家庭有40户,不完整型核心家庭有14户。计划生育政策规定:一对夫妇只能生育一个孩子,夫妻都是农业户口的如果第一胎是女孩,四年以后可以生育第二胎。因此核心家庭的结构本应该是"户主＋配偶＋子"、"户主＋配偶＋女"、"户主＋配偶＋女＋子"或"户主＋配偶＋2女",但样本中完整型核心家庭结构有"户主＋配偶＋子"、"户主＋配偶＋女"、"户主＋配偶＋女＋子"、"户主＋配偶＋子＋女"、"户主＋配偶＋2女"和"户主＋配偶＋2子"五种类型。这是由村民更愿意多生子女和希望生得儿子的愿望造成的。"户主＋配偶＋子"的结构有25户,"户主＋配偶＋女"为2户,共27户。其中,满足一对夫妇只生一个小孩的有17户,15户为只生一个儿子,2户为只生一个女儿。"户主＋配偶＋女＋子"为4户,这4户都是生了一女之后再希望得到一子;"户主＋配偶＋2女"为2户,该两户的父母也是生了一女之后,还想再生得一子。这6户中有3户两胎之间的间隔期大于4年。40户完整型核心家庭中剩下的7户为"户主＋配偶＋子＋女和"户主＋配偶＋2子"结构,都不同程度多于生育政策规定的人数。第一胎生儿子者希望能再生一女或者领养一子,第一胎生女的希望再得一子,如果前两胎都生女有些村民还会生第三胎。据某报道人回忆说1970年左右的村内计划生育工作比较松,大多数夫妇都是生了三胎才去结扎;后来计划生育工作变严,但村民还是倾向于多生子女。目前计生办对生育工作管得较严,且抚养孩子的成本越来越大,一些年轻的村民反而不会去违反计划生育政策,通常只会生一个子女,不管是男孩还是女孩。

样本中核心家庭年纪最大户主为74岁,长子和次子皆已成婚组成新家庭,剩下末子还未成婚与父母同住。其他核心家庭户主年龄从28～60岁不等,当时在自己结婚后都自组新的家庭。随着调查对象出生年的推后,其组成的家庭越是倾向于核心家庭形式。核心家庭是遍及四海的人类组织。而且现代化的社会大生产提供了社会流动性的机会,个人或夫妻离开大家庭到外地去从事各种工作,并在外地成亲或落户,组成新的核心家庭。

核心家庭中除了40户完整的核心家庭外,另有不完整核心家庭14户,占样本的12.4%。这些家庭中"父亲、母亲、子/女"三种角色因各种原因缺少一种。产生不完整型核心家庭的原因有配偶死亡、夫妇离异、没有子女、子女都已分家独立、子女外地成家立业等。配偶死亡会造成不完整核心家庭的出现,样本中没有这样的案例;分家是导致不完整型核心家庭产生的重要原因,兄弟多人成婚或者部分成婚后分家,使原来的主干家庭转变成若干核心家庭。在不完整型的14户中,9户是子女分家成立新的家庭使原来的家庭只有父亲与母亲两种角色存在,另外5户是因为子女在外地成家立业,且户口已迁走,而使得这14户成为不完整型核心家庭。

(二)主干家庭

主干家庭是指在一个家庭中包含两代以上,而每代中只有一对夫妻(包括一方去世或离婚者)组成的家庭。完整型主干家庭通常包括两对或以上不同代的已婚夫妇及其未婚子女,而不完整型主干家庭角色就存在缺失情况。

样本113户中,完整型主干家庭为27户,占23.9%,不完整型主干家庭为19户,占16.8%,不完整型较完整型主干家庭的数量仅少8户。样本中绵治村主干家庭的结构主要有:一是户主+配偶+(长)子+(长)媳+孙/孙女或户主+配偶+子+媳,为23户;其二是户主+女+女婿+孙/孙女或户主+女+女婿,为3户;另有1户完整型主干家庭的结构为户主+配偶+父+母+弟。形成第一种家庭结构的原因有:兄弟外迁父母身边只有一子,如3、33、41号家庭;独子婚后并未分家,如19、37、47号家庭;分家使父母与某一子合住,如5、12、14号家庭。分家通常发生在有兄弟两人或以上的家庭,而独子家庭独子一般则不会与父母分家,因此独子与父母分家的情形在绵治村比较少见。形成第二种家庭结构的原因则是家庭中生了一女或数女,而选择独女或一女招女婿留在家中,一般会形成此种家庭结构。户主＋配偶＋父＋母＋弟此种家庭结构形成的原因一般是次子未婚,当次子成婚后,若兄弟分家,则会产生一至多个核心家庭或者其他情形。

不完整型主干家庭的产生是由任一对夫妻中有一方去世或离异导致。一对夫妻中有一方去世的情形在 19 户中占绝大部分,如 47、49、56 号家庭。夫妇离异也是造成不完整主干家庭形成的原因之一,如 30 和 65 号家庭,都是因为儿子离异所致。另外部分家庭分家的习俗是父母分随二子生活,所以抽样到几户不完整型主干家庭是因为分家导致父母分随二子生活,这类不完整型主干家庭实质上是在完整型核心家庭的基础上增加父或母的角色。

我国主干家庭的大量存在,原因是由于主干家庭是大家庭和小家庭的折中,一方面符合我国人民传统伦理观念,另一方面能较好地承担起赡老扶幼、传宗接代和生产等基本职能(赵丹丹 2000)。

(三)扩大家庭

扩大家庭是在血缘关系基础之上,由父母子女或兄弟姐妹的多个核心家庭组成,也就是一个家庭在同一代中有两对以上夫妻(包括一方去世或离婚)的家庭。最常见的扩大家庭由一对夫妇和两个以上的已婚子女所组成。

人类社会一半以上都具有这种形式的家庭,扩大家庭存在的原因是文化人类学很感兴趣的问题,一种观点认为扩大家庭和农业经济联系在一起,因为扩大家庭能够阻止土地的再划分而保持了家庭经济的繁荣(Ember & Ember 2010:206—210)。扩大家庭是中国理想的传统家庭模式,中国的传统社会比较偏好多子而不分家的大家庭,现在农业发展式微、年轻人多外出打工,加上"计划生育"政策限制生育多子女,而且目前社会诸子成家后,分家基本上是不可避免的,这些都使得扩大家庭的情形越来越少见。在绵治村的调查也证实了扩大家庭只是一种家庭的理想形态,在样本中扩大家庭只有 4 户,仅占 3.5%,如 28、32 和 40 号家庭。28 号家庭的情况比较特殊,是因为长子和次子都离异,只有末子婚姻圆满。这4户扩大家庭并不是说没有兄弟分家的可能,一旦兄弟分家,那么扩大家庭也会不复完整。目前扩大家庭在我国城市中已很少见,但在农村还有一定数量的存在。

(四)其他家庭

其他家庭包括单身家庭、隔代家庭等。造成单身家庭的原因有未婚、结婚后配偶死亡或离婚且无子女、虽有子女但不与子女一起生活。样本中9户单身者,未婚是5户,1户是因为离婚且无子女,3户是因为丧偶且不与子女一起生活。

113个样本中未发现隔代家庭,隔代家庭在绵治村很少见的原因一则是在外务工的夫妇会选择一方留村照顾子女;也有的夫妇会将子女携往工作地。将子女完全托付给父母,而夫妇双双长年在外务工的在绵治并无案例。

三、分　　家

本部分分家是在对报道人访谈和家户抽样调查资料基础之上写成,对分家的时机、过程、仪式和依据的法则进行描述。

(一)分家的时机

绵治人认为,众子长成结婚自立家庭后,自然而然会分家。为促进诸子为其家庭奋斗的积极性,同时也避免大家庭成员之间发生矛盾,分家常是较佳的选择。如果父母都健在,而且父母亲在家中仍保有其权威,通常是父母提议分家。有的家庭子、媳想分家,但父母亲并无此意向,媳妇可能会在鸡毛蒜皮的小事上去计较,如此也常会达到分家的目的。分家的时机通常是一子婚后就分或众子婚后才分。若众子年纪相差不多,一般是众子都结婚后才分家。若末子和兄长年纪差距较大,则有可能不待其结婚就分家。某报道人回忆说,旧时众子都结婚后才能分家,新中国成立以来,往往是一子结婚后就分家。根据家户抽样调查,存在分家的家户中,以一子结婚后就分家者居多(见表3-7)。只有一子,父母与其分家的情况在绵治村并不多见,但是也存在,此种情况的出现一般是媳妇与公婆相处不好或是因为一些事情而产生矛盾。

表 3-7 分家时机统计表

分家时间	众子婚后	一子结婚后分	其他
个案数	26	39	10
百分比	34.7%	52%	13.3%

(二)分家的过程和仪式

分家在我国农村非常普遍,虽然分家都指向家中的财产,但分家的过程和仪式却不尽相同。绵治人的分家过程和仪式主要如下:

1. 择日

在选日子之前,家庭成员一般都会就分家的相关事宜进行内部协商,诸如是否要分家、如何分家等,在家庭内部所有成员都同意要分家之后,才要择定分家日期。村人一般会请择日师选择黄道吉日,也有人自行查历书。由择日师择日时,由家主出面,携带其夫妇及将分家的诸子媳及众孙的生肖(一般家中所有成员的生肖都要顾及),由择日师选择家中所有成员都不相冲的日子,但最主要考虑的是夫妇及众子媳的生肖。去择日师处一般会携带香烟和红包(内有若干现金),不相熟的人日师会将红包收下,熟人一般不收红包。

2. 公证人主持分家

在公证人到来之前,财产分配及其相关问题均已先行商定好,须再向公证人汇报一番,让公证人做见证。公证人一般是家族中公平、公正、思维清晰、口才好的长辈,第一选择是叔、伯、叔公,或是家族中其他有威望的亲戚,舅父一般不参与。也有家庭是父亲独自主持分家。很和睦的家庭中,诸子之间不斤斤计较,分家是一件很简单的事情。但也有些家庭分家较斤斤计较,此种情况较复杂,可能要分若干天甚至迟迟不能分好。产生矛盾的家庭,公证人要对产生分歧的问题逐一的沟通,直到协调到分家参与人基本上对所有问题都能达成一致。为了避免以后会发生纠纷,有些家庭会将分家的内容写进分家协议书(或阄书)中。

3. 分家仪式

分家仪式的内容包括祭拜神明和灶君。父母会对神明和灶君说明诸子长成,须各自组建家庭去打拼,并请求神明保佑诸子家庭兴旺、身体健康、工作顺利,都能得到好运。在正式分家之前,诸子一般会将新灶做成,在分家当天请灶君在新灶的位置上去供奉。须从父母香炉里取少许香灰到自家香炉里,点燃三根香放入。另外这天母亲做饭时会将饭菜平分成若干几份,让诸子媳带到自己家房间中去食用。也有家庭在这天并不分餐,以后再选日子正式进行分食。

(三)分家法则

分家时,对财产的分配要考虑到很多问题,诸如长子对家中贡献较大,是否该多分,诸如此类问题使得分配财产的过程中容易产生纠纷。为了尽量不产生矛盾,绵治村分家时财产一般是诸子平分。如果分家后父母独自生活,则会留下部分财产。在分家仪式开始前,父母会先将家中如房屋、田地、家具、欠债等财产丈量、清算好,除诸子结婚时所得的嫁妆之外,其他所有公共家产都须算入分配的财产之中。此过程通常由父母主持,父母去世的家庭或是父母缺乏权威的家庭会请村内公平、公正、思维清晰、口才好的人来主持。一般是先分房屋。如果房屋整体上没什么差别,不成文规矩是房屋左边为大,右边为小,即长子分得左边,末子分得右边。分配房产大多由父母口头说明,诸子无异议即可,有些家庭以抓阄决定。若房小不够众子分配,分得房屋者须补偿未分得者,如房屋估值一万二,长、次子平分,未分到的三子,由其兄弟支付四千元做为补偿,以充租房或者建房之资。即便房屋狭小,不够众子分配,分家后也不能让老父母迁出老屋;有的父母会在分家前声明将使用其中的某一房间,分得此份房产者须让出此间房供父母居住。有时财产无法平分或有兄弟不满意父母划分财产的方式,此时或是请公证人调解,或是采取抓阄的形式。土地分为田地和山地,通常也是诸子平分。没有劳动能力的父母会将土地全部分配予诸子,有劳动能力者则保留离家较近的数分地做为菜园。田地按照肥瘠、远近、面积大小进行合理搭配,尽量做到公平公正。分田地也是口头协议和抓阄两种情况并存。若有三子,即写三张字据,将田地搭配分成三份,由诸子进行抓阄。山地的分配情况大致也是如此,也有不完全平分的案例,如有一报道人的竹林,即由一子管理收益,但该子每年须支付一定数额的钱,用于赡养父母(同时算补偿未分得竹林的兄弟)。家中的钱财、存粮以及农具、家具、餐具等大体也是诸子平均分配。父母的债务分家后也由诸子平均分担。诸子一般都会服从长辈的安排。此外,在分家过程中,父母会同其他诸子选择性地照顾各方面能力和实力较差的一方,如将现有房屋或田地中较好的部分划分给他,或是将家中债务少分摊一些给他,或是嘱托其他兄弟在日后多给予帮助等。

旧时,绵治村长孙也会分得财产,长孙负责祭祀,因此长孙视为末子,长孙分到的通常是一块田地或一间房屋,或者零碎的部分财产。如今此种习俗已经消失。过继的儿子如果在养父母家中长大,但他如果也赡养其亲生父母,他也可以分得亲生父母的财产。

事实上,随着生活水平的提高,分家方式在简化,如今后辈对家产并没有太大指望,都希望通过自己的努力提高生活水平。

下文通过两个案例来说明绵治村家产的分配情况:

1. 本案例报道人之兄结婚六年后同报道人分家,当时报道人还未成家。分家由父亲主持,叔、伯做公证人。房子共计两厅、六间房,父母在分家前声明将使用其中的一间房,如此每人各分得一间厨房和一间住宿房间,另剩下一间房由报道人大哥所得用于堆放杂物。田地是长辈去田地里进行划分,大致等分成两份。田地总共约八亩多,中心村内有两亩良田,兄弟各分得约八分,余下约四分父母做为菜地,没有精确丈量而是目测来划分地界,大致平分。中心村内另有四亩梯田,为方便操作和耕作,按照连片、产量高搭配产量低,每人各分得一片(约两亩),抓阄决定归属。中心村外围有六分旱地,也是大致等分。自然村内有两亩多梯田,也是按成片、产量高者搭配产量低者,抓阄后各分得一亩多。麻竹林的分配是按照连片的原则,数出约多少丛后大致平分,抓阄一人分得 60 丛左右。毛竹林和杉木林面积较小,兄弟之间没有分,留给父母。当时家中有一些存款,父亲分给报道人存款一万左右做为以后结婚花费。家具、餐具和农具都未分。存粮 2000 多斤,各分得 800 斤,父母留 600 斤。从分家下半年始,兄弟两人每年须拿出 600 斤稻谷赡养父母。

2. 本案例是报道人之父与叔均成家后才分家。当时的房屋无厅、有平房四间,父、叔各分得两间。水田共有三亩余,分得灌溉水源不足、交通不便或较贫瘠的地者,在面积上做补偿。半岭(地名)两块梯田长度、宽度及肥沃度约略相当,由二人抓阄决定归属。五亩(地名)的亩余地因一半有水,另一半因为地势关系无法蓄水,难以分割,由二人轮流耕种。岩山湖(地名)有亩余良田,以一份计;位于格丘(地名)缺水且离家较远、面积约五分的两块地,加上离家三四百米在老格(地名)的八分余地,合为另一份,也是抓阄来决定归属。山坡地的竹林则对分,从竹林中大致挖出一条界沟,口头决定权利归属。家中债务亦由二人平均负担,每家分到八百余元,在 1980 年代是不小的数目。

为防止分家以后众兄弟间因财产分配或其他问题发生矛盾,有的家庭会将平分后的家产以及父母赡养等由公证人写入分家协议书,分家协议书的内容通常包括:房屋、田地、存款、债务等财产的分配、父母赡养方式和具体内容,如各兄弟每月应给父母多少粮食和生活费等,另有执笔人、公证人的签名和手印,分家兄弟的签名、手印,最后还要加上一些祝福的话和分家日期。为了日后发生矛盾和问题有据可凭,分家协议书由参与分家的兄弟分别保留一份,有时父亲也会留一份。个人田野调查在绵治村取得两份分家协议,并摘抄在本章中,详见附录。

四、赡 养

根据 2011 年第六次全国人口普查数据显示,全国总人口为 1339724852 人,其中 60 岁及以上人口占 13.26%,65 岁及以上人口占 8.87%,农村居民为 6.74 亿人,而农村地区 60 岁以上老年人口为 1.23 亿人,农村老年人口比重已超过 18.3%。中国农村有 97.6% 的老人依靠家庭养老,而依靠退休金和集体养老的老人仅占 2.34%(刘晓莉 2010)。老龄化问题已成为全社会的一个问题。

就当前社会环境、历史传统和经济现状来看,农村养老首选方式自然是家庭养老。绵治村 60 岁以上的老年人有 353 人,占总人口的 14.6%,比重较高。家户调查的 113 户样本中即有 87 户涉及老人的赡养问题,绵治养老方式有轮吃轮住、轮吃不轮住、自伙、由一子奉养、分随二子、其他等方式。轮吃轮住是指父母在一定时间内(如一个月)固定在某子家吃住,过完此段时间再到另一子家去吃住。这种情况在绵治村很少,87 户中仅有一例。轮吃不轮住是指父母不和诸子同住,但轮流去各子家吃饭。自伙一般是指具有劳动能力的父母自行吃住,诸子每月给父母粮食或生活费。在中国农村,有生活自理能力的老人独立生活的愿望在增强(王跃生 2007)。在访谈中年长的报道人说自己选择单独吃住是因为一则还有劳动能力,二则随着年纪日增,饮食和生活习惯与子孙辈相异,在一起吃住反而会产生矛盾,单独吃住比较自由。在 87 户中有 47 户选择这种方式,是绵治村的主要养老方式。父母由一子奉养者有 25 户,这种方式较多的原因一则是一些兄弟间年纪相差较大,长子分家后父母一直都在照顾末子,所以老年时也会跟随末子食宿;二则是有些兄弟中的一人或多人去外地打工,赡养老人的任务就落到未离村的儿子身上。父母分随两子的情况有 4 例,一般是在有两子的家庭中父母各跟随一子,绵治村不成文的规矩是父亲跟随长子,母亲跟随末子,但事实上也并不是完全如此。不能归类的其他情况有8例,如孤寡老人养老。绵治村孤寡老人养老主要以自给自足、亲属养老和政府养老相结合,政府每月会给一定数量的钱,另外会在如春节这样的节日进行慰问。绵治养老方式如下表统计所示(有26户家庭没有计入,这26户家庭属于没有分家或是父母均已过世的情况)。

表 3-8 绵治老人赡养方式统计表

奉养方式	轮吃轮住	轮吃不轮住	父母自伙	由一子奉养	分随二子	其他	合计
户数	1	2	47	25	4	8	87
百分比	1.1%	2.3%	54.1%	28.7%	4.6%	9.2%	100%

结　语

人口与家庭是人类学研究中一个重要的研究主题,在一个多月的田野调查的基础之上,我们从人口、家庭形式、分家、赡养等方面对绵治村的人口与家庭状况进行描述和分析,力求能准确地反映绵治村的人口与家庭状况。随着社会的发展,人口与家庭也会随之进行一定的变迁,绵治村也是会如此。

参考文献

Ember,CarolR. & Melvin Ember
　　2010　*Cultural Anthropology*. Upper Saddle River:Prentice Hall.
王跃生
　　2007　中国农村家庭的核心化分析。中国人口科学 5:36—48。
刘晓莉
　　2010　论如何推进农村养老问题。大众商务 7:298。

闽南绵治人的社会与文化

杨青友
  2005 当前农村家庭养老探析。安徽农业大学学报(社会科学版)2:24—25。

林筱文
  1997 福建家庭规模和结构类型转变对社会的影响。发展研究 6:30—31。

孟少博
  2012 中国农村养老问题及对策。山东商业职业技术学院学报 3:9—11。

郑杭生
  2003 社会学概论新修。北京:中国人民大学出版社。

赵丹丹
  2000 对家庭定义的理论探讨。中国农业大学学报(社会科学版)3:61—67。

附录一

兄弟分家合约

同胞兄弟有两人分为两家：

一、旧厝定为一份,归一人所有,总定价人民币壹万元,其中分旧厝的人应付人民币伍仟元给予建新厝的人。(本款项定期限在五年内还清。如果分新厝的人在五年内什么时候要建时就要及时还清。)

二、1. 父母口粮每年每人应负担付给干谷 800 斤,其中早季节 300 斤,晚季付 500 斤。

2. 柴火全年每人应负担干柴 600 斤。

3. 父母今后发生疾病方面所用经济应由兄弟两人对分支付。

4. 兄弟所种园里的蔬菜,由父母自由选采各不干涉。

三、分旧厝的人不准在大厅及深井等公地处乱建及堆放物件。

四、分新厝的人应自己建,若在要建新房时要在旧厝边墙距离七市尺宽外方可建。

五、关于旧厝门口埕要作公用埕之用。

六、以上分家协商结果具体如下：

1. 长子××分新建房屋(要自建)

2. 次子××分旧厝(其中应付给长子××自建新厝人民币伍仟元,限五年内付清,如果在五年内不管什么时候要建要及时付清。)

七、以上协商兄弟要共同遵守,同心协力,发家致富,添丁进财。

公元 1992 年 2 月 14 日吉立

双方代书人:邹××

胞叔:××

叔公:××

房亲:××

父母在上

分房契约

一、左套房上下由长子××永远所有掌管使用。

二、右套房上下由次子××永远所有掌管使用。右过水上下（待两老人百岁后）由次子××永远掌管使用。

三、下学与××隔壁一间店由长子××永远掌管使用。

备注：1. 由公路到各套房及梯路永远归长子××、次子××公用。

      2. 长子××在左埕角可建一间（平房）厨房及浴室。

以上契约永远不得违约。

执笔：邹××

公证人：邹××

两兄弟认可签名：邹××

                邹××

补：1. 公路后墙改大的围墙等费用两兄弟共负。

    2. 楼梯做栏杠费用由两兄弟共负。

赡养父母契约

一、每月由长子××、次子××两兄弟各付壹佰元。

二、全年由长子××、次子××两兄弟各付陆佰斤稻谷。

以上不得违约

特此契约

俩兄弟认可签名：邹××

                邹××

                2002年农历正月初九日立

附录二

家户调查表

编号_____ 调查日期：2012年___月___日 调查地点：绵治中心村___组 报道人：_____ 记录人：_____

称谓	姓名	性别	出生日期	教育程度	小学就读学校	职业¹	户口所在地	常住地	婚姻状况及类型²	初婚年龄及年月	从何处娶嫁或嫁娶至何处	分家时间³	分家时父母存殁情况	父母奉养方式⁴	何时开始种植甘蔗	现住房修建时间
户主																

注：1. 职业一栏，如果不是务农，则补问开始做那一行业的时间。职业具体是做什么的越详细越好，如果一年内或者工作长期变化的，按主次列出，其他的"其他"的特殊情况需写明。
2. 婚姻状况及类型：婚姻类型包括娶媳妇、娶妻婚、招赘婚、童养婚等，婚姻状况分已婚、未婚、再婚、离婚、丧偶、其他。
3. 分家时间：①众子均结婚后分家 ②末子结婚后即分家 ③父母自伙 ④由某一个儿子奉养 ⑤父母分随两个儿子 ⑥其他，需写明。
4. 父母奉养方式：①轮吃轮住 ②轮吃不轮住 ③父母自伙 ④由某一个儿子奉养 ⑤父母分随两个儿子 ⑥其他，需写明。

第四章

绵治学校的变迁 ▶▶▶

◎ 沈宏娜

前 言

绵治的现代教育兴起于1939年,迄今已有70余年的历史。绵治村的小学是村中最重要的教育机构,不论是建国前只有少数人就读的国民学校,新中国成立后的"阶级斗争工具",1990年代的基础教育普及机构,或是目前日渐衰落的乡村小学,绵治学校①的历史既是一所学校的兴衰历程,也是村落变迁的缩影。

本章根据主要报道人的陈述,结合绵治村的历史背景,并参考《华安教育校史》,探索绵治学校的变迁,以下叙述依时间轴线将其分

---

① 绵治学校即绵治村唯一的小学,在历史上有不同的名称,1950年称为"华安县绵治初级小学";1958年3月始办完小,改名为"华安县绵治小学";1968年11月起改称为"新圩公社绵治大队贫下中农管理学校革命领导小组";1976年9月至今称"华安县绵治学校",以下均以"绵治学校"称之。

第四章
绵治学校的变迁

为三个阶段:1939—1976年、1977—1997年、1998—2012年。因为绵治的现代教育兴起于1939年,之后经历种种动荡,直至1976年"文化大革命"结束中国教育秩序逐渐恢复,并进入发展的新阶段,此前的各种尝试与努力奠定了绵治现代教育的基础。1976—1997年是绵治现代学校教育迅速发展的阶段,学校完成教学的重建和发展,实现普及义务教育的目标,使接受教育成为村民的普遍认知。1997年绵治学校通过"两基"验收,即到20世纪末,"基本扫除青壮年文盲,基本实现九年制义务教育"①,这是20世纪90年代我国教育工作的重中之重,这时的绵治学校不论是在入学率、升学率,或教学环境上都达到高峰,此后学校逐步由盛而衰,陷入生源渐少的困境之中。

在探索绵治学校变迁时,发现目前绵治学校存在学生外流问题,尽管通过晚自习等辅导方式,绵治学校在新圩学区②连续三年综合排名第一,但学生转学风潮势头不减。本次调查在暑假期间进行,学生、教师都在放假,且绵治学校仅有一位本村教师,其他教师在假期中均已离校,无法从校方获得更多资料,因此只能由绵治家长方面进行深入调查。由于是在调查中发现此问题,须进行分析和论述,故编制"绵治村家长对子女教育状况调查问卷"(见附录),从家长对子女教育的关注程度、与子女在教育问题上的沟通方式、与学校的沟通及对学校的建议等方面进行了解,以该份问卷访问绵治学校2011—2012学年第二学期结束前全部在校88名学生的家长,通过相对开放的问卷,以个别访谈的形式获得资料,有效问卷73份,实际涵盖学生75人,有两对姐弟同在绵治学校读书,访谈的家长对两个子女的教育态度与想法一致,并做一份问卷。本章分两部分,第一部分结合

---

① 1992年10月,江泽民主席在中国共产党第十四次全国代表大会上提出。

② 新圩学区位于华安县中部的新圩镇,新圩镇内有10个行政村,境内有14所小学,其中有1所实验小学,3所完小,6所初小及4所单人校(全校仅一名教师)。

绵治村的社会状况梳理绵治校史,第二部分对调查问卷进行分析,旨在探究绵治学校的变迁,以及绵治村小学生转学风潮出自家长方面的原因。

一、绵治学校的变迁

从梳理绵治学校校史,将绵治学校的发展历程划分为三个阶段:动荡岁月(1939—1976年)、发展时期(1977—1997年)、由盛而衰(1998—2012年),依序介绍绵治学校的变迁,力求将其发展脉络呈现出来,分析转学风潮的基础。

(一)动荡岁月(1939—1976年)

绵治现代教育在1976年以前,经历了民国时期、新中国建立初期和"文革"时期三个阶段。民国时期以私塾的形式办学,1939年改良为现代教育机构,新中国成立后建立初级小学,"文革"期间学校卷入政治活动,先前的建设成果毁于一旦。由于年代距今较远,关于绵治学校教育的文字资料少之又少,对1976年前的记述多是根据绵治学校校史及村中老年人的回忆进行的。这一时期因国家整体经济困难,村庄发展停滞,人民生活水平低下,此时绵治学校办学条件艰苦,依靠学校自力更生,也获得生产队的支援,后期则学校多政治活动。

旧时绵治村一直处于封闭状态,与中国大多数农村地区一样,绵治的绝大部分土地掌握在少数地主、富农手中。新中国成立后绵治进行土地改革,没收地主的土地,分给无地或少地的农民耕种,由县人民政府颁发土地证书给农民。1951年下半年,绵治村的土地改革基本完成。土改完成后,绵治开始建设合作经济组织—互助组[①],

---

① 互助组是由政府倡导,在自愿的原则下,数个家庭合作,互帮互助的一种生产方式。

第四章
绵治学校的变迁

1955过渡到初级合作社①,一年后绵治由初级合作社过渡到高级合作社②。1958—1983年间,绵治处于"一大二公三拉平"的人民公社化阶段,经过调整形成"三级所有、队为基础"的经营管理体制,即公社、生产大队、生产队三级。③ 绵治村就是一个大队,共22个小队,也就是现在22个组的前身。小队中的成年男性一般都是全劳力,妇女和儿童为半劳力。根据每天劳动情况记工分,年终时进行现金结算。人民公社化阶段,农民生活简单,消费水平低。生活必备品如食盐、糖等,由大队分任务给小队,小队派成员步行去九龙江挑回。人民公社化体制将农民牢牢地困在生产队中,每天参加劳动,只能进行农业生产,不允许经商和外出务工。

这一阶段因生产发展落后,交通闭塞,村庄仍然处于封闭的状态,学校发展缓慢。处于温饱无法满足的生活状态中,不是所有人都有机会接受教育,能读至初中的人则少之又少,这部分人后来成为村中精英。中国的教育是在一个经济落后、文化教育不发达的基础上发展起来的,从建国初期对于建立新的教育体制的尝试,至"文革"期间教育在政治风波中动荡飘摇,中国的教育经历了一段艰辛曲折的历史时期,直至"文革"结束后教育走上正常的发展道路。结合社会历史背景,下文将从校址变迁、办学条件、学校建制、学制多变、"文革"波折几方面阐释在动荡岁月中绵治学校的发展情况。

1. 校址变迁

民国初期绵治在桂花湖、七垟格、洋大宅等地办过私塾,由本村的不第秀才招收学生,有钱人家送子女去读书,以谷子支付学费,或

---

① 初级合作社实行统一经营,其规模为3040户,保留农民土地等生产资料私有,但由合作社统一安排,按个人投入的劳动进行分配。
② 高级合作社是农民的集体组织,生产资料集体所有,统一劳动,按劳取酬。
③ 公社是从事集体经济活动的经济组织,与基层政权合一,掌握集体资产。生产大队是介于公社和生产队的经济组织。生产队为纯粹从事集体经济活动的组织。

是宗族以公田租谷聘请塾师教本族子弟。而后在"追来堂"开办新学,教授国语。"追来堂"是邹氏家庙,始建于明朝末年,历代维修,现存为清代建筑,1992年重新整修。追来堂占地面积170平方米,坐北向南,由前厅、天井、正厅组成。正厅曾为学生读书之处,两侧小间为办公室,教师寄宿在附近民家。

1936年全县对私塾进行改良,纳入正式教育体制。1939年改名为"国民学校","以授以国民道德之基础及国民生活所必需之普通知识技能为本旨"(李诚忠 1989:830)。初等小学修业四年,毕业后视具体情况可升入高等小学。

1950年绵治始创初级小学,2月学校开设三个班级,招收学生84人。1958年3月始办完全小学①,校名由绵治初级小学改为华安县绵治小学,校址由"追来堂"迁到崩溪"日昇楼"。日昇楼是旧时名为"过渡"的地主所建,1946年至1948年耗时三年建成,地主住一年多,全国解放,日昇楼充公为国家所有。1949年11月18日华安县解放后,撤销原来的乡镇保甲制,建立区、村新政权,全县设4个区,1952年4月建立绵治第五区,1955年9月17日撤销第五区。第五区存在的这段时间,日昇楼就是区公所办公所在地。1958年起日昇楼改为绵治教学场所和教师宿舍,1970年10月起全部学生在新建的教学楼上课,1986年10月教师由日昇楼搬入新宿舍,日昇楼归还建楼地主的后代。

2. 办学条件

绵治村在1958年以前只有初小,读完初小的学生去邻村上坪读高小。追来堂做为校址期间,办学条件艰苦,学生自带板凳,以凳搭木板充课桌,教师的办公桌以柜子代替,土墙抹水泥再涂黑漆即是黑板。课程设置简单,只有国语和算术两门。

---

① 小学分初等小学和高等小学,初小四年,高小两年,同时具有初小和高小的小学是完全小学,简称完小。

搬迁到日昇楼后,教学条件明显改善,学校每年从学杂费中扣除部分用以购置桌椅,村委会提供若干木料支援学校建设。这时教学已经逐渐正规化,课程科目有语文、数学、音乐、美术、体育等,五年级以上开设历史、地理课。日昇楼是学生上课、教师住宿之处。随着学生人数的增多,教室不够,1970年10月县拨款在今校址教学楼右侧,建四间土木结构的平房教室。

经历50年代教育的某报道人回忆:1954年开始在祠堂读初小,当时全校仅两个班,共三位教师,学习语文和数学。学校实行六天制,上课时间从周一到周六。每届有十几名学生毕业,和报道人一届的有九名学生读完四年级去上坪小学读高小。班中女生较少,她们读完初小大多未再续读高小。

3. 学校建制

新中国成立初期,教育工作建设的总方针是:为国家建设服务,向工农开门,以老解放区新教育经验为基础,吸收旧教育某些有用的经验,借鉴苏联教育的先进经验,从中央到地方统一的教育行政体系逐渐得以确立。具体到绵治学校,一系列的教学制度得以建立。1952年贯彻教育部颁发的《中小学暂行规程(草案)》,使用全班统编教材;1953年春季学习苏联凯洛夫教育教学法,运用课堂教学五大环节施教①;1956年3月施行苏联的"五级记分法"②;1958年9月贯彻"教育为无产阶级政治服务,教育与生产劳动相结合"的教育方针③,师生停课在马山祖厝参加大炼钢铁运动;1964年3月改革考试

---

① 组织教学、复习检查、讲授新课、复习巩固、布置作业。
② 5分优秀、4分良好、3分及格、2分及以下为不合格。
③ 参见1958年9月中共中央、国务院发出《关于教育工作的指示》。

制度①,以"十大教授法"②指导课堂教学;1965年春学校贯彻"两条腿走路"的方针,大力发展耕读小学、农业中学,秋季实行半工半读制度,学校建有农场,学生除学习文化课外,还须参加农场劳动。

4. 学制多变

新中国成立后小学沿用"四二制",即初小四年,高小两年。1952年小学试行"五年一贯制",后因师资、设备均无法配合,1953年恢复"四二制",实行秋季招生;1960年9月试用"五年一贯制"教材;1962年又恢复"四二制"(华安县地方志编纂委员会 1996:565)。"文革"开始后,学校"停课闹革命",教学秩序被破坏,正常的教学工作无法进行。取消升学考试制度,实行推荐升学。

1970年改为春季招生,实行五年制。1970年2月绵治小学附设初中部一班,学生23人,县派骆炳宗老师担任初中教师。1971年7月附设之初中班合并到黄枣中学,学生分别到黄枣、上坪、汰内就读。1973年恢复秋季招生。

5. "文革"波折

"文化大革命"首先从文化领域的批判开始,新中国成立后教育工作被否定,教育整体受挫。绵治学校不可避免地经历了这场动荡,教学工作受到政治活动的严重影响,刚刚建立起来的教育秩序惨遭破坏。1966年5月学校开展对"三家村、四家店"③的批判。同月贯彻毛泽东主席的"五七"指示,即以学校学习为主,兼学别样,不但要

---

① 1964年2月,毛泽东在教育工作座谈会上说,"现在的考试方法是对付敌人的方法,实行突然袭击",学校由此进行考试改革。

② 具体包括:废止注入式,提倡启发式;由近及远;由浅入深;说话通俗化;说话要明白;说话要有趣味;以姿势助说话;后次复习前次的概念;要有提纲;干部班要用讨论式。

③ "三家村"本义是乡间人居寥落的地方。吴晗、邓拓、廖沫沙在"三家村札记"专栏中批评与讽喻社会不良现象与时弊,被认为是"有步骤、有组织、有指挥"的政治行为。"四家店"由"三家村"派生而出,"三家村"在学校代理人即称为"四家店"。

学文,也要学工、学农、学军,也要批判资产阶级。1967年学校成立"红卫兵"组织,批判"修正主义教育路线和资产阶级反动路线";1968年3月学校停课闹革命;9月建立有贫下中农参加的"三结合"领导小组,以加强学校领导;10月开展"三忠于"[①]活动,建立"早请示、晚汇报"制度;11月实行由贫下中农管理学校,启用"新圩公社绵治大队贫下中农管理学校革命领导小组"新校章,贫农代表任正组长,学校校长任副组长;同月以公社为单位,开展"清理阶级队伍"[②]运动。1973年8月召开教师"批修整风"会议,对"两个估计"[③]进行批判。1975年3月开展"批林批孔"运动。

在新政权巩固的过程中,中国政治动荡波及基层。基础教育建设处于起步阶段,各种制度不完善,教学秩序易受政治活动冲击,绵治小学经建国后建立起的教学秩序、教学质量和教育完整性经"文革"几乎被摧毁殆尽。

(二)发展时期(1977—1997年)

"文革"结束后,教育工作开始拨乱反正与调整改革,从根本上改变教育战线的形势,教育事业得到恢复和发展。在和平发展的时代背景下,绵治学校翻开新的一页。这一时期的发展与国家政策变化有关,国家处于上升时期,绵治逐渐由封闭走向开放,各种利民政策的出台促使乡村发展。

计划经济曾为中国早期经济的恢复和初步发展做出重大贡献,但随着时间的推进其弊端日渐明显,不能适应新的发展需要。1978年中国实行改革开放政策,国民经济进入调整时期。高度集中的计

[①] 忠于毛主席、忠于毛泽东思想、忠于毛主席的革命路线。

[②] 中共"九大"后全国范围开始"清理阶级队伍运动"。学校以干部、教师及观点不同的学生为批斗对象。

[③] 即新中国17年教育战线是资产阶级专了无产阶级的政,是"黑线专政";知识分子的大多数世界观基本上是资产阶级的,是资产阶级知识分子。

划经济体制被社会主义市场经济体制所替代。绵治村1981年分田到组,改革开放以后,公社、生产大队和生产队失去原有的经济功能,1983年被取消,改称镇、村,同年绵治实行家庭联产承包责任制,人民的生活水平由从温饱向小康转变。

改革开放后国家的工作重心转移到经济建设上,教育工作的地位、作用也得到不断提高和加强,对教育的认识由"为无产阶级政治服务"、"无产阶级政治斗争的工具",发展到全面看待教育与社会发展、教育与人的发展关系,教育在经济、科技和社会发展中的基础性地位得以重新确立。1985年5月颁布的《中共中央关于教育体制改革的决定》,强调教育促进经济和社会发展的功能,教育从为政治服务转而为经济建设服务。《决定》提出实行九年制义务教育的历史性任务。

教育在和平社会环境中得到较稳定的发展,绵治学校的恢复与发展主要体现在学校设施改善、学生人数增加、公办教师比例增大、学校收费变化以及基础教育逐渐普及等数方面。

1. 学校大建设

学校的建设既包括体制的建设,也包括教学设施的建设,绵治学校两方面同时进行,教学秩序得以重建,逐步规范化。

据校史记载,1978年12月学校开设初中班,办成七年一贯制(小学五年、初中两年)学校。当时全校幼儿班28人,小学5班166人,初中1班38人。1980年因师资、设备达不到要求,撤销附设的初中班。

1978年12月修理日昇楼。1979年10月在原四间土木结构的平房教室处加建两间。1985年秋,在村两委发动下,村民每人集资50元建成砖木结构的两层共八间教学楼,学生由平房教室搬入教学楼中上课。1986年9月为改善教师的住宿条件,村两委支出近万元将闲置的六间平房教室改为12间套房的教师宿舍。1993年下半年,台胞邹文廉回乡探亲时捐献2000美元,在原教学楼上加盖第三层。1995年在紧邻教学楼左侧的位置新建今三层教师宿舍楼,投入使用,并将教学楼右侧由平房教室改建的教师宿舍拆除。

2. 学生人数增加

学校走上正常发展道路后,入学率和升学率有大幅度提高,学生人数不断增加,学校规模不断扩大。

表4-1 绵治学校师生数统计表(1978—1996年)

时间	教师人数	公办教师人数	民办教师人数	本村教师人数	学生人数
1978年9月	17	7	10	13	232
1979年9月	15	7	8	12	363
1985年6月	15	5	10	12	316
1986年6月	15	5	10	11	279
1987年2月	12	6	6	9	253
1995年8月	16	13	3	7	439
1996年10月	16	13	3	7	438

说明:①表中师生人数均不包括洋大宅和郑竹分校;②表中不计老师工作调动、学生转学或留级等产生的人数变动,仅以统计时间的静态数据为准。

1992年10月根据中共十四大内容,全国范围内开始"两基"达标的准备工作。具体到绵治学校所在的新圩学区,根据《福建省普及九年义务教育和扫除青壮年文盲评估验收办法(试行)》等有关文件的要求,结合华安县实际情况,新圩学区与各小学签订责任书,明确学区内各学校努力的方向和目标,以便新圩学区的"两基"工作能在1997年上半年顺利达标。

"两基"达标期间,绵治学校对全村儿童进行透彻摸底,以确保适龄入学儿童都能就学。根据派出所提供的户籍册等有关资料,深入实际调查,摸清适龄儿童、适龄残疾儿童的基本信息,确定残疾对象和免学、缓学人员。据"两基"期间任职校长的报道人回忆,"两基"验收前绵治村适龄儿童入学率大致为80%,"两基"验收后为95%~98%,仅身体有残疾的,如聋、哑和精神不正常的儿童未入学就读。为完成验收,校长和教师走遍村中所有适龄学童的家,进行细致的排查及动员说服工作。

3. 公办教师比例增大

20世纪50年代,在国家经济水平比较低,教育资源投入不足的情况下,为普及小学教育,乡村小学办学多采取半公办半民办的制度,即政府派出骨干教师力量,不足部分由乡村自理,即从村中挑选具有初中以上文化程度的知识青年担任民办教师,但不列入国家教员编制。随着时代的发展,师范学校毕业生数量增加,且民办教师有的素质偏低,有的年龄偏大,为了教育的规范化和教学质量的提高,民办教师以转为公办教师或被清退的形式,逐渐退出教学舞台。

"两基"建设期间,绵治学校对师资水平进行大规模整顿。首先任教教师除具有良好的思想道德品质以外,还必须能胜任或基本胜任教学工作。符合以下条件之一的视为"基本胜任":具备合格学历、取得所任学科专业合格证书、取得教材教法合格证书、截至1986年底教龄达20年以上取得三级以上职称。其次小学教师应为中师和高中毕业以上(含小学专业合格证),小学专任教师学历要求达到95%以上。小学教师35周岁以下要求全部参加小学教育大专自考。①

不断缩小民办教师在学校教师中的比例,是规范教学和提高教学质量的必要举措。绵治学校大部分民办教师因工资太低无法维持生活而离开教职,留在岗位的民办教师到"两基"验收时,均已符合转为公办教师的条件。"两基"验收前,教师全部接受继续教育,民办、公办教师分批去学区组织的学习班学习,每次去三五天,通过考试发放证书。1995年第三批民办教师转正,绵治学校最后一位民办教师在这一批转为公办教师。绵治学校的"两基"不论是从设施建设,还是师资力量上,都对学校进行一番彻底整顿,达标验收工作在1997

---

① 《华安县新圩学区实施教育"两基"达标工作责任书》,1987年1月23日,第23页。

年上半年顺利完成,在学校发展史上具有里程碑式的意义。

4. 学校收费变化

学校收费的变化反映出国家经济水平的发展,这一时期学校收费急速升高。如表4-2,纵列的数据是间断截取这20年间的四个学期,列出开学时学校对各个年级预收的学费。1987年2月与1979年2月的收费相比,高出6倍;1987年9月的收费比2月又有增加;1995年9月与1987年9月的收费相比,增长十分明显,1995年9月一年级因教材改版,由原来的黑白印刷改为彩印,因此收费高于其他年级。

表 4-2 学校收费变化表(元)

时间	1979.2	1987.2	1987.9	1995.9
幼儿班	1	6.5	6.5	170
一年级	1.5	9.3	10	235
二年级	1.5	9.3	11	185
三年级	1.5	10	12	185
四年级	2	11	13	185
五年级	2	13	15	195
六年级				195
初中班	3			

说明:①1979年为七年一贯制(小学5年、初中2年),无六年级。②1980年因师资、设备均不达要求而撤销初中班。③1987年时绵治学校实行五年制。

5. 基础教育逐渐普及

中国的基础教育包括幼儿教育、小学教育、普通中等教育[①]。基础教育是造就人才和提高国民素质的奠基工程,其普及经历了一个长期的历史过程。1971年4月国务院科教组召开的全国教育工作

---

① 中等教育分为中等普通教育和中等专业教育,基础教育所包括的中等教育是普通中等教育,普通中学是其主要部分。

闽南绵治人的社会与文化

会议提出,争取在第四个五年计划期间,在农村普及小学五年教育,有条件的地区普及七年教育。这里的七年教育指小学五年加初中两年。1983年5月6日中共中央发出《关于加强和改革农村学校教育若干问题的通知》要求,力争在1990年以前,除少数山高林深、人口特别稀少的地区外,基本普及初等教育。1985年《中共中央关于教育体制改革的决定》中提出,国家要实施九年制义务教育。

绵治村民基础教育的普及与国家教育政策实施时间基本一致,80年代后绵治基本实现中小学基础教育的普及。以下是根据调查期间在绵治所做的113份家户调查问卷①制成的表格,该表统计了1971年至1990年出生,在绵治学校接受小学教育的村民的受教育程度。1971至1980年出生的绵治村民共有45人,教育程度普遍为小学与初中,其中小学18人、初中19人;文盲7人,占15.6%,均为女性;只有1人有大学学历。1981至1990年间出生的村民共68人,教育程度以初中、大学为主,其中初中35人、大学22人。这一年龄段的村民已无文盲。

表 4-3　教育程度统计表（1970—1990 年）

出生年份 \ 性别 / 教育程度	男性 文盲	男性 小学	男性 初中	男性 高中	男性 大学	女性 小学	女性 初中	女性 高中	女性 大学	合计 113
1971—1975	5	5				9	9			28
1976—1980	2	2	4			2	6		1	17
1981—1985		1	3		2	1	14	1	6	29
1986—1990			2		5	5	13		11	39

说明:①表中村民有肄业情况,受教育程度计为所肄业阶段的学历;②大学一栏,包括本科、大专、中专;③大学在读生的教育程度计为"大学"。

---

① 详见本书第三章程学传一文。

第四章
绵治学校的变迁

某报道人1978—1984年在绵治学校读小学,当时每个年级有两班,一年级时,每班50多人,五年级毕业时全班只有22个学生,其中女生4人。小学由低年级升到高年级人数减少的原因很多,如:家庭贫困,无经济能力供子女读书;农活多,需子女帮忙;每升一年级有许多学生因考试不及格而留级。大部分女生都只读完三年级,便辍学在家帮忙家务、农务。

20世纪80年代以前未能受教育的村民多是家庭经济困难所致。进入80年代后,由于经济的发展与义务教育的实现,每个儿童都有机会接受学校教育。

(三)由盛而衰(1998—2012年)

1997年绵治学校通过"两基"验收,达到发展的高峰,不过学校的辉煌未能一直延续。在计划生育政策之下,子女数量减少,家长对子女寄予厚望,更加注重其教育,优先考虑的是私立学校而不再是乡村小学。绵治村的教育随着时代发展而改变。

近十余年来绵治经济有显著发展,外出务工、个体经商及种植各种经济作物,使绵治村整体经济水平得以提升。1990年以后大批村人外出务工,以去华安县、漳州市区或厦门为主。在进行调查的73户学生家庭中,5个学生父或母长期在外打工(其中之一为单亲家庭)。外出务工的收入通常多于在家务农的收入。73个受访学生家庭,16户是个体户,如经营制茶厂、饭店、铝合金店、建筑材料店、杂货商店等。个体户家庭并未放弃农业,往往是农商并行以增加家庭收入。以农为主业者因种植长辣椒、香蕉、麻竹、食用菌、甘蔗、铁观音等多种经济作物,收入也大幅提升。农民收入渠道增多,收入增加,是村庄发展的基础,也是教育发展的基本条件。当家庭具有一定经济实力时,家长有能力实现对子女的教育设想,为子女创造更好的受教育环境。

在经济发展的同时,绵治的交通状况却由便利变得不方便。沿江公路开通前,绵治是来往漳州与华安间的必经之路。绵治村民可

闽南绵治人的社会与文化

以通过华安旧线(绵治、磜头、高车、翻西倒、前岭、金山、龙头山、华安)的公交车,方便到达华安县城。高龙公路通车前,高安来往漳州也必经绵治,一天有公交车七八班。六年前高安到龙山的高龙公路开通后,高安往来漳州的班车走高龙线,不再经过绵治。2011年至今由绵治外出,每日仅两班公交车可搭乘,由绵治出发经上坪、汰内到漳州,单程需要两个小时,终点在漳州中心站。如今由于班车较少,子女去县城读书,须由家长接送、搭他人便车,或设法数人拼车同往。交通不便不仅影响村庄经济发展,也制约教育的发展,影响学生外出读书和绵治学校教师引进。

1. 生源外流

2011—2012学年夏季学期结束时,绵治学校共有在校学生88人,每个年级一个班,每班学生数在14~16人之间。表4-4是绵治学校1998年起每年秋季学期师生人数的统计,学生人数逐年递减。据调查新学年开始之前,数名学生拟将转学,绵治学生数仍有减少的趋势。

表4-4 绵治学校师生数统计表(1998年9月—2011年9月)

时间	教师数	本村教师数	学生数
1998年9月	15	6	318
1999年9月	15	5	303
2000年9月	16	5	285
2001年9月	17	5	246
2002年9月	12	3	208
2003年9月	11	3	177
2004年9月	10	2	136
2005年9月	11	3	125
2006年9月	12	2	125
2007年9月	12	2	110
2008年9月	11	1	102
2009年9月	12	1	102

续表

时间	教师数	本村教师数	学生数
2010年9月	12	1	93
2011年9月	12	1	89①

表4-5是绵治学校2011年9月制作的绵治村6～12周岁儿童就学情况统计表。学校招生时年龄限制严格，小学入学年龄为8月31日前满7周岁，绵治学校一直设有幼儿园（即学前班），读小学前须先读一年幼儿园。因此6～12周岁的儿童，即1999年8月31日—2006年9月1日以前出生，基本都已入学就读。

表4-5 绵治村6～12周岁儿童就学情况统计表

周岁	公安户口数	未入户口数	外地在本村	在外乡镇	在外县市	在本校	备注
6	20	5		2	8	15	
7	23	2			8	16	死亡1人
8	17	4	2	1	5	17	
9	17	3		4	4	12	
10	16	3		3	2	14	
11	15	3		3	4	9	
12	21					7	
合计	129	20	2	13	31	90	1

绵治6～12岁的儿童，在公安入户与未入户共148（死亡1人）人，另有两名外地在本村读书的学生，绵治村这一年龄段孩童共150人。其中在绵治学校读书的有90人（11、12周岁的学生除在本校就

---

① 2011年9月开学时有89人，至学年结束时减少1人；调查时间为2012年7月，故截止到学年末剩88人。

读的7人外未进行完全统计),因此绵治村6~12周岁的儿童有三成以上在外读书①,绵治学校生源外流情况明显。

2. 教师流动

学校这15年间教师人数变动很小。2009年至今每年学校教师均为12人。绵治学校的教师中两位来自外乡镇,其余均为其他村人,近五年来本村教师仅剩一位。学校教师由学区统一调动,少数调入绵治学校的教师任教一两年就会申请调离绵治,因此整体上没有大变动。沿江公路与高龙公路开通后,绵治成为公共交通死角,教师不愿来到交通不便的绵治,他们更希望留在学区的中心地带以谋求更好的工作前景,调来绵治学校的校长、教师也都急于申请调走。

3. 晚自习

绵治学校在新圩学区原本排名靠后。为提高教学质量,县领导提倡通过开设晚自习进行补习。2009年9月份开始晚自习,周一至周四每晚两节,以作业辅导为主,偶尔上课。晚自习补习的教师补贴由镇、村和学区三方支出。通过晚自习和师生的努力,学校的教学质量有所提高,在新圩学区连续三年综合排名第一。

家长对晚自习看法不一,部分家长赞赏学校开设晚自习课,因多数家长文化水平不高,日常农活繁忙,不能经常辅导子女做家庭作业,通过晚自习由教师辅导,既未增加家庭经济负担,又解决家长对子女作业的担忧,因此支持学校开设晚自习。也有家长认为晚自习成效不大,虽然子女参加晚自习,却不见成绩有所提高,但绵治学校在新圩学区综合排名连续三年名列第一也是不争的事实。

二、绵治家长的教育观念

"如何看待儿童、如何看待儿童的发展以及儿童向何处发展等方

---

① 尽管12周岁儿童已有极个别升入初中,但不影响绵治学校生源外流的整体判断。

第四章
绵治学校的变迁

面,综合起来就是家长的教育观念"(林崇德 2000:363)。本章所说的绵治学校学生家长的教育观念,即家长对子女教育的态度与计划,升学率高低是家长评判学校教学的直接依据。绵治村转学风潮日盛,家长的教育观念是重要原因。为了解绵治家长的教育观念,自编"绵治村家长对子女教育状况调查问卷",通过逐户走访,力图找到转学风潮背后来自学生家长方面的原因。

(一)对 象

本次问卷调查绵治学校 2011—2012 学年第二学期结束前在校所有 88 名学生的家长,其中 5 名学生家住在小村(芹菜湖、七垺格、郑竹),因缺乏交通工具前往故未能进行访谈,实际访问对象为 81 人,回收问卷无效者 8 份,一家空户,父母子女均在漳州市区;4 名学生家长在外务工,由祖父母或叔伯照顾生活;2 名学生的家长不愿就其教育问题回答询问;1 名单亲家庭学生,其父年已六旬,不会普通话无法与之交流。实际完成 73 份(包括两对同在绵治学校读书的姐弟),参与学生 75 人。

(二)方 法

由于调查时间有限,在问卷正式使用前没有对问卷进行测试及信度和效度的评估。问卷包括封闭式的问题,也有相对开放的问答题,偏重于态度的征询。问卷调查以个别访谈的形式进行,调查对象为父母一方或双方,或主要负责学生教育的亲属,由访问人员直接向调查对象提问,并记录其回答,只记录学生姓名以便于统计,尽量给家长自由表达的空间,消除家长应答时的心理顾虑,尽可能保证获取的资料真实有效。一起进行田野调查的 11 位同学在经过统一说明和指导后,每人分做六份问卷,协助笔者完成问卷调查。

(三)问卷分析

问卷包括 5 个项目,16 个问题。5 个项目分别为:家长和学生的

闽南绵治人的社会与文化

基本情况、家长对子女教育的期望、家长对子女的教育投资、家长与子女在教育问题上的沟通方式、家长与学校的沟通情况。问卷分析时运用原始数据检查、制订统计分析提纲、用图表进行具体统计等方法。

1. 家长与子女的基本情况,包括家长的职业、年龄和受教育程度;子女数量、年龄、年级和就读学校。

73 份问卷中有 52 户家长以务农维生,16 户个体户,父母一方在外打工的有 5 户(包括一户单亲家庭)。父或母具有中专学历的有 2 户,4 户学生家长一方具有高中学历,35 户家长双方或者一方具有初中学历(包括初中肄业,不包括家长一方具有高中、中专学历的家庭),其他的 32 户学生家长均为小学学历或者文盲。独生子女家庭 43 户,两个子女的家庭 29 户,三个子女的家庭 1 户。

2. 家长的教育期望,包括对子女考试成绩的期望、给子女转至更好学校的想法以及对子女未来教育的规划。共计三个问题。

问题一:您希望孩子的考试成绩在班里能排多少名?

60 户家长希望子女学习成绩能够名列前茅,其中 53 户家长希望子女成绩班级排名前十名以内;3 位家长希望子女排名靠前;3 位家长希望子女考试成绩能达到特定分数,分别为满分、190 及 160;1 位家长希望子女成绩能够考上华安一中(2012 年绵治学校毕业班,只有一名学生考入华安一中)。此外 13 户家长中:4 位学生家长表示只要子女认真学习,能够不断取得进步即可;6 位家长不清楚子女成绩;3 位家长由于对子女一直以来的成绩都不满意,不愿给予明确答复。

问题二:您是否想过让孩子转学到县里或者漳州读书?

据调查除去毕业班 15 人及秋季学期拟将转学离开的 6 名学生外,28 名学生的家长表示想要给子女转学。26 名学生的家长未打算给子女转学:9 名学生家长认为转学费用高负担重;7 名学生家长认为子女尚幼,不能独立生活;此外还有子女参加过私立学校的选拔考试成绩未达线;华安县公办小学接收转学人数名额有限;交通不便需家长接送；雇人照顾子女家长不放心；担心子女不能适应环境，及在本村就读可与家长生活在一起等原因。

问题三：您对孩子的将来的学习是否有规划？

家长对子女学业的规划指家长对子女各阶段就读学校的计划，对子女学历的期望。28位家长表示有，即对子女的小学、初中及高中进行了规划，家长以华安一中和私立学校正兴、立人为子女中学就读学校之首选。此外45位家长认为将来子女的学业如何，依个人的能力而定。

3. 家长对子女教育的金钱投资，包括购置课外书和每年教育费用两个问题。

问题一：您给孩子买过课外书吗？（除教材和教材辅导材料）

48位的家长曾为子女购置课外书。低年级学生家长以购买故事书、图画书等为主。高年级学生家长依子女学习需要为其购买作文参考书等。25位家长不曾为子女购置过课外书。

问题二：您孩子读书每年要花多少钱（不含生活费）？

绵治学校自2007年9月起免收学费，2010年9月起停收每年六七十元的教材辅助费。学生每年的教育费用仅限于学习用具、课外书籍等。家长表示子女在绵治学校读书花费很少。

4. 家长对子女教育的时间投资。

这一部分包括三方面。

(1)家长对子女学习的了解程度，问卷设置五个相关问题。

问题一：您是否向学校了解过孩子的在校情况？

34份问卷回复为"没有"，39份为"有"。家长主要通过4种途径了解子女在校学习情况：给教师打电话、去学校找任教老师谈话、接待教师家访以及村中遇到子女任教老师时与之闲聊。其中电话询问有2人、去学校了解有14人，通过家访为6人。因为本题答案为复选，既打电话又去学校的家长共5人、去学校并接待教师家访的家长1人，打电话兼接待家访为3人，通过打电话、去学校及接待家访三种途径了解子女学习的家长为3人。学校仅一位本村教师，因此家长与大多数教师并不熟悉,在日常生活中遇到教师,并与之闲谈以了解子女在校学习的情况较少,仅为5人。

问题二:您知道学校的教学内容吗?

53位家长不知道学校的教学内容。知道部分的家长有14人,仅6位家长表示知道学校的教学内容。家长不主动了解子女的学习内容,认为是学校的职责,本身既没有足够的文化水平,也没有时间去了解。

问题三:孩子每天作业是否完成您会注意吗?

由于绵治学校开设晚自习,答案为"会"的41位家长平时晚自习后会询问子女作业是否完成,周末时督促子女完成作业。"有时会"注意子女作业完成情况的19位家长,有时间会注意子女作业完成与否,没时间则不会。13位家长完全不关注子女作业是否完成。

问题四:您平时会辅导孩子的功课吗?

"有时会"辅导子女作业的32位家长,没时间每天辅导。26位"不会"的家长中,有20位是因为自身文化水平有限,4位表示没时间,1名学生由其姐负责辅导学习,1位因子女不听管教从而答案为"不会"。仅15位家长总会辅导子女作业。

问题五:您知道孩子本学期期末考的时间吗?

根据问卷要求,家长在子女考试之前是否知道确切的考试日期,而非问卷进行时是否记得。53位家长知道考试的具体时间,因为这是每学期最重要的考试,在此之前家长通常都会做出允诺,若子女考试成绩在期望范围内将获得奖励。20位家长不清楚期末考试时间。

(2)家长的奖惩方式

问题一:孩子取得好成绩时,您会采取什么奖励方式?

家长的奖励方式分为物质奖励和精神鼓励。物质奖励包括奖以现金、购置物品及带子女外出游玩,54位家长用这种方式奖励子女。精神鼓励即表扬子女取得的成绩,告诫其不骄不躁继续努力,6位家长采取精神鼓励。兼用具物质奖励与精神鼓励的为4位家长。此外的回答均为"无",多是子女成绩始终不理想,没有取得家长所期望的名次或进步,所以无法兑现承诺给予奖励。

问题二:孩子成绩不理想,您会采取什么手段教育他?

综合问卷调查,当子女学习成绩不理想时,家长普遍采取的教育方式有4种:谈心、责骂、打骂、找老师,部分家长采取其中的两种或三种。28位家长通过谈心对子女进行批评与鼓励,17位家长责骂子女,6位家长打骂子女,3位家长表示会去学校找任教老师讨论子女学习问题。打骂子女并与之谈心的家长为2人,责骂子女后与之谈心的家长有7人,责骂子女并找教师的情况为1人,与子女谈心并找教师谈话的家长为5人,采用谈心、打骂、找老师三种方式的家长有1人。此外1位家长有通过变相刺激进行批评教育,即将子女与其同学比较以激励其改进。家长教育手段为"无"者仅两户,因子女成绩一直优异,无不理想情况,家长不曾因此训诫子女。

(3)家长对子女教育的看法,包括三个问题:家中子女教育的主要负责人、子女目前教育中最让家长担忧的问题以及对家长子女读书目的的看法。

问题一:在家里教育孩子主要是谁负责?

学生教育基本都由父母负责,其中主要由父亲负责为28户,主要由母亲管教为16户,父母共同负责有17户。根据调查结果,选项"其他"包括祖父母或姐姐,6户由父母一方或双方和其他亲属一起负责,3户由祖父母负责,1户由姐姐负责,另有3名学生无人管教其学习。以上统计结果包含四名单亲家庭学生。

问题二:目前,在孩子的教育方面,最让您头疼的是什么?

12户家长对子女的学习没有担忧之处,61户家长的担忧各不相同。18位家长认为子女学习不认真,因此造成成绩不稳定、跟不上进度、偏科等问题;9位家长认为子女过于贪玩,影响学习成绩甚至未来的学业;8位家长对于子女不听家长、老师的管教而担忧将来学业;10位家长认为学校教学中存在的问题,是他们比较担忧的事情,如无家访与家长会、课外活动少、无英语课、教师不够认真、教学水平有待提高等。此外家长的担心还体现在对于子女性格,如沉默寡言、懒散、骄傲；与高年级学生结伙做坏事；以及自身文化水平不高、经济能力有限、闲暇时间少，不利于子女教育等方面。

问题三：您认为让孩子读书的主要目的是什么？

46位家长认为子女读书的主要目的是用知识改变命运，希望他们能够勤奋读书，读至大学以找份好工作，过上轻松的生活，不必留在农村辛苦种田。20位家长出于对子女成长的考虑，认为纯粹为增长知识和提高自身修养而读书，希望他们通过学习文化知识，长成为诚实正直、懂得为人处世之道的人。另外7位家长不曾考虑过这个问题。

5. 家长对绵治学校的建议。

针对"您对孩子目前的学校教育有什么建议？"这一问题，41户家长给出明确的建议，可归纳为四个方面：教学管理、教师数量、课程安排以及学校与家长的沟通。

首先家长对教师教学态度不满，认为其未尽到为人师表的义务，主要体现在：教师教完书便是完成任务，不理会学生是否听懂；部分教师忽视学校纪律，迟到或不按时到校给学生上课。有家长指出，每班只有十几名学生，教师更应认真负责地教育他们。其次家长认为学校需要引进教师，以改善目前教师不足的情况。但学校教师人数是根据学生数由县教育局统一安排，教师数量上的增减并非绵治学校可以决定。第三，绵治学校的英语教学因师资缺乏，未能正常进行。按规定三年级以上的学生应学习英语，绵治学校只有一位英语教师，故两个年级合并上英语课。低年级学生的家长希望学校完成音乐、体育、美术等课程的教学，并多讲授课外内容，开阔学生的视

第四章
绵治学校的变迁

野,增长他们的见识,虽然这些课出现在课表上,但是在绩效工资[①]的压力之下,学校专注于学生语文、数学成绩的提高,将素质教育的课程弃置一边。最后家长与教师之间基本无交流,只能通过成绩单了解子女学习成绩,学校未开家长会,教师很少进行家访,只有少数家长主动联系教师,以了解子女的在校情况。学校与家长共同担负着学生的教育责任,但二者没有沟通与交流,出现信任危机。

(四)主要发现

通过走访学生家庭并与家长讨论其子女的教育问题,在调查问卷基础上得出以下结论:

1、多数家长对子女有较高教育期望,希望子女能够在班级名列前茅,升入较好中学、大学,才能找到好工作,过舒适的生活,不必重演祖辈的艰辛。家长对教育的态度普遍积极,在子女的教育上,资金投资意愿明显,转学去华安县或漳州市的费用远远高于在绵治学校的费用。因路程远,交通不便,绵治的学生只能选择寄宿的方式就读。就读私立学校每人每学年的花费约为15000元,即便如此,为了子女能有更好的学习条件,只要子女能考上私立学校,父母均乐意负担子女高额的教育费用。但因个人文化程度、时间条件的限制,家长参与教育的行为并不明显。

2、绵治学校生源外流的可能原因有二:一方面是家长在外务工,将子女带离绵治村。大量人口外出务工,经过几年、十几年的奋斗,外出务工村民逐渐在外定居,带动在学儿童流向城市,在父母工作地附近的学校就读。另一方面是学生转学,绵治村小学生转学的主要

[①] 绩效工资分为基础性和奖励性两部分。基础性绩效工资主要体现地区经济发展水平、物价水平、岗位职责等因素,占绩效工资总量的70%。奖励性绩效工资主要体现工作量和实际贡献等因素,在考核的基础上,由学校确定分配方式和办法。在评定奖金时主要根据语文、数学成绩来计算教师的工作贡献,因此此处的绩效工资,指的是奖励性的绩效工资。

流向是公办的华安县第一小学、第二小学以及私立的正兴学校、立人学校。转学的学生在原班级均成绩优异,因为转学就读费用较大(尤其是私立学校),家长认为若成绩不佳则不值得转学,其次是部分家长对现在绵治学校的教学不满意,在子女成绩优异之时转去较好的学校,以便将来升入更好的中学和大学。

3.家长与学校缺乏沟通,家长对子女在校学习情况不了解,学校与学生家长未能协调一致进行教育。家长对子女目前接受的绵治学校教育不甚满意,希望子女在更好的教学环境接受教育。在经济能力能够达到的前提下,家长将视线转向采取封闭式管理的私立学校。由管理严格、教学秩序井然、升学率高等良好校誉的私立学校,与绵治学校由松散状态导致的民怨形成鲜明对比,家长无法改变绵治学校,便寄希望于私立学校,以成就子女美好的未来。

结　　语

学校是将村落与广阔的外部世界连接起来的重要机构,改变着村落的社会结构和演变轨迹。教育在农村发展中的深远影响日渐显露,年轻一代是村庄的未来,在中国绝大部分的农村,成就年轻一代最主要的途径就是读书。本章通过对绵治学校发展过程及其对应的村落变迁的阐述,力求完善一个发展脉络,即绵治学校在不同时代的变化是与村落变迁同步进行的。

随着计划生育政策的落实,村中出生率逐年下降。外出务工人数增多,越来越多的父母将子女带进城读书。由于重视教育,一些家境好的家长也纷纷将子女送往教育质量更好的县小学或私立学校就读。绵治村出现了转学风潮,家长对子女寄予厚望,希望他们能在更好的学习环境中接受教育,这成为绵治学校生源外流的主要原因,也使得绵治学校陷入困境。

教育是一个民族传统与期望的最好表达,对于社会的发展起到举足轻重的作用,而今天中国的现实是,一所所乡村学校相继关闭,随之被切断的是一个个村庄的历史传统与人文血脉。绵治家长希望子女得到更好的教育无可厚非,如何在这场风潮中生存下来,是绵治学校接下来要面对的问题。

参考文献

华安县地方志编纂委员会编
  1996 华安县志。厦门:厦门大学出版社。
华安县教育局
  2000 华安教育校史(下册)。华安:华安县教育局。
李水山
  2007 农村教育史。南宁:广西教育出版社。
李诚忠
  1989 教育词典。哈尔滨市:黑龙江科学技术出版社。
国务院法制办公室编
  2011 中华人民共和国教育法典。北京:中国法制出版社。
林崇德
  2000 中国优生优育优教百科全书:优教卷。广州:广东教育出版社。
顾明远
  2000 世界教育大事典。南京:江苏教育出版社。

附录

绵治村家长对子女教育状况调查问卷

尊敬的家长：

  我们是来自厦门大学人类学与民族学系的硕士研究生，6月10来到绵治村，进行社会实践，了解绵治村的社会文化，风俗习惯等。首先感谢您对我们社会调查的支持，这份调查问卷主要是关于绵治村家长对孩子教育问题的看法。感谢您在百忙之中抽出时间来完成这份问卷。关注孩子的教育问题，就是关注孩子的未来。

  家长:父亲:职业_____、年龄____、教育程度_____
     母亲:职业_____、年龄____、教育程度_____
  子女：
  1、性别____、年龄____、年级_____、就读学校_____
  2、性别____、年龄____、年级_____、就读学校_____
  3、性别____、年龄____、年级_____、就读学校_____

1、您是否向学校了解过孩子的在校情况？
  □有 □没有
如果有主要是通过哪种方式
  A、打电话给老师   B、到学校见老师
  C、两种都有   D、其他_____
2、您知道学校的教学内容吗？
  □知道 □知道一点 □不知道
3、孩子每天作业是否完成您会注意吗？
  □会 □有时会 □不会
4、您平时会辅导孩子的功课吗？
  □会 □有时会 □不会

您觉得平时影响您辅导孩子功课的原因是什么？_____
（文化水平不够、没时间、其他）

5、您知道孩子本学期期末考的时间吗？
　　□知道　　□不知道

6、您希望孩子的考试成绩在班里能排多少名？（　　　　）

7、您给孩子买过课外书吗？（除教材和教材辅导材料）
　　□有　　□没有

8、您孩子读书每年要花多少钱(不含生活费)？（　　　　）

9、在家里教育孩子主要是谁负责？
　　A、父亲　　　　B、母亲
　　C、其他（爷爷奶奶外公外婆等）　　D、没人管

10、孩子成绩不理想，您会采取什么手段教育他？
　　A、责骂　　B、打　　C、谈心　　D、找老师

11、孩子取得好成绩时，您会采取什么奖励方式？

12、目前，在孩子的教育方面，最让您头疼的是什么？

13、您是否想过让孩子转学到县里或者漳州读书？□是　□否
您是否比较过两地的学校？

转学的限制因素是什么？
2、家庭经济能力　　　B、交通因素　　　C、孩子年龄
D、县里转学名额的限制　　　E、其他_____

14、您对孩子的将来的学习是否有规划？　□是　□否
各阶段就读学校、读书程度

15、您认为让孩子读书的主要目的是什么？

16、您对孩子目前的学校教育有什么建议？

记录时间_____、学生姓名_____、报道人_____、记录人_____

第五章

绵治邹氏宗族研究[*]

◎ 杨洁琼

前 言

中国社会文化的研究中宗族组织的论述应该是最多的,其中又以华南的宗族组织受到更多关注。Freedman 曾指出,中国很多村落是由单一的宗族构成,像这样的亲族和地域集团的一致性,在中国东南部最为显著(Freedman 1958[1965]:1)。本研究之对象绵治村便是一个以邹姓为主的华南农村。基于两次共约七周的田野调查,本章将尝试对绵治村邹氏宗族进行民族志式的描述,以便了解该宗族

---

[*] 本报告在写作过程中曾蒙绵治村民邹茂盛、邹国兴、邹天文、邹文天、邹宗山、邹大洲、邹海树等人的大力支持与帮助,他们为我提供了丰富的访谈资料和谱牒资料;同时余光弘老师和同学们在田野调查过程中也给予我许多指导与帮助,特别是钟鹭艺、钟涛、谢琳、程学传四位同学在进行自己田野调查的同时不辞辛劳地帮助我绘制绵治村邹氏宗族的系谱资料,谨申谢忱。

的历史与变迁、特征与仪式、权力与关系,并通过与福建其他村落宗族组织特点的比较得出结论。

本章所附系谱由访谈资料结合正式或民间谱牒,以及当地户籍资料绘制而成。但受调查时间的限制,绵治村 2000 多口的系谱未能完整收录,这使得本章对系谱资料无法做完整的分析比较,此为本章之缺憾,希望来日有机会再做补充。

一、绵治邹氏宗族的历史与变迁

闽地聚族而居的传统由来已久,绵治村即为一个宗族聚居的村落。不论报道人讲述,还是华安县《邹氏族谱》以及各房私谱,均认为绵治村邹姓入闽始祖原籍河南光州固始县,泰宁邹应龙为其祖先,本村开基祖为邹智慧。

(一)绵治邹氏源流

邹氏宗族在绵治村繁衍生息历时已久,人口繁盛,房支众多。族谱、家谱众版本对邹氏源流记载各持己见,加上村民间对邹氏源流的传说又与书面记载不尽相同,探讨绵治邹氏源流常让人有莫衷一是之感。

尽管谱牒及民间对于邹氏入闽开基祖为何人的认识存在分歧,但大体可分为以下两种说法。一说是邹姓入闽始祖为唐初邹牛客(又名儒客),随陈政、陈元光父子迁居入闽。如漳州邹氏《崇本堂》谱记记载:"大唐来漳使者邹儒客,颛顼之后也。生于唐贞观年间,先世自山东兖州府移居河南省汝宁府光州固始县。有郡将陈元光于嗣圣三年授命镇漳。蘼公为幕宾,于是并命入漳,辅赞军政。为我族初基"(不著撰人 a.n.d.)。再如清光绪年间邹氏裔孙道生所撰《邹氏世谱》写道:"牛客镇守闽中,其孙子遂世居此,故我族当以牛客为入闽始祖。"另一说为,邹氏在闽开基祖为唐末邹勇夫,跟随王潮、王审知二人入闽。写于明洪武三十年(1367年)的《邹氏族谱原序》记载:

第五章
绵治邹氏宗族研究

"我泰宁邹氏始祖讳勇夫,发源河南光州固始,知兵书、善骑射,梁封王审知为闽王,公为左仆射,开陈大义,奉梁正朔时,李升有吞并之意,建州归化,掌其要冲。审知拜公为银青光禄大夫,尚书左仆射,兼御史大夫上柱国,领兵以遏之,因籍焉!则荒芜亘野,烟火仅百户,公先剿除金饶巨寇,召集流亡,葺理房舍,民襁负而至,遂始生息,五代干戈相循,化独不被没,人物蕃盛,田野垦辟,皆公之力也"(华安县邹氏族谱编委会 1994:8)。又有小房私谱记载:"邹应龙出生在山东省兖州府,时年(24 岁)考中河南督查御史,由山东移居河南光州固始县,生子邹庆(字勇夫),由河南光州固始县移居闽中之龙岩陈村郡"(不著撰人 c n.d.)。对以上两种说法华安县《邹氏族谱》均有收录:"据泰宁族谱记载,黄帝四十八传曼父公为邹氏开姓鼻祖。相传唐邹牛(儒)客于唐高宗总章二年(669年),自河南固始县从归德将军陈政(元光之父)入闽,公有智谋,将军举为幕客"(华安县邹氏族谱编委会 1994:2);"唐末光启元年(885 年),勇夫公随闽王王审知入闽,任尚书左仆射,统率大军镇守归化(今泰宁县),防卫闽西北边境"(华安县邹氏族谱编委会 1994:2)。绵治村邹茂盛老人根据其多年查阅邹氏大小族谱的经验认为应以后一说法为是。

纵观历史,中原士民大量迁移入闽始自西晋,先后在西晋的永嘉年间、唐高宗统治时期和五代时期,形成三个高潮(陈支平 2011:2)。其中,第二次高潮便是被尊为"开漳圣王"的陈政、陈元光父子率五十八姓入闽,促进闽地开发,随陈氏父子入闽的五十八姓有的也逐渐在当地形成巨大宗族。第三次高潮在唐末大乱之时,河南光州固始县王潮、王审知兄弟组织乡兵渡江南下,以武力据闽立国,随其入闽的同乡均成为闽中统治者。许多闽地宗族均自称祖籍为光州固始,其原因可能是确有一大批光州固始县将士随王审知入闽,其后代在闽地繁衍壮大,形成门阀大族,在社会上确立政治、经济、文化各方面的优势地位。其后许多闽地土著便为了自身的利益将祖宗伪托为固始县人,如史料记载:"王氏初建国,武夫悍卒,气焰逼人,闽人颤栗自危,谩称乡人,冀其怜悯,或尤冀其拔用,后世承袭其说,世(祀)邈绵,遂与

闽南绵治人的社会与文化

其初而忘之尔。此闽人谱牒,所以多称固始也"(方大琮 n. d. [1996])。

除了入闽始祖,绵治的族谱文书中还有一处存在相当大的争议,即被绵治村民共尊为祖先的邹应龙与邹勇夫是何关系,又是何年代人。田野调查中所获谱牒,凡认定邹姓入闽开基祖为邹牛客(儒客)者一致认为邹应龙是邹勇夫的父亲,如"[牛客]其后应龙居汀,有功于世,汀之乡民立庙祀之,大显神威敕封广佑圣王。故在闽中凡有邹姓多出应龙之后,其子勇夫分治雁石"(邹道生 n. d.)。也就是说邹牛客入闽经过不确定的数代后,其后人邹应龙定居汀州,应龙之子勇夫又迁居雁石。但是在这些族谱中,邹勇夫也是唐末人士,亦随王审知入闽。如此邹姓从牛客到勇夫便有了两次入闽经历,可见这些谱记可能因为年代久远而以讹传讹。根据绵治村邹姓族人的讲述,邹应龙①是南宋人,生于泰宁,幼年勤奋,胸有大志,24 岁中状元,历任要职,一生为人正直,不阿权贵,兴利除弊。因此,若邹勇夫为唐代人士,邹应龙为南宋人,邹应龙则可能是邹勇夫的裔孙。《邹氏族谱原序》记载:"[邹勇夫]十世孙徽宇……其子应龙,字景初,天资庄重,读书夜达旦,二十四荐于乡,宁宗庆元二年(1196 年)丙辰大魁天下,历恭大政"(华安县邹氏族谱编委会 1994:8)。《宋史·列传一百七十八》记载:"邹应龙,字景初,庆元二年(1196 年)进士。历官为起居舍人,以直龙图阁权知赣州,迁江西提点刑狱。寻迁中书舍人兼太子右谕德,复兼太子左庶子,试户部尚书。使金还,为太子詹事兼中书舍人。迁给事中兼太子詹事。权礼部侍郎兼侍讲。权工部尚书兼同修国史,实录院同修撰。迁刑部尚书。乞祠,以敷文阁学士提举安庆府真原万寿宫。以徽猷阁学士起知太平州,以臣僚论罢。以敷文阁学士提举玉隆万寿宫,拜礼部尚书兼侍读。嘉熙元年(1237 年),拜端明殿学士,迁书枢密院事。进资政殿学士、知庆元府兼沿海制置使,依旧职提举洞霄宫。淳祐四年(1244 年)卒,赠少保"。小房私谱中

---

① 应龙又写做"应隆"。

第五章
绵治邹氏宗族研究

又有记载:"邹应龙……汀之乡人立庙祀之……累著灵应,敕封昭仁显烈威济广佑圣王,正月十八日生,七月二十七日寿诞①。清流、连城、上杭皆有庙"(不著撰人 b n.d.)。绵治村乃至华安的邹姓族人均自认为是泰宁邹应龙的苗裔,各家各户均挂有状元邹应龙的画像,族人亦常相约前往泰宁祭祖进香,并将邹应龙视为本村的保护神,在村中建有广佑圣王邹应龙庙②。

随着宗族人口繁衍,为了满足日益增长的生产和生活需求,许多宗族分支迁居外地,寻求新的发展空间。邹应龙的子孙邹顺龙③迁居陈村④,生下三子,取名智远、智慧、智礼。长子邹智远后裔分居陈村、和春、马塬、高石、仙宫、草仔山等处;三子邹智礼迁居汀州连城县,当地邹氏宗亲繁荣昌盛。而邹顺龙的次子邹智慧"自宋高宗绍兴二十三年(1153年)迁居绵治,遂为绵治始祖明祺祖也"(不著撰人 b n.d.)。其余各谱所记均与其类似,绵治村民也称邹智慧坟墓在绵治大墓前山中,智慧公即为绵治开基始祖。

绵治邹氏自开基至今已有三十余世,自智慧公下第十世分塔口房,至第十三世起人丁昌盛,十五世分次山房,十六世分三爹房与五官房(参见图5-1)。

根据谱牒记载:"十世显始祖,考讳乾宗,谥居易,妣谥汪氏。独生一子,曰仁生,四岁由[乾宗]先父元长公[携]孙到漳[州]马坪街,次年公亡,孙初由[祖母]蔡氏抚养成人,[仁生]后生一子,回绵治以传塔九房⑤,谱中失载"(邹道生 n.d.)。现在塔口房大都迁往下路

---

① 村民解释:正月十八日为邹应龙的生日,七月二十七日为邹应龙封神的日子,故在当日为其举行盛大的庆祝仪式。
② "广佑圣王"相关介绍详见本书第七章钟鹭艺一文。
③ 顺龙又写作"顺隆"。
④ 即福建省漳平市永福镇陈村。
⑤ 谱文记载为"塔九房","塔口"及"塔九"闽南话发音极为相似,本章除引文外一概使用"塔口"称之。

（第一至十六世）

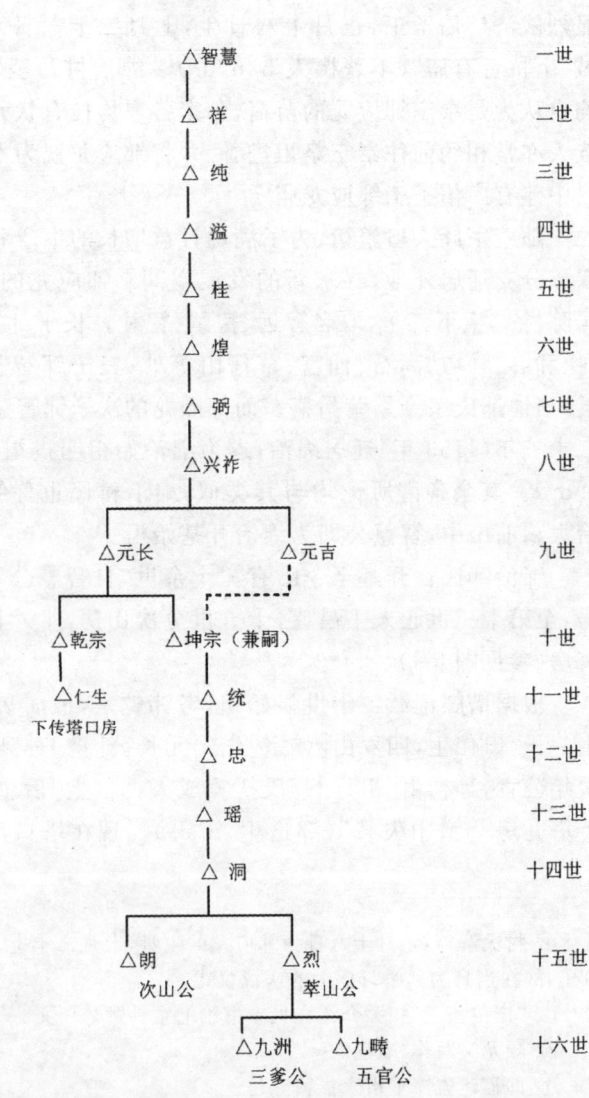

图 5-1　绵治邹氏世系简图

第五章
绵治邹氏宗族研究

村居住,留在绵治村的后裔极少,仅有一户。

次山房由第十五世邹朗分出,"邹朗,字廷尉,号次山,苍林公①次子也,行二。产下四子,名长子邹九歌,后分居长者地,次子邹九三,三子邹九四,四子邹九五……后分居长者地、后厝底等"(不著撰人 b n.d.)。次山房在绵治的人口不多,仅有一百余人。

绵治村邹姓人口较多的房支为三爹房和五官房。三爹公九洲和五官公九畴本为两兄弟,各自分家,后裔昌盛,其下又各分出许多小房。"九州,号三爹,神主在追燕堂。公为人笃实宽宏,雅度博爱……产下五子,名长子邹叙,后分居瓦旗社②;次子邹使之大妻无嗣,后以五弟邹嬿之次子邹沛为兼嗣子,居顶学底。三子邹畅后分居井仔头。四子邹赐,后分居詹厝[即前厝]。邹嬿后分居楼仔"(不著撰人 b n. d.)。故现在三爹公派下子孙分为瓦旗长房、顶学底房、井仔头房、前厝房和楼仔房,其中除长房外,其余四房皆居住在绵治。

五官公派下各代分支更多(见图 5-2),五官公"邹九畴,讳名钦范,号五官,神主在厝底桂花湖存著堂……产下四子,名长子邹子,号长简公,分居本地绵治埠口、坎[仔]头、河边房、溪仔坪、福东房、庵山学等处;次子邹丑,后分居五岳社③;三子邹卯无过;四子邹成也传一世无过"(上引书)。五官公后裔人丁繁茂,不断分支扩张,目前较为人所知的房支有:厝底桂花湖房、维和房、南鞍房、福东房、坎仔头房、庵山学房、八房头、协成房、井脚仔房、埠口房等等。

尽管各房派下房支繁多,如今大多房支的祖厝、祠堂已经难寻踪迹,房支脉络也仅靠老人回忆口传。今日绵治村许多邹姓年轻族人仅知同房房亲,却不知所属何房。有的虽知道自己所属房支,却不知本房属于何房何派。相较之下,年长者大都对所属房支极为清楚,并

---

① 苍林公即邹洞。
② 瓦旗为华安县新圩镇五岳村下辖的一个自然村。
③ 即华安县新圩镇五岳村,与绵治村毗邻。

闽南绵治人的社会与文化

对祖先房支有较为强烈的认同感。

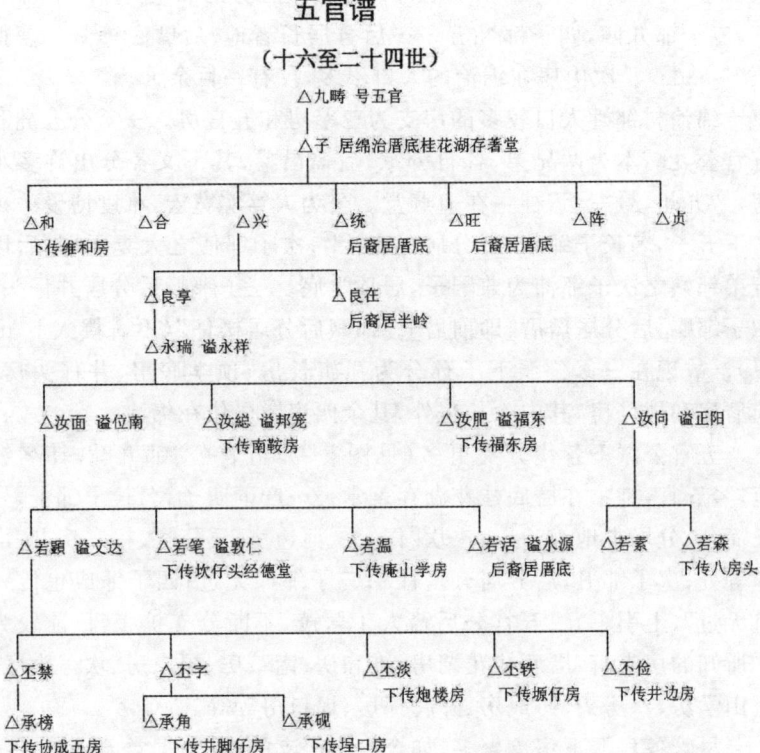

图 5-2 五官公派下世系简图

(二)绵治邹氏概况

绵治为邹氏单姓村,异姓杂居者较少。根据漳州市华安县新圩镇派出所户籍资料管理室提供的 2010 年底资料统计,绵治全村总人口 2413 人,共有 52 个姓氏,其中邹姓人口 1983 人,占总人口比例 82.18%;其次童姓 100 人,占总人口 4.14%;郭姓 58 人,占 2.40%;

第五章
绵治邹氏宗族研究

陈姓38人,占1.57%;其余48姓共234人,占9.91%。其中有几点需要特别说明。第一,七堉尾一户吴姓人家,最长者原姓邹,为五官位南公三房庵山学房后裔,约六岁时其父将其送交七堉尾吴姓人家收养,因而改姓。老人今年75岁,20多年前从七堉尾迁回绵治,虽未改吴姓邹,但仍然以邹应龙为祖先,每年去生父邹某坟墓祭扫,认为自己与生父兄长之子是堂兄弟。该户所有子孙户口本上均以吴为姓,而在实际生活中,子孙在填表、上学时均使用邹姓,村人也大都认为他们一家都是邹氏族人。第二,其他一些姓氏据传是因为招赘而来,本随其妻姓邹,妻子死后,改回本姓。第三,民国时期有大量外地迁入的异姓长工,进村后改姓为邹。近年许多外姓迁入者,有的为了融入当地也改姓为邹,有的则保持本姓。

在中国传统社会里,传宗接代被视为头等大事。绵治村关于各房子孙盛衰有许多和风水相关的传说故事,例如:塔口房先祖元长公之弟元吉无子,元长过继其子坤宗给元吉,此后元吉房下人丁兴旺,至十五世次山,十六世五官和三参均出自元吉。而塔口房后人迁至下路村,留居绵治者人丁稀薄,现在仅存一户。对于塔口房为何在绵治人丁由旺转稀,村中故老相传,祠堂神主牌位左边较右边为佳,塔口房祖先的牌位原先置于左边,故人丁兴旺,右边一支则不出丁;两支商量后将牌位调换位置,此后另一房人丁渐渐发达,而塔口房日益没落。另一个传说是五官公派下邦笼公在兄弟中排行第二,仗恃排行在中间而不怕"没有棉被盖"①,修建墓地时其言行曾引起风水先生的误会,为此在墓地风水上动了手脚;平原地区墓地若呈金龟形,前方则不可蓄水,挖水池即会败坏风水,使相对应的房支绝嗣②。风水先生将离开时,邦笼说他原本有准备银两答谢风水先生,却不慎掉

---

① 闽南俗语,本意为位置处于中间,不必像两边的人担心棉被被别人扯走。此处引申为排行中间,别的兄弟有的都不会差他一份。

② 据老人介绍,坟墓左边为长房、正前方为二房、右边为三房、左上为四房、正上/后方为五房风水,要败坏哪一房风水就在相应位置进行布置。

入厕所;风水先生验证确有其事之后,认为邦笼并非恶人,于是为水池选择位置较佳的出水口以为补偿,使其得以"单丁过代"。不论真假,这些传说故事都反映出风水在宗族继嗣传衍上的重要性。

在宗族继嗣观念盛行的社会中,若因各种原因造成香火断裂而影响到宗族的发展,常采用过继以为补救的办法。昔时过继兼嗣现象在族谱中有大量反映,例如上文已提及元吉由"[兄]元长之次子坤宗过嗣"(邹道生 n.d.)。还有"邹赤,字秉黄……无过,后以弟邹白之次子邹昱为嗣";"邹九思,讳名结,桂山公三子也……无出,后以四弟邹九合之子名爱,过居承祀";"邹朝鸾,无过,后以长兄邹朝蛙之三子名邹宗国一角为兼嗣子……邹朝同,无过,后以长兄邹朝蛙之三子名邹宗国一角为嗣"(不著撰人 b n.d.);"邹大德……无过,后以二胞叔邹承乱之三孙男邹森林为香祠奉祀"(不著撰人 c n.d.)等等,不胜枚举。过继之事大多为名分上的,仅在族谱上显示传宗接代的继承关系。时至今日,过继现象依然十分盛行。不论古今,过继都须准备红纸撰写的过房书(附录一)。另有一说是红纸不易保存,应用红布撰写。过房需要不论男女的亲属长辈做中间人,过房之家须以红包致谢。过房的原因大致分为三种:其一是无子,过房为延续香火的必要;其二是孩子命中高贵,需要过房,否则难养,将羸弱易病的孩子过继给他人,可保其平安无事;其三是已经去世却无子嗣者托梦给父母或亲戚讨房,或先作祟孩童,使其生病或行为异常,待家人询问或主动托梦。此类过房的主持者为死者父母,不需中人,仪式须准备米粿、红包,焚烧过房书,此后继子每年在死者忌日须祭拜继父。

补救香火断裂的另一途径是招赘。通常宗亲中若无子嗣能够过继,则选择为其成年亲女或养女招婿,称"招女婿"或"招儿子",婚后所生子嗣至少择一从母姓,延续祭拜祖先的香火。绵治村的系谱资料中显示大多数招女婿之家户似乎并不计较子孙从父姓或母姓,其中一种情况是本村同姓之间通婚频繁,招赘之女婿亦为邹姓,如系谱WG6 即是。第二种情况是有的家户以养女招赘,养女本不姓邹,而赘婿姓邹,其子女从父姓,如 WG7、WG13、SD10-1。第三种情况是

第五章
绵治邹氏宗族研究

除了招赘女婿,家中还有男丁(儿子、兼嗣子或养子),以承香火,故不计较赘婿子女是否姓邹,如系谱 SD12。第四种情况是虽然家中无子,以女招婿,但其所生子女仍随父姓,不从母姓,如 SD3-2。

(三)绵治邹氏宗族的变迁

中国宗族发展已有漫长的历史,至明代中叶达到鼎盛。而到了20世纪后,宗族基本上与落后、封建等形容词相关。严复在他翻译的《社会通诠》(1903)中指出中国进入军国社会阶段,属于七分宗法、三分军国性质的国家。他将封建社会等同于宗法社会,从此宗法社会与封建社会一同被认为是历史发展进程中的落后阶段。受严复影响极大的陈独秀指出"宗法社会以家族为核心,个人无权"。宗族不仅受到理论界的否定,也成为中国革命的对象。1927年毛泽东在《湖南农民运动考察报告》中指出"宗法封建性的土豪劣绅,不法地主阶级,是几千年专制政治的基础",又说代表全部封建宗法的思想和制度,是政权、族权、神权、夫权四种权力,是"束缚中国人民特别是农民的四条极大的绳索",其中族权是"由宗祠、支祠以至家长的家族系统"构成的(常建华 1999:140-141)。

在旧中国,民主主义革命者和具有共产主义思想的知识分子就对"封建宗族制度"进行理论上的批判,中国共产党建党后的土地革命,在农村根据地进行的没收祠堂族田、镇压族长及族绅等斗争,给宗族制度带来沉重打击。于1947—1952年在全国范围进行土地改革运动,没收族田,焚毁族谱;随后的"反霸"、"镇反"运动对宗族中的"恶霸势力"进行镇压,阶级成分的划分使得农村中不再以宗族而是以阶级来区分乡民;合作化运动和人民公社运动超越了血缘和地缘的界限,摧毁了中国的"封建宗族制度"。"文化大革命"时期,阶级斗争不断升级,宗族销声匿迹,此时期对宗族的破坏最为严重。改革开放以来,政策和大环境的放松使宗族能够重兴,各地纷纷开展祭祖联宗、编撰族谱、修建祠堂、组织相关活动(周大鸣 2003:7-8)。

绵治村邹氏宗族与全国宗族的命运相同。土改收田地,自此失去宗族赖以维系的物质基础;"文化大革命"期间,绵治被设为重点村,镇书记、镇长前来监督,烧神主牌、焚族谱、拆祠堂、毁旗杆。迫于形势,村人不敢公开反抗,却有人暗中保护隐藏神像、祖宗牌位。其中最为村民所津津乐道的便是全村同心协力,藏匿保存一顶广佑圣王的神轿,这顶神轿至今保存完好,实为难得。本村邹氏与台湾及海外亲属在当时也失去联系,直到20世纪80年代后才恢复通信。受到几十年宗族及宗族活动乃封建迷信的思想教育,绵治村民在问及相关问题时,时常先表示那是封建迷信,之后才愿继续回答,也有一直缄口不愿多言者。也就是说,不仅有形的宗族组织不复存在,一切与其相关的特征或活动也遭到破坏,宗族在人心中的地位一落千丈,宗族的权威已被新的权威取代。改革开放以后,绵治邹氏宗族与全国其他宗族一样,开始复兴。先后于1990年2月新建广佑圣王邹应龙庙,1994年协助华安县邹氏宗族共修族谱,1997年和2003年两度翻修绵治邹姓大宗祠"追来堂",2010年8月修复追来堂前面的盛口埕和通向追来堂的水泥路,同年9月修缮杉仔脚诒谋堂。现在村人正在策划将建于原先追来堂前池塘上方的戏台拆去,还原池塘原貌。

二、绵治邹氏宗族的特征与仪式

绵治邹氏宗族与福建省各宗族之特征与仪式既具一致性,又有特殊性。在祠堂、族谱、族产以及祭祖活动中均有特色。

(一)祠　　堂

祠堂是一个宗族的组织中心,既是供奉祖先神主牌位、举行祭祖活动的场所,又是宗族宣传以及执行宗族族规家法、议事饮宴的地点(陈支平 2011:26)。绵治邹氏大宗祠堂为追来堂,三爹公、五官公以及次山公房下各有祖厝,如三爹公派下的前厝(毂诒堂)、顶学底、井仔头、马山、楼仔、天保楼等,五官公的杉仔脚(诒谋堂)和厝底桂花湖(存著堂)、溪平仁宅堂、坎仔边等,次山公的后厝、西垱头、顶溪等等。

村民常常混用祖厝地名及堂名,鉴于年代久远无从细考和区分,本章亦不强做地名与堂名之区别(见图 5-3)。

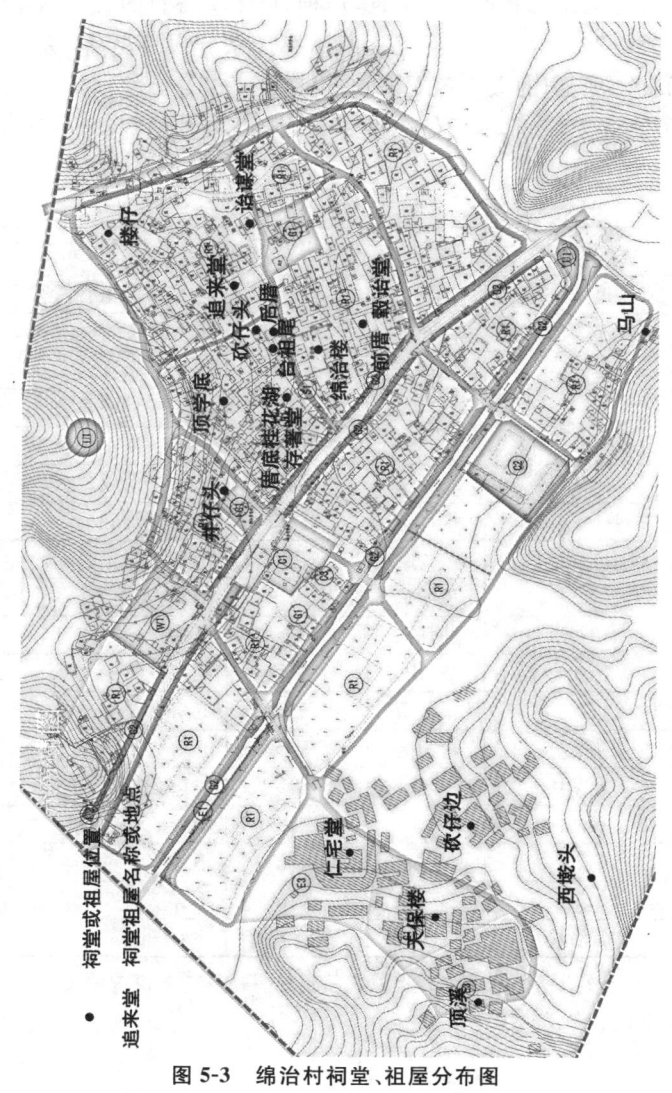

图 5-3　绵治村祠堂、祖屋分布图

明朝中叶以后福建祠堂的发达还体现在宗族内部祠堂的细分化。一般宗族不但有一族合祀的族祠、宗祠或称总祠,而且族内的各房、各支房也往往有各自的支祠、房祠,以祀奉各自的直系祖先(陈支平 2011:28)。由表5-1可见,绵治邹氏宗族人口昌盛,房支众多,不算族谱中所记的大小各支祠堂,仅现在可以寻迹的祠堂、祖屋就有十余处。限于篇幅,本章仅选择其中具有代表性的祠堂进行介绍。

表5-1　绵治各宗祠祖屋表

序号	堂名	地名	房支	祖先
1	追来堂	盛口	大宗	来绵一世祖智慧公
2	存著堂(厝底)	桂花湖	五官	十六世五官公
3	诒谋堂	杉仔脚	五官	二十世永祥公
4	仁宅堂①	溪平	五官	二十一世福东公
			五官	二十一世正阳公
5	经德堂	坎仔头	五官	二十二世敦仁公
6		坎仔边	五官	十七世维和公下小房
7	毂诒堂(前厝)		三爹	十六世三爹公
8		顶学底	三爹	二房
9		井仔头	三爹	三房
10		马山	三爹	四房
11		楼仔五	三爹	五房
12		台祖尾	三爹	五房
13	天保楼		三爹	龙漳公
14	后厝		次山	不详
15		顶溪	次山	不详
16		西墘头	次山	不详
17	绵治楼		三爹、五官	

注:①三爹五房邹宗山家谱记载:"邹汝肥[福东公]与四弟邹汝向[正阳公]同居溪平仁宅堂。"

第五章 绵治邹氏宗族研究

1. 追来堂

追来堂是全村邹姓的宗祠,保留相对完整。仿宋制建筑追来堂修建年代不详,据推测应是建于明代,面积约800平方米(1.2亩)。据传"几经修葺,以符合风水之胜","曾承世代遗传绵治标记。邹氏家庙祖祠位居绵治社里,祠号称为追来堂。坐壬向丙,兼子午分金,辛亥辛巳"(邹道生 n.d.)。

祠堂为砖瓦木石结构,"上下二落,内外斜街,天井中间浮井,浮井中二平,各雕二空","大门护套式两边青石雕,各雕石狮盾各一只,左右边石窗各雕五尾龙,两边小门是左昭右穆"(上引文),屋脊装饰精美,两端燕尾上翘,厅堂正中挂有"追来堂"大匾。古时"有上下二埕,埕下一口鱼塘"(上引文),现已改修为盛口埕,鱼塘上方修戏台。"祠门前朝桥头林①尖尖顶,古树三株"(上引文),祠后有一块突起的石头,据传为龙脉延伸之所在。"桥头林",形似马匹,寓意中状元回堂拜祖。古时绵治邹姓人才辈出,曾在祠前竖有两根旗杆,村人有"前尖对后尖②旗杆密密签"的顺口溜说明本村风水地理与人才众多之间的关系。

图 5-4 追来堂外观

图 5-5 追来堂正厅

---

① 桥头林,绵治村山名。
② 闽南话中"尖"即山头。

闽南绵治人的社会与文化

"文革"时期追来堂及各祖屋内的祖先牌位、牌匾、族谱均被焚毁,原竖立在盛口①40余米高,臂抱粗,上雕葫芦的旗杆被放倒,锯成三段做为当时村中在建大礼堂的屋梁。20世纪80年代追来堂又遭盗窃,镂空五龙窗以及房梁上雕刻精美的狮子均被盗走。1997年、2003年分别重修。

追来堂如今已经失去昔日宗族祭祀、议事和执法的主要功能。新中国成立后曾做为教室供学生上课。现在仅在年节和农历七月二十七日邹应龙祭日时发挥祭祖功能,其余时间则是老人聚会和活动的场所,老年人在祠中品茶谈天、打牌、看电视。有专人负责日常打扫与管理。

2. 诒谋堂

诒谋堂建筑较追来堂简易许多,后有弧形土基。诒谋堂原为五官公派永祥公房下族人的拜祖祭祀之处。祠堂占地约470平方米(七分地)。旧时相传曾有过一次大修,将祖先牌位移出,花费重金换去屋顶及瓦片,并翻修墙体。请道士进行"入火"仪式,即手持烧红的秤砣,掷进油锅使油锅冒火。因为报道人②当时年纪太小,记忆模糊,故而不能详加叙述。修葺后几年永祥公派下各房男丁兴旺。2010年再次由派下各房一千余人集资整修。

图 5-6 诒谋堂远景

新中国成立后常被借用以办酒席、戏班唱戏或和尚做佛事,也常

---

① 谱文中记载为"埕口"。
② 报道人生于1935年,现在77岁,据他回忆,"入火"仪式大约是70年前的事。

为村民盖房时的临时活动或居住场所,以至于祖屋破旧脏乱。现在荒废,无人管理与打扫,邻近家户以之做为晾晒烟叶的场地。

3. 顶学底

顶学底可算是绵治保存最为完好的牛角弯形土堡(见图5-7),修建年代不详。20世纪八九十年代该房族人陆续迁出到周边建房居住,直到两三年前(2009年或2010年)堡中仍有人居住,但现在已全部迁出,无人居住在内。

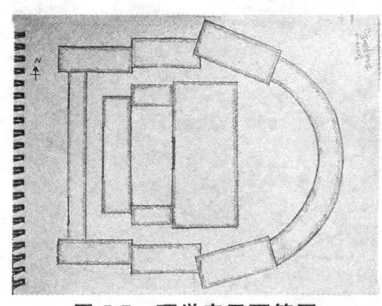

图5-7 顶学底平面简图

图5-8 顶学底残壁

土堡建筑在福建民间十分盛行,既体现了宗族割据,又具有抵御外敌、保乡卫土的功能,例如在私谱中有记载,绵治六世祖"捐家赀集众筑土堡,保障乡族,分营五垒……畲洞乘势风应乡中,五堡犄角相互保全"(不著撰人 b n. d.)。不论是什么形状的土堡,其中央的厅堂都是土堡内最为神圣的场所。堡内祭祀、议事等宗族事务均在中央厅堂进行。家堡合一式的土堡,在其建造之初便将宗族宗祠的建筑结合进去(陈支平 2011:186-187)。绵治的牛角弯形土堡建筑顾名思义,形似牛角,弯弯如U形,房屋高度分三层逐渐递升。在牛角弯的中央建有厅堂,祖先神主供奉于此。现在中厅及周边房屋倒塌甚多(见图5-8)。

闽南绵治人的社会与文化

4. 天保楼

天保楼是一座建成于光绪四年（1878年）的土楼，据说为清代进士邹龙漳①所修，至今已有135年历史。外观仍保存完好，但围墙已经倒塌，仅存门楼。2000年前土楼内住有130余人，之后陆续搬出到周边或迁至漳州，现在内部无人居住。但每逢祖先忌日仍有全房范围的祭拜活动。

图 5-9　天保楼外观

图 5-10　天保楼院落

图 5-11　天保楼祖先像

图 5-12　御赐匾额

天保楼上下两层，左右两厢，进门后见一四方天井，正厅中挂有祖先画像及照片，画像为清代进士邹龙漳及其夫人，其余为数世祖先的照片。正厅正中摆放一张黑漆镂空雕刻木质供桌，其上有香炉、祖

---

① 查阅《漳州府志》及《华安县志》均未见邹龙漳事迹。

龛等。正厅侧墙挂有祖先祭日,邹龙漳祭日为农历九月初一,其长子邹庆峰为十一月二十日,另一祭日牌显示龙漳的长孙邹友钦祭日为五月十一日,次孙邹国华祭日为三月十七日,三孙邹友群祭日为四月十五日,可见龙漳房全年有多而定期的祭祖活动。二楼供奉红纸书写神明头衔的牌位,有供桌,上设香炉,上悬"受天百禄"大匾,据称为皇帝所赐。古时楼前竖旗杆,如今已无踪影。

5. 绵治楼

绵治楼是建于明崇祯六年(1633年)的石楼,距今已有379年的历史,曾是绵治邹姓村民重要的居住和祭祀场所。五官公和三爹公的子孙后代均在绵治楼生活过。现在的绵治楼已经失去往昔的功能,大多数族人也已经外迁他处,仅剩下一户人家仍居住在内。20世纪90年代后,大部分墙体坍塌,尽管如此,遗存下来的石墙和院落仍能显示当年的恢弘气派

图5-13 绵治楼外观

(见图5-13)。绵治楼上下两层,原有二十余间房,主厅内供奉十余方祖先神主牌。

综上所述,绵治村大部分祠堂或祖屋昔日功能已不复存在,仅有少数如追来堂、天保楼还保留祭祖的功能。

(二)族　　谱

福建民间宗族强调血缘关系的另一项重要措施,是族谱、家乘的修撰。各宗族族谱所记载的内容详略不一,一般除记载全族人口、婚配、血缘关系外,还有坟墓、族田、族产、祠庙等的四至方位和管理使用办法,宗族的规约训诫,修谱凡例义则,各类合同契文约书等(陈支平 2011:30—32)。

绵治的邹氏族谱在"文革"期间被焚毁,20世纪80年代宗族复

兴之后,族中辈分高、热心、有威望的人士开始参与新族谱的编修。1994年完成新修的华安县《邹氏族谱》,集结华安县各房各村祖上遗留的手抄牒本,并走访各地,查证及研究古籍文献后修订而成,内容包括邹氏渊源考证、邹氏入闽经过、邹氏族谱原序、邹氏世系录、邹氏播迁概况、邹氏家训、格言、邹氏宗族历代风流人物、文化教育、文献选辑(诗词、对联等)、附录等。除全族出钱出力合修的族谱外,还有许多散落民间的手抄家谱,如《追来堂谱记》、《邹氏世谱》等等。

图 5-14 华安县《邹氏族谱》

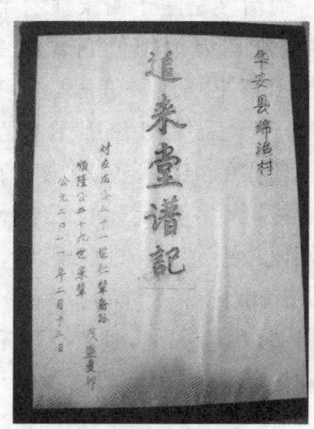

图 5-15 追来堂谱记

宗族内部上下有序,族谱中常对同族中同辈取名有字辈规范。绵治邹氏以前亦是如此,同辈人之名均使用相同的字起头。但因时代久远,绵治邹氏字辈也已经逸失,从智慧公下二十世开始字辈为永、汝、若、丕、承、大、有、耀、宗、功。例如二十世祖邹永瑞(即永祥公)的字辈便是永字,他的儿子邹汝面(文达公)、邹汝总(敦仁公),邹汝肥(福东公),邹汝向(正阳公)均是汝字辈(参见图5-2)。

在强调血缘关系的同时,族谱常以宗族的道德标准评价宗族成员。"族谱以考祖宗之根苗昭穆,世袭盛衰,支派分布,明察世代贤愚。因此,族重于世谱";"邹琰……公为人行检不修,为祖宗玷。侵赃官银,几年系狱,荡产破家,祸延族属。又党附时宗,占山害族。严书于谱,戒邹氏子孙无蹈其覆辙。呜呼!鉴之哉"(不著撰人 b n. d.)。可见族谱具有规范、加强宗族道德价值标准,和警示后人的作用。其中族规祖训常被族长、家长用来作为衡量和判断宗族成员的日常行为,和惩罚、奖励依据(郭志超、林瑶琪 2008:152)。邹氏祖训的内容包括 16 条,即敬祖宗、孝父母、和兄弟、谨夫妇、悌长工、教子孙、睦乡党、崇祭祀、修祠墓、增蒸尝、重读书、惜字纸、勤职业、节财用、息争讼、急输将(见附录二)。

(三)族　　产

宗族共有财产是福建民间宗族组织的另一个重要内容,是维持宗族制度得以运行的经济支柱,其作用不下于祠堂、族谱,与祠堂、族谱互相配合,将族人有效地联结在一起,形成宗族组织的基本构架(陈支平 2011:39)。

昔时绵治邹氏大宗及各房均有田产,宗族将公有田产交予族人经营,按土地的肥瘠、远近抽取 30%～70% 的田租,以供宗祠的修缮维护,祖墓的培缮,以及祭祀的牺牲、祭品、用具,祭祀时各项活动开支所用。有的支祠亦有祠田,田租若有结余便放贷,如族人借 100 斤粮食,半年后还 130 斤,虽然仍是高利,但是还远比地主的利息少。这些收回的利息被称为"孝子费",也用于宗族事务。没有田产的房支,凡遇祭祖扫墓等各项事务则须各家集资操办。

昔时族田产量较低,收到的田租并不多,大约仅够每年祭祖等开销,却时有拮据,更无力开办族学,各房中子弟如要上学,大多是集资请师父在祖厝教学,凡有出资的家户其子弟均可入塾接受教育。三爹公派下二房、四房有"书田",由各房支轮流经营,田租做为基金,支持房内优秀学生读书,帮助他们走出绵治进一步求学。五官公八房头也有书田,租予他人耕种,每年交谷数担,供给族中负责撰写文书、选日子的秀才,俗称"吃书田",即秀才不用下地劳动,仅领取薪水即可。

三爹公派下的龙漳房家底殷实,族田很多,由长房管理,田租各年均有余裕,一律交予长房家长,可用于祭祖、扫墓、房屋修葺等等。也在面对天保楼右边的另一座土楼内开办族学,即用族田收入请二或三名老师,房内适龄(八岁)子弟均可入学,学时为3~5年。女子不能外出,但可以在本房公学中读书。

村中族田原本以房为单位进行分配,并非人口多的房支族田就多,到20世纪初期,因为村中各房人口增加,族田渐渐不足进而衰落。新中国成立后经历多种土地政策,田地分给个人,又收归国有,再承包到户,族田早已不复为宗族所有。

福建民间族产除了土地,还包括山场、房屋、桥渡、沟渠等生产生活设施。随着明中叶以后社会经济的发展,各个宗族也纷纷涉足工商业活动。于是族产中增添诸如店屋、生息银两、墟集等方面的内容(陈支平 2011:39)。绵治村三爹公派下龙漳房曾经在村内绵治楼前经营商店,主营食品杂货,商店收入供天保楼集体使用。由本房分工经营,年底盈利按六到七成交予全房使用。龙漳长房经营商铺号为"南兴",三房经营商号为"东兴"。因为时间久远,相关细节房中人已不复记忆。但是族中店业由族人自行经营的情况十分罕见,宗族大都通过出租店铺来筹集宗族经费和财产。明清两代福建宗族涉足工商业领域,说明其自身的机能随着社会经济的变迁而自我调节,显示了较强的生命力(上引书:40)。

(四)祭　　祖

福建民间宗族的祭祖方式,大致可以分为四类:一是家祭,二是墓祭,三是祠祭,四是杂祭。这四种不同层次,不同规模的祭祖方式,组成宗族内部严密而又交错的祭祖网络(陈支平 2011:123)。

1. 家祭

家祭就是以家庭为单位进行的祭祖活动,是最基本的一种祭祖方式。其对象一般为祢、祖、曾、高四代近祖。因为祭拜对象是近亲,所以祭拜时含有较为浓厚的情感因素,除了每年的忌日,在绵治每逢"三大节"也要举行家祭,家祭的次数较多。

祖先忌日每年都拜,准备死者祖先生前喜欢的食品或酒肉茶点,子孙齐聚焚香拜祖。三大节拜祖公原本在祠堂进行,"文革"后改在私宅,均在家中面向大门进行。三大节包括:农历三月初三日"三月节"、七月半(七月十三日)以及年尾(即除夕)。前两节均在上午七八点祭拜,除夕当天有人上午拜,也有人下午拜,拜过的供品即为家人的年夜饭。一般年节祭拜时不必全家出动,一人代表全家即可,当然也有的家庭会全家一起肃穆祭拜。

2. 墓祭

绵治人扫墓时间各房各家略有不同,从清明节到冬至或大寒前后不一。报道人称,昔时由于清明节适逢雨季,坟地土路行走艰难,不宜祭扫,除非墓地相对较近才会选择清明节祭扫。另有人指出,清明节是农忙期,致力于耕作种田,没有时间祭扫,因此一般都在大寒前后上山扫墓。近年因为清明节为国家法定节假日,在外地工作的村人大都有时间回乡祭祖。

一般来说,每家每年祭扫五六代祖先,各代子孙汇集同行,共同置办祭扫供品,包括酒肉、香烛金纸、鞭炮、米粿或其他点心等等。祭拜的程序先以五杯酒拜福神①,再拜祖先。扫墓可以不用选日子,但如果是隔年祭扫其下又分出许多房支的大祖宗,如正阳公下又分出八房头,则要选日子,避免"伏丧、重丧、三丧"日。

墓祭的对象分远祖与近祖,参与祭拜的群体也不尽相同。绵治村对高祖以上的坟墓祭扫较少,对远祖的祭扫也常集中于开基祖或对宗族有特殊贡献的祖先。村中大宗由当年头家②在冬至时前往祭扫,全村祭扫的祖墓包括大墓前智慧公墓、二世文秉公墓,以及下樟十二世统公之墓,其余祖墓交予他村邹姓祭扫。马坑陈村(现称和村)有许多祖墓,现在绵治人不去祭扫,由和村邹姓族人代劳。2010

---

① 福神即土地公。
② 关于"头家"的相关介绍详见本书第七章钟鹭艺一文。

闽南绵治人的社会与文化

年大寒前后,绵治村有十余人相约前往智慧公墓祭扫,总共花费100元出头,每人①均摊5~6元。除了全村祭扫的墓地,各房支也时常祭扫本房祖先。五官公派永祥公下各房2011年清明节曾组织一百多人前往绵治山中永祥公墓地祭扫。五官公派下八房头四房子孙每年大寒前后,选择天气良好的日子,召集族人一起祭扫祖墓。三爹公派下公四房也是每逢大寒,相约上山祭扫。三爹公五房祖墓在马山"太学星",20世纪90年代还去祭扫过,2000年后便未再前往,原因是族人对组织者的响应不多,于是组织者不再召集。

3. 祠祭

祠祭就是在宗祠内祭祖。祠堂是供奉祖先神主牌位之处,象征祖先的存在,同时又是宗族组织进行各种事务活动的场所,因此祠祭是宗族四类祭祀中最正规化的一种。绵治村老人回忆,原先("文革"前)有祖厝时,供奉祖先牌位和香炉,三大节家祭均到祖厝祭拜。旧时有"丁头"②祭祖,即从当年全村生男丁的家户中选取三家在祠堂祭祖,事后请客。有时"婚头"③和"丁头"一起操办,拜完后请亲戚吃饭,并无全族范围的聚餐。每年正月十五日须"拜丁",求灯花,昔时祠堂里的灯花又多又大,求得以后插在妇女头发上。每年拜丁,外姓不可参加,曾经有外姓混入而引起争吵,对方被邹姓族人骂为"讨种"。现在祠祭活动较少,既无冬至祠祭,也不再有吃祖、吃福等活动。但是正月十五日大多数人家还是会携祭品到祠堂内祭祀祖先。

三爹公溪平龙漳四房子孙在农历三月初三日、七月十三日、腊月二十九日,以及各位祖先忌日仍然依照传统齐聚天保楼敬宗拜祖。

---

① 村人认为:"男女均算,时代不一样,男女平等,不歧视"。
② "丁头"选择的两个条件为:1.当年添丁的家庭。2.家境富裕或在族内有权威声望者。选择过程是将全村添丁家户按以上标准进行排序,选取前三名分别称为丁一、丁二、丁三,共同置办猪、羊、粿类祭品,经费由三户分担,分担的费用由丁一向丁三依次递减。
③ "婚头"即从全村新婚家户中择取,标准类似"丁头"。

祭拜时间一般为上午六七点，主持人员由各房轮换，今年为长房主持，来年便是二房，依此类推。祭拜当天各房分工不一，例如长房负责主持仪式，二房负责准备祭品，三房负责召集族人等等。

绵治村每年农历七月二十七日均会为广佑圣王邹应龙举行盛大而隆重的"七月尾"祭仪①，前后共历时三日，即从农历七月二十六日至七月二十八日。七月二十六日出巡洋大宅、七垺格、芹菜湖等地，七月二十七日在绵治中心村内巡境，七月二十八日在追来堂前盛口埕"拜天公"；活动期间村人走亲访友，各家大摆宴席，热闹非凡，并在追来堂前搭戏台，连续八晚演戏酬神。"七月尾"本为一种醮仪，但在绵治村民心中，广佑圣王邹应龙既是神明也是祖先，故而他们认为此项祭仪亦属于祭祖活动之一。

4. 杂祭

宗族祭祀祖先除上面三种规范化的活动，还有许多不规则、非定时的祭奉荐享等，特别是每逢家人或族人有喜庆大事，如添丁、高考上榜、婚娶、架屋等，一般都要举行祭祖活动，向祖先报喜（陈支平 2011：131）。绵治人婚娶"做新娘"时要祭拜祖先，将供桌摆放于大厅中，先拜阴后拜阳，拜阴向外，拜阳向内。祭拜过程为，由家长（父、叔、伯）或主持人（通常也是长辈）焚香，每一代有几位祖先便摆放几个茶杯，杯内装甜茶②，逐一呼请祖先名讳，即告诉祖先子孙娶妻请予佑护；对于不知姓名的祖先为了保险起见，在仪式的最后摆放十二杯茶告拜"今天是什么日子，什么人结婚，上辈何人未请不要计较，现在一起拜了"。新郎新娘须行跪拜礼，传统规矩要求对每位祖先行十二次跪拜，现在一切从简，除了亲生父母跪拜十二次，其余每代祖先四次跪拜，或者更为简化可几代合并共跪拜四次。七月十五日中元节是闽南地区杂祭中最为隆重的（上引书：131）。本村七月十五日祭

---

① "七月尾"祭仪详见本书第七章钟鹭艺一文。
② 甜茶即用冬瓜糖冲泡的茶饮。

拜众公妈(孤魂野鬼),在家门口摆饭菜祭祀。祖先在七月十三日已经拜过,七月十五日便不再祭拜。

三、绵治邹氏宗族的权力与关系

"敬宗、收族"为宗族内部管理最基本的精神。即强调传统,建立长幼尊卑之序,并寻求宗族内部长期共同发展,聚而不散。

(一)权力结构

费孝通在《乡土中国》(1947[2007])中指出乡土中国是一个以家庭为核心的、构成差序格局的、服从长老统治的礼治社会,基于年龄和辈分的权威在乡村治理中的地位不容忽视。村人可以将干部的命令不以为意,却很难将族中德高望重的前辈的教诲当做耳边风,在农村中具有教化作用的宗族组织在一定程度上起着独立的治理作用(周大鸣 2003:27—31)。也就是说,与国家统治相对应的民间自有其逻辑。传统上族权在农村社会中发挥着极其巨大的作用。

首先宗族领袖具有管理和教化村民的作用,他们组织祭祀活动、管理祠堂、规划乡村建设等。宗族具有明确的族规家法,有相当程度上的教化规范作用。在前文中已经指出,族谱中的一项重要内容就是家训祖诫。而宗族领袖则具有执行这些乡规民约、教育族人的权力。

其次宗族领袖具有调解和裁决族内事务的权力。绵治村民间的争端被视为宗族内部事务,不宜对外张扬,即所谓"家丑不可外扬",故而多在村内私下解决,不愿告到政府官衙。昔时家有家长,房有房长,推崇年长者为宗族领袖,凡是遇到争端诉讼,均会请求族长、家长或叔伯长辈出面解决。新中国成立后设立村长、书记,①成立调解委员会,如遇纠纷则文书上报。后改在镇派出所解决。如今村人遇到争执,仍会找长辈仲裁,家庭内部的找较亲近的叔公或母舅解决,房支内部的找房内较有权威的长者,邻里之间的矛盾则寻找村中有权威的老人。现在国家在农村的基层组织发挥越来越大的作用,但是尽管如此,绵治村9名村干部中除了驻村书记外,村长和村书记以及2名支委、2名村委共6人均姓邹,仅有2人是他姓,所以村中公务与族中事务并不易区分。

再次宗族领袖具有领导、主持、参与等社会功能。昔时的绵治各房支聚族而居,在族长的领导下,共同修建独具特色的牛角弯、石楼等防御性建筑,抵御外来侵扰;同时乡村日常生活中的许多仪式活动也需要族长、家长的领导组织和参与,例如祭祖活动,总要由族长出面主持;或者红白喜事也要由家中的长辈做主。

在新中国成立以前,宗族领袖的角色建立在完整发达的宗族基础之上。但是新中国成立以后宗族的结构、活动、仪式均被取缔,由此宗族领袖的作用与功能也逐渐丧失。现在虽然绵治村邹氏聚族而居的格局并没有发生变化,但是农村的权力结构已经被国家设立在农村的基层组织取代。宗族及其领袖在农村继续发挥的作用减少,除了日常性的纠纷调解,婚丧大事的主持,还有一点即是"通过对村社区权力分配的非正式争夺,特别是对通过村干部工作的支持或不支持,配合或不配合,来影响上级对管理精英的选任,或影响村干部的治理行为"(肖唐镖 2010:65)。

(二)宗族关系

宗族关系可以分为两类,即族内房支派系间的关系,以及宗族与

---

① 新中国成立初期对农村基层干部的任用多选择贫农,与传统宗族较富有的族长家长不同。

宗族之间的关系。在村落和宗族内部既有合作互助又有矛盾冲突；而族际的关系则多为恃强凌弱的侵占、欺辱和破坏等。

随着时代的变化，尽管村民的日常生活也逐渐变化，但是宗族依然在日常生活中保有很大的影响力。不论是聚族而居、祭祀活动或婚丧喜庆，无不包含传统宗族关系留下的痕迹。虽然现在绵治的土堡、石楼已少有人住，但是其迁出的子嗣大都在原先居住的土堡周边另盖新房，具有血缘关系的村民常常聚集居住一地。2010年9月对五官公派下二十一世祖先永祥公房的祠堂诒谋堂进行修葺时，其下文达、敦仁、福东、正阳各小房子孙均出资集腋成裘共同合力完成工程。办婚丧、建房子等大事均须向族内、房内宗亲借钱、借物（诸如场地、桌、椅、板凳、碗、筷），也要族人的劳力支持（如做饭、抬棺材等等）。

除此之外，绵治村民重视从本村走出去的人才网络，如"大清中军府进士"邹龙漳，民国时期在漳州身居要职的春波、春潮二兄弟等等，其中最为绵治人津津乐道的便是五官公房下迁往台湾的邹文谦。在华安县《邹氏族谱》（1994）中记载："文谦宗亲于1911年生于本县绵治村，幼时禀赋颖异，凡所应对，皆能周旋中礼，甚得乡人推重，初在家乡私塾肄业，熟读四书五经，嗣至漳州育贤小学及寻源中学初中毕业，即旅居榕城，在福建学院高中部修完高中教育。年二十一负笈北平，考入朝阳大学法律系，四载钻研，卓然有成，二十五岁毕业，获法学士学位，因天资聪颖，而又好学，在校期间考试，均名列前茅……1945年，调任台湾省行政长官公署法制委员，历任国民政府要职。其在故乡，固为宗亲、乡亲所尊敬，在台湾亦望重宗亲，经被推选为台北市邹氏宗亲会理事长，连续四届，长达十二年。在其任内，除从事宗亲之联谊团结，敦亲睦族，完成编纂邹氏族谱三巨册，以利后世宗亲溯本求源，慎终追远，深获宗亲之爱戴与推崇。"绵治村民常常讲述邹文谦父母对待穷人友好谦恭的事迹，五官公派下的子孙每每提及更是引以为豪。但是因为历史社会原因，现在的绵治邹氏宗族尽管与邹文谦在台湾的后代具有亲缘关系，却很少往来了。1993年邹文

第五章
绵治邹氏宗族研究

谦曾回到久别的故乡,捐资 2000 美元加盖绵治村小学的第三层教室。

结婚仪式祭拜祖先的过程也可以反映宗族内部的关系。昔时结婚要到祠堂拜祖先,村中有老人称其结婚时曾经拜过五个祠堂。例如三爹公井仔头房族人须先去追来堂拜,再去前厝,最后回到井仔头。而三爹二房顶学底是由五房楼仔过房,故结婚时要先拜前厝,再拜楼仔房祖厝,最后才回顶学底拜。

根据田野调查以及族谱资料分析,也可发现绵治村通婚关系所反映出来的族群内外部的互动。通常福建宗族聚族而居,宗族的男子婚娶和女子外嫁均须与外村、外姓发生关系,在本村、本族通婚的现象十分少见。在绵治的族谱中也可以发现,早期所有村人的配偶均为来自绵治以外其他村落的他姓。系谱资料显示,至二十六、二十七世时,绵治邹氏仍以外婚为主。而现在的绵治村,许多家庭都是由同姓构成,即夫妻双方都是邹姓,且大多数是本村的邹姓。绵治村民认为绵治地处深山,交通不便,与外界交流甚少,故本村同姓五代之内不可通婚,五代以外即可通婚。绵治村邹姓开基时代久远,且裔孙枝繁叶茂,群体庞大,故同姓结婚似乎也在情理之中。村中老人指出,绵治村邹氏本姓最早通婚始于 20 世纪 50 年代,粗略计算应发生于智慧公下第二十八代子孙,其上二十余代并未因为与外界交流不便或五代以外同姓结婚,因此笔者认为绵治村邹氏同姓结婚不仅受到上面两个因素的影响,也受到当时国家社会历史大环境的引导和推动。在建国初期,强调阶级斗争,反对一切"封建残余",鼓励人民"不畏权暴,勇于和封建势力相抗争",在这种环境下,受到"启发"的年轻人不再默认族规家法的约束,从而使同姓结婚逐渐成为风潮。

福建宗族械斗的起因多种多样,归结起来可以分为观念的和权益的(陈支平 2011:87)。绵治村和某村发生过多次械斗,早在雍正二年(1724 年)四月就有文书记载邹、郭二姓族人因为山地归属权而产生冲突,两姓相互辱骂叫阵,进一步发展为二族械斗,当时请漳州知府前来调解,将有争议的山地判给绵治邹姓族人。土改后县长曾

闽南绵治人的社会与文化

颁发山林证给绵治人,但是绵治与该村关于山地的纠纷仍然不断。20世纪70年代两村邹、郭二姓再次因为山界问题产生冲突,发生口角并不断升级,引发械斗并有人员伤亡。30年后又因为同一原因产生矛盾,但未酿激烈冲突,两地纠纷已经由族际械斗转变为法律纠纷。

绵治邹姓与邻村郭姓的不和源于一个传说发生在数百年前的事件:绵治一秀才随其妻居于该村,不知何原因被其长老藏起长袍并赶出家门。秀才因此而羞于见人,躲入深山。直到绵治人发现并给他送去衣服,才得回到绵治。返村后秀才在追来堂上香起咒"子孙不得再与该村通婚"。此外还有许多关于破坏彼此风水的故事,可以从侧面反映绵治邹姓与其他村庄、姓氏的关系。族谱中记载:"来绵十三世祖邹瑶……以官难卒于狱疫,先是本里鲍家有坟伤公母之龙,不胜其愤,因与诘告。而系于狱,时有义仆,从公往省,得负骸骨而归"(邹道生 n.d.)。这种事情也发生在新中国成立初期,某村地理师在绵治某位祖先的坟墓前面修建房屋,以坏其风水。百余邹姓族人在送公粮经过该村时将破坏风水的房屋推倒。《邹氏世谱》中记载:"拱桥外有庵院一座,称为水尾庵,又称千百堂。世传若庵保全,异姓难居。于九一年辛未夏孟月重修庵庙及新雕十三位神像以振家声,恐后异姓昌,认宗亲"(邹道生 n.d.)。报道人称昔时绵治村邹姓人口原本不多,千百堂建起围墙后,其他姓氏便纷纷外迁。因此村人认为千百堂围墙仿若一堵象征的墙将绵治村围住,使外姓难以进入,而现在围墙倒塌,则其他姓氏渐渐迁入。前文提到绵治村"前尖对后尖,旗杆密密签"的顺口溜,意思是说在绵治原来有两个山头(尖)位置相对,风水极好,使得本村人才辈出。而邻村某姓嫉妒绵治风水,晚上偷挖山头以破坏,但被挖去的山头次日又恢复原貌;该村风水师设法将铜针与狗血埋在欲破坏之处,山头从此不再自动复原,此后绵治所出人才便大不如前。村人毫不忌讳的说绵治人也做过类似坏人风水之事,使得郑竹现在人口极少。昔时这类邻村互相破坏风水的事屡见不鲜,大多因为担心对方发展壮大而危及本村。

第五章
绵治邹氏宗族研究

结　语

绵治村历史悠久，家户人口众多，且受到政治社会变动的冲击，宗族组织遭到破坏，建立于其上的宗族特征与仪式缺失不全，宗族意识淡化。本章主要关注绵治村邹氏宗族的特点及其变迁。与本系学生调查过的四处同样位于中国大陆东南部的乡村宗族组织相比，绵治村的宗族组织在历史发展过程中受到了更大的冲击与更明显的变化，宗族组织在恢复的进程中也略显缓慢。

尽管同居中国东南，绵治邹氏与庵坝朱氏（蒋俊 2008）、璞山简氏（刘丽梅 2010）、顶城陈氏（卯丹 2012）与北山张氏（张龙腾 2012）各宗族因其地理、历史、人口等各种因素存在许多不同，其宗族特征也各具特色。璞山简氏不仅建有专门纪念供奉女性的祠堂（刘丽梅 2010:81－82），还具有至今仍在发挥功能的房产等族产，同时将近年来旅游开发的部分资金以及来往密切的台湾宗亲的捐汇纳入宗族活动经费（刘丽梅 2010:83,87）。此外简氏宗族有"好事不进祠堂"之说，凡新婚、添丁等喜事均不进祠堂祭拜（刘丽梅 2010:86）。而漳州东山的顶城陈氏宗族则极少见到过继现象，全族仅有两例（卯丹 2012:66）。顶城陈氏不仅有"童养媳"，还有"童养婿"这一特殊的婚姻现象（卯丹 2012:67－68），体现当地独特的继嗣观念。绵治邹氏宗族不论人口数量还是地域分布，均比另外四村更多更广，派系房支庞大复杂，因此绵治的祠堂祖屋数目极多，其中石楼建筑与牛角弯形建筑更独树一帜。绵治村邹姓村民虽也提及"童养婿"，但大都是指养子，这些所谓的"童养婿"并未与养姐妹成婚，但其中一些人入赘至同村族人家中。本村入赘者皆比上述四村的赘婿享有更多权利，如子女不必从母姓，而众所周知，招赘婚的意义即在于有子孙继承妻家宗祧，因此入赘家庭中子女从父姓可算是绵治特色。

特点多在变迁中形成，各地宗族共同经历了20世纪的中国社会巨变，但受到冲击和破坏的程度以及恢复的速度却相差甚大。20世纪初,存在于中国2000多年的封建帝制崩溃,中国以此为起点学习西方列强,改革政体,移风易俗。新的社会生活习惯不断挑战原有的乡村生活秩序,宗族组织从被打击压制到销声匿迹再到逐步复兴。在这一变迁中,尽管庵坝朱氏也受到新政策的冲击,族人却公开与公家对抗,顶风而上于1962年重修祠堂、1963年重修香火堂(蒋俊2008:145-146)。五村宗族均在"文革"中停止活动,庵坝、璞山、顶城、北山四地均在20世纪80年初期开始恢复,绵治村直到20世纪90年代初才开始进行相关复兴活动。绵治村邹氏宗族既未保留常规的祠堂祭祀,也没有保存下祖先牌位,相比之下,其余四村的宗族如今均存有祖先牌位,也恢复了部分祠祭活动。绵治村邹氏对宗族的认同感相较之下也已经相当淡化。

虽然大社会背景以及国家政策的影响不容忽视,但是与绵治村有相同历史进程的另外四个宗族组织在某些方面却近乎一致的与绵治村存在差别,究其原因,个人认为须从绵治村邹氏宗族自身寻找。尽管许多学者已经指出,族产是宗族组织的基础,失去族产就意味着宗族组织丧失物质基础。但是笔者认为,古时族产以田地为主,如今时代发生变化,族产也可以产生相应的转变,例如璞山简氏宗族就一方面将宗族文化做为旅游开发的筹码,另一方面将旅游开发所得纳入宗族活动开支。如今农村生活水平日益提高,只要村民心中愿望迫切,不论集资也好,或共同置办新产业也罢,资金基本不会成为阻碍宗族发展的问题。归根究底,影响宗族组织的关键因素还在于人的心理,也就是人们对于宗族的认同感,有认同,才会有发展。回顾前文,邹氏在绵治村开基已久,子孙传衍,房支众多,各房支的关系十分复杂。而上述四村的人口规模均较小,相对应的房支也较少,族人之间关系较为紧密。群体规模的大小或者宗族组织分支的多寡,是否会影响族人对宗族的认同?宗族人丁昌盛的另一后果是众口难调,宗族认同感也逐渐失去,宗族组织要保留其特征,继续进行活动,发挥功能的必要性也就相对降低。绵治村的特例也许可以做为此问题的一个诠释。

参考文献

肖唐镖
  2010 《宗族政治:村治权力网络的分析》。北京:商务印书馆。

不著撰人 a
  n.d.《漳州崇本堂谱记》。

不著撰人 b
  n.d.《三爹五房私谱》(邹忠木撰抄　资料来源:邹宗山)。

不著撰人 c
  n.d.《五官溪仔坪私谱》(邹忠木撰抄　资料来源:邹盛恩)。

方大琮
  n.d.［1996］ 跋方诗境叙长官迁莆事始。四库全书存目丛书编纂委员会(编),《四库全书存目丛书。郑岳,莆阳文献,卷七》。济南:齐鲁书社。

卯丹
  2012 顶城陈氏宗族。余光弘　杨晋涛(合编),《闽南顶城人的社会与文化》,页 57－98。厦门:厦门大学出版社。

华安县《邹氏族谱》编委会
  1994 《邹氏族谱》。

刘丽梅
  2010 璞山村的宗族组织。余光弘　杨明华(合编),《闽南璞山人的社会与文化》,页 68－99。厦门:厦门大学出版社。

邹道生
  n.d.《邹氏世谱》(1991 年邹朝生重抄,资料来源:邹智明)。

张龙腾
  2012 北山的宗族组织。杨晋涛　余光弘(合编),《闽南北山人的社会与文化》,页 223－264。厦门:厦门大学出版社。

陈支平
  2011 《近五百年来福建的家族社会与文化》。北京:中国人民大学出版社。

周大鸣
  2003 《当代华南的宗族与社会》。哈尔滨:黑龙江人民出版社。

闽南绵治人的社会与文化

郭志超、林瑶棋(合编)
  2008 《闽南宗族社会》。福州:福建人民出版社。
常建华
  1999 《二十世纪的中国宗族研究》。历史研究 5:140-162。
脱脱
  1343[1986] 《二十五史·宋史》。上海:上海古籍出版社。
蒋俊
  2008 庵坝宗族研究。余光弘　蒋俊　赵红梅(合编),《闽西庵坝人的社会与文化》,页 135-164。厦门:厦门大学出版社。
Bernard, H. Russell
  2011 *Research Methods in Anthropology: Qualitative and Quantitative Approaches.* Lanham, MD: AltaMira Press. (5th edition)
Freedman, Maurice
  1958[1965] *Lineage Organization in Southeastern China.* London: The Athlone Press.

附录一

过房书

　　立过房书人亲弟××,妻×氏名××,有产下第×位男儿,名唤××,年纪已经××岁,因念亲兄早年去世,膝下并无男儿宗支难继。夫妻商议同情,愿将此男儿××过房为××之子。凭媒引就付与亲兄××为子,三面言议喜出人民币(大银)×××。即日凭媒交讫,其男儿随付××家中,任从教训抚养成人。日后传子及孙各份均分,继承两房礼祀。子子孙孙永守勿替,互相济美,衍庆瓜瓞,大振家声,福禄齐美。此系双方愿意,各无异言,恐口无凭,特立过房书一纸付执为□。

立过房书人:×××
为媒人:×××
代书人:×××

年　月　日

附录二

邹氏祖训十六条

一、敬祖宗：泉源水有宗祖，人传慎终追远，当效曾贤。
二、孝父母：似海恩深，须尽爱敬，生事葬祭，宜遵礼圣。
三、和兄弟：一体之人，友爱宜深，无尤式好，亦慰亲心。
四、谨夫妇：人伦之始，万化之原，瑟琴是鼓，毋忽诗言。
五、悌长工：徐行后长，揖让宜深，为仁有本，美济竹林。
六、教子孙：五桂传窦，三槐称王，家声勿替，胥本义方。
七、睦乡党：千支万派，一脉所垂，太和是昭，雍穆是宜。
八、崇祭祀：追远祀先祭，宜诚敬霜降露，濡齐明服盛。
九、修祠墓：魂主祠堂魄坟墓，及时修葺孝思首务。
十、增蒸尝：祭义传礼，蒸尝编诗，有加无少，不匮孝思。
十一、重读书：士冠四民，尊敬宜真，才能贤德，席上之珍。
十二、惜字纸：代绳有字，万事可稽，珍如金宝，视莫土泥。
十三、勤职业：男耕女织要精勤，毋荒毋怠，宜惜寸分。
十四、节财用：足衣足食，勿奢勿华，慎乃俭德，空乏免嗟。
十五、息争讼：耗材结怨，兆起争端，谦和揖让，讼息人安。
十六、急输将：惟正之供，用关国典，早完恐后，追呼永免。

附录三

绵治村邹氏世系谱(部分)

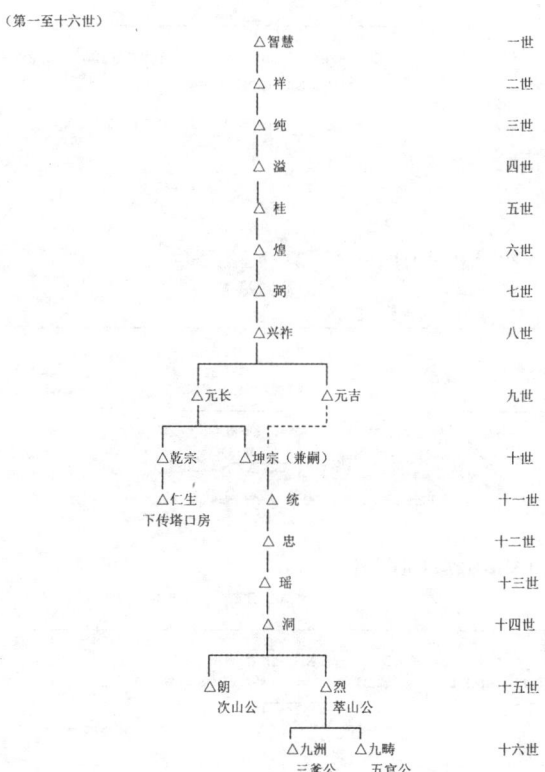

次山谱

（25 世至 30 世）

CSH1(26-30 世)

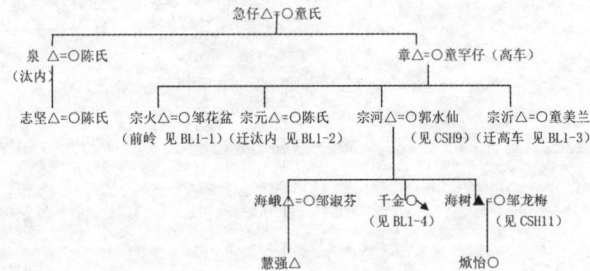

CSH2-1(26-29 世)

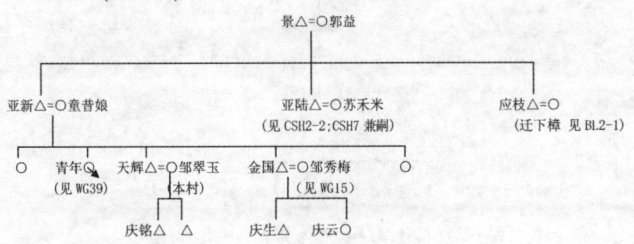

CSH2-2(27-29 世)

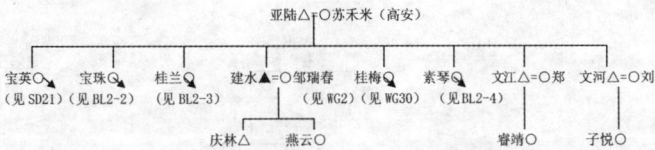

CSH3

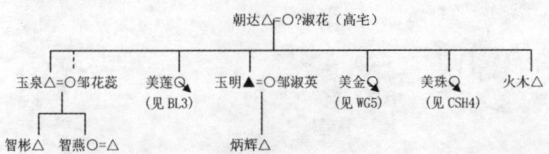

第五章 绵治邹氏宗族研究

CSH4（25-28 世）

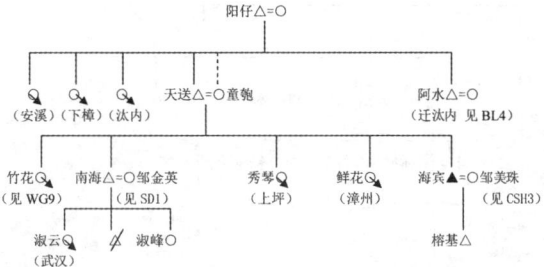

CSH5（25-29 世）

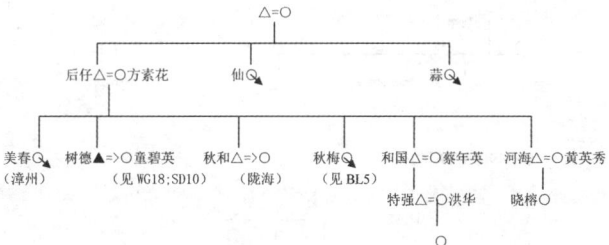

CSH6（26-30 世）

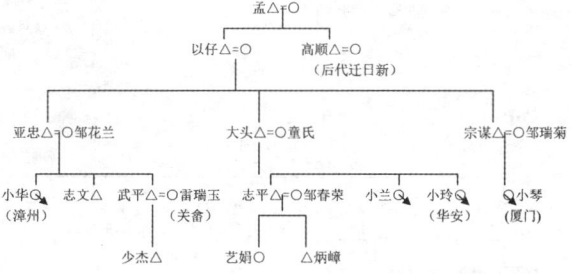

CSH7(25-29世)

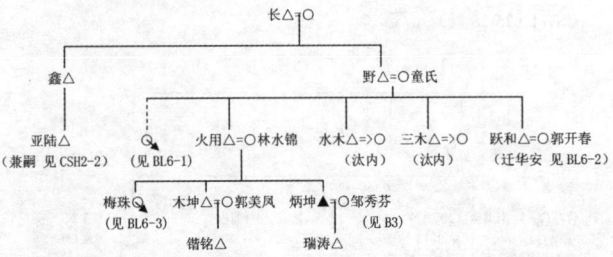

CSH8(25-28世)

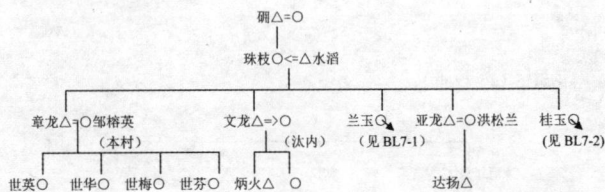

CSH9(25-29世)

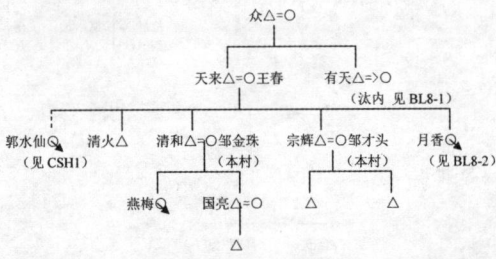

CSH10

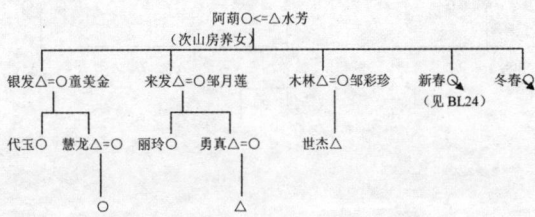

第五章
绵治邹氏宗族研究

CSH11

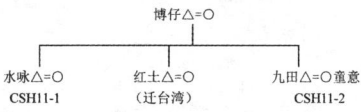

CSH11-1

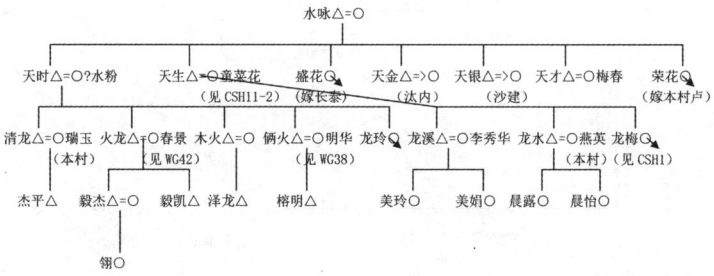

CSH11-2

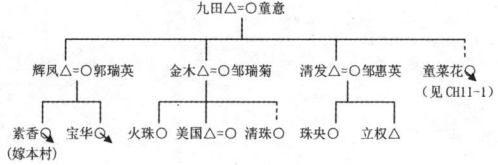

闽南绵治人的社会与文化

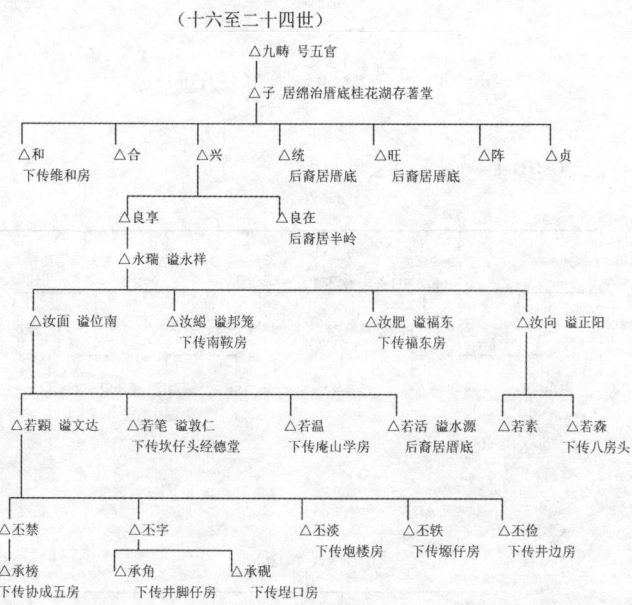

五官谱
（十六至二十四世）

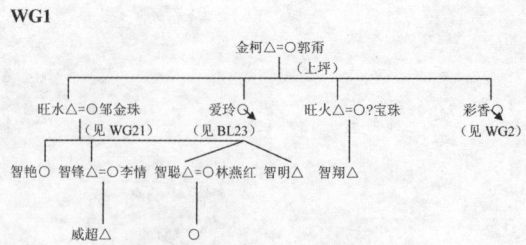

五官谱

WG1

WG2

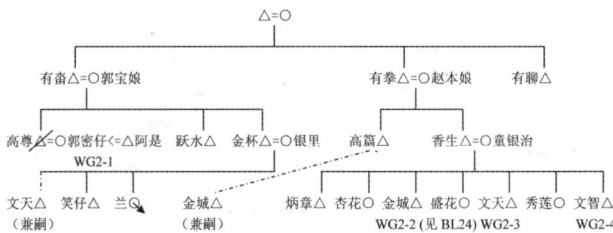

WG2-1

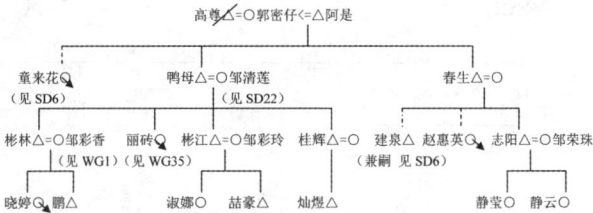

WG2-2

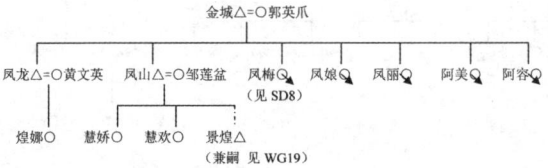

WG2-3

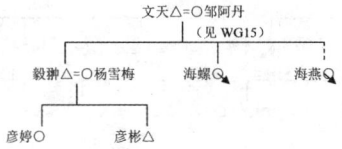

WG2-4

WG3

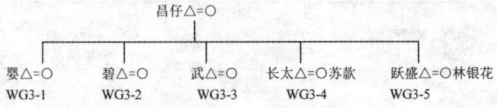

WG3-1

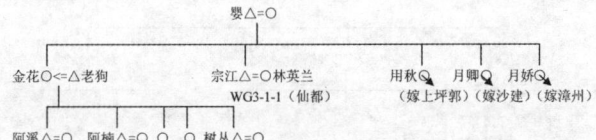

WG3-1-1

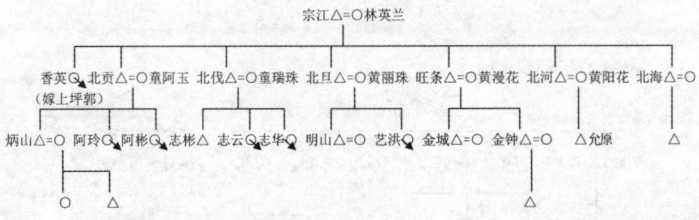

WG3-2

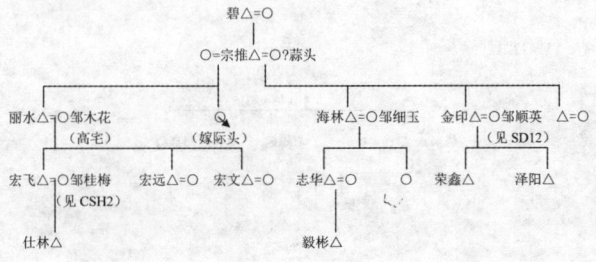

第五章 绵治邹氏宗族研究

WG3-3

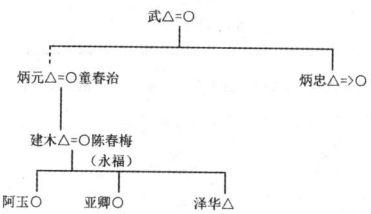

WG3-4

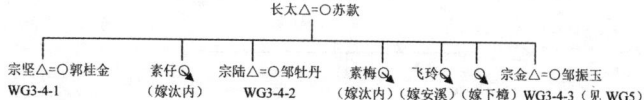

WG3-4-1

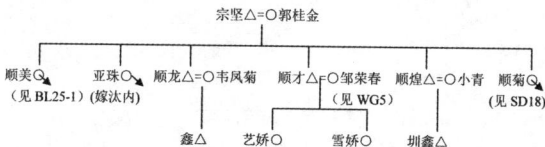

WG3-4-2

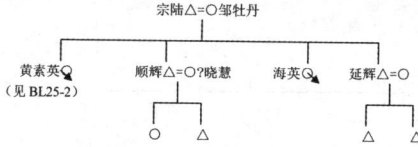

WG3-4-3

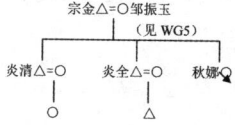

WG3-5

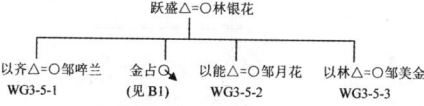

闽南绵治人的社会与文化

WG3-5-1
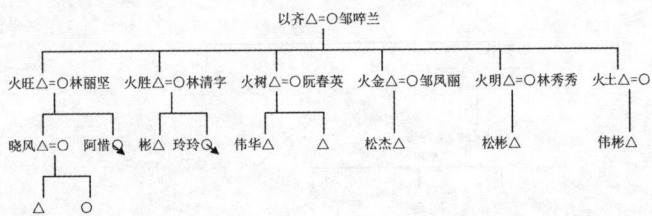

WG3-5-2
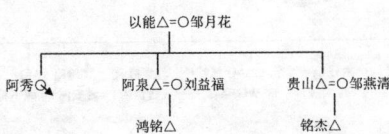

WG3-5-3
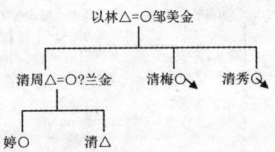

WG4
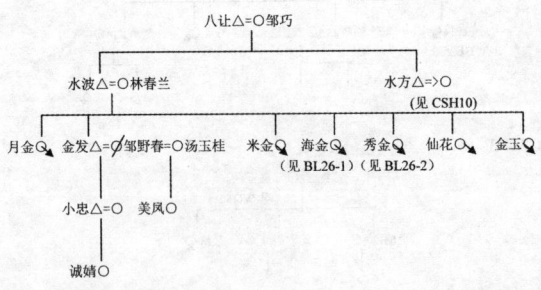

WG5
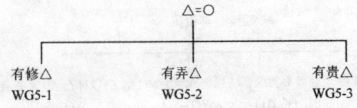

第五章
绵治邹氏宗族研究

WG5-1

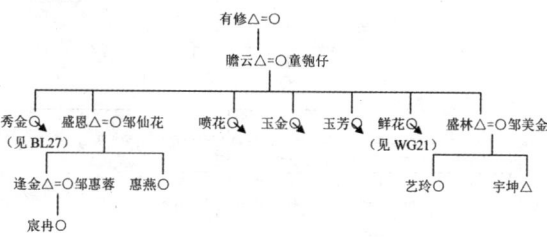

WG5-2

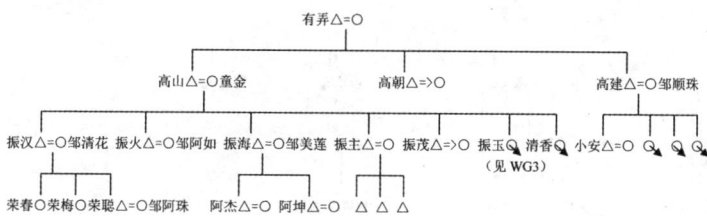

WG5-3

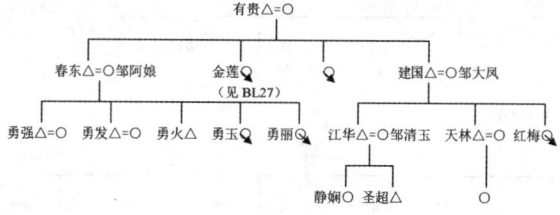

WG6

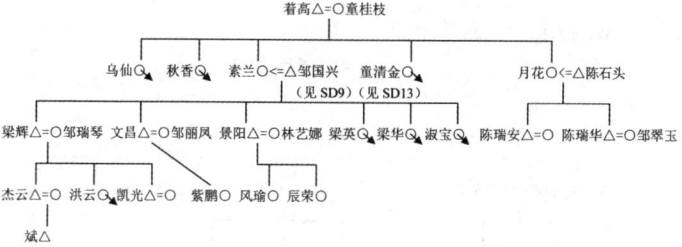

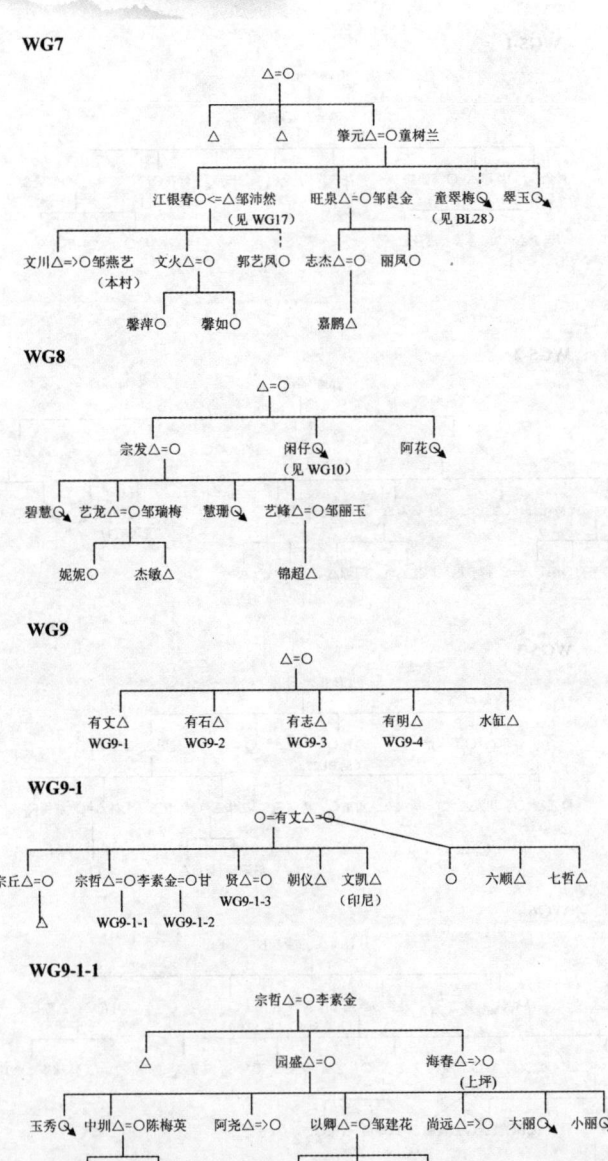

WG9-1-2

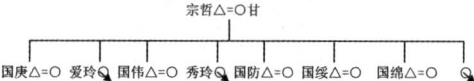

WG9-1-3

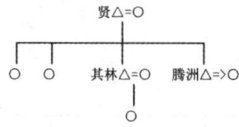

WG9-2

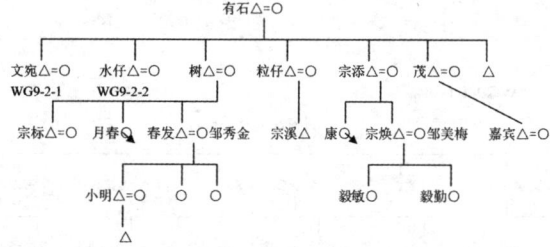

WG9-2-1

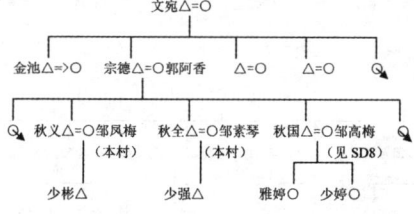

WG9-2-2

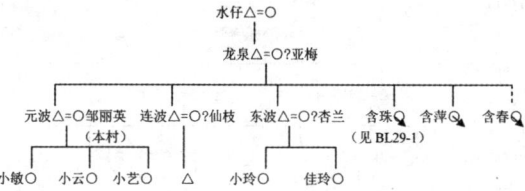

闽南绵治人的社会与文化

WG9-3

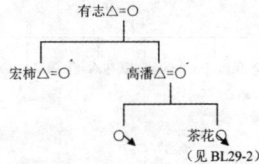

WG9-4

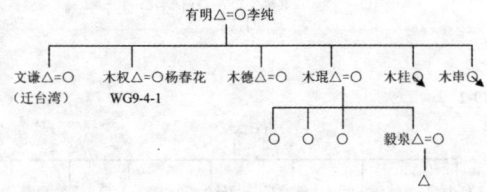

WG9-4-1

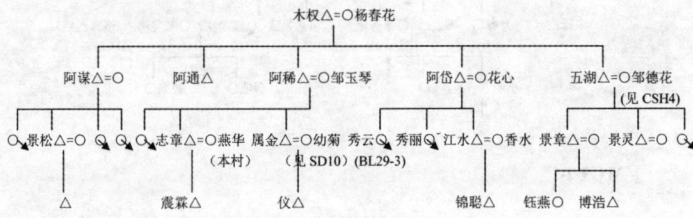

WG10

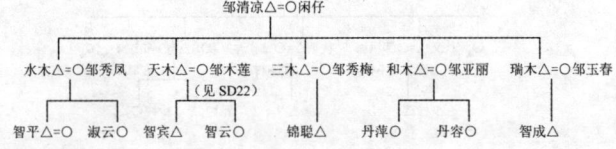

WG11

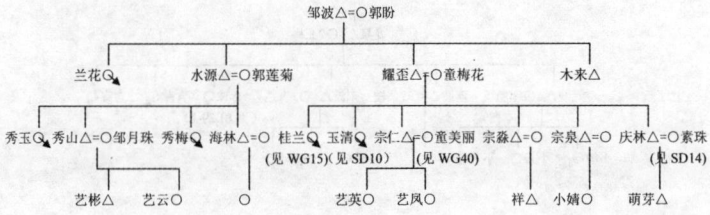

第五章 绵治邹氏宗族研究

WG12

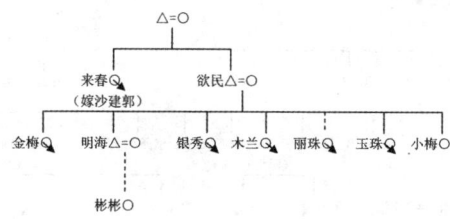

WG13

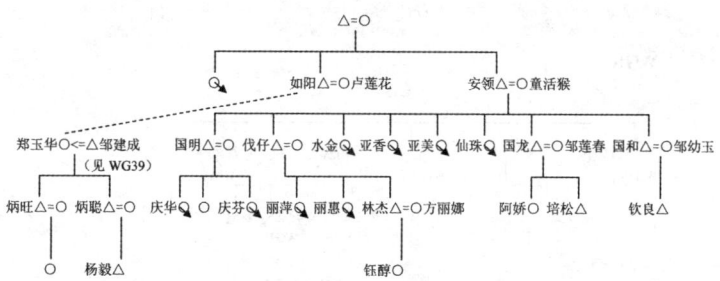

WG14

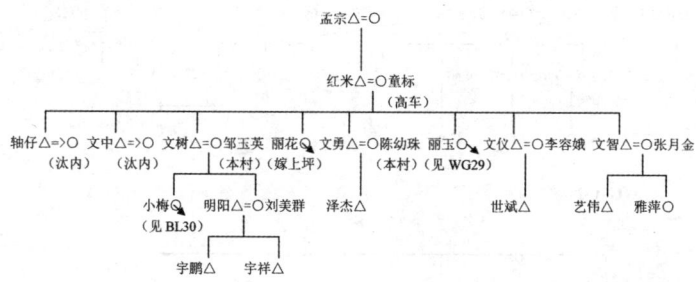

闽南绵治人的社会与文化

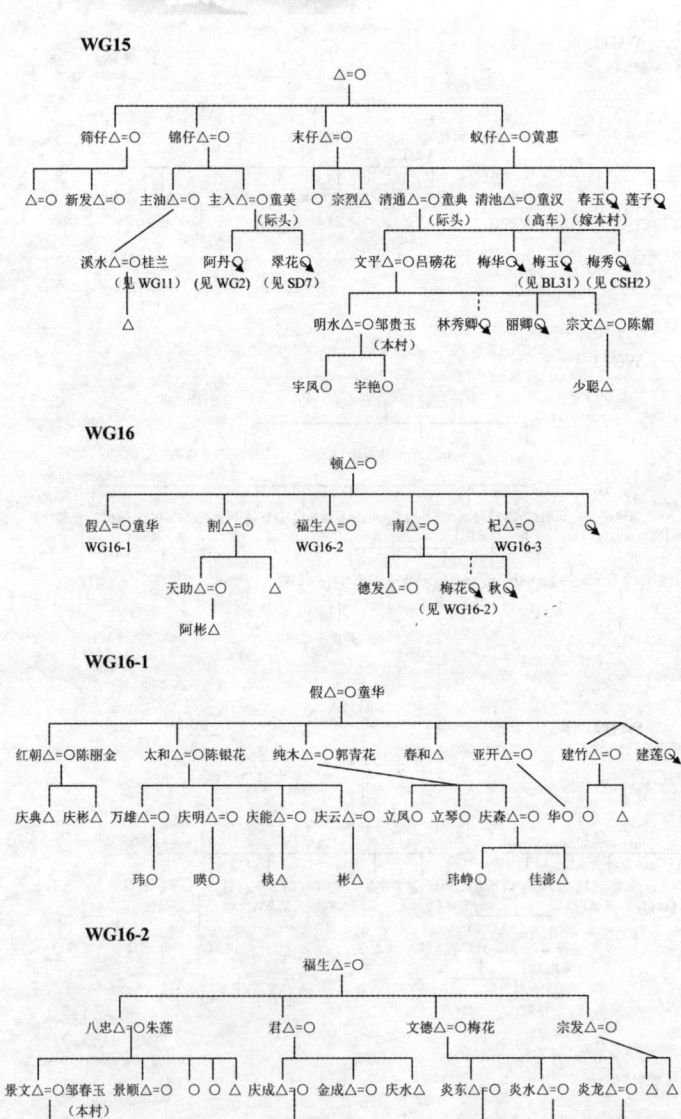

WG16-3

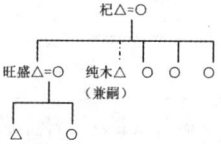

WG17

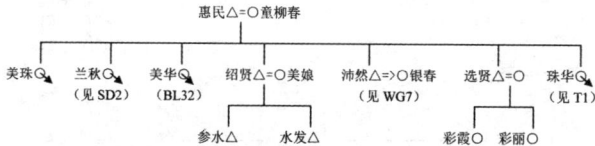

WG18

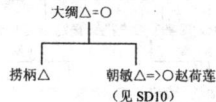

WG19

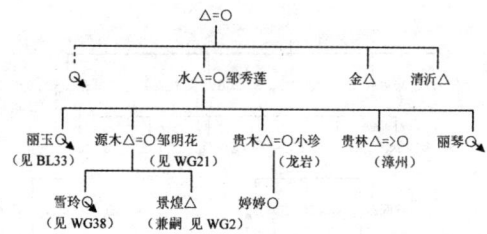

WG20[1]

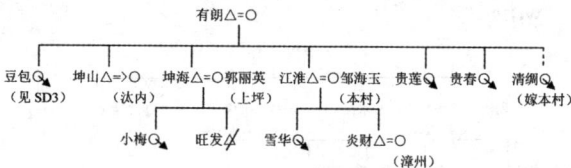

---

[1] 可与 WG9 连起来

闽南绵治人的社会与文化

WG21

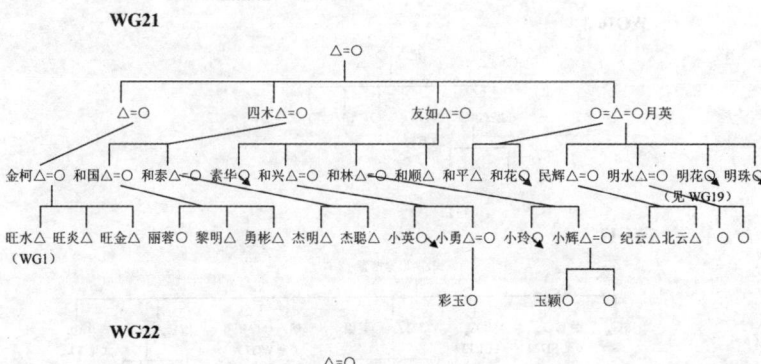

WG22

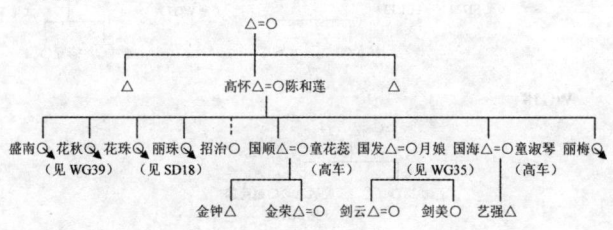

WG23

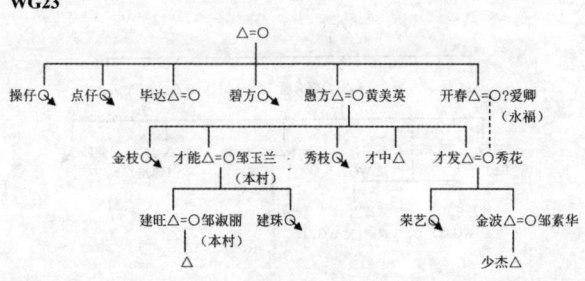

WG29

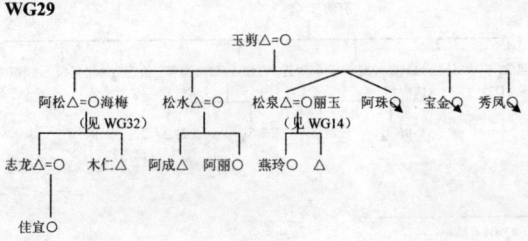

WG31

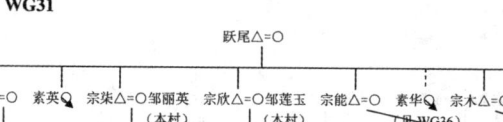

WG32

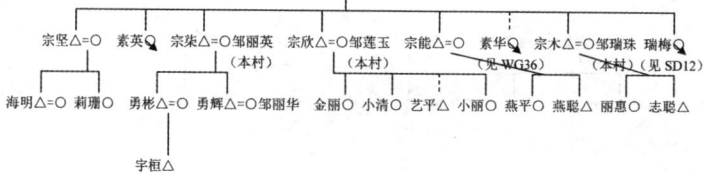

WG34

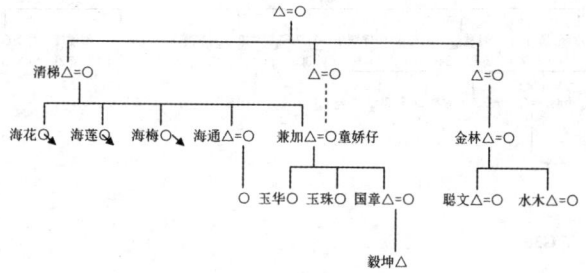

WG35

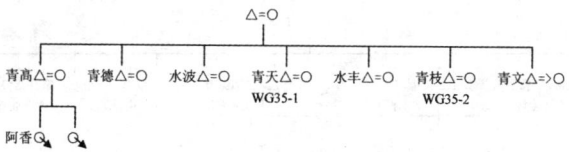

闽南绵治人的社会与文化

WG35-1

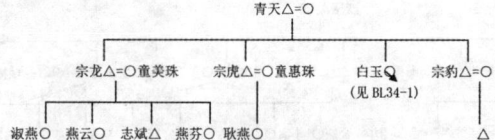

WG35-2

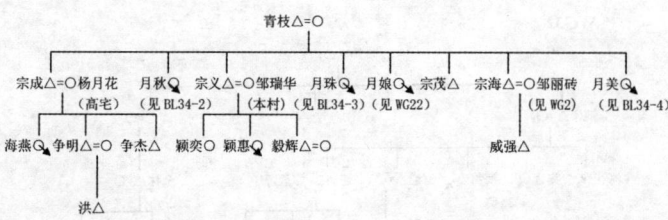

WG36

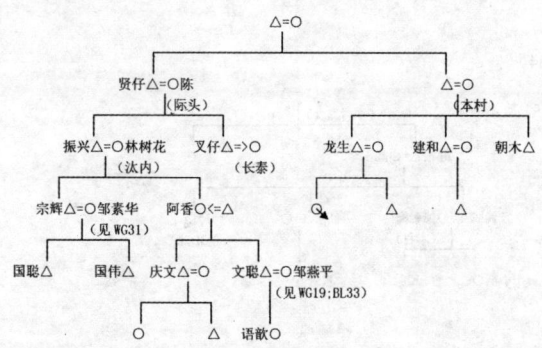

WG37

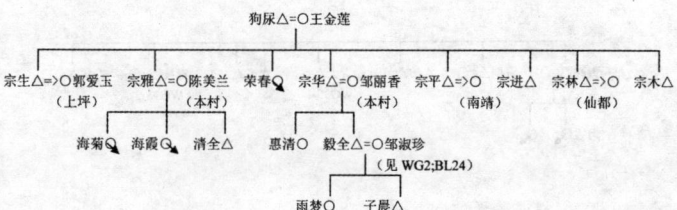

第五章
绵治邹氏宗族研究

WG38

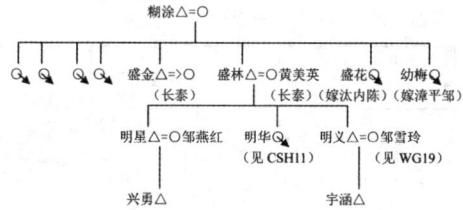

WG39

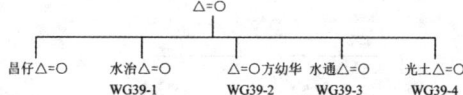

WG39-1

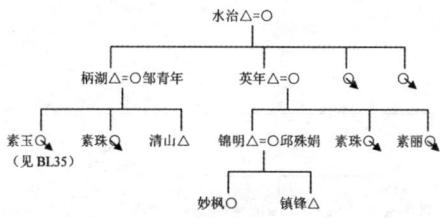

WG39-2

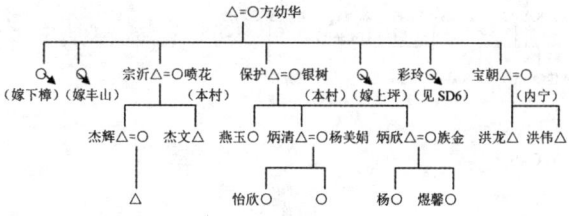

WG39-3

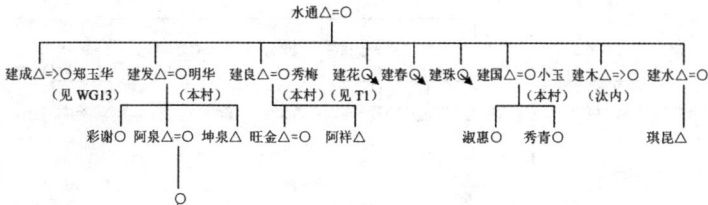

WG39-4

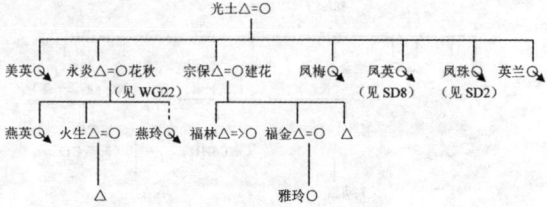

WG40

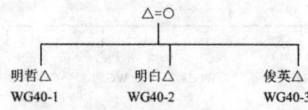

WG40-1

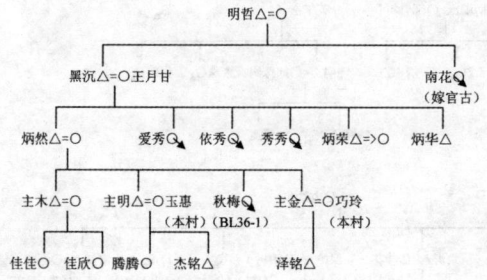

WG40-2

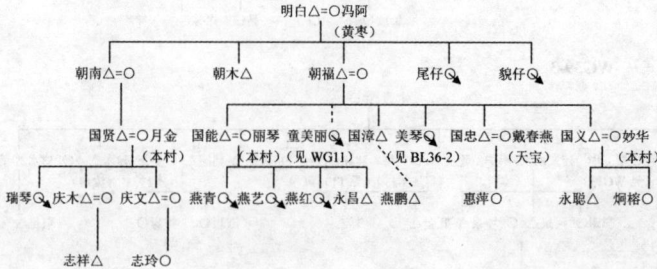

第五章
绵治邹氏宗族研究

WG40-3

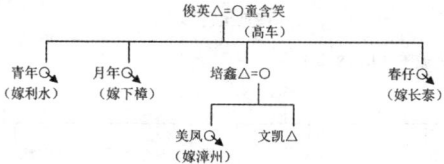

WG41

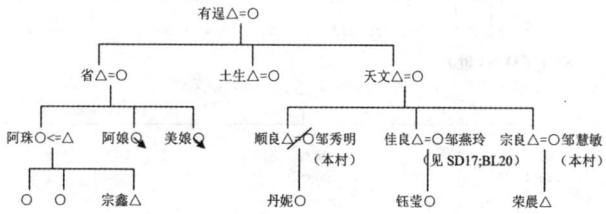

WG42

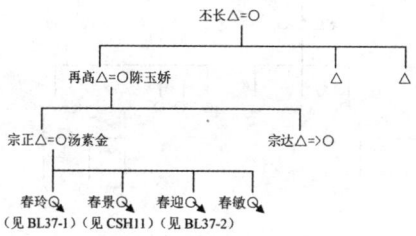

WG43

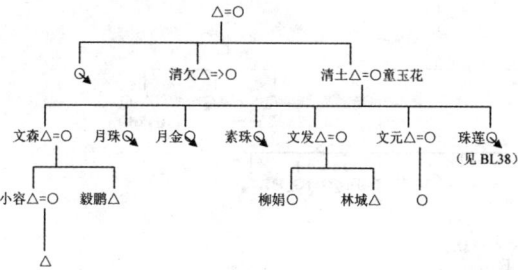

闽南绵治人的社会与文化

三爷谱

（?世至?世）

绵治村三爷公派下（16-18 世）

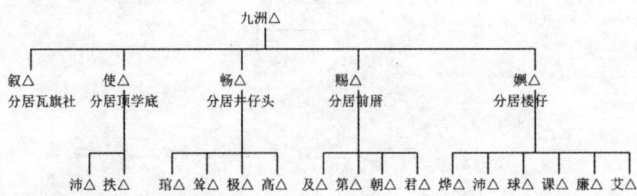

SD1（31-35 世）

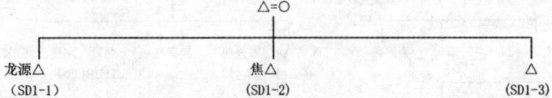

SD1-1

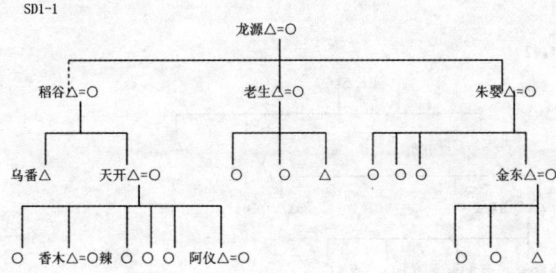

SD1-2

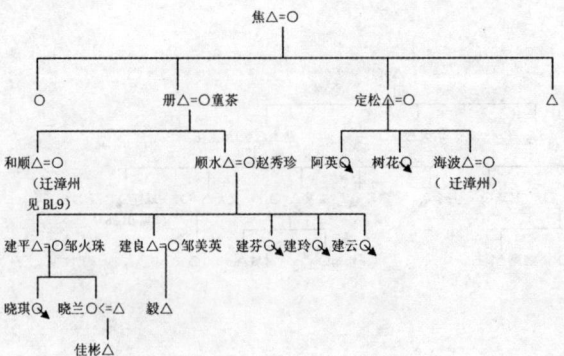

第五章
绵治邹氏宗族研究

SD1-3

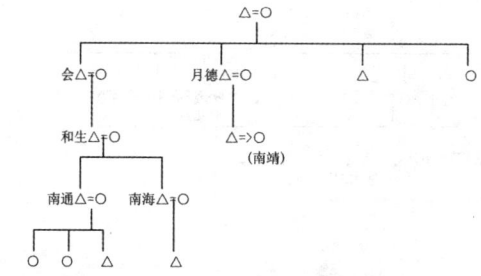

SD2

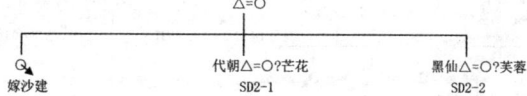

SD2-1

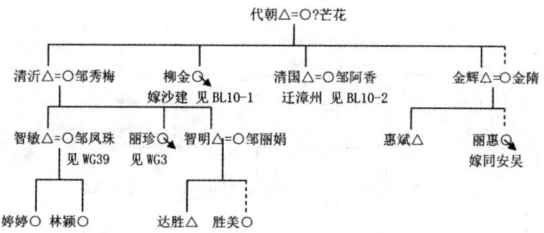

SD2-2

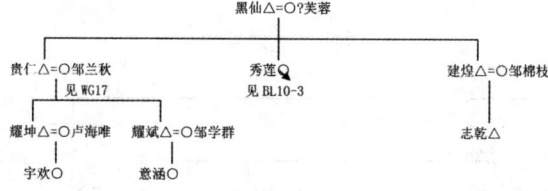

SD3

闽南绵治人的社会与文化

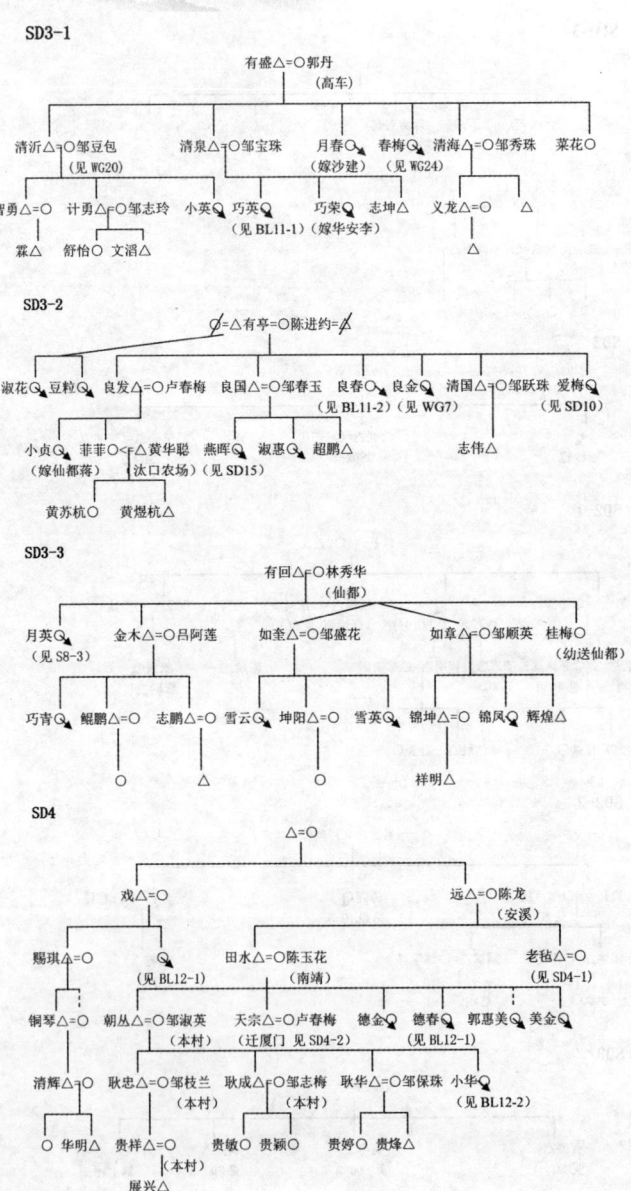

第五章
绵治邹氏宗族研究

SD4-1

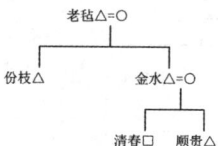

SD4-2

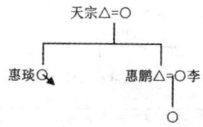

SD5

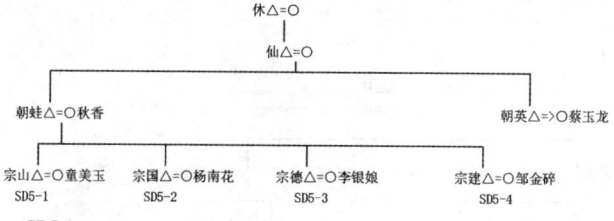

SD5-1

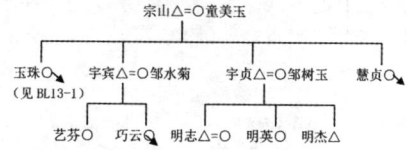

SD5-2

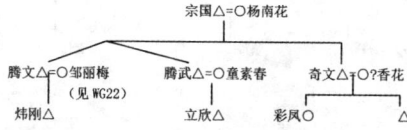

SD5-3

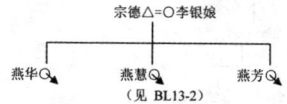

闽南绵治人的社会与文化

SD5-4

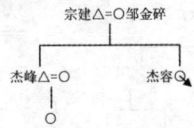

SD6

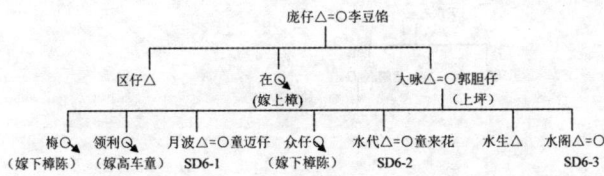

SD6-1

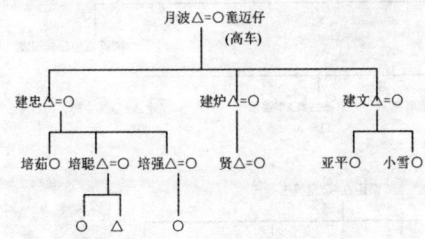

SD6-2

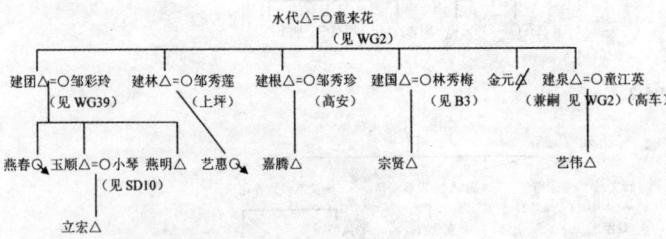

SD6-3

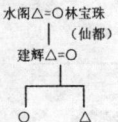

第五章 绵治邹氏宗族研究

SD7
（注：报道人称华的父亲和 SD1 中的焦为兄弟）

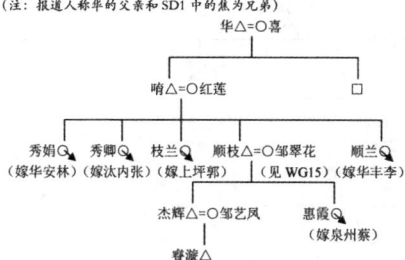

SD8

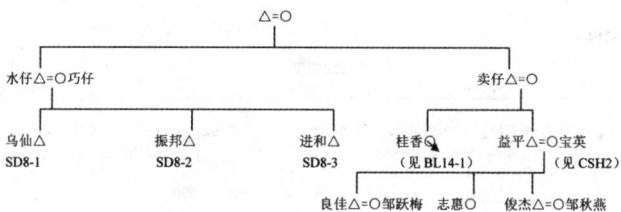

SD8-1

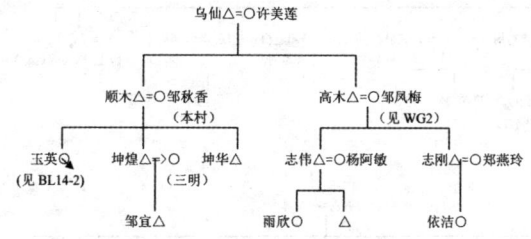

SD8-2

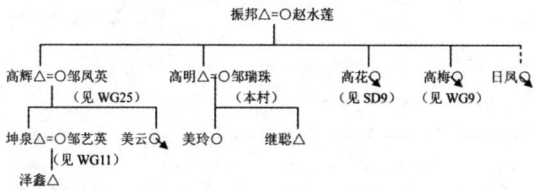

闽南绵治人的社会与文化

SD8-3

SD9

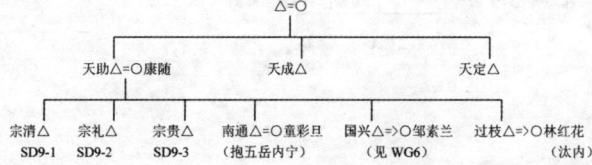

SD9-1

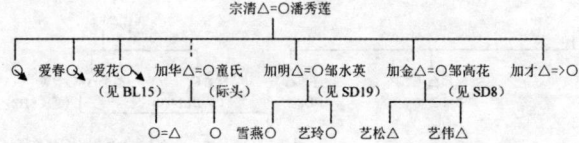

SD9-2

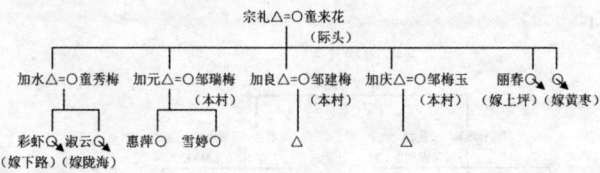

SD9-3

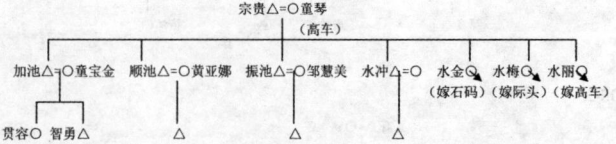

SD10

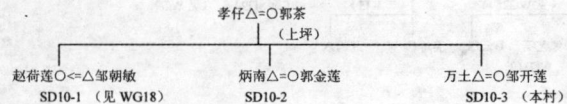

第五章
绵治邹氏宗族研究

SD10-1

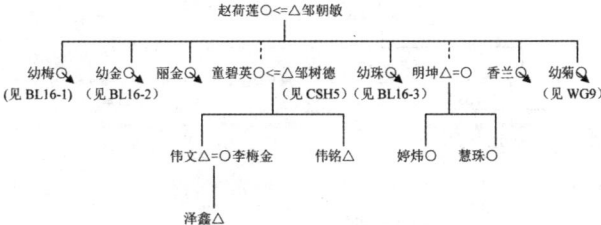

SD10-2

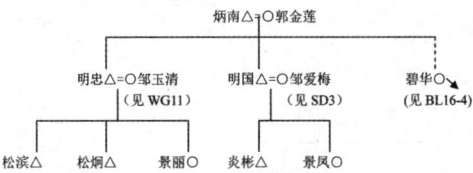

SD10-3

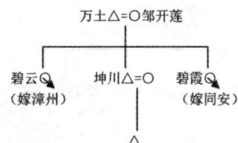

SD11

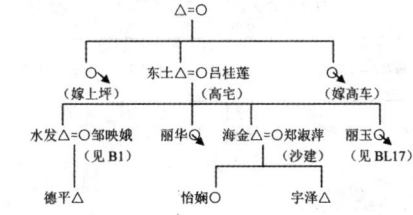

SD12

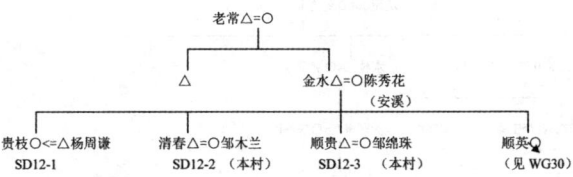

闽南绵治人的社会与文化

SD12-1

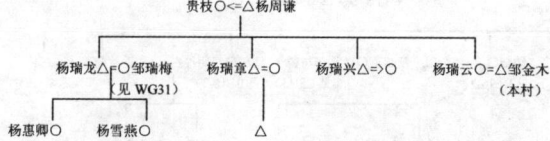

SD12-2

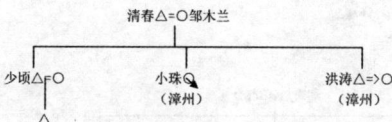

SD12-3

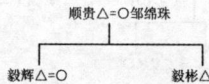

SD13

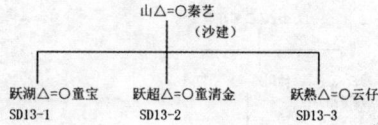

SD13-1

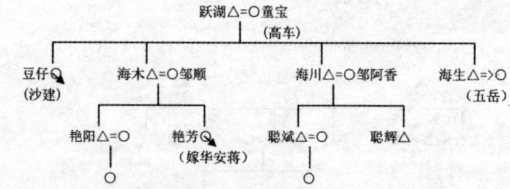

SD13-2

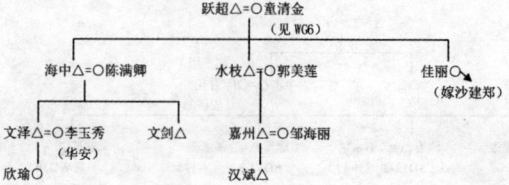

第五章 绵治邹氏宗族研究

SD13-3

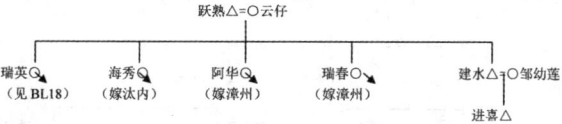

SD14

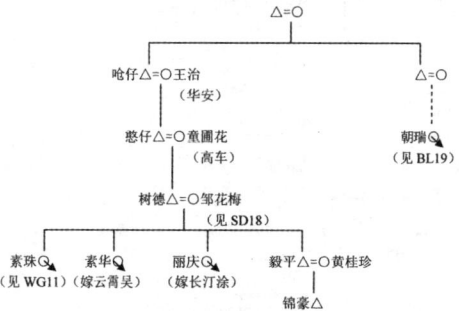

SD15

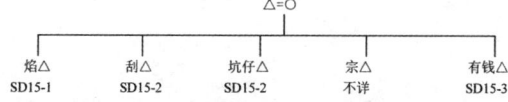

SD15-1

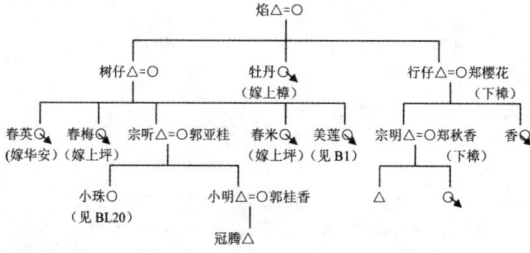

SD15-2

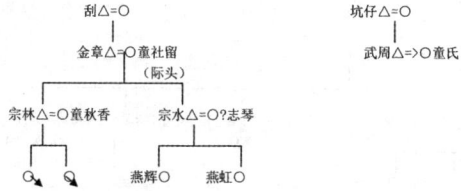

175

SD15-3

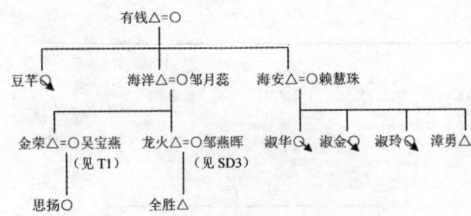

SD17

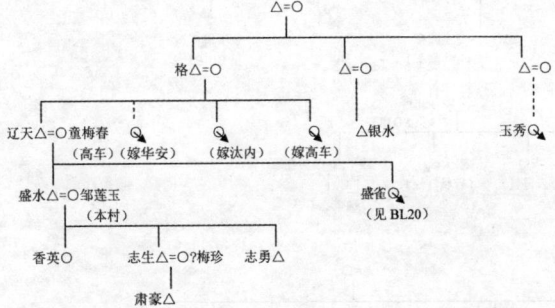

SD18

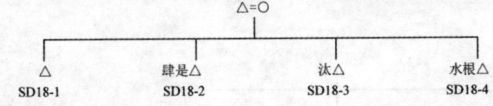

SD18-1

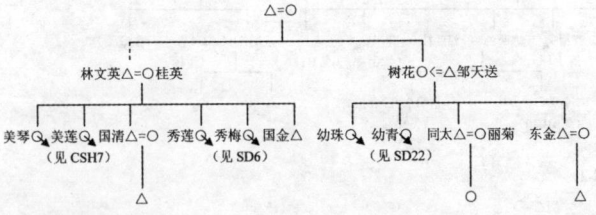

SD18-2

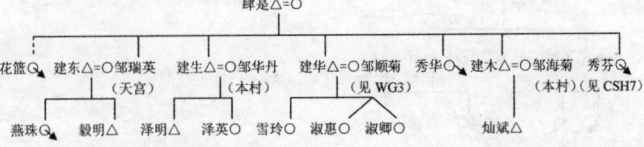

第五章
绵治邹氏宗族研究

SD18-3
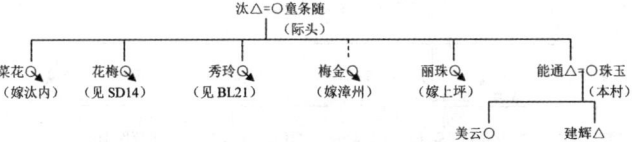

SD18-4
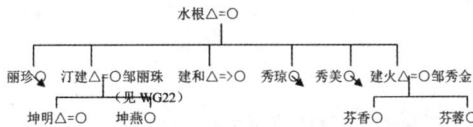

SD19
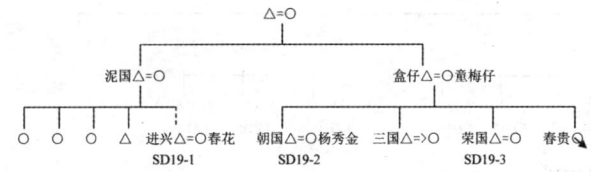

SD19-1
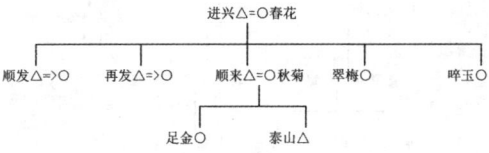

SD19-2

SD19-3
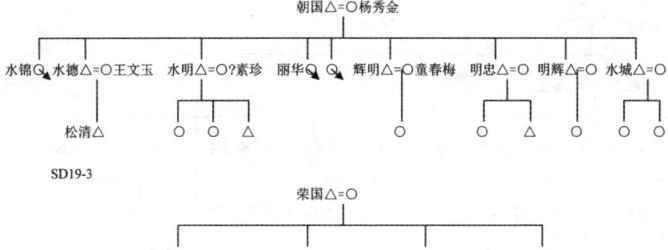

闽南绵治人的社会与文化

SD22

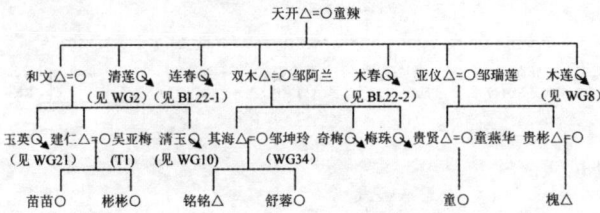

三爷公龙漳房

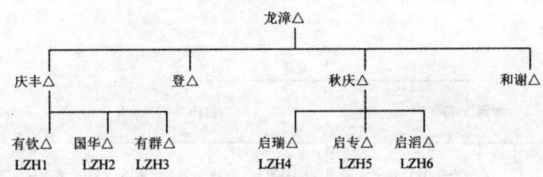

LZH1

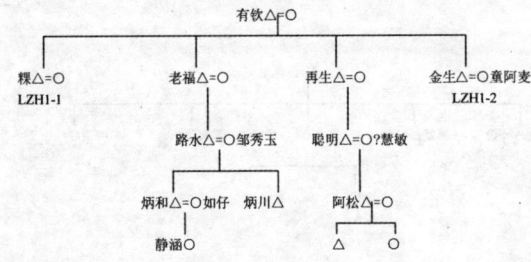

LZH1-1

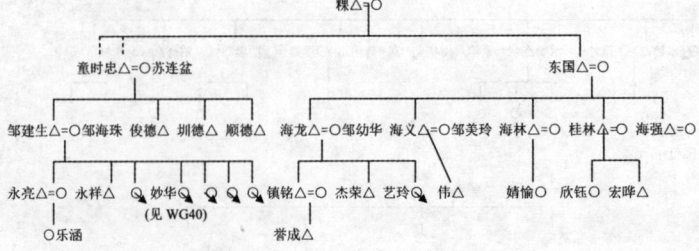

第五章
绵治邹氏宗族研究

LZH1-2

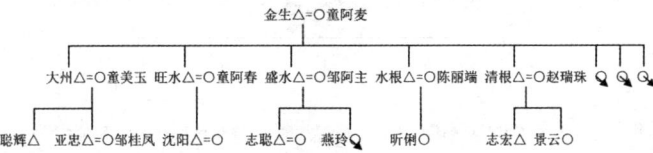

LZH2

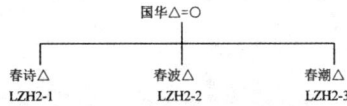

LZH2-1

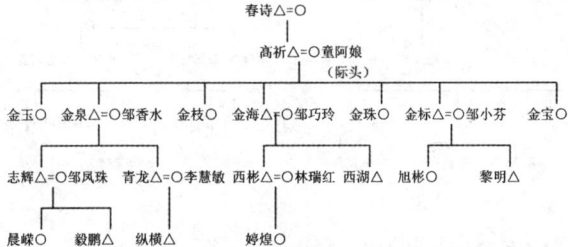

LZH2-2

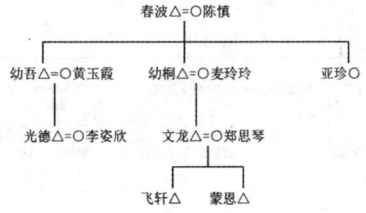

LZH2-3

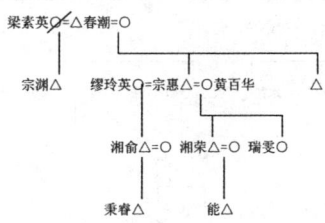

LZH3

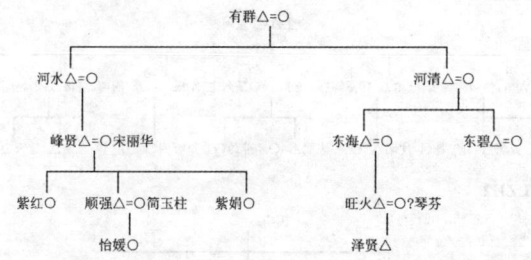

LZH4

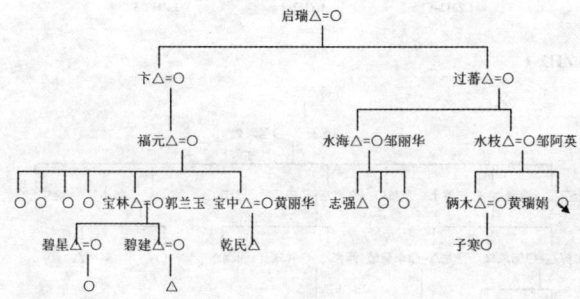

LZH5

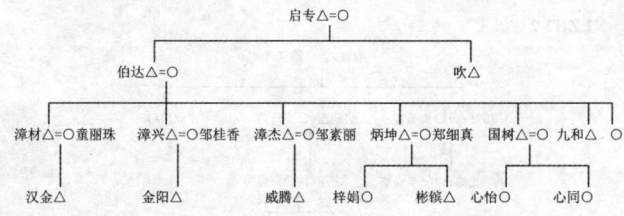

LZH6

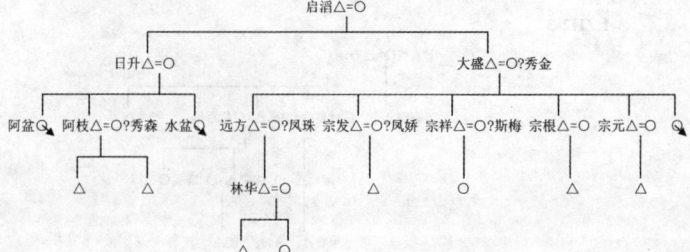

补 录

BL1——CSH1

BL1-1（28-30世）

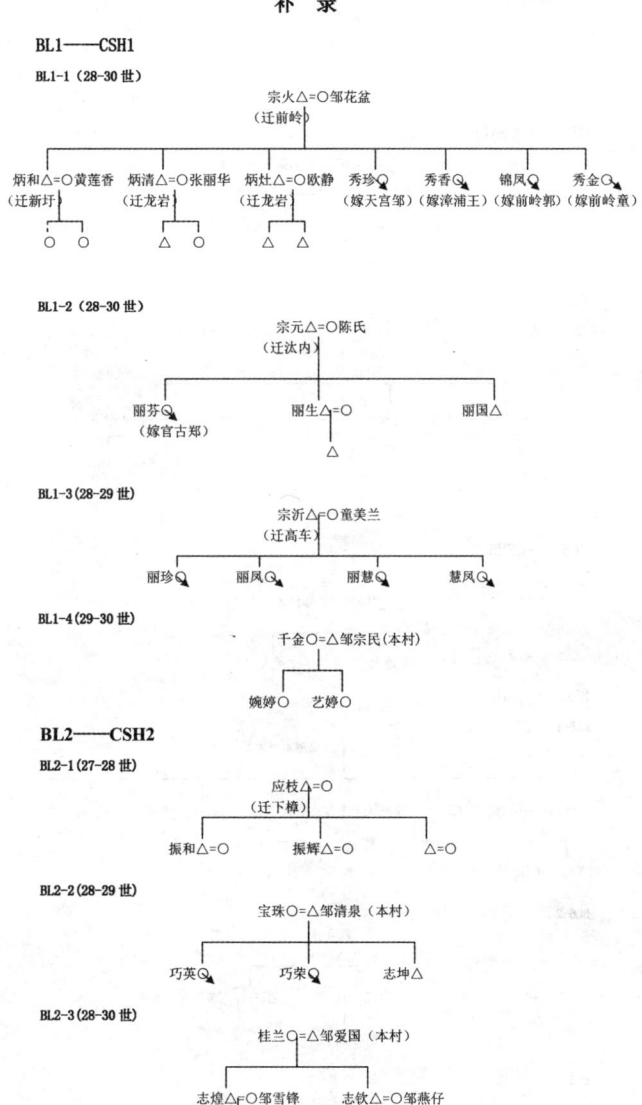

BL1-2（28-30世）

BL1-3（28-29世）

BL1-4（29-30世）

BL2——CSH2

BL2-1（27-28世）

BL2-2（28-29世）

BL2-3（28-30世）

闽南绵治人的社会与文化

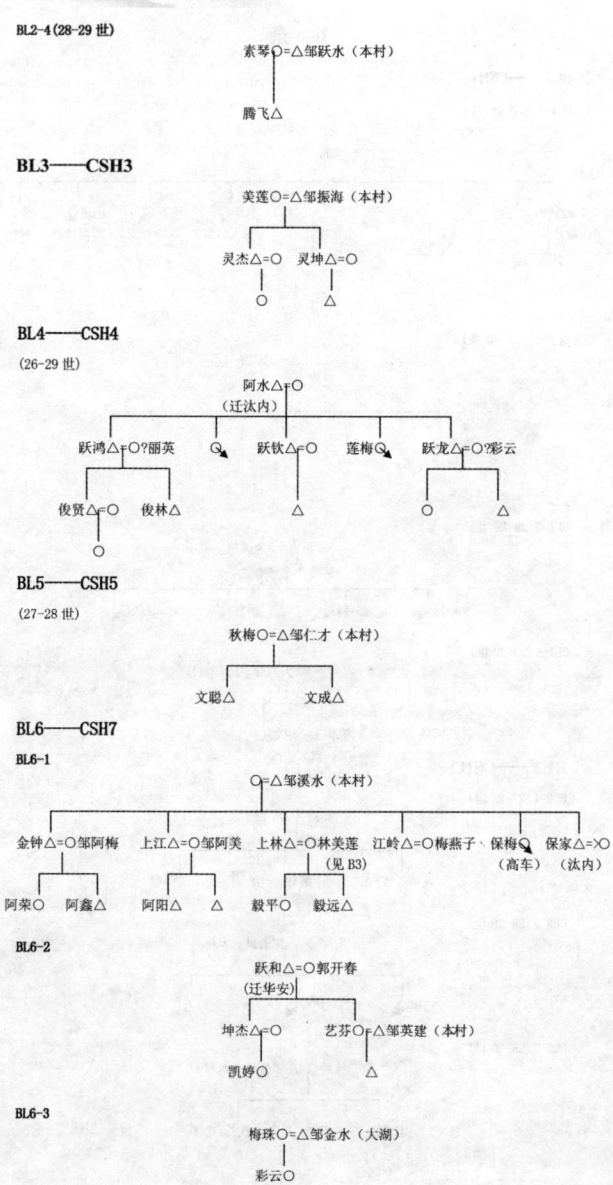

第五章 绵治邹氏宗族研究

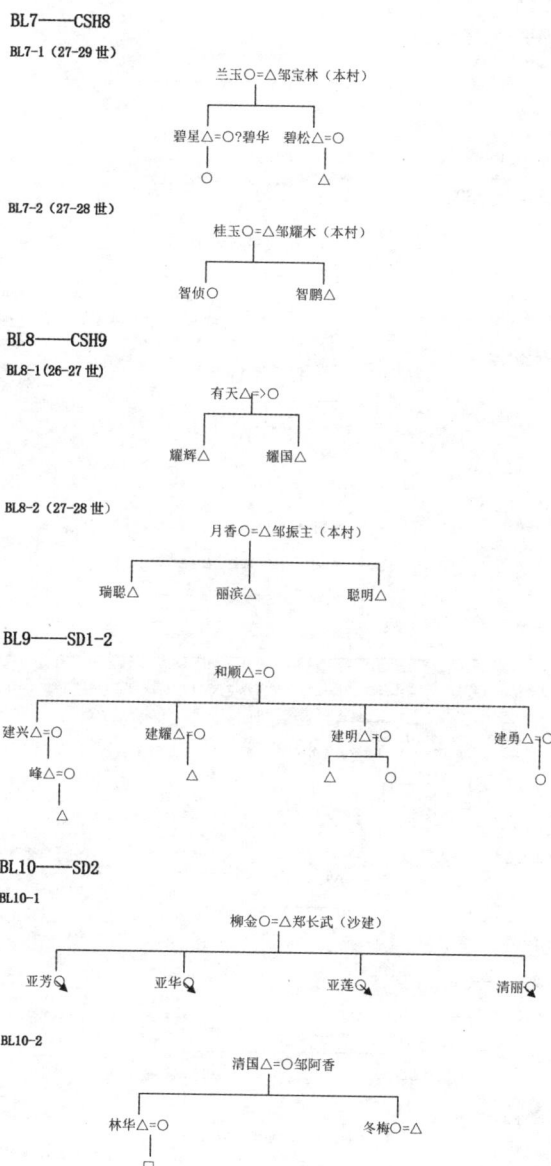

闽南绵治人的社会与文化

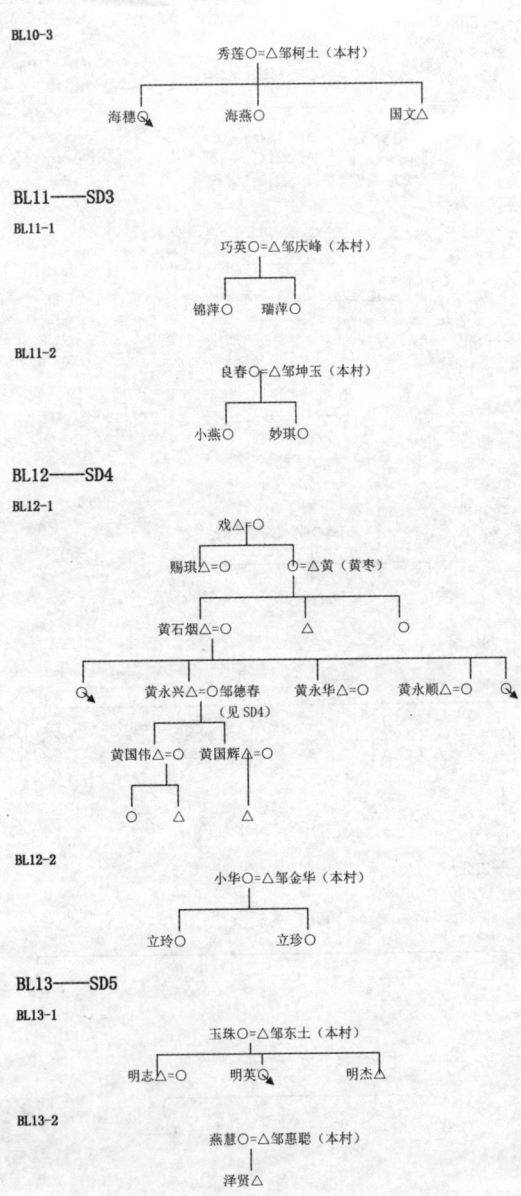

第五章 绵治邹氏宗族研究

BL14——SD8

BL14-1

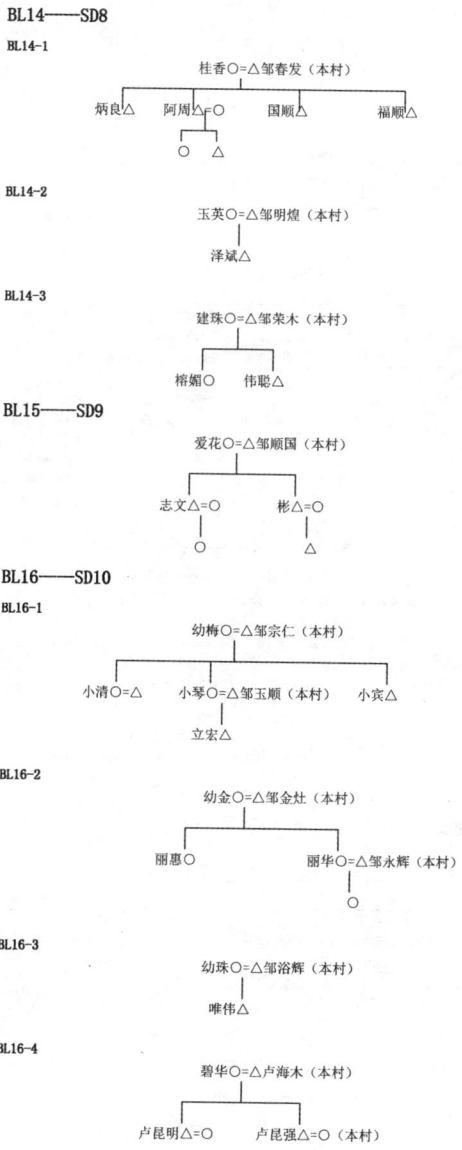

BL14-2

BL14-3

BL15——SD9

BL16——SD10

BL16-1

BL16-2

BL16-3

BL16-4

闽南绵治人的社会与文化

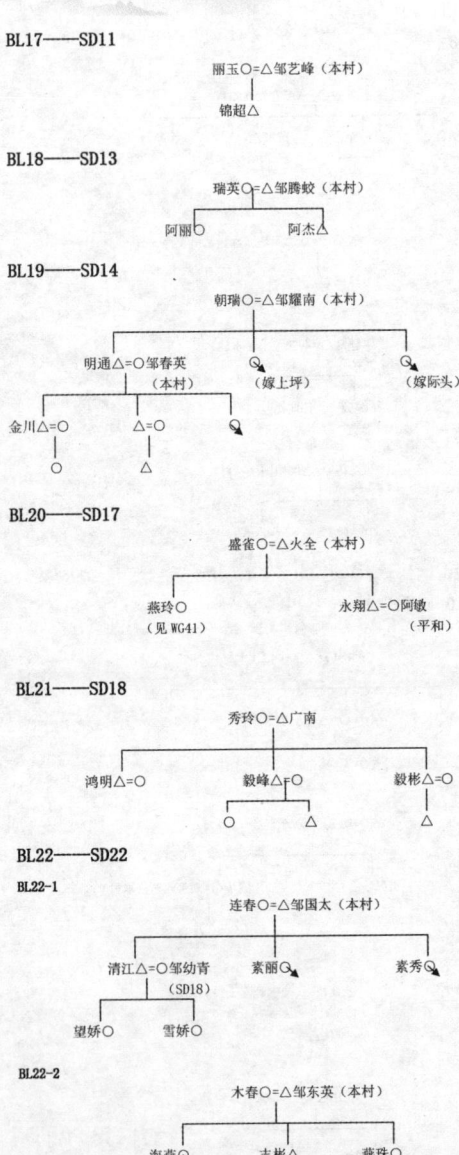

第五章 绵治邹氏宗族研究

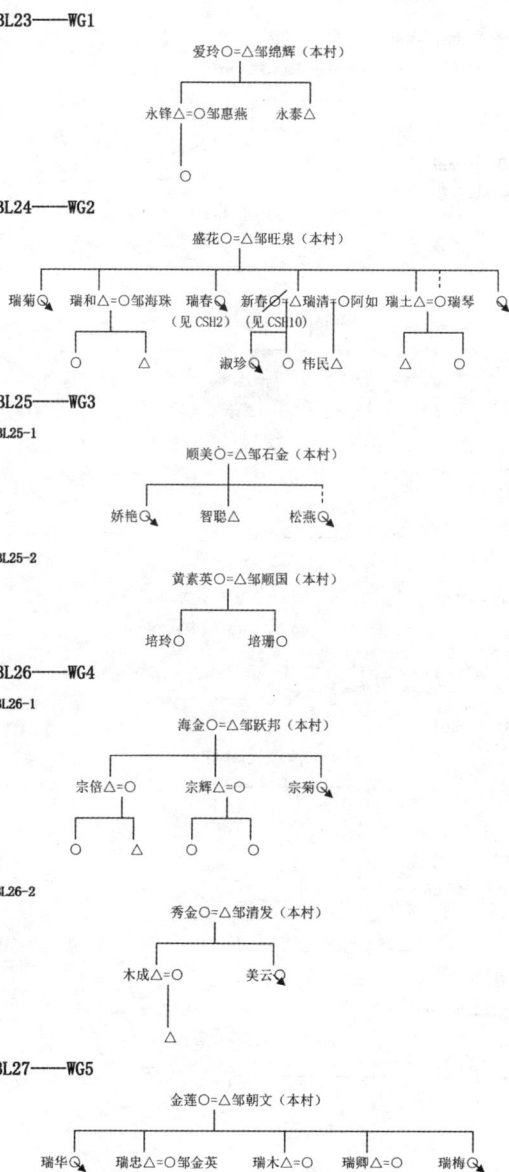

闽南绵治人的社会与文化

BL28——WG7

童翠梅○=△邹宗荣（本村）
├─ 双莲○
└─ 双龙△

BL29——WG9

BL29-1

含珠○=△邹泰原（本村）
└─ 钦铭△

BL29-2

茶花○=△邹哲成（本村）
├─ 炳坤△=○
│   └─ 佳琳○
└─ 炳谦△=○

BL29-3

秀云○=△邹瑞木（本村）
├─ 钰媚○
└─ 煜林△

BL30——WG14

小梅○=△邹志辉（本村）
└─ 宇涵△

BL31——WG15

梅玉○=△邹连城（本村）
├─ 晓青○
├─ 小霞○（嫁本村）
└─ 兴成△

BL32——WG17

美华○=△邹炳丁（本村）
├─ 烨坤△=○童建芬
└─ 小娟○

BL33——WG19

丽玉○=△邹进发（本村）
├─ 燕平○（见WG36）
└─ 炎坤△

BL34──WG35

BL34-1

白玉○=△邹海水（本村）
　　　　│
　　　明强△

BL34-2

　　　　月秋○=△邹南国（本村）
　　┌─────────┴─────────┐
智鑫△=○　　　　　智聪△=○小敏
　│　　　　　　　　　　　（本村）
　△　　　　　　　　　　　△

BL34-3

　　　月珠○=△邹建辉（本村）
　　┌──────┴──────┐
　阿英○　　　　　福良△

BL34-4

月美○=△邹宗来（本村）
　　　│
　　大伟△

BL35──WG39

素珠○=△邹绵龙（本村）
　　　│
　　剑豪△

BL36──WG40

BL36-1

秋梅○=△邹建成（本村）
　　┌──┴──┐
　金丽○　惠丽○

BL36-2

美琴○=△邹海义（本村）
　　　│
　　　伟△

BL37──WG42

BL37-1

　　　春玲○=△邹树和（本村）
　　┌─────┴─────┐
清安△=○　　　清凤△=○
　│　　　　　　　│
立宝△　　　　淑婷○

闽南绵治人的社会与文化

BL37-2

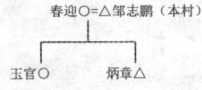

BL38——WG43

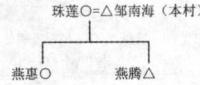

符号说明

△ 男性　　　　　　　　　　┆ 兼嗣
○ 女性　　　　　　　　　　? 未知
= 婚姻关系　　　　　　　　CSH 次山房
=> 入赘　　　　　　　　　　WG 五官房
↷ 嫁出　　　　　　　　　　SD 三爹房
│ 亲子关系　　　　　　　　LZH 龙漳房
┊ 抱养　　　　　　　　　　BL 补录

注：谱中除特殊情况未区分死者和生者

第六章

绵治的家庭宗教

◎ 谢 琳

前 言

家宅不仅是家人居住和躲避风雨之场所,也是保护家人免受超自然力侵害的最主要防线,为使此一防线足以抵御侵害,保护家庭成员之平安,绵治人从房屋选址、建造到入新厝皆有相关祭仪,且注重对超自然因素的考究,并通过神明及祖先的供奉、祭拜以强化此一防御体系。如果仍有意外出现,则通过安置厌胜物予以补强。

本章根据在绵治村为期 44 天的调查所获资料,描述做为超自然防御体系的家屋之构建、家庭神明及祖先之供奉,以及弥补风水地理之方法,应可基本呈现绵治家庭宗教体系的剪影。

本章分四个部分进行论述。第一部分描述家屋从选址、建造到入新厝的过程及相关祭仪,并简单讨论家屋建造形制的演变。第二部分是关于家庭神坛供奉的神明,根据祭祀空间的差异区分为大厅神明、厨房灶君及地基主三部分予以论述。第三部分为祖先崇拜,根据绵治祖先崇拜之特色,讨论祖先对于家庭的意义。第四部分关注的是绵治各家庭为化解危机而安置家宅厌胜物的情况。

一、家屋建造

家屋是一个家庭生存与发展的主要空间,也是保护家庭成员免受外来侵害最基本的防御体系。为使家庭能够平安、兴旺,此一防御体系的建造过程中,屋主不仅须考虑家屋遮风避雨之功效,同时也关注各种超自然因素的配合,从房屋的选址、动土、夯墙、上梁、安门、安灶、入宅以及装修的诸过程,无不小心谨慎,旨在为家宅建立一个坚强的防护体系。

(一)选　　址

绵治人认为房屋的选址、朝向关乎日后家宅居住的安宁,以及家族子孙的命运,因此对于选址与房屋的定向较为慎重。由于土地所有权、国家政策以及经济发展等因素的影响,现今房屋选址的范围较之往昔已大受限制,屋主仅能依自有宅地做有限的选择,并不似往昔因可用宅地较多,选择较广,而须聘请地理先生帮忙择址。现今村人建房一般是拆除旧屋,并于原址兴建新宅。

在确定房屋建造的地基后,屋主须聘请地理先生实地堪舆。就房屋的朝向而言,地理先生一般对屋主生辰八字、风水、土地大小、舒适度及流年等因素予以综合考量,从而最终挑出最有利、最适宜的家宅朝向。首先是与屋主生辰八字的配合,用于勘测的罗盘共有 24 个山头,即东南西北四个方向各占六个山头;地理先生在罗盘的指示下,结合屋主及家庭各成员的生辰八字[①],先决定最有利于家庭的方

---

① 房屋动土、起基、安放三胎石、上狮、上梁、安门、做灶及入新厝之吉日皆须据此择定。

向,并从该方向的六个山头中挑出与屋主八字最为相合的,从而确定最佳房屋朝向。其次,房屋朝向的选定还须考虑风水因素,尤其是与村落山水的配合:大体上水应在屋前,山在屋后;此外还须注意配合水的流向及山的走势,水要"来去合格",即来的是活水、好水,去的则为死水、坏水,反之则不利;房屋后靠的方位要根据山的"来龙去脉"予以确定,即房屋方位与山脉走势须相契合,寓意房屋"有靠山"。据当地地理先生邹天文说,由于绵治的地形是四面环山,故在房屋朝向的选择方面还应考虑两侧山脉(分别称"青龙"与"白虎")的配合,两侧山脉应基本平行,且由于白虎代表煞气,青龙代表的是正气,因此左侧的青龙要稍高于右侧的白虎。第三,土地的大小与形状也是影响因素之一,若土地形状并非正方形,而为东西侧长于南北侧的长方形,出于实用性及美观的考虑,房屋的朝向多选择坐东朝西或坐西朝东。第四,居住舒适度的考量,在绵治村中,东西朝向的房屋一般夏季都较为炎热,而南北朝向的房屋则具有冬暖夏凉之特点,因此村中坐北朝南的房屋占70%~80%。最后是考虑房屋朝向与风水流年的匹配,根据风水流年,每年都会有一个普遍较适宜的朝向(即八卦图上标有"大利"或"小利"的山头),譬如壬辰年(2012年)东西是大利方向,而南则较为不利,即忌丙丁壬癸,名曰坐杀向杀,故壬辰年兴建房屋自然是选择东西朝向,若某年并无特别大利的山头,有的屋主则可能推迟至下一年兴建新宅。

若屋主选择在原有房屋的地址上重建新屋,则须在拆除旧屋前,聘请地理先生到现场堪舆。地理先生根据上述因素,对原有房屋朝向予以勘测,若确定并无不妥则继续保留,若不合适则须重新择定新朝向。

(二)建造过程及相关祭仪

为使房屋建造顺利、家庭平安,房屋的动土、起基、安放三胎石、夯墙、上梁、安门、做灶等环节除须择良辰吉日外,皆伴随一系列的祭仪。其中绵治人对动土、安放三胎石、上梁较为讲究,仪式也较复杂、隆重。

1. 动土

动土的吉日是由地理先生实地堪舆后,结合房屋朝向选定的。动土与起基的时辰都须在此时择定;若是在原有房屋地址上重新修建,拆除旧屋之日即为动土之日。地理先生择定吉日后,以择日信的形式告知屋主,择日信的信封与内置的写有吉日之信函俱是红色的纸张,一般包括房屋的朝向(如贵宅宜坐丁向癸)、水的来去方向、罗盘指针的位置、屋主及家人的甲子生辰(年份即可)以及动土、起基的日期和具体时辰。据地理先生邹天文讲述,若屋主将房屋建造诸过程中吉日都交予其负责择定吉日,则择日信除上述内容外,还须添加安放三胎石、上梁、安门、做灶、入新厝等的时间。此后该信由屋主保管,并在建造房屋的过程中,依地理先生之言行事即可。

动土仪式由屋主依照择定之日自行完成,仅须在地基中央祭拜土地公,通常是由男性屋主单独进行即可。准备的供品有甜米饭一碗(或一盘)、白酒(或米酒)五杯、熟猪肉一小盆、香三支、上书"合家平安"红色字样的寿金若干、红色蜡烛一对。屋主先将甜米饭、酒杯、熟猪肉以及红色蜡烛,按一定顺序置于地基中央的土地上,比较讲究的人家,会在地基中央放置一张供桌以陈列供品。屋主将蜡烛和香束点燃,手持三支香向着房屋的坐向[①],摇动作揖,同时口中默念祷辞:"弟子×××,今天是好日子,要在此开始建房,请土地公保佑建房顺利、合家平安、添丁发财。"[②]祷告完毕,再次作揖数下,将香插于蜡烛前方,并将五杯酒斟上放于红烛前侧,继而取出一叠寿金纸,一手托住纸钱的底部,另一手抱拳将寿金轻轻压住,双手同时往不同方

[①] 祭拜的方向要与房屋的朝向相配合,即与房屋的坐向相一致,若是坐北朝南则是向北祭拜。

[②] 祷辞的内容并非固定,但所表达的意思大致相同。

向旋转使寿金逐渐成扇状,至成圆形即可①;手持寿金作揖数下,口中默念求吉利的祷辞,在供桌旁将之彻底烧化后,放鞭炮。与此同时,再次作揖数下并口念祷辞,告知土地公祭拜已完毕。供品收拾完毕后,由男主人在地基的四个角落各挖三下(共12下),有些报道人说,比较讲究的家户还会在地基的中央挖一下,寓意此地已动工。若是在原址修建房屋,则在拆除旧屋的当天祭拜土地公,祭拜方向与新址建造有所不同,须在原址大门处由外向内祭拜。祭拜目的在于告知土地公该地将拆除以兴建新房,希望其保佑工事顺利、平安,其他仪式及过程与前述相同,在此不再赘述。祭拜完毕后,从旧屋屋顶的中央开始揭瓦,以示动工并开始拆除。旧屋拆除完毕后,仍须请地理先生再次择定开建新宅的时间。

2. 起基及安放三胎石

起基即为打地基,标志着房屋建造的正式开始。起基由泥水匠与地理先生共同参与配合完成,地理先生根据罗盘指向,结合风水及屋主对房屋的设计期望,定出房屋的中线,并在泥水匠的配合下为房屋地基牵线,以确定出房屋的基本格局。至此房屋地基的形状、范围就基本成型。

房屋起基伊始,为求添丁发财、家宅安宁、祛邪治煞等,较为讲究的屋主会聘请地理先生择定吉日吉时在家宅的地基中安放三胎石。三胎石须是三块三角形石头。绵治人强调这三块石头必须是天然生成的,切不可经过任何形式的打磨,形状约似三角形即可。与金门陈坑(陈婷婷 n.d.)要求三胎石须为长50厘米,厚15厘米,宽30厘米红色花岗石不同,绵治人对三胎石的材质、颜色及规格并无特殊的要求。三胎石的安放工作一般是由泥水匠主持完成,将三块石头的尖部向上朝天竖立,置于家宅后墙中央地基的土层中,并使三块石头排列成"人"字形形状,并在盖土时始终保持该形状不变。据报道人回

---

① 寿金纸是一种专供祭拜神明时使用的纸钱,使用前常将之旋转至呈圆形散开以便于烧化,以下祭仪的寿金处理皆循此法,不再赘述。

忆,往昔安放三胎石的房屋其"人"字形状一般仍可见于后壁内侧,且装修时亦予以保持;现今为求美观而选择将之遮盖。此外因三胎石尚无法完全将地基填满,故为保证地基牢固,一般会紧靠三胎石外侧另放置几块不限形状的石头,以填补空缺;若三胎石仅有20厘米宽,而地基为40厘米宽,则须另择数块合计20厘米厚的石头以补差距。

据报道人讲述,因三胎石安放的妥当与否直接影响建造与居住的顺利平安,故其安放必须十分慎重。正因如此安放过程也伴随着相关的祭仪。安放仪式不管地基打好与否,都必须严格遵照地理先生择定的吉日吉时进行。安放前屋主须先在安放处祭拜鲁班以求庇佑,供品是茶三杯、酒五杯及些许果品即可。屋主手持三炷香,口念:"希望鲁班师傅保佑建房顺利,房屋建好后会再答谢"等祷辞。因此若有安放三胎石的家户,在入宅祭拜天公的同时也须祭拜鲁班,以答谢其庇佑。绵治人相信若要保证整个过程的顺利并驱除煞气,屋主在三胎石安放后直至房屋修建完毕的这段时间中,皆要在后墙中央三胎石安放处祭拜鲁班和土地公,故须在安放三胎石的后方用砖或者土块搭建一个类似土地庙的简易小屋,并在屋内正中央的位置贴上写有"福德正神"的红纸,同时在红纸前方置放内有家中柴火灰的小罐以充当香炉。屋主每月初二日、十六日都在此祭拜土地公及鲁班。由于三胎石的安放程序较为复杂,安放三胎石的房屋在旧时比较多见,现今的房屋一般选择不予安放,故已少见。

3. 夯墙

夯墙即是夯筑土墙,是往昔土房或土楼建造不可或缺的重要程序。因绵治人把夯筑土墙最重要的工具称作"墙狮"①(见图6-1),故将夯筑土墙的开始与结束分别称为"上狮"及"下狮"。墙狮可以说是夯筑土墙的基本模板,是用质量较好的原木制成,其规格为长7尺

---

① 以下名词皆为绵治人所用名称,与专业所用有所出入。

2、高1尺2、宽1尺4或1尺2①。墙狮的一端固定着约0.18~0.24尺宽的木板,与其余两侧约0.24尺左右厚的木板共同构成"狮头";而墙狮的另一端则是活动的,并配有一个"狮夹",在使用时起固定作用。此种设计的目的在于使用过程中可灵活组装、拆卸。若建造三间式的房屋只需一个墙狮,但若是五间式的则需两个。除墙狮外,夯筑土墙的工具还包括蚯蚓栓、墙牵、木椿(俗称"钟取")、墙柏等。其中蚯蚓栓是由两根杂木制成的用以垫于墙狮下以支撑墙狮的两根木棒。而墙牵则是向墙狮内填土时用以隔离各土层的竹片。木椿是在向墙狮内填土时用以打实土料的两端大小各异的木棍,较大一端的厚度约是5~6尺。为使土墙更为平整、坚实,在卸下墙狮后须以墙柏打磨表面。

开始夯筑即上狮,因墙狮重量之重且夯筑程序之复杂,故此程序需较多人参与。绵治人认为村人建房为众人同喜之事,故在上狮当日都会自动前往帮忙,而屋主为表感谢,通常准备米糕以款待乡邻。通常情况下,由三人共同将墙狮抬放

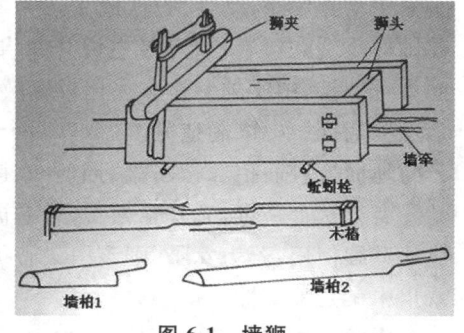

图6-1 墙狮

于已放置好两根蚯蚓栓的地基上,并用狮夹将狮尾固定。填土分三次进行,因墙狮高1尺2,故每填0.4尺就需在两层土料之间放置墙牵一个,将之隔开。另外,填土时要不断用木椿(钟取)打实土料,以使土墙更为结实。三次填土完毕后,将墙狮卸下并移开,继而用墙柏拍打墙面以使其平整、光滑。夯筑工作完毕时在最后一次卸载墙狮的当日举行下狮仪式。下狮仪式较之上狮更为隆重,屋主在当日也祭拜鲁班。首先是将墙狮卸下并将狮头朝向后墙,架于摆放在门口

---

① 1尺≈33.33厘米。

的两张板凳之间。并在狮头前放置一张供桌,屋主备 12 碗红圆(即放有红糖的汤圆)祭拜,以示"团圆"之意。而后由男主人手持三炷香朝狮头祭拜鲁班,口念"请鲁班先生保佑平安"等表吉祥的祷辞。

4. 上梁

上梁仪式始于中梁安放,中梁是位于屋顶正中央的梁木,而两侧梁木的安放须在中梁安放完成后进行。简言之,梁木安放须遵循先中央后两边的规则。中梁是房屋的重心,其重要性不仅在上梁的仪式中有所体现,同时也存在于中梁的选择与制作过程的讲究中。用于制作中梁的木材须是屋主在山中自行砍伐的粗直杉木,且该杉木从伐下伊始到上梁前,都须避免与地面接触。据报道人说,若实在无杉木才会选择其他木材予以代替。制作中梁时按择定的吉日请木匠至家中动斧制作;动斧当日,屋主须为木匠师傅准备一个红包①。木匠师傅收到红包后,须对屋主说几句吉利话。为防止兴建房屋的空间太过拥挤,中梁的制作多在比较宽敞的场地进行,待上梁当日才搬运至新宅处。中梁制造完工后,以两个三角支架架住其两端,以防止其与地面接触而招邪秽污染,同时也使梁木能够晾干。架起的中梁禁忌有人从上跨过,尤其是妇女,若是被男子无心跨过,稍做处理后,尚能继续使用;若为女子,则该中梁必须舍弃并重新制作。由此也可看出中梁之神圣性。

中梁制作完工后,由泥水匠与木匠在吉日良辰共同主持上梁仪式。上梁前木匠须在中梁的两头及中央分别糊上分别书写"财丁两旺"、"富贵双全"及"科甲连登"的菱形红纸。还有一种说法是,两端贴"财丁两旺"、"富贵双全",而中央贴"福禄寿"。升梁前屋主在大门口礼拜鲁班,供桌设于中梁前,以米糕、菜碗、熟猪肉、红圆、甜粿、五

---

① 红包内须置小额金钱。因红包并非是议定的工钱,只是屋主略表心意,除个别木匠师傅有特别的要求外,其金额并无固定要求,一般只要求钱的张数及数额都是双数即可。

杯酒、三杯茶、茶料①及寿金为供品，同时将木匠的主要工具曲尺、墨斗及泥水匠的石锤置于供桌上予以祭拜。屋主手持三炷香拜毕后将香插于墨斗中，将备妥的寿金烧尽并放鞭炮。升梁时，以家中背婴幼儿的红色背巾 yaŋkin 缚于梁头与梁尾，由四位泥水匠和木匠共同将中梁缓缓升上屋脊。提起时四人齐声大喊"进啊"，同时在即将至屋顶时，由木匠及泥水匠先后诵念："富贵双全，财丁两旺。"升中梁完毕，便可安置两侧梁木。

5. 安门

在绵治人看来，门槛的修建与安置不仅是大门及两侧修建的基础，而且门槛还起着留住财源及区分内外的作用，故其安置也极谨慎。门槛安置同样要聘请地理先生确定大门朝向，并择吉日良辰进行。门槛安置完毕，再由泥水匠与安门工相互配合安置大门。比较讲究的家户制作大门时亦会请地理先生再次择吉日。门的规格须根据鲁班尺定出尺寸，鲁班尺又称"门公尺"，新式鲁班尺常包括传统的寸、鲁班尺、丁兰尺以及厘米四种标尺；绵治人现今多将丁兰尺与厘米综合以定尺寸。丁兰尺分十格，依序有丁、害、旺、苦、义、官、死、兴、失、财十字，用以丈量房宅各部尺寸的吉凶。其中代表吉利的丁、旺、义、官、兴、财是用红色标于尺上，而代表凶的害、苦、死、失则用黑色标注。绵治人相信大门规格的吉凶影响房屋的风水及居住的平安，故大门的规格必须符合鲁班尺上表吉利的尺寸。为迎合高效建造的需求，现今大门虽多为大批量标准制造而成，但其规格仍讲究与鲁班尺吉字相合。常见规格主要有两种，即长 196 厘米、宽 108 厘米或长 216 厘米、宽 126 厘米，分别合"丁"、"兴"、"官"和"旺"字。

6. 做灶

做灶须在入新厝前完成，故做灶及进火的时辰须择于入宅吉日之前。灶口朝向除须依屋主之生辰八字和房屋朝向决定外，还须将实用性纳入考虑。若房屋坐北朝南，且厨房靠东侧墙而设，出于房屋

---

① 茶料一般包括冬瓜条、蜜枣、冰糖及桔饼。

美观的考虑,烟囱常设于侧墙。因此为使烟灰等杂物能顺利排出屋外,灶口常选择朝西。比较讲究的家户,尤其是以养猪为主要生计方式的家户,为求所养之猪能更肥壮,屋主在做灶前还会将红纸包好的两个皂角、双数一寸铁钉若干、一枚红纸包好寓意钱财的硬币、一个内含生油与灯芯的灯火盏,埋于预设灶口正下方的地板下。

尚未入宅和启用前的新灶常以箩筐 *ka lia* 覆盖,有些家户还会在新厨房的门上悬挂一块包裹婴儿的花布,以告知左右乡邻内有未进火之新灶,外人不宜进入。新灶修筑完毕后即可将写有"司命灶君"的红纸贴于灶上,或可在筑灶时就将灶君的瓷砖神像镶嵌其上,但因尚未举行入新厝仪式,未将之请入新宅,故不可在此祭拜灶君,亦不可起火烧饭。若只是修缮旧灶,则须在做灶当天祭拜灶君。以告知旧灶已破旧不能继续使用,须修缮重建,并请灶君保佑顺利等,拜完旧灶方可拆除。新灶修筑完毕,当日即刻进火,屋主备熟公鸡、酒、茶、熟猪肉、茶料、米糕、糯米粿、红糖粿等供品祭拜灶君。

(三)入新厝

新宅落成按照绵治习俗须举行入新厝仪式。入新厝又称"入火"。因村人对入新厝仪式普遍比较重视,故虽其程序较为复杂,现今仍保存得相当完整。从择日及事前准备开始,依序有请神、杀猪、"开大门"、神明入宅及祭拜等仪式。

1. 择日及事前准备

新屋建造完毕后,地理先生不仅要选定入新厝的吉日吉时,还要确定与入新厝时间相合的属相,以方便屋主邀请相关亲属参加。入宅时间子时常为首选,其次考虑丑时,最次是寅时,即晚上十一二点到凌晨四五点之间。据报道人邹天文讲述,选择半夜或凌晨入宅的原因,一则是屋外道路几乎不见其他村人,可避免行人"冲犯",如刚经历过葬礼仍旧戴孝者以及正在坐月子的妇女等都被认为会招致煞气,对入宅极为不利。二是该时段屋主及其亲属一般都不会有其他工作,有足够时间与精力来完成这一仪式。

入新厝前夕母舅或妻舅须准备母舅联或妻舅联一套、蜡烛一对及鞭炮一串做为贺礼,供入宅当日使用。母舅联或妻舅联由正中的大"福"字,上方的横批及两侧表吉祥的对联构成,下联的尾部还贴有"劣舅××赠"的红纸。入新厝前一天屋主须先将写有各神明名讳的红纸贴于大厅墙壁的正中央,而将母舅联悬挂于其侧。也有的家户将母舅联悬挂于正中央,并将象征神明的红纸贴于母舅联正中央的"福"字下方。除大厅中央的布置外,新宅的大门、房间门及各窗户的正上方皆贴"凤凰到此,麒麟到此"的符令,因凤凰与麒麟都为祥瑞之兽,故绵治人相信有其坐镇便可阻止邪煞入内。在大门内侧门楣的正上方还要悬挂"牛担"一副①。若入宅当日偶遇相冲之事,则另须找地理先生或画符者画"观音符"一张,贴于大门中央以化解。

2. 请神

请神常是由男性屋主在入宅前一天早晨完成。绵治村以邹姓为主,广佑圣王邹应龙为其祖先神,故一般家中举办大事,如结婚和入新厝等,俱须将之请入家中充当见证者。请神时屋主着结婚时裁剪的蓝色长衫②,在另一位男性亲属(通常是其子)的陪同下,携内装茶料(如冰糖些许)的红色竹篮、铺有一块干净毛巾的红色托盘以及红伞③,并各自手持三炷香,前往村庙请神。请神时先将供品置于庙内供桌上,并斟上茶水,一人手持三炷香,面向神像口念:"弟子邹××,家中将入新厝,特请您前往家中做主"。继而将三炷香插于庙内香炉中,另三炷香则先暂靠于供桌沿,待返家后插于家中香炉,祭拜完毕,由屋主将神像从神龛中抱出,置于红色托盘以捧抱神像,将神明请回家中。返家途中同往的男性亲属则须用红伞遮挡神像。

神像先暂供于旧屋供奉神明的供桌中央,前方正中置一香炉及

---

① 此为家宅厌胜物,将于下文详细介绍。
② 据报道人说,完婚男子都有一件蓝色长衫,寓意穿上长衫即已成人。
③ 据说以前是用黑伞。

备有茶料的饯盒,两旁置一对蜡烛,另有茶三杯。早、晚皆以三炷香和寿金若干予以祭拜,并应保持香火及烛火不灭。祭拜时所奉之茶不予收起,而继续摆放于桌上供祖先享用。入新厝拜天公仪式完毕后,即可将神像送回庙内,亦可在家多供奉些时日。送神回庙时,主人同样以茶三杯、茶料及寿金若干在庙内祭拜。

3. 杀猪

入新厝当日,于"开大门"仪式前1~2小时进行杀猪仪式,为入宅时拜天公做准备,所杀之猪须为公猪,杀猪常在旧宅前,忌于新宅前进行。杀猪前备甜面线、米饭各一碗,酒一杯及红糖粿若干齐放于红盘中,由屋主"拜猪公";先将供品置于供桌,由屋主手持三炷香先于大厅祭拜早晨请回的神像,口念祷辞。而后屋主携供品及三炷香到公猪前祭拜,并将供品倒于猪面前,任其饱食一顿。最后屋主携已空的红盘及碗前往厨房,将之置于灶旁,继而仅以三炷香祭拜灶神,祭拜时口念:"今日入新厝,须杀猪祭拜天公,请灶君做主。"祭拜完毕,由屋主给动刀者红包以表谢意。猪开始出血时,立即放鞭炮,同时由当晚的主事者用若干寿金沾上些许猪血,待拜天公时一并烧掉。因是以全猪祭拜天公,在杀猪过程中须保持猪身之完整并保留猪尾,故仅须将猪内脏掏出并将其装于新竹篮中,而后将猪先用架子架起置于一旁,待拜天公时一起搬至新屋。关于杀猪放鞭炮的缘由,有一种说法是往昔村民若听闻杀猪时猪的叫声就会前来购买猪肉,放鞭炮意在告知所杀之猪为祭神所用的非卖品,闲杂人切勿靠近。此外还须宰杀公鸡一只,亦须保证其完整,并保留鸡尾的鸡毛些许,供祭拜使用。

4. 开大门

待吉时由地理先生主持进行开大门仪式,入住家庭成员及母舅(或妻舅)都要参加,并在仪式中担任重要角色。参加总人数必须为双数,一般为8~12人。但若家庭人数不足则可邀请属相比较相合的其他亲属加入。进大门时每位参加者皆须携带一件物品方可入内。其中屋主的长辈或年龄最长的亲属手提两盏各贴有"凤凰到此,麒麟到此"符令的红灯笼,俗称"保家灯"①,象征添丁;母舅则要用竹扁②挑一担米笋 bi la（竹扁两端和笋身皆须糊红纸）,米笋内须分别盛放烘炉 haŋ lo 一个和米饭一锅及菜八碗。烘炉须以砖块架起且燃有旺火并将新锅 diā 置于其上。屋主则双手捧抱香炉③入内,以示香火进宅,方便日后供奉神明。另有报道人指出,屋主须捧抱从庙内请回的广佑圣王神像进门,香炉则由其他亲属代为抱入。屋主之妻即女主人应手提新鸡笼（外裹红纸,内装母鸡一只及小鸡若干）,象征多子多孙。此外,其他女性可携锅刷、扫把、粪斗、菜刀或勺子进门,孩童则可拿书或背书包。

仪式开始时仅地理先生一人可在新宅内,并由其将大门及灯关闭,其他人则在大门外等待先生"问话",问话大部分由屋主回应。屋主道:"先生开门喽!"地理先生回:"你们是哪里人？"屋主回:"我是福建省漳州市华安县新圩镇绵治村邹××,今日携全家老小入住新厝。"先生:"好!"接着由先生念一段疏文④,地理先生每念一句,门外众人齐声大喊"好啊"。疏文诵读完毕,地理先生大喊"进",由木匠开门开灯,门外众人方可陆续进宅。进宅的顺序一般是由手提保家灯的长者引路,母舅（妻舅）挑米笋尾随其后,继而为手捧香炉或神像的屋主及其妻儿,而其后的顺序则较为随意。在各家庭成员跨入大厅的同时,地理先生均会大声念几句吉语,众人同声应好。

5. 家宅神明安放及祭拜

待开大门完毕,所有人皆已进宅,屋主将香炉置于大厅预设神位上,而后开始新宅安放与祭拜神明的仪式。关于大厅神明与灶君安放与祭拜的顺序,存有两种说法:其一是认为入宅后应先至厨房起火

---

① 保家灯往昔多为煤油灯,而现今多用可通电的电灯。
② 竹扁即为用竹竿制成的扁担。
③ 香炉外须糊红纸、内须插三炷香且香束间须夹红纸片若干。
④ 疏文内容大致包括招财进宝、兴旺发达之意,具体内容应报道人要求不做披露。

以完成灶君的安位与祭拜,再至大厅安放与祭拜其他神明。另一种说法则认为香炉既已置于供桌,即应先进行大厅神明的安放及祭拜,再前往厨房安放灶君。据报道人讲述,这两种方案的选择取决于地理先生的安排。以上两种方案虽顺序有所不同,但安放及祭拜仪式并无差异,下文以第一种说法的具体过程予以叙述。

6. 灶君安放及祭拜

新灶进火要通过祭仪将灶君请入新灶坐镇,谓之"开灶"。因家中日常生活事宜多由女性管理,故开灶仪式一般是由女主人完成。女主人先用烘炉中的旺火起火。所用柴火为已晒干的杉木刺,因其燃烧时将发出"啪啪"声响,有象征发达之意。继而将烘炉上的锅移至灶上,将事先准备的糯米谷倒入锅中爆炒,这一过程俗称"爆米花",有添丁发财之寓意。同时地理先生在旁念诵十句吉祥话。待米谷成爆米花后,将之盛于盘内,继续在锅内煮汤圆若干及三碗甜面线,其中汤圆象征全家团圆。除米花、汤圆及三碗甜面线外,女主人还须备熟公鸡一只、熟猪肉些许、酒五杯、茶三杯、茶料、米糕、糯米粿及红糖粿等做为邀请灶君入驻新灶的供品。女主人应先将香烛点燃并斟酒和茶,而后手持三炷香对着神像祷告,祷告时须详述家庭成员姓名,请求灶君保佑家庭兴旺发达、发财添丁。将香插入香炉中后,再以寿金作揖。待寿金于钱炉 tsǐ lo 中烧化后,在屋外燃放一串小鞭炮,并于神像前再次作揖数下即可。

7. 大厅神明安位与祭拜

绵治人相信举行入新厝仪式前,神明亦尚未入住,故切不可在内行祭拜之礼。年长者进宅后即刻将保家灯放置于面向神位的供桌右侧,屋主(或其子)将插有三炷香的香炉置于供桌中央,由屋主将准备的果品及茶、酒按合理顺序置于供桌上,而后携全家老小在大厅一同祭拜,意在告知各神明此一家户已入住新宅,并为其安放新神位,请其入住以庇佑。之后的 12 天,每日早、晚皆须备米粿、熟鸡、猪肉、茶及茶料、酒等烧香予以祭拜。据报道人回忆,往昔须保持大厅神位香炉内香火三天不灭,取"灿烂三朝"之意。

8. 拜天公①

待神明安放完毕,便开始准备拜天公。因闽南民间咸信天公(即玉皇上帝)为位阶最高的神,新宅落成须求得其见证与庇佑,故拜天公为入新厝仪式中最重要且最烦琐的祭仪。为彰显天公至高无上的地位,祭拜所用供桌必须为双层桌②,其中上桌除用以摆放请回的神像及天公"座椅"③外,还须放置香炉一个、饯盒一个(上置冬瓜条、橘饼、冰糖、蜜枣或糖果等茶料)、茶三杯、小茶壶一个、甜面线三碗、红烛一对,以及常由花生、糯米粿(又称包仔粿)、粉粿、梨、苹果、豆腐(或其他果品)各两碗组成的"十二碗"。而下桌④则包括红糖粿 12 个、面条一盘、酒一壶、酒杯 12 个以及糯米粿和粉粿若干,此外还可加上些许时令水果和未开封的酒。此外,因祭拜地点常为家宅大门外,故须将一根顶端绑有红伞的新竹竿以红绳固定于双层桌靠外桌沿处,用以遮挡神像和天公座椅。

待吉时到,入住家户在地理先生的主持下,由屋主带领全家老小一人手持三炷香,面向神像及天公座椅口念保佑平安兴旺的祷辞,拜毕由屋主将每人手中的香汇集并统一插入香位,上桌香炉先插三支,插杀猪刀处三支,盛装内脏的竹篮中及每一供品各插一支,若尚有多余香支则一并插于香炉中。屋主斟茶倒酒后,在供桌前铺席一张,全家人一同行 8~12 次跪拜礼⑤。跪拜完毕十分钟左右后,全家人齐面向大门外跪坐于供桌前,此时由地理先生拆封并诵念事先写好的疏文⑥。疏文以写有"玉皇上帝上叩封"的红色信封封好,祭拜时置

---

① 入新厝拜天公仪式未能亲见,但因其与结婚拜天公差异甚微。
② 双层桌是两张供桌叠加在一起组成的。
③ 以周身裹有一圈的米斗充当,内须铺新毛巾一块。
④ 下桌供品均须用红盘盛装,摆放顺序无固定要求。
⑤ 报道人陈瑞安说,跪拜时须在之前、中间及结束时各敬一遍茶酒。但在笔者亲历的仪式中并未有此程序。
⑥ 具体内容包括家庭成员姓名、时间、所办事宜、所携供品及吉语。

于下桌或猪背上,大致包括屋主及家人的身份与姓名、入宅时间、罗列的供品、邀请前来见证做主的各神明名讳,以及若干祈求庇佑的祷辞;疏文诵读完毕,全家再次齐跪拜两下,起身后每人各持已备妥的寿金些许作揖数下,以先烧疏文、长钱,后烧天公金及其他纸钱的顺序焚化,化尽时燃放鞭炮。最后全家人再次跪拜3~4次,并供上三炷香以示礼毕。拜天公所烧寿金颇有讲究,常由天公金、长钱与常用寿金①组成,其中天公金与长钱占40%,普通寿金为60%。此外比较讲究的家户,屋主祭拜时还须着蓝色长衫。

9. 拜地基主

天公祭拜完毕,屋主随即返回新宅大厅"谢土",即祭拜地基主。屋主须以面条②、熟猪肉或鸭肉、酒、蜡烛、香、寿金等供品予以祭拜。屋主将供品摆放于临时供桌上,点燃香烛,手持三炷香面向大厅后墙祭拜,默默祷告,神明保佑房屋及全家平安。因村人并未为地基主专设神像与香炉,故屋主一般将香束暂放于桌沿,再斟茶、酒,取出寿金祭拜,并就烛点燃与桌沿的香束一并于大门外侧边角落烧化,返回大厅作揖数下即可。另有一种说法认为祭拜地基主的时间应为次日早晨,且祭拜须于大厅门外进行。

至此入新厝仪式基本完成,屋主一般将于隔天晚上宴请宾客庆祝入新厝。入新厝也是大部分家户新宅落成后皆会举行的仪式,但若因特殊情况,如近几年皆无合适的入宅日期等,则会选择先入住,后择日补办仪式。但入住期间须紧闭家门以免招引邪秽,入新厝仪式完成后方可开门。

(四)房屋建造的演变

随着社会发展与时代变迁,绵治村的房屋建造在类型、建造程

---

① 天公金和常用寿金在焚烧前多被旋转至圆形散开或被折成元宝状,而长钱则须悬挂于新竹枝。

② 面条须煮熟,现今也有以面包充数者。

第六章
绵治的家庭宗教

序、样式及格局、时间及分布范围等方面皆有所变化。尽管村内传统夯土房仍留存较多,但尚在使用者却日趋减少。另因新式楼板房的兴建已蔚然成风,导致村中各类房屋比例变化显著。就建造程序而言,新式楼房不似往昔传统房屋须以中梁支撑,而采用水泥板夯顶技术,故传统中梁制作及上梁已被灌浆所取代,而与之相关的祭仪也因此被省略。为求房屋设计的美观与时尚,已不再有人安三胎石,因此鲁班和土地公于建房过程中的定期祭拜仪式亦随之消逝。

在房屋样式及格局方面,20世纪60年代以前,中央设有天井及三间或五间为格局的夯土房(见图6-2)是较普遍的类型。而20世纪60年代至20世纪80年代末,房屋格局开始简化,主要表现为天井的撤除(见图6-3)。20世纪80年代末至20世纪90年代初,砖房开始兴起,房屋格局虽略有不同,但大致可包括图示的三种类型(见图6-4)。此外据村中一老泥水匠讲述,20世纪90年代建造房屋尚以固定的设计图为参照,房屋内部结构较为单一,而今房屋格局多据屋主自身喜好予以设计,故各户格局也各具特色。随房屋格局的变化,家庭神位的位置也与往昔不同。旧式夯土房多为两层,一楼大厅常用于供奉新近去世的祖先,而神位多设于二楼大厅,且于厅前悬挂天公炉。随夯土房格局的简化,天公炉被撤除,神位被移至厨房,至此天公的祭拜仪式常在大门外进行。而现今新式楼房神位设置则呈现出多样性,即若房屋仅一层则自然设于一楼大厅,但有少数家户选择设于厨房。如为二层楼房则神位常设在二楼大厅。建房所需时间也随之发生变化。往昔建造设天井的三间式房屋需大约一个月的时间,五间式则最少需两个月,而撤除天井的房屋用时一个月足矣。但也存在因各种因素的干扰,一两年才得以落成的情况。现今的砖房及楼房因灌浆后须停工20天,且一般须建二至三层,因此建造时间明显长于往昔。就村中房屋的分布范围而言,旧式房屋多集中在现今村中公路内侧,分布较为密集,且空间较狭窄,相比之下现今房屋表现出大且分布广的特点。

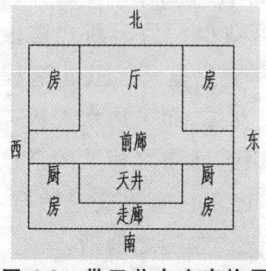
图6-2 带天井夯土房格局

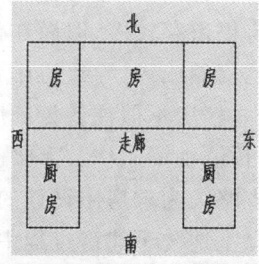
图6-3 简化夯土房格局

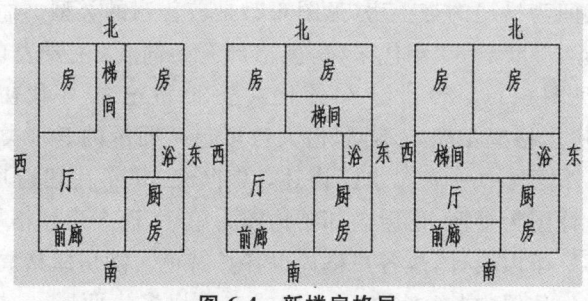
图6-4 新楼房格局

二、家庭神明

家庭是供奉、祭祀神明的最小单位,家庭对神明的信仰体现着人神之间的关系,神明是家庭的保护者,而家庭通过相关祭仪以延续神明之庇佑。在绵治人的观念中,祭拜神明的目的在于祈求并报答神灵的庇佑,以求合家得以平安。在这一心愿的驱使下,绵治村各家所供奉神明呈现出多样性的特点。虽然绵治的神明信仰繁杂,但根据供奉及祭拜的空间,大致包括三类,即供奉于大厅的诸神灵、供奉于厨房的灶君,及并未设置神位的地基主。因村落规模较大、家户较多,而时间有限,加之家庭是村人较私密的居住空间,若非与之关系较熟悉者不便进入。因此笔者以与报道人的熟识度为标准①走访了全村 40 户(约 8%)的家庭,并以所获资料为基础,分别从上述三个方面入手予以论述,旨在展现出绵治家庭神明信仰体系之基本概况。

(一)大厅神明

大厅为绵治人最重要的祭祀空间,供奉于大厅的神明为家庭最主要的保护神。屋主通过祭拜维持与神明的互惠关系。从各家户神位供奉情况来看,绵治的神明信仰,在供奉空间、神位形式、神明数量、种类等方面皆呈现出多且杂的特点。

就供奉空间而言,在方便抽样的 40 户中除 1 户三楼小房间设神位,14 户供于厨房外,其他 25 户供奉于一楼或二楼大厅。因此相对于厨房,大厅为供奉其他诸神明的主要场所。在供奉形式及神位设置方面,除 2 户设有精致神龛及 1 户仅供广佑圣王神像较特殊外,其他各家户常以金字或黑字书写列有神明名讳的红纸,贴于大厅正中央或厨房炉灶正上方为主要供奉形式,较讲究的家户还会将之裱框以悬挂。红纸两侧边缘常写有对联"香烟玉龙迎百福,烛蕊金凤纳千祥"或灶君联"上天求好事,下地保平安"。红纸的顶部正中央书有横批"金玉满堂"或"神光普照"。② 横批下方多直接为神灵名讳,但亦有在神明名讳上方添加"招宝进财"或大"福"字等吉语的设置。在绵治人看来,两侧的对联一方面是出于求吉利的目的,另一方面也可用以装饰神位。供奉的红纸在每年岁末以及举办婚礼、入宅等重大仪式时予以更换,但若为裱框形式则仅须擦拭干净即可。神位(见图 6-5)一般有两种形式:一种是以用铝合金或木板制成的小架固定于墙壁而成。架子分两层:上层一般用以放置香炉、通电烛台或油盏灯、保家灯

---

① 上述抽样为方便抽样(convenience or haphazror sampling),是非概率抽样的一种,即未经随机抽样,以研究者可获得的所有对象为样本。

② 写有"金玉满堂"的占多数。

及观音亭①分发的印有"绵治滴水观音香火"的小黄旗;下层则放置备用香烛或饯盒等。架子下方常靠墙设一张供桌。另一形式则是紧靠红纸所在的墙壁设供桌,一般还会在香炉正前方放置三个茶杯及一个小茶壶。此外神位旁也常见张贴着从邻村庙中求得的符箓。

图 6-5 神位

就走访的 40 户人家中,供奉五位神明的家户共有 17 户,七位神明的有 15 户,供奉一位、四位及八位神明的各有 2 户,而六位和九位神明的各仅有 1 户。也就是说,以供奉五位或七位神明居多。从各家户的神位统计各家对诸神明的供奉情况如表 6-1。

表 6-1 大厅神灵

名称	广佑圣王	观音佛祖	福德正神	三坪祖师	哪吒太子	广济祖师	玉皇上帝	盘古帝王	山西夫子	开天教主	其他
家户数	40	39	39	22	17	13	12	9	8	7	8
百分比	100%	97.5%	97.5%	55%	42.5%	32.5%	30%	22.5%	20%	17.5%	20%

---

① 绵治村庙之一,供奉的是滴水观音。

第六章
绵治的家庭宗教

表 6-1 所示情况反映供奉广佑圣王家户比例为 100%，换言之，广佑圣王为各家必供的神明。因绵治以邹姓为主，而广佑圣王即为邹氏的祖先邹应龙，故家家皆予供奉，是绵治最具影响力的神明。此外统计数据表明超过半数以上的家庭皆供奉观音佛祖、福德正神、三坪祖师。因村人认为观音亭所祀观音佛祖甚为灵验，故为求得更多庇佑，97.5% 的家庭选择将之请入家中。绵治人家中所奉观音佛祖为南海观音及滴水观音，供奉之目的在于求子与保平安，祭拜所用寿金须为专用的莲花金。福德正神即为土地公，当地"出门靠福德正神"的俗语表达了福德正神在绵治人心中的重要性，村民在建新房或拆旧屋时通常会取得土地公的允许。前述家宅的建造过程的仪式中亦能彰显土地公之于绵治人的意义，同时也能说明多数家户皆以供奉的缘由。除建房外，养猪的家户在出售大猪和小猪出生后"做三天"①时皆须祭拜土地公，以感谢土地公之庇佑。祭拜多于家庭神位前进行，须备酒五杯、茶三杯、熟猪肉一斤、面条或包子、米粿、茶料等；祭拜前、插香完毕及寿金烧化后分别敬一遍酒、一遍茶。"做三天"须诵念："我家母猪生了几只小猪，希望土地公保佑好生养。"出售大猪则诵念："保佑卖大猪，赚大钱。"三坪祖师为平和县三坪寺的主神，主管鬼怪。村人认为其能祛邪避恶且较灵验，故会前往三坪寺祭拜并以寿金纸从寺中神像前的香炉中包一些香灰带回放入自家香炉中予以供奉。随着寺庙被开发为旅游风景区，现今还可从景区内购置开过光的祖师公像以供奉。

表中数据显示 30% 以上的家庭还会供奉哪吒太子、广济祖师及玉皇上帝等神明。在绵治人观念中，哪吒太子是管理天兵天将的神明，故神通广大，供奉可保平安。广济祖师为邻村郭姓信仰的主神，因绵治与之存有通婚关系，故多由邻村新娘带入。而玉皇上帝即为天公，为地位最高的神明，祭拜他可获最大庇佑。除上述神明外，有

---

① 即小猪出生后第三天的祭拜仪式。

20%左右的家庭仍会供奉盘古帝王、关帝和开天教主。其中关帝即关羽,是忠义的化身,做生意的家户皆须供奉。此外各家户还会据各自实际需求供奉其他神明。综上所述,绵治村各家户普遍供奉五或七位神明,且以供奉广佑圣王、观音佛祖、福德正神、三坪祖师、哪吒太子等较为普遍。

日常祭拜大厅神明的时间为初一日、十五日的午后,若是做生意的家户初二日、十六日"做牙"也会祭拜。除香和寿金外,女主人须备茶三杯、小茶壶一个及果品若干等供品,而初二日、十六日"做牙"则还须备酒五杯、熟猪肉及面条各一盘。祭拜时将诸神明的名讳都念一遍,并表达希望得到庇佑之愿望。香插完毕,以小茶壶添茶,添毕将壶盖斜靠于壶口,并将寿金备妥暂置于供桌沿。待灶君祭拜完毕,手持寿金作揖,于门外钱炉烧化,最后返回大厅面对神位作揖数下以示礼成。此外较讲究的家户,会在祭拜前先敬一遍茶。初一日、十五日与初二日、十六日除供品有所差异外,祷辞也略有不同。譬如在初二日、十六日"做牙"时,养猪的家户一般会祷告祈求保佑家庭平安、养猪顺利、子女健康、五谷丰登等。

除日常祭拜外,岁时节庆亦须祭拜,尤其是除夕、腊月二十四日、正月初四日以及各大传统节日,且年节的祭仪较之日常更隆重,祭品也更丰盛。除此之外,在诸神明的神诞时除前往村庙参与大型集体祭拜外,家中亦须行祭拜之礼。诸神明的神诞:广佑圣王为农历七月二十七日、观音佛祖是六月十八日、关帝为五月二十九日、福德正神为五月初二日等,神诞日除须准备日常及节庆的供品外,还要根据神明之喜好额外供奉特殊供品[①],以示对该神明的尊敬。

(二)厨房灶君

Wolf(1974:133)认为一个家庭的核心及其共同命运在某种程

---

① 譬如,观音佛祖神诞时供品皆须为素食。

度上取决于它的灶,灶君与灶的联系因此也是神与家庭的联系。这一关联亦体现在绵治的家庭宗教系统中。灶君又称灶神或灶王爷,绵治村的各家户几乎皆以各自认为妥当的形式予以供奉,从村中"在家靠灶君"的俗语即可凸显灶君之于家庭的意义。

方便抽样的 40 个家户中,各家在灶君的供奉位置、神位设置及神像形式方面皆略有差异。其中除仅有 5 户将灶君与其他神明同奉于大厅外,其他 35 户皆以单设灶君神像的形式,或以与其他神明书于同一红纸的形式供于厨房。可见供奉与祭拜灶君的空间常在厨房。厨房灶君于入宅时已安放完毕,一般设于灶的正上方。神位常是以铝合金制成的两层架固定于墙壁搭建而成,此外亦可简单以木板搭建。神位包括两层,上层一般用于放置香炉、蜡烛或者油灯;下层则放置备用香烛和一些杂物。较讲究的家户还会在上层放置三个杯子,并在两层架子交接处贴上"吉祥如意"的红纸。

神位上方一般为灶君神像。神像形式大致包括四种:一种为以黑字或金字书写灶君名讳的红纸,红纸正中为竖写的"司命灶君",四角分别按顺时针为"神"、"位"、"大"、"吉"四个字(见图 6-6);第二种为红纸金像(见图 6-7),神像的正中央为灶君,上方横批为"司命灶君",两侧写有对联:"上天言好事,下界降吉祥",下方则为鸡鸭和猪等家禽、家畜;第三种是与其他神明齐以红纸供奉;第四种则是直接镶嵌于墙壁的瓷砖神像(见图 6-8)。瓷砖式画像又可分为两类:一是正中央为灶君像,灶君两侧为各举法器的四童子,瓷砖两侧边缘印有对联:"香烟篆就平安字,烛蕊凝成富贵花",对联上方分别书有"吉"、"祥";正上方横批为"司命灶君",横批中央被竖写的"合家平安"隔开,两侧为两个灯笼;神像下方为金元宝,并印有"招财进宝"的字样。第二类较之第一类的不同在于瓷砖两侧边缘印的对联为:"上天言好事,下界降吉祥",两侧的灯笼分别书有"招财"、"进宝"。前三种灶君神像皆能从商店购得,且须于岁末除夕前予以更换,而第四种则多于装修时镶嵌,年末仅须擦拭干净即可。另外神位旁一般都贴有村庙分发的符箓。

日常祭拜灶君的时间亦为初一日、十五日及初二日、十六日。大多数家户祭拜的具体时辰一般约为下午四五点后,在拜过大厅神明后再祭拜灶君。由家中女主人将供品在灶上安置,并将香和蜡烛点燃,手持三炷香对着神像祷告,祈求家庭平安。仪式过程与大厅神明祭拜相似,不再赘述。

除日常祭拜外,正月初四日、二月初二日、六月初一日及腊月二十四日等特殊日子亦会祭拜。村人认为诸神于农历腊月二十四日上天汇报,直至正月初四日才会返回人间,灶君为诸神之一亦须前往,故在腊月二十四日的傍晚须进行"送神"仪式,同时在正月初四日的早晨"接神"。此二日之祭拜都较隆重,且皆须燃放鞭炮。村人认为二月初二日是灶君的生日,为表达对灶君的祝寿之意,供品及仪式与日常相比皆更为隆重,包括甜面线三碗、茶三杯、酒五杯、茶料及熟猪肉若干,此外在寿金烧化后还须燃放鞭炮。农历六月初一日是绵治"过半年"节日,村人一般会于此日以三碗红圆祭拜灶君。

(三)地基主

除大厅神明及厨房灶君外,绵治人还信仰并未为其设立神位的地基主。地基主顾名思义为房屋地基所在地的主人,但村人对其的理解略有差异。有些人认为地基主是房屋真正的主人,屋主在此建宅只是借用其土地,故祭拜地基主是为了表达对所赐恩惠的感谢,并祈求平安。也有人认为地基主是土地历代所有人的亡灵,须祭拜以安抚之,并祈求其莫对现任房主不利,并能保佑平安、顺利。但无论是何种理解,在绵治人观念中地基主相对于屋主是"客人",而祖宗做为前任屋主则为"主人"。故祭拜祖宗时常先祭拜地基主。因此除祖宗忌日外,祭拜地基主的时间与祖宗祭拜是大致吻合的,即为农历正月初二日、三月初三日、七月十三日(普渡)。祭拜须备面条(或面包)、熟肉或鸭肉、酒、蜡烛及银箔。屋主一般面向大厅后墙祭拜,祷告完毕,将香暂置于供桌边缘并添酒、烧银。香束可同银箔一并烧化,但若门外墙上悬挂有香筒的家户,亦可将香束插于香筒中。

三、祖先崇拜

Wolf 认为中国的祖先崇拜本质上是一种致敬行为,与崇拜神明的缘由不同,一个人对祖先的崇拜是因其做为先祖的继承人或后代所应尽的义务。因此祭拜神明是可选择的,而对祖先的祭祀则是义务性的,忽略此一义务则被认为是带来不幸的最常见之缘由(wolf 1974:159—160)。绵治家庭的祖先崇拜包括对共同祖先邹应龙及对新近去世祖先之崇拜。为区分两者,绵治人将邹应龙称之为"祖先",而将自家新近去世的祖先称为"祖公"tso koŋ。两者在绵治祖先崇拜及祭仪中扮演着截然不同的角色。

(一)祖先邹应龙崇拜

绵治各家户几乎都于大厅神位上方或其旁悬挂祖先邹应龙像,虽比例大小及供奉位置略有差异,但对其祖先地位的认同与尊敬是相同的。随着这一认同的历代相传,邹应龙由祖先转化成被称为广佑圣王的神明。村人为之修建庙宇,将之视为村庙主神予以供奉。据报道人称村中各家供奉的邹应龙神像为往昔从汰陵带回并放大制成的。有关广佑圣王邹应龙之崇拜本书另有专文详述,在此不拟赘述。村人多于其诞辰(即农历七月二十七日)、三月初三日、七月十三日、除夕前等各大型节庆予以祭拜,其祭拜仪式与前述神明祭拜相同。

(二)新近去世"祖公"崇拜

祖宗遗像传统上须挂于大厅侧墙,悬挂目的仅在表达对新近去世祖宗的追怀,并不用于祭拜。现今大部分家庭出于房屋美观及招待客人之便,且都持追怀祖宗心意重于形式、祭拜重于遗像摆设的观念,皆未将遗像在大厅中悬挂,而将之收于内室。据报道人回忆,"文化大革命"以前,亲人去世后须为其立牌位,供于家中,三年期满后方

闽南绵治人的社会与文化

可移至祖厝与往生较久远的祖宗共同祭拜,故祖宗祭仪一般是在祖厝进行。但"文革"时期,祖厝被严重破坏,大部分祖宗牌位都被烧毁,现今几乎毫无留存。

1. 岁时祭仪

除大型年节外,绵治人日常并无祭拜祖宗之习俗。一年中除祖宗忌日外,家庭祭拜祖宗的岁时节日依序是:腊月二十八日或二十九日(即除夕前夕)、正月初二日、三月初三日、七月十三日,意在表达对祖宗的孝顺及缅怀,并希望祖宗能共享节庆之欢乐。拜祖一般由家长负责,须备饭、菜、酒、煮熟的面条、香烛、银箔[①]若干、茶及茶料等祭品。其中饭、菜的数量及茶、酒的杯数根据要祭拜的祖宗数量而定。若父母或祖父母皆逝,则饭菜、茶酒都须为双份。祭仪一般于家宅大门外进行,且须临时摆设一张供桌以放置祭品。家长面向门外祭拜,祷告后将银箔烧化即可。村中祖厝尚存时,祖宗的年节祭拜皆在祖厝内进行。

2. 做忌日

做忌日即在祖宗逝去之日进行的相关祭仪。做忌日应遵循一基本原则,即若夫妻双方皆已往生,则任一方忌日二者皆须同时祭拜。往昔做忌日一般是在清晨天刚亮时进行,现今则多为早上七八点左右。但无论是往时还是今日,做忌日须于当日早晨完成这一点是确定不移的。做忌应备好饭、菜、酒、熟猪肉、馒头或包子、饼干、蜡烛、银箔和经衣等祭品。其中饭、菜、酒、经衣等祭品的数量须与祖宗数量相配。祭拜通常由家长一人于家宅的大门外进行,但亦可全家共同参与。祭品摆放顺序是饭菜等祭品置于供桌最内侧,祭品前正中央为酒杯,酒前为香炉,而香炉两侧为蜡烛。待祭品摆放完毕,在家长带领下每人手持三炷香朝大门外祭拜,并由家长"敬请"祖宗,即口

[①] 为上无"合家平安"等字样的纸钱,仅贴有银箔,有别于寿金,为祭拜祖宗专用。

念祖宗的姓名及其字号,告知今日为其忌日,特备饭、菜、酒、肉、馒头(或包子)等祭拜,请其享用,并保佑家庭平安。所用香支可插于供桌上的香炉中,或可插于外墙的香筒中,抑或将之暂搁于桌沿最终与银箔一起烧化。插香斟酒完毕后,由家长手持银箔与经衣向门外作揖数下后在旁侧焚化,待纸钱烧尽后,作揖数下即告礼成。

四、家宅厌胜物

房屋建造过程的相关祭仪加上家庭神明及祖先的祭拜,家宅基本处于一个较为安全的状态。但某些超自然力的出现可能会打破此一平衡,破坏防御体系,从而对家庭成员造成危害。为化解危机,屋主一般会通过在家宅内外安置厌胜物的方式加固防御,以求家庭平安。绵治的常见厌胜物有八卦、"牛担"以及符。此外因村人认为牛鬼蛇神皆对毛主席敬而远之,故有些家户还在大厅中悬挂毛主席画像,以充当辟邪物。

(一)八　　卦

八卦一般被安放于大门门楣上方,是村落中最常见的厌胜物。在调查期间,笔者以房屋建筑为单位,粗略观察统计村中529栋房屋的八卦安放情况(见表6-2)。

表6-2　绵治家屋安放的八卦

房屋类型	已装修新楼房有八卦	已装修新楼房无八卦	未装修新楼房有八卦	未装修新楼房无八卦	旧砖房有八卦	旧砖房无八卦	土房有八卦	土房无八卦
房屋数量	93	47	7	147	8	71	7	149
同类房屋合计	140		154		79		156	

在上述529栋房屋中,已装修的新楼房共有140栋,其中已安放八卦的占66.43%;未装修新楼房共154栋,安放八卦的比率为4.54%;而旧砖房与土房分别为79栋和156栋,其中安放八卦的比率分别为10.13%和4.49%。由安放八卦者占各类房屋总数的比率来看,已装修新楼房为八卦安置最常见的房屋类型。此外从上述资料可计算出,全村共有115栋房屋已安置八卦,占房屋总数的21.74%,其中已装修新楼房安置的比率为所有安八卦房屋的80.87%,可见已装修新楼房安置八卦的普遍性。房屋装修虽非绵治人往昔兴建房屋所必行之事,但随生活水平的提高及房屋类型的变化,现今已成为多数人的选择。动工时日常视家庭经济状况而定,若经济较为拮据,一般顺延二至三年进行,故装修常晚于入宅;若家境殷实则可即刻筹备相关事宜,甚至于入宅前完成。但无论为何种情况,近年绵治人在装修新房时常会从商店购得八卦,并安放于大门门楣。出于避邪挡煞及装饰房屋的双重考虑,绵治村为新房安置八卦的做法已渐趋普遍。

图6-9 八卦(1)

图6-10 八卦(2)

绵治常见的八卦形式有三种。其一为最简单的铜制八卦,多被悬挂于未装修房屋及土房的门楣上。其二是红纸上以金漆画的八卦(见图6-9),多见于旧砖房及未装修房屋,红纸中央为八卦图,八卦四周分别写有"元亨利贞"四字,八卦下方则书有"姜尚在此"。有的甚至还于八卦上方或两侧添加安宅符箓。其三为装修时直接镶嵌于

第六章
绵治的家庭宗教

门楣上的瓷砖八卦(见图6-10),根据图案之差异,仍可细分为二:一是正中央为八卦图,八卦左右分别印一福袋及宝剑,并于四角分别书写"元亨利贞"四字;瓷砖左右两侧边缘则分别为凤与龙图或是"鸿"与"禧"二字,八卦正下方(或四周)为"姜尚在此"。此类型可据屋主的喜好,选择白色或棕色为瓷砖底色,亦可直接印于大门门楣的玻璃上。二是中央为姜子牙画像,左右分别为凤与龙,画像正下方为"姜尚在此"。此三种形式以第三种占多数,且一般能从瓷砖店购得整套。

(二)"牛担" *gu tā*

"牛担"(见图6-11)是新宅不可或缺的厌胜物之一。绵治村几乎所有新宅大门内侧的正上方皆有悬挂,且其制作与悬挂须于入宅前夕由长者完成,此一过程称为"吊牛担"。从"拜牛厝,*p'oŋ p'oŋ 富*"的俗语可知"牛担"在村人观念中的重要意义。"牛担"由四部分组成,一是位于中间的由12条① 箍桶篾 *k'o t'aŋ bih* 编成的圆圈。以屋主亲自砍伐的竹子劈成条竹篾,再将每一根竹篾的两端接合成圆形,并以红纸将12条圆竹篾糊成整体,象征合家团圆。另一说法称此意在聚财。二是一个牛犁田时绑于其背脊的"小牛担",

图6-11　牛担

"小牛担"由屋主从山中砍取,且其形状必须为天然生成的,木材的选择并不似制作农用牛担般严格,而更强调形似;使用"牛担"的寓意为"牛人住牛屋,祖孙代代富",亦意在驱除邪秽并预兆家庭平安勤劳。

---

① 因12在当地为大吉之数。

三为以红纸缠裹的 12 双红筷，象征人丁兴旺。四为新镜[①]一面，意在祛邪。据报道人邹天文说，在无镜子的情况下，可用一个红包代替，红包内须装双数金额的钱币，12、20、40 元皆可。制作完毕以 12 根红线将之挂于门内侧即可。"牛担"悬挂时间的长短并无固定要求，虽有报道人说最少应挂满 12 天后方可取下，但此情况甚少出现。一般而言，各家会于装修前或悬挂的红线断了时才将之卸下，待装修完毕或重新绑好后会重新悬挂，但亦可不再悬挂。总而言之，悬挂"牛担"的目的就在于制煞、求平安与兴旺。

（三）符

在绵治，各家户所用之符主要来源于三处：村中风水师或乩童所画的、各村庙年节及庆典所分发的，以及从邻村庙宇问事求得的。因来源不同，用途也略有差异。风水师所画之符多用以安宅，例如举行入宅及结婚等仪式成对使用的"凤凰到此，麒麟到此"符箓，即出自风水师之手。因从风水角度，凤凰能制朱雀，麒麟则制白虎，故村人相信此符箓不仅能求吉利，且有祛邪制煞、安

图 6-12　平安符

宅、保平安之功效，甚至某种程度可以化解日期的不吉因素[②]。若家宅居住并不安宁，或入宅当日突发相冲之事件，村人常从风水师处求得观音符化解，贴于大门正上方以制煞。据报道人讲述，风水师所画符箓多源于相关书籍。

[①] 红筷和新镜皆可从商店购得。
[②] 如若所选日期中含"白虎"，使用麒麟则可化解。

村庙分发之符是年节时由乩童或聘请的道士用红笔于黄色"福纸"①画就的符箓,一般都加盖村庙大印,节庆当日方可分发至各户。此类符箓多为平安符,各家常据自家习惯将之贴于大门门楣或厨房灶君神像旁,抑或大厅神位旁,也可让孩童随身佩带。

此外若家中出现"不安宁"因素,村人亦会至邻村较"灵验"的庙宇问事求符,以此方式求得的符箓一般须遵循所求神明的指示使用。例如有些家户的大厅神位旁就贴有从邻村际头天湖堂②求得的平安符。天湖堂的符一般是红纸黑字,形状不一,内容一般包括天湖堂的全称、八卦图、符令、吉语③、太子生日、天湖堂大印及电话等(见图6-12)。除此之外,视具体情况还须加上若干附属部分,以图6-12所示为例,符箓下方还悬挂一塑料小红桶。据报道人讲述,该符箓为其入新厝后开始从事做茶生意前,在天湖堂问事求得的,依神明指示在符下方放置小桶一个,供每次做茶起火时加水之用,以天水制天火,从而保佑平安及生意顺利。此外除向风水师求符箓安宅外,若入住新宅四个月内出现不顺利之事,屋主一般还会前往认为较灵验的寺庙问事,求得平安符以安宅。

结　语

本章所述仅为绵治村家庭宗教的部分形貌,相信还有更多资料须待挖掘,但是仍可从中窥探出家庭宗教在绵治村民宗教生活中的重要地位。对于绵治村各家庭而言,家屋在建造过程中须通过相关的祭仪与布局以建立富含超自然力的屏障,同时也为居住增添有利因素。房屋的选址及朝向决定家庭安宁与兴旺,故勘察宅基时须将屋主生辰八字、风水流年等综合考虑在内。房屋建造的各环节亦须

---

① 为当地俗称,是一种长方形的黄纸。
② 该庙主神为三太子。
③ 多是求平安吉利,如百业昌盛、万事如意等。

伴随相关祭仪以增添福禄,此外各种防范手段也被加注在家屋的重要部位,防止邪秽入侵。

家庭神明的供奉是绵治村宗教信仰体系的重要构成部分,与聚落宗教也有密切关联。家庭供奉的神明虽多种多样,但广佑圣王和观音佛祖几乎为各家必供,此二位神明分别为香火鼎盛的两座村庙之主祀神,此外村中亦普遍存在灶神的崇拜。绵治村家庭宗教与聚落宗教存在的共通性,不仅丰富村民的宗教生活,也对强化村落凝聚力和社群认同大有裨益。除神明祭拜外,村民还通过岁时及忌日的祭拜以维系与祖先之间的关系,在追怀先祖的同时也祈求其庇佑延绵。

当超自然力打破家宅稳定平安的状态时,绵治人常以厌胜物来化解不同的危机,加固防御系统提供了专门的手段。因此宗教成为绵治村民解决实际问题的重要途径。希望通过本章的归纳,对于绵治村社会文化生活的认识与理解,能够提供有用的参考。

参考文献

史雨川
    2010 璞山村的家庭宗教。载余光弘、杨明华(合编),闽南璞山人的社会与文化,页 155—176。厦门:厦门大学出版社。

陈婷婷
    2013 陈坑的家庭宗教。载余光弘、杨晋涛(合编),闽南陈坑人的社会与文化,页 293—325。厦门:厦门大学出版社。

Wolf, Arthur P.
    1974 God, Chosts, and Ancestors. In Arthur P. Wolf (ed.), *Religion and Ritual in Chinese Society*, pp. 131—182. Standford: Standford University Press.

第七章

绵治的聚落宗教

◎ 钟鹭艺

前　言

　　本报告主要呈现绵治聚落宗教的概况,所谓的"绵治"是居民认同的一个地域范围,与行政区划略有不同。村级行政单位的绵治下辖中心村、洋大宅、长者地等8个自然村。改革开放后绵治所辖自然村的居民逐渐向中心村迁移,现今除中心村、洋大宅较成聚落规模外,其余自然村的居住人口日渐稀少。洋大宅自有其村庙,下文所介绍的各寺庙对该聚落来说应属"邻村"的宗教场所,故在讨论中以绵治中心村为主,"聚落"即指现今中心村周围聚居的住户所形成的区域。绵治人对此区域的范围自有其体认,此种体认在宗教层面上的表现以"镇符"①仪式最为明显。"镇符"仪式举行处即为绵治与外界之交通要道的进出口处②,绵治人称之为"五路口",以五路口为点连线,便可涵盖绵治村境,亦为本文所指"聚落"之区域。

本报告的撰写是根据在绵治进行的两次田野调查资料,第一次从2012年6月10日—2012年7月23日,历时44天,此次调查主要使用半结构访谈法搜集资料;第二次从2012年9月10日—2012年9月14日,重返绵治参加"七月尾"祭仪,透过实地的观察搜集仪式的资料。

本章共分六个部分,除前言、结语外,第一节介绍绵治各寺庙的基本资料,绵治现有广佑圣王庙、千百堂、观音庙及七座土地公庙,其中广佑圣王庙所奉神明为南宋状元邹应龙,为绵治邹氏的祖先,同时也是守护神,广佑圣王庙可视为绵治村庙;第二节介绍绵治的寺庙管理制度,从头家的产生、头家的责任义务及寺庙的收支三方面,了解绵治现行头家制度的特点,及其对寺庙管理及聚落性宗教活动之组织的影响;第三节介绍广佑圣王的神媒——乩童,做为"祖妪"在凡间的代言人,此乩童在绵治曾"一代传一代,从未中断过";第四节则以各寺庙为划分,呈现绵治主要的聚落性宗教活动。

一、寺庙基本资料

据绵治人自行整理的族谱记载,昔时绵治聚落"祖祠追来堂正前方[远处山脉]第一尖桥头林,尖顶古树三株,尖山脚一石桥,共凿三

---

① 绵治的"镇符"分三种情况:一为广佑圣王乩童在每次醮仪举行前夕择日镇符;二是村人所延师公于每年农历正月十五日凌晨镇符;三是广佑圣王的乩童根据神意不定时起乩镇符。前两种情况,镇符地点皆在五路口,第三种情况镇符地点则据神意而定。

② 东侧村境之要道为绵治至洋大宅、西侧为绵治至邻村上坪、北侧为绵治至华安,此外还有穿绵治而过至漳州的南北向公路。

第七章 绵治的聚落宗教

十九孔,南桥头福德正神庙一座。河水由村北穿南流东出口,在出水口处天然山脉狮象守水尾。在此处筑石拱桥一座,桥头置福德正神庙一座,土砖木结构;水尾庵一座,号千百堂。祖祠右前方筑一座广佑圣王庙,前后两口池塘"(不著撰人 n.d.)。现今族谱描述之地貌多已面目全非,桥头林古树、三十九孔石桥、广佑圣王庙前后两口池塘已不见踪迹,出水口处石拱桥也遭废弃,唯独所述寺庙犹存。除族谱所载的两座福德正神庙、千百堂及广佑圣王庙外,绵治另有五座福德正神庙及一座观音庙,本节即呈现这些寺庙的基本资料。

(一)广佑圣王庙

广佑圣王庙祀奉绵治邹氏先祖邹应龙。据《泰宁文史资料》载:"[应龙]公殁后…宋理宗特追封公为'昭仁显烈威济护国广佑圣王',闽粤各地,多立庙崇奉,仅华安一县就在马坑乡和春、草仔山,高安镇平东、邦都,新圩镇绵治、天宫、黄枣,沙建镇庭安、上樟、沙溪美,华丰镇高石等地建有应龙庙共 11 座"(邹文龙 1995:128-289)。

图 7-1 广佑圣王庙

绵治人俗称广佑圣王为"祖妣"、"佬公"。田野调查时共收集到两种版本的邹应龙"封王传说",其主旨皆为"应龙殁后,其灵助官军成功御敌,得皇帝封王"。其中版本一根据村人留存手稿资料整理:南宋末年闽地山区中盘踞着 18 只妖精,皆以山中洞穴为营,杨文广奉命率官军入闽消灭此 18 洞妖精。其中在与獭精的对抗中,杨军屡

225

战屡败，最终不得不暂避敌军锋芒，养精蓄锐，以便伺机反击。待时机到时，官军与獭精苦战30多回合，渐显溃败之势。此时天边忽有一朵乌云徐徐向战场飘来，近战场时，乌云忽化成众多精兵壮马，相助于官军，官军得此天助，便大胜獭精，官军大胜后，兵马随即消失。杨文广感激之至，朝天跪拜，并言：将军前来助战，功绩辉煌，请留姓名，以备后谢。言毕，只见官兵手中所执战旗上显现五字：邹将军应龙。杨文广班师回京，禀告皇帝，皇帝立即敕封邹应龙为"广佑圣王"。版本二为访谈村人而得，其情节与版本一无异，唯独与南宋官军对抗者变成南侵之元军，且无官军将领姓名。此版本与《泰宁文史资料》中记载的邹应龙封王说一致，现今村人大多采信此一传说。

此外村人口耳相传之广佑圣王灵迹传说甚多，现择其中二则简述，一为广佑圣王妙手回春，治愈幼童。旧时邻镇沙建有户人家幼童得病，药石罔效，久治不愈。一日久卧在床的幼童忽然断气，家人无不号啕大哭。此时一长须老者恰好经过家门，听闻家中传来伤心欲绝的哭声，便循门而入，径直走向已断气在床的幼童，在其腹部轻揉一番后，幼童竟苏醒，似从无得病般。家人大喜，欲留住老者，好好酬谢。无奈老者急于离去，家人不便强留，遂问老者居所，以待日后登门答谢。老者言其居于临镇绵治村，且居所前后各有一塘水。隔日此家人便携带礼品至绵治，寻访老者，遍寻绵治住家皆不见老者所述之居所。思之再三后，恍然大悟，"前后各有一塘水"正为广佑圣王庙庙址所在地。遂急忙至庙中，见庙中所奉金身面貌恰与长须老者相似。沙建人连忙回家筹备祭品，择日再至绵治祭拜广佑圣王。

灵迹传说之二为广佑圣王托梦于在四川打工的绵治男子，使其免遭汶川地震之灾。2008年汶川地震发生时，绵治恰有一邹姓男子在震中地区工作。其家人通过电视得知地震消息后，连忙设法联系，男子平安无恙。据此男子所言：地震当日，自己如往常一样于午后小憩，入睡后，便梦见有一长须老者要男子赶紧醒来，换至住所外空地上睡觉。此梦境反复出现，男子不禁诧异，自觉其中必有蹊跷。遂依老者之言，搬至户外。不料待其走出住所时，地震便发生了。待地震

第七章
绵治的聚落宗教

停止后,男子住所已完全倒塌。家人听此异事,要男子描述长须老者相貌,男子的描述恰与广佑圣王金身面貌相似,家人大喜,惊叹自家"祖妪"之灵验。

现在的广佑圣王庙舍建于1991年,位于祖祠追来堂右前方,为聚落中心处。原庙位于现址正后方约3米处,现已成附近住家菜地。相传广佑圣王金身原本供奉于村人家中,清末民初时,绵治邹氏五官五房头有一户人家①,因家中幼儿体弱多病,家人恐其早夭,便向广佑圣王祈愿,求其保佑幼儿顺利长大成人。如愿后便建一广佑圣王庙,建国后政府征用圣王庙舍,充当民居。1991年新建广佑圣王庙时,此旧址后方及两侧皆为住家,其前方一小道已成周边住家往来必经之路。加之旧址面积已不适新庙规模,村人遂将新址前移3米,在小道另一侧建庙。

砖石结构的广佑圣王庙共两层,坐西朝东,一层为仓库,存放神辇及刀轿,二层为正殿,正殿外右侧置一石制葫芦状金钱炉。正殿大门两侧挂有铜制对联,上书繁体红字,"应顺天时招吉庆,龙翻水浪献祯祥"。大门上方匾额为木制红底,上镌有繁体铜字"广佑圣王"。正殿紧靠西侧墙身处,沿墙置有一长条供桌。其中间正对大门处,供奉一木制神龛,神龛内祀奉广佑圣王金身一尊,金身前方另置有一方广佑圣王印玺与一面铜镜。神龛正上方挂一张"状元邹应龙"像,其宽度与神龛宽度相近,状元像上方另挂有一铜制匾额,上书繁体黑字"广佑圣王"。神龛、状元像两侧另挂有一对铜制对联,同为繁体黑字"广赐恩泽万民仰佑,圣显感仪谢主封王"。此外乩童专属的铁刺球也同置于此条形供桌上,供桌两侧置凉扇、木制流星锤、木制刀斧等。供桌前置一八仙桌,上有一圆形无耳香炉,一对香烛及一对桃状电子香烛。八仙桌前另置有一供桌,大小约合两张八仙桌,其上常年置有

---

① 五官为绵治邹氏一分支,绵治邹氏共有四分支,其余三分支为次山、三爹及塔口。

三杯茶及若干茶料①，村人祭拜时，通常会将所携祭品置于此供桌上。

除广佑圣王庙所奉广佑圣王金身外，绵治另有两户人于家宅中供奉广佑圣王金身，此两户人家家中金身皆为"祖先留下来的，一代传一代"，绵治若于追来堂举行醮仪，会将此二金身一同迎请至追来堂供奉。此外村人家中凡遇婚事、入厝等，皆须于家中行"拜天公"祭仪，此时会迎请广佑圣王金身至自家神龛，供奉二或四天。上述二金身与广佑圣王庙所奉金身皆可迎请，村人迎请时，须携带祭品祭拜，在金身处于无屋顶之处时，须依照习俗，以一把撑开的红伞遮挡金身。

（二）千百堂

千百堂坐落于绵治至芹菜湖、洋大宅旧道路一侧，此地也是穿绵治而过的小溪流出村境处，村人惯称之为水尾，故千百堂俗称水尾庵。千百堂前方重峦叠嶂，其中两座山，一座像狮子，一座似大象，村人俗称"狮象把水尾"。千百堂始建年代已不可考，其所供神明金身原为泥塑。"文革"期间该堂遭人毁坏，后于

图7-2　千百堂

---

① 绵治人俗称就茶之点心为"茶料"，并有"大茶料"（或正茶料）及"小茶料"之分。前者由冬瓜糖、冰糖及吉饼（即橘饼）搭配而成，后者搭配则较随意，糖果、饼干、果冻等皆可。在大型祭仪时，村人一般皆备"大茶料"；日常祭拜时，则只备"小茶料"。

第七章
绵治的聚落宗教

1991年重建。重建所费由村人以人口钱及乐捐方式集资,彼时收取人口钱每人5元;另有乐捐者,或捐献金钱、或捐献建材等。

现今千百堂占地约120平方米,坐南朝北、单层建筑,屋脊两端呈燕尾状,中间置有一泥塑葫芦,除正殿外,另有两小屋分布于正殿左右两侧。正殿北侧墙身离地约1米高处,有一平行墙面的长条状砖砌供桌,表面饰以瓷砖。供桌上奉有十一尊神明金身,皆以樟木雕成。中间三尊形制最大,每尊高约1.1米、坐姿,村人俗称为"三宝佛",村人大多不知每尊神明具体名号为何[①]。"三宝佛"左右两侧,各奉有三尊神明金身,每尊高约0.6米,坐姿。金身前皆立有一木制横板,上书各神明名号。面朝供桌,从右至左,依次为玄天上帝、圣祖真仙、伽蓝尊王、保生大帝、清水祖师及南朝大帝。其中伽蓝尊王金身前方左右两侧,另奉有两尊神明,每尊高约0.3米、立姿,两神明面对面立于伽蓝尊王金身前,应为尊王随侍,但不知其名号。此六尊神明前,各置有一对红烛于砖砌供桌上。"三宝佛"前另有一方形供桌,上置有三个圆形无耳香炉,每尊"三宝佛"前各一;各香炉前另奉三个茶杯、一个茶壶。方形供桌上方为梁,梁上挂有二匾额,中间匾额为木制、黑底,上镌有三金色繁体铜字"千百堂";面朝此匾额右侧,为一铜制匾额,上书繁体红字"护国佑民"。平行于方形供桌左右两侧,各有一根约1米高的水泥圆柱,圆柱上各有一尊神像,立姿、高约1米,圆睛长须、手执武器,村人不知其名号,只以"护法"称之。此二神像与砖砌供桌上所奉神像不同,为泥塑,且固定于水泥圆柱上。方形供桌前,为四张一字排开的方形供桌,村人若前来千百堂祭拜,一般会将所携祭品置于此处。

千百堂正殿朝南一侧并无墙面,只设一与正殿北侧墙面同宽的"栅栏门",由八扇"栅栏"组成,白天中间两扇开启,即为进出之门。

[①] 观"三宝佛"金身之造型,中间应为释迦牟尼佛,左为药师佛,右为阿弥陀佛。

此门正上方,悬挂一香炉,以此代"三界公",即天官、地官、水官。与正殿相连左右两侧各有一间小屋,其一供千百堂庙祝居住,另一则做为储藏间,存放手轿、香烛、纸钱等。

(三)土地公庙

对于绵治人来说,村中七座土地公庙以社头土地公庙最为重要。此土地公庙位于绵治福仔埕,此地正处追来堂后方山脉"后山头"的山脚①。社头土地公庙依山势而建,顺山势而上,有一棵大榕树,社头土地公庙正位于此树树荫下。此树之上,为一平地,昔日有大榕树群,但在"赶英超美大炼钢铁"时期遭人砍伐,以充当燃料。往昔此地枝繁叶茂,绵治人常至此地闲坐,话家长里短。"文革"时社头土地公庙遭毁坏,后于20世纪80年代末重建,形制与一般土地公庙无异,长宽约1米,高近1.2米,砖砌结构,外墙贴有红色瓷砖。据报道人说,土地公庙乃依土地公之请而建。20世纪80年代末,广佑圣王乩童在圣王庙起乩,供村人问事。行事中,乩童忽然说起有位头发、胡须皆白的老者想请村人帮个小忙,不知村人肯与不肯。村人应许后,老者便假借乩童自报家门。原来老者为土地公,要村人重建社头土地公庙,并告知村人庙宇具体尺寸、动土时间等。是年村人便依土地公所示重建社头土地公庙。

村人惯称社头土地公庙所奉土地公为"社头佛",据报道人相告,"这身是正身",即绵治人从未重塑过"社头佛"金身,其金身不同于绵治其他寺庙所奉神明金身,为石雕,因解放初期曾遭人破坏,石雕金身留有裂痕。"文革"时有村人将石雕金身藏匿于一隐秘处,使其免遭破坏,"文革"后再重置于庙中。

除社头土地公庙之外,绵治另有六座土地公庙。其中两座上文已有提及,其址虽无变动,但其周边地貌已有所变化。族谱所记载的

---

① 据村人相告,"后山头"为绵治龙脉所在地。

两座石桥中,位于东侧村境的石桥已废弃不用,杂草丛生。现今在平行此桥,往西约5米处,另建有一座钢筋水泥桥,以方便绵治与洋大宅间的交通。而位于南侧村境的石桥早已拆除,其故址已填为平地,现为交通绵治与漳州之公路必经处,此道路为南北向,

图 7-3 社头土地公庙

穿绵治而过。此公路北向出聚落处,也建有一座土地公庙。上述三座土地公庙形制、大小与社头土地公庙相似。绵治另有一公路通往华安县,此公路出聚落处建有一凉亭,名"山芳亭",亭内修一小型砖砌土地公庙,约社头土地公庙一半大小,亭中设有石椅两条,供往来行人歇脚。此外往昔绵治与邻村上坪之间的交通全赖西侧村境的一条山路,此路路旁也设有一土地公庙,由花岗石凿砌而成,形制与一般土地公庙无异,除上述社头土地公庙及五座位于交通要道旁的土地公庙外,观音亭正殿旁,也有一座土地公庙。

现今绵治只社头土地公庙设有头家制度,负责寺庙管理,此外邻近千百堂与观音庙的两座土地公庙由千百堂、观音庙头家于初一日、十五日行祭拜之责,其他土地公庙平日皆鲜少有人祭拜。村人只在新的一年,

图 7-4 西侧村境土地公庙

首次离村出行前,携带祭品至离自家较近的土地公庙祭拜,以求出行顺利。村人祭拜后会将若干寿金置于此土地庙内,并用重物压住,以防被风吹走。

（四）滴水观音庙

滴水观音庙（下文简称为观音庙）位于绵治至长者地道路一侧，道路另侧为山壁，主祭南海观音菩萨，村人惯称之为滴水观音，盖因庙的中轴线后方山壁上恰有一股涓涓泉水流淌而下。砖石结构的观音庙为单层单殿，占地约20平方米，庙门正上方有匾，上镌有繁体"南海观音佛祖"六字，庙门两侧对联则书繁体"西方绿竹千年翠，南海莲花九品香"。庙内神龛正中祀奉观音，两侧为善财童子，三尊神像皆为瓷制，风格一致。神龛前有一供桌，上置香炉、香烛、签筒及筊子。

相传民国年间的某日清晨，村人卖仔恰在今观音庙庙址附近的田间劳作，忽然有女声从背后传来，要他赶紧逃至山中躲藏。卖仔转身一看，并无人影，自觉事有蹊跷，思虑再三，已无心劳作，便决定依女声指示，藏于山中。待其傍晚从山中出来回村，才知当日军方到村内强拉男丁入伍，卖仔暗自庆幸。是夜观音托梦于卖仔，表明自己即为要他至山中躲藏的女子，并要卖仔知恩图报，建庙供奉。卖仔自然应允，心想建一如土地公庙般形制简单的小庙即可，不料建庙时连塌两次，卖仔不明所以，疑惑是否观音菩萨不满庙宇规模太小，但自己能力有限，实无力负担。后观音再次托梦于卖仔，告知个中缘由，原来之前两次建庙，庙两侧墙壁均未开窗，"似观音无耳朵"，不妥。卖仔恍然大悟，依观音指点，顺利建庙。后来卖仔搬至邻村汰内居住，观音庙扩建时，其子曾出资，现今其后人也常至观音庙祭拜。

观音庙于1997年扩建至现今规模，此后便成为公路旁一引人注目的建筑，外村人路过时往往顺道入庙祭拜。彼时有一绵治人专在此处为过路香客解读签诗，过路香客前来求签祈愿，此解签者往往能为之指点迷津，观音庙之盛名遂广为传播。外地香客纷纷慕名而来，观音庙渐有跨聚落性质。随着香客渐多，2003年观音庙开始设立头家制度，负责管理寺庙事务，此时观音庙每年有8名头家当值，至2010年观音庙头家增至每年12名。近年来外地香客捐献的香油钱颇为可观,2011年便有一漳州市区人慕名前来观音庙祈子,待如其所愿后,此人还愿时乐捐一万元香油钱。

二、寺庙管理

当今闽南农村的寺庙管理制度大致可分为"管理委员会"与"头家制度"两类。前者的成立大多源于政治力量的介入,因此往往导致"[其成员]多由退休的村干部担任,故可称之为聚落的另一权力中心"(Dean 2003:340),因其组织及成员的特殊性,导致寺庙管理权常年由少数人掌握,使得这一"权力中心"显得"延续集中"。相较于前者,头家制度下的寺庙管理权,便显得"断裂分散"。在头家制度中,负责管理寺庙之头家的产生全赖神意,与个人威望与能力无关。其对寺庙的管理权也极其短暂,仅限于当值的一年。绵治的寺庙管理便属此类,此种性质的管理制度自然影响村人对寺庙的管理,这种影响在巨额香油钱的使用,动员大量人力、物力以组织聚落性宗教活动上尤为明显。本节即从头家的产生、头家的责任与义务及寺庙收支三方面来描述绵治的寺庙管理制度。

(一)头家的产生

观音庙、千百堂及广佑圣王庙每年的轮值头家分别为12名、20名、28名,选定日期依次为农历十二月廿四日、正月初八日及正月初九日。绵治各家户户长皆有资格担任头家,每年每位户长只能担任一间寺庙的头家,如已被选定为观音庙头家者即不再参与千百堂及广佑圣王庙头家的遴选,依次类推。三间寺庙的头家皆经掷筊产生,以各寺庙现任头家为代表掷筊,掷筊人照绵治家户户长名册依序掷筊,首次掷筊即代表名册中列于首位的户长,若得圣杯,往下之掷筊依然代表此位户长,至不再掷得圣杯时止,如此反复掷筊,记录各人连续掷得的圣杯数,直至掷筊人依序掷完名册上所有户长。各庙头家名额分配以中队为单位均分,各中队再根据各生产小组人数多寡

闽南绵治人的社会与文化

分配各庙头家名额,得圣杯数多的即代表各小组成为当年头家。在此仅以千百堂为例说明,千百堂每年轮值头家20名,绵治共分为四个中队,故每中队分得头家5名,各中队之头家名额分配如下:

一中:红仓、红尖、红湖、七垾格各1人,芹菜湖与七垾尾1人;

二中:红岩2人,红卫、红洋各1人,红村与长者地1人;

三中:红明、红星、红前、洋大宅各1人,郑竹与甘棠坑1人;

四中:红垗、红岑、灰坟、格仔尾、大湖各1人。

此外观音庙及千百堂的头家以生产小组为单位轮值,即在一轮值周期内,已担任过该寺庙头家的户长不再参与此周期内该寺庙头家的遴选。广佑圣王庙的头家轮值并无此规定,故曾有村人多次担任广佑圣王庙的头家。在所有头家中得圣杯数列于前两位者即为会首、会副,日常时其责与其他头家无异,但在筹备祭仪时,两人须负责召集各位头家商议祭仪之事。各寺庙负责记账者,由各庙头家共同商议,推选头家中细心、公正之人担任。另推选一名头家保管各庙功德箱之钥匙。

社头土地公庙同样经掷筶遴选头家,因其头家的主要责任在于负责每年正月初二日、五月初二日及八月十五日举行的"杀福猪"祭仪,故其头家分三批遴选,每批4名,遴选日期皆为"杀福猪"祭仪当日。当值头家在"杀福猪"祭仪结束后,便在土地公庙掷筶遴选下任头家,掷筶人先依次代表四个中队掷筶,选出得圣杯数最多之中队后,掷筶人再依次代表该中队的每一生产小组掷筶,选出得圣杯数最多之生产小组;最后掷筶人依次代表该生产小组内各家户户长掷筶,得圣杯数前四名者即为下届头家。因此与观音庙、千百堂、广佑圣王庙不同,社头土地公庙的头家皆来自同一生产小组。土地公庙头家的主要责任有二:一是负责筹备次年同日举行的"杀福猪"祭仪;二为在下次"杀福猪"祭仪举行时,前来土地公庙协助负责筹备此次祭仪的头家。

（二）头家的责任与义务

绵治四寺庙中,观音庙与千百堂地处聚落边缘,邻近并无住户可负责寺庙日常事务,故两寺庙皆雇有专人打理,并在寺庙旁建有小屋,供庙祝居住。此人须负责寺庙每日早晚的供茶、上香,维持寺庙的整洁卫生,看管寺中物品等。广佑圣王庙与社头土地公庙位在聚落之内,其日常事务的打理便由邻近的住户负责。平日各寺庙头家应在农历每月初一日、十五日至各寺庙祭拜,这两日的祭拜无须择时,头家们可自行在当日任意时刻至寺庙中祭拜。祭拜时先将祭品、寿金、爆竹置于供桌上,并供茶三杯。祭品通常为茶料、饼干、水果等。焚香三炷祭拜后,将之插于香炉内,待香燃烧一段时间后,再将寿金带至寺庙外的金炉焚化。最后在寺庙外点燃爆竹,结束祭拜。因绵治各家户户长大多为男性,故各寺庙头家也多为男性,且以中老年人居多。中年男性头家大多务农,日出而作,日落而息,故其祭拜时间多集中于傍晚劳作归家后。老年男性头家的祭拜时间则因各寺庙距聚落的远近而有所差别,广佑圣王庙与土地公庙祭拜方便,可在任意时刻步行前往;而位于聚落边缘的观音庙与千百堂步行需半小时左右,故老人一般等子孙傍晚归家后,由子孙用摩托车搭载前往祭拜。另外观音庙、千百堂与广佑圣王庙负责记账之头家与保管功德箱钥匙之头家在祭拜后,会一同打开各庙功德箱,清点、统计箱内香客所捐之香油钱。观音庙功德箱每月初一日、十五日各清点一次,千百堂每月初一日清点,广佑圣王庙则于每月十五日清点。香客一般会将香油钱置于红包中,并在红包外侧写上姓名。记账之头家须将每位香客姓名、所捐金额记录在红纸上,确认无误后,将红纸张贴于各寺庙墙壁上。

除农历每月初一日、十五日赴寺庙祭拜外,绵治各寺庙轮值头家还须确保当年各寺庙聚落性祭仪的顺利举行。与日常祭拜不同,聚落性祭仪往往规模大,事务繁杂,须动员聚落大量人力、物力。绵治

闽南绵治人的社会与文化

所行头家制度在头家名额的分配方式上虽与金门陈坑相似,即同以聚落中的最小行政单位为基础分配。但两者在祭仪事务的分配上却各异,金门陈坑在祭仪事务的分配上仍以最小行政单位(甲)为基础分配,即各甲每年所承担的祭仪事务固定不变(钟鹭艺 2013:336-7)。反观在绵治头家制度中,这些祭仪事务的分配全赖当年头家之间的商议、协调,此种商议、协调是在会首的召集、组织下进行。但会首只为荣誉职,其权力与一般头家无异,由于权力的分散,导致祭仪前的商议、协调往往成为众头家各抒己见的场合,众头家各自在祭仪中所应负责之事务常在祭仪前数日才能确定,以此种方式分配祭仪事务难免百密一疏。

以 2012 年农历"七月尾"祭仪为例,在首日广佑圣王即将出巡时,头家才发现缺少两名在辇轿后随行、手持凉扇的少女;另外因首日出巡路线,最远至距绵治有一定车程的洋大宅,头家须动员村人驾车运送出巡队伍,运送车辆有大货车、小轿车等。因事先并未虑及,随队出巡之老者常是最后登车,而此时往往只大货车之载货处留有空位,常见有老者蹒跚爬上大货车之情景。祭仪次日在绵治"巡境",巡境队伍出发前,追来堂广场发生一场争执。盖因 2011 年政府投资 65 万元,在绵治进行"绵治溪清水清淤工程",建设 300 米渠道护岸和一座桥梁。有村人觉得此浩大工程完工后,并无依照旧俗"剪彩",遂在今年"七月尾"祭仪前,与当值头家商定,祭仪次日巡境前,出巡队伍从追来堂沿西侧小路至绵治溪一头护岸,穿行护岸后,返回追来堂,再依传统巡境路线,沿东侧小路出发巡境。七月廿七日早巡境时,当值头家正欲照原定计划至绵治溪护岸"剪彩"。不料有一村人认为此举不妥,巡境路线应谨遵旧俗,绝不可任意更改。当值头家与之争执近 15 分钟后,放弃原定计划,决定上午先依旧俗巡境,绵治溪"剪彩"之事暂定下午举行。上午巡境得以顺利举行,但下午"剪彩"之事,却不了了之。因依绵治习俗,"七月尾"三日祭仪中,下午从无举行活动之先例。

（三）寺庙收支情况

观音庙、千百堂及广佑圣王庙的收入以香客捐献之香油钱为主，绵治人通常会在春节、各寺庙祭仪期间及个人对神明有所求时至寺庙祭拜。故各寺庙所得香油钱可分成三部分：正月、祭仪及日常香油钱。此外观音庙庙祝还负责为前来求签的香客解签诗，每次收费0.5元，所得一半归其所有，一半归观音庙。若当年各庙有重大事务，如翻修庙舍、重塑神明金身等，便会向村人募款，募款方式一为乐捐，二为收取人口钱，人口钱具体金额依花费而定。除祭仪所费外，绵治三寺庙所得主要用于购买茶叶、茶料、香、纸钱等日常什用，以及支付电费及付予庙祝工资等。

现今广佑圣王庙的香油钱收入在支付日常及祭仪所费后，便所剩无几，而千百堂往往因香油钱不够支付一般性花销，还须向村人收取人口钱。唯独观音庙因其跨聚落性，近年来香客渐多，收入颇丰，往往有不少余结。以2012年上半年为例，观音庙收入达268406元，其中上任头家移交现金、银行存款及利息共119914元，再减去绵治人捐资兴建观音庙庙埕的58738元，观音庙今年上半年香油钱就近90000元。加之绵治各寺庙现行的头家制度赋予头家全权处理观音庙当年所有收入的权力，观音庙头家可谓"有钱有权"，故近年来观音庙常有"大事"。在田野调查初期，曾有村人相告：绵治有个观音菩萨的乩童。听此消息，笔者暗自怀疑：观音菩萨怎会有乩童？随着田野调查的进行，渐觉村人中抱相同怀疑态度者颇多，在他们看来，"观音菩萨乃得道正神，不可能有乩童"。现今此观音菩萨的乩童已属"昙花一现"，但其为村人所知确与近年观音庙的大事之一息息相关。2007年前只有极少数村人知道观音菩萨乩童的存在。是年农历六月十六日，观音庙的头家组织观音菩萨乘坐辇轿出巡绵治，该辇轿为新造，耗资45000多元，观音菩萨乩童在出巡时乘坐刀轿，大多数绵治人才知此乩童的存在。在绵治人看来，能坐稳刀轿是检验乩童真假的关键，观音菩萨的乩童遂得到部分绵治人的认可。但随后几年，此乩童几无神迹,甚至分派给头家些"令人不解的任务",以致现今观音庙轮值头家不再请此乩童参与观音庙各项事务。但"有钱有权"的头家仍不忘将"大事"延续,例如2012年头家便为观音庙新建了庙埕,耗资高达16万元。此种情况或将延续,因为新庙埕面积太大,与观音庙现有规模不匹配,故重建观音庙似乎势在必行。虽有少数村人建议将观音庙巨额香油钱用于慈善公益事业,如为绵治学生设立奖助学金、补助孤寡老人等,但目前似乎只为"一个巴掌拍不响"的状态。

三、乩　　童

田野调查时,若问村人绵治有几个乩童,得到的答案往往是一个,即广佑圣王乩童。与"昙花一现"的观音菩萨乩童不同,绵治广佑圣王乩童由来已久,依村人所言,此乩童"一代一代,换了好几代,都是广佑圣王自己选的,时间一到,自动交接,从未断过"。除现任乩童邹铁外,村人也常提及其前两任乩童邹梨仔、邹双喜。邹梨仔与邹双喜的交接发生在新中国成立以前,邹双喜与邹铁则于1962年交接,邹铁2012年农历六月往生,担任乩童长达50年。乩童间的交接往往发生在老乩童最后一次坐刀轿巡境时。巡境时刀轿由四名成年男子抬行,轿上有三把磨利的尖刀,刀尖朝上,乩童坐刀轿时,即以三把尖刀之刀尖为椅,一手执宝剑及制煞用桃枝、芦苇草,一手持铜镜。待交接时,便将宝剑掷地,乩童立即不能稳坐刀轿。广佑圣王选中的新乩童随即拾起宝剑,登上刀轿。对于很多绵治人来说,乩童"能坐上刀轿就是真的"。村人常提及,当年绵治组织进香团前往漳州市区一寺庙进香,时值冬季,漳州人见绵治乩童年岁已大,上身却只围一件红色围兜,稳坐于刀轿上,纷纷下跪祭拜,"他们不是拜圣王金身所坐辇轿,他们是拜乩童"。除稳坐刀轿外,乩童显示神迹的另一方式,便是掷刺球。刺球球面全为钢刺,长约15厘米,乩童掷前需由旁人将刺磨利。掷刺球时,乩童往往将球抛至空中,待其落下时,便用双

第七章
绵治的聚落宗教

手接住,纵使锋利的钢刺深深扎进手掌,乩童用符令一擦,随即安然无恙。绵治在"文革"后能顺利恢复民间信仰活动,与乩童显现的神迹息息相关。

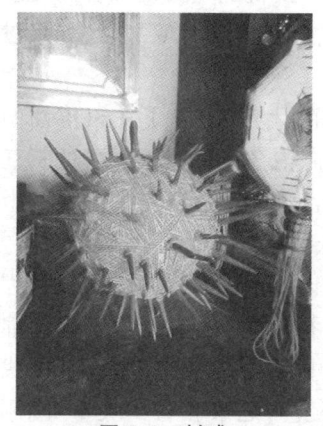

图 7-5 刺球

图 7-6 刀轿

"文革"期间禁止各类宗教活动,绵治亦不例外。"文革"结束后,绵治于 1982 年逐步恢复宗教活动,是年规模较小的社头土地公庙祭仪恢复,其头家轮值也随之开始。1985 年恢复聚落性的宗教活动——广佑圣王巡境。提及"文革"后的首次巡境,村人记忆尤深。是年正月华安县县委召集镇、村、生产队三级干部至县城开会,绵治人便趁此机会,筹划组织广佑圣王巡境。待干部会后回村时,恢复巡境之事几成定局。但时任驻村工作队负责人仍严令村干部挨家挨户劝导村人不要参与巡境。已是箭在弦上之事,突然增添了不确定性。正月十七日,早已与邹铁完成乩童交接的邹双喜,突然起乩,手执刺球,至村部寻工作队负责人。要负责人与其掷刺球,"我扔给你,你用手接住,再扔给我,我也用手接,使多大力都可以",原本极力向村人宣传"乩童是假的,是封建迷信"的工作队负责人顿时胆怯,不敢回应。在旁围观的绵治人便奔走相告此"神迹",隔日绵治便举行了广佑圣王在文革后的首次巡境。此次巡境过火炭、坐刀轿之乩童为邹

闽南绵治人的社会与文化

双喜。村人相传,当时因有妇人不遵习俗,虽处经期却仍随众人围观乩童过火,致使其摔倒在炭火上,烫伤手、腿部皮肤。但乩童仍可稳坐刀轿巡境,据当时仅十一二岁的报道人回忆,乩童巡境时,会从刀轿上洒下符令,孩童在争抢符令时,常不慎将乩童烫伤部位的皮肤一同扯下。今已为中年人的报道人在回忆时,常常惊叹乩童"如果没有神力,怎能忍受如此疼痛之事"。

身为绵治人"祖妪"邹应龙在凡间的代言人,除了在聚落性的宗教活动中坐刀轿、扔刺球显示神迹外,广佑圣王乩童更重要的责任在于借助神力,保佑绵治合社平安。但此种神力之显现往往不似坐刀轿、扔刺球般为众人所瞩目。平日村人若遇家中发生不顺遂之事,常先至乩童家中,向其说明情况,并约定时间请乩童至村庙开坛,为其排忧解难。若乩童觉得聚落里出现不祥之兆,须借神力来确保绵治平安无虞时,往往立刻起乩,或径直至村庙中传达神意,或直接找相熟之人帮忙。据报道人 A 以其"亲身经历"之事相告:"文革"刚刚结束时,邹铁来 A 家闲坐,两人正泡茶闲聊时,邹铁突然起乩说,"我要出来玩耍了,你要帮我弄个刺球"。A 因文革经历,心存恐惧,当下不敢答应。待邹铁回家后,A 急忙去找邹双喜,请教"圣王是否真的要重新出来了",双喜答道,"我看还没,但既然圣王要你去帮他弄刺球,你就去帮他弄"。A 仍心存畏惧,思之再三后,最后决定偷偷摸摸跑到邻村下漳完成邹铁交待之事。此外 A 曾于 20 世纪 90 年代中期轮值一次广佑圣王庙头家,是年农历七月十八日邹铁忽然起乩,要 A 于隔天某时至桥头林两股溪流汇合处,赤脚下水寻石,"那儿有一块表面光滑,三角形的石头,你帮我拿回来,我要画符,你们七月尾就安心看戏"。A 遵行不误。是年"七月尾"排有三夜戏,自农历廿六日晚 8 点开始。农历廿六日早上,天气预报说台风将登陆漳州。是日从中午起绵治便天昏地暗、狂风大作,村里广播一直播告"台风就要来了,台风就要来了,要村民赶紧回家躲避"。眼看晚上做戏无望,村中与 A 相识之人,皆趁机打趣,"啊,漏气啦,好不容易做一次头家,没诚心啦"。A 也无可奈何。岂料就在原定开演时间前约一

第七章
绵治的聚落宗教

个小时,突然风停雨止。A大喜,逢人便说,"圣王早就说了,七月尾安心看戏"。此外与邹铁相熟之报道人B也说,据其所知,近20年来,邹铁只镇过两次石符,若当年镇过石符,以下三年无须即再做镇符,绵治皆可平安无事。邹铁之子C也提及,往昔其父若在家中突然起乩,径直前往广佑圣王庙时,年轻力壮的他通常追赶不上。

邹铁2012年往生时已是88岁高龄,生前因年事已高,对绵治公众之事已显得力不从心。绵治人早已期待出现新乩童与其交接,却始终不能如愿。在热心于广佑圣王庙事务的耆老建议下,去年广佑圣王庙当值头家从安溪延请师公来绵治①,行"关乩童"科仪,希冀借助师公法术,"催生"一名新乩童,但终无所获。今年邹铁临终前,告知家人,"下任乩童将从三中出"。因邹铁往生时正值绵治"七月末"祭仪前夕,加之往昔绵治广佑圣王乩童皆于圣王神辇巡境时自动出现,绵治人对新乩童将现之信心更为高涨。回绵治参加"七月末"祭仪期间,村人对于新乩童将是何人、三中队何人最有可能成为乩童之事议论纷纷。当值头家更是想方设法,使新乩童在祭仪期间顺利出现。他们为可能出现的新乩童准备一顶全新的刀轿;在祭仪开始前十几天,每天晚上在追来堂敲锣打鼓约半个小时;祭仪首日清早,在热心耆老要求下,当值头家所请师公"加了一场使乩童顺利产生"的科仪,同时绵治一位长者也立于师公旁,施念咒语,据称此咒语可使广佑圣王新乩童顺利出现;在近两个半小时的科仪将完,新乩童仍未出现时,热心耆老更以其自创的方式,沿着追来堂供桌绕圈,绕圈时快速敲打手中铜锣"助威",望新乩童快快出现。此次"七月尾"祭仪,绵治人大多沉浸在"乩童随时可能出现"的期待中,但天未遂人愿,祭仪结束,新乩童仍未出现。对此结果,大多数绵治人的态度皆是"神意不可测"。正如多数绵治人对笔者提出的一个问题(既然邹铁常常

---

① 据报道人所描述"师公"之穿着,"师公"应为"道士",本文乃依绵治人习惯,称之为"师公"。

突然起乩,那在"文革"时,他若突然起乩,该怎么办?)的反应:他们先是诧异,因为从未想过如此问题,缓过神后,只言"这事不会发生的,圣王知道什么时候该出来"。

四、聚落性宗教活动

绵治四主要寺庙中,观音庙宗教性活动主要为正月期间及农历六月十九日前后,村人及外地香客自行携带祭品前往祭拜,此种祭拜并不固定于某时,且其祭拜方式及祭品与平日香客至观音庙的祭拜无异,故在本节中不做单独介绍。本节仅以广佑圣王庙、千百堂、社头土地公庙为例,呈现绵治的聚落性宗教活动。

(一)广佑圣王庙祭仪

广佑圣王庙有"七月尾"、清醮、王醮三种祭仪。其中"七月尾"祭仪每年农历七月廿六日至廿八日举行。清醮每三年举行一次,王醮则每五年一次;若遇清醮与王醮同年,便只举行王醮,清醮则顺延至下一年。与"七月尾"祭仪不同,清醮、王醮一般于农历十月末秋收后择日举行,清醮历时两天,王醮则为三天。

1. "七月尾"

绵治"七月尾"祭仪历时三日,从农历七月廿六日至廿八日,绵治人认为"七月尾"祭仪以廿七日为正日,个中缘由村人说法不一,或以廿七日为邹应龙祭日,或以之为诞辰日、封王日。据今年绵治"七月尾"祭仪所请师公相告:绵治"七月尾"祭仪即为庆生醮。但按绵治习俗,若无广佑圣王乩童,便不可行醮仪,故今年的"七月尾"祭仪中,并不见庆生醮的举行。本章中依绵治人习惯,称之为"七月尾"祭仪。绵治人均可意识到今年"七月尾"祭仪举行时,师公不在追来堂内设坛,追来堂内也不摆设各种纸糊仪式道具,更不见熟悉的"邹铁坐刀轿"场面。尽管如此,"七月尾"仍是"七月尾",廿六日出巡芹菜湖、七埒格、洋大宅,廿七日在村内巡境,廿八日于追来堂前广场"拜天公";

第七章
绵治的聚落宗教

"七月尾"仍是场"大闹热",追来堂前搭有临时戏台,连续几晚皆演戏酬神;祭仪期间每日下午、晚上绵治各家户皆设流水席宴客,对于绵治人来说,"七月尾"是邀请邻村亲朋好友至家中欢聚的日子。2012年9月10日(农历廿四日)—9月14日(农历廿九日)期间,笔者重回绵治参加"七月尾"祭仪,下文便以在此期间观察记录所得之资料,简介此祭仪。

廿六日晨6点,前已述及应绵治一热心村庙事务之耆老要求,当值头家所请师公"加了一场使乩童顺利产生"的科仪。至8点半,科仪结束,当值头家再次上香跪拜后,便将广佑圣王金身从供桌上取下,迎请至置于追来堂外广场上的神辇中,供桌上的香炉也一同被迎请至一顶专载香炉的轿中。此日广佑圣王将出巡至绵治所辖自然村,照出巡路线依次为芹莱湖、洋大宅及七垾格,此三自然村距绵治较远,步行费时费力,因而现今皆由当值头家动员、组织村中有车村人随行。出巡队伍除抬神辇、香炉轿者及紧随神辇之后,手执木制凉扇、圆扇者外,还有锣鼓队、火铳队及随香村人。锣鼓队负责在祭拜时敲锣打鼓,火铳队则一路"放响枪",制造热闹气氛。各自然村住户依惯例,由几户人家一起集中于村中某处设置香案桌,等候出巡队伍到来,其中芹莱湖设有一处、洋大宅三处、七垾格三处。除各家自备之祭品及供桌外,每一集中祭拜处须在香案桌正前方置四条长板凳,两个一组,平行放置,以备停放神辇及香炉轿。村人所备祭品一般为:三杯茶、五杯酒、三碗面线甜、茶料、菜碗、米粿、红圆、咸饭、猪肉及水果等,纸钱则备寿金与长钱。出巡队伍抵达后,将神辇、香炉轿停放于板凳上,执凉扇、圆扇者则将凉扇、圆扇依靠于神辇背部。以祭拜者祭拜方向为准,右侧板凳停放神辇,左侧则停放香炉轿,香油箱一并置于停放香炉轿之板凳上。师公每至一祭拜处,皆须行相关科仪,并念疏文,疏文上书有于此祭拜处参与祭拜各家户户主的名字。科仪结束后,疏文交由祭拜者烧化。师公行科仪时,祭拜者须手持三炷香,立于师公后方,面朝神辇、香炉轿方向祭拜。待师公行完科仪后,方可将三炷香插于香炉轿中之香炉上,并将所备香油钱投入香油箱中。最后祭拜者烧化纸钱、燃放鞭炮,祭拜结束,出巡队伍重新集结,至下一集中祭拜处。

图7-7 洋大宅:集中祭拜处

图7-8 供桌

出巡队伍从七垾格回绵治途中须经千百堂,千百堂当值20名头家皆须在此处等候,各头家备简单祭品,一般为茶、茶料、水果、饼干等,置于千百堂供桌上。与其他集中祭拜处一致,师公也须行相关科仪,并念疏文,但疏文不写户主名字,改书千百堂三字。师公行完科仪后,20名头家再至邻近千百堂的土地公庙祭拜,待其祭拜结束后,出巡队伍重新上路。千百堂至追来堂途中原本皆为田地,改革开放

第七章 绵治的聚落宗教

后才渐有村人移居至此,至今已成一人烟聚集处。因此在此区设有三处集中祭拜处,出巡队伍在此停留三次后,方才返回追来堂,将广佑圣王金身、香炉重置于追来堂供桌上,并将仪式用具归位存放,廿六日祭仪便告结束,此时约为下午1点。

廿七日晨8点,当值28名头家在追来堂供桌前,跟随师公上香跪拜后,由师公行相关科仪。至8点半,科仪结束,出巡队伍开始集结。与廿六日出巡相比,此日出巡队伍前端多出执仪仗的村人及由外地延请来的表演队伍。仪仗队最前端为一群手执各式彩旗的孩童,彩旗上书有"广佑圣王"四字;其后为执"枢密院"、"回避"及"肃静"木牌者。在举木牌者后,为戏班之众演员,每人皆身着戏服,手中另执一件平日供奉在广佑圣王庙中的木制兵器。表演队伍则有舞狮队、歌舞队等。巡境队伍沿追来堂前方东侧小路出发,顺着村中道路巡境。与廿六日相同,皆为几户人家一起集中于村中某处祭拜。是日绵治境内共设有17个集中祭拜点,皆为聚落内较空旷之地,如学校操场、聚落南北向之主干道上、邹氏各房支之祖屋前方广场,以便村人摆放香案桌。此日村人所供祭品、祭拜过程与首日无异,廿七日巡境约于午后1点结束。

廿八日晨行"拜天公"科仪,绵治各家户皆自带八仙桌及祭品,聚集在追来堂前方广场,待村中风水师所择时辰到来,一起"拜天公"。"拜天公"前,广佑圣王庙当值头家须备好一主供桌,此供桌正对追来堂大门,其摆设与村人新婚、入厝时在自家门前所设"拜天公"供桌无异。① 此外村人在自家行"拜天公"科仪时,须将一头宰杀过的全猪置于主供桌旁,而绵治廿八日"拜天公"时,则须备好两头全猪,分置于主供桌两侧。面朝供桌左侧一头由广佑圣王庙28名当值头家集资购买;右侧一头则由广佑圣王庙出资,代表全部村人。是日"拜天公"科仪约于9点10分开始,村人先跟随身着蓝色长衫、头戴黑色礼

---

① "拜天公"供桌上所供祭品及陈列,详见本书第九章葛赢超一文。

帽的耆老、当值头家持香跪拜。众人皆手持三炷香,耆老、当值头家须跪拜 12 次,村人则随己意,或鞠躬,或跪拜 12 次。持香跪拜后,师公便行相关科仪,众耆老、头家立于师公身后,跟随师公引导,或跪或拜。依绵治习俗,村人在自家行"拜天公"祭仪,须请风水师择时,此风水师须备好一疏文,"拜天公"者在行祭仪时,便将此疏文置于全猪背上,待祭仪后,将之与纸钱一起烧化。廿八日也是如此,不同的是,是日此风水师会至追来堂广场,在师公念其自备疏文前,先行长跪于主供桌一侧,念其所备之疏文。风水师与师公念毕疏文后,便将各自疏文同置于一红色圆盘中。稍后烧化纸钱时,当值会首须负责将此圆盘迎至烧化纸钱处,并先行烧化两份疏文。在疏文念毕后,纸钱烧化前,耆老与当值头家须跟随师公沿广场外缘绕行,绕行路径须将村人在广场所设的全部供桌包围。先依背对追来堂大门之逆时针方向绕行三圈,再依顺时针方向绕行三圈。绕行时当值会首手捧放置疏文之红色圆盘,紧随师公,其他耆老、头家则手捧长钱、大寿金等先前置于主供桌旁的纸钱。绕行结束后,随即烧化纸钱,待会首、耆老、头家将疏文、长钱、大寿金烧化后,村人再将自备纸钱烧化,廿八日"拜天公"祭仪结束,此时约为 10 点 10 分。是日晚演戏酬神后,当值头家便将广佑圣王金身迎回庙中,"七月尾"祭仪便告结束。

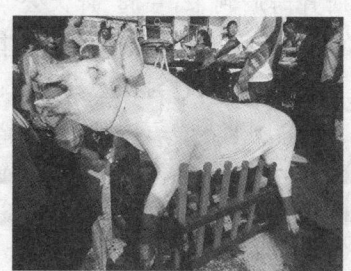

图 7-9 全猪牲礼

图 7-10 村人所设之供桌

第七章 绵治的聚落宗教

图7-11 拜天公

2. 醮仪

因访谈所得有关醮仪之资料极为有限,在此只做简单描述。醮仪前夕广佑圣王乩童会择日至绵治五路口镇符,当值会首、会副须跟随前往。镇符时所用之符为竹符,取长约20厘米的竹节剖开后,夹上乩童所画符令,插于土中。会首、会副在乩童镇符后,须将一纸糊"平安君"置于竹符前。据报道人相告,"平安君"负责在各路口迎接前来绵治做客之众神明。"平安君"前须奉一碗饭、一碗菜,醮仪期间每日早晚当值头家要轮流来此祭拜,并更换饭菜。

举行醮仪时师公须于追来堂设坛,绵治当值头家则负责摆设主供桌。主供桌上奉有三尊广佑圣王金身及千百堂的玄天上帝、圣祖真仙、伽蓝尊王、保生大帝、清水祖师及南朝大帝六神明金身,此外还有现奉于七埒格一户人家中的山西夫子关公金身。众神明金身前摆设28名头家所供之28份糕仔粿及15个斗灯,斗灯内置有尺、剪刀、秤、米等物。此外醮仪期间每日早晚,当值头家须轮流携带祭品前来追来堂,将之置于主供桌上。

除师公所行科仪不同外,清醮与上文所述"七月尾"廿七、廿八两日祭仪无异,即首日于绵治巡境,次日于追来堂前广场"拜天公"。王醮前两日祭仪与清醮相同,王醮第三日师公仍行科仪,且当晚有"送王船"仪式。据报道人相告,"王船"共两只,一大一小,皆为纸糊,"大王船"先停放于追来堂内,"小王船"则由若干头家手捧,跟随广佑圣王乩童在村内巡视。乩童若发现村中某处有鸭鬼、猪鬼等邪秽之物,便施法将之困于"小王船"内。乩童巡村后返回追来堂,随行之头家便将"小王船"置于"大王船"内,乩童再施法,以防邪秽逃脱。之后众头家便扛起"大王船",随乩童将之押送前往绵治东侧村境的绵治溪出口处,奉上生猪肉、米糕各数十斤,行简单祭拜后,便将"王船"烧化。据称在乩童押送"王船"前往溪口至其回聚落前,绵治各家户皆不可使用灯火,以防邪秽逃脱后前往有亮光处。此外在王醮期间,外村人不得至绵治贩卖猪肉。

(二)社头土地公庙"杀福猪"祭仪

"杀福猪"祭仪一年举行三次,时间分别为正月初二日、五月初二日及八月十五日。五月初二日正值田野调查期间,下文之叙述即根据实际观察此次祭仪所得资料。祭仪由当值头家负责,轮值八月十五日祭仪的头家则在旁协助。是日晨7点左右,几位头家先行至土地公庙等候其他头家将"福猪"运来。祭仪前几天,头家须从村人家中饲养之公猪中遴选出若干头做为备选福猪,再至土地公庙掷筊,掷筊人依次代表备选福猪掷筊,掷筊规则与选头家一致,得圣杯数最多之备选福猪即中选。选定福猪后,头家须出资向饲养者购买,并于祭仪前携带少许米亲自喂食。运送福猪时,一般将之置于一铁笼中,再以平板车拉至土地公庙。另有一名身穿蓝色长衫,头戴黑色礼帽之头家,立于运送福猪队伍前沿途敲锣。昔时福猪须为黑色公猪,且要由头家亲自喂养近一年;此外旧时不是运送福猪,而是"赶福猪",头家须将福猪从家中赶至土地公庙。福猪运抵土地公庙后,将铁笼从平板车上卸下,搬至庙埕。负责沿途敲锣之头家则立于土地公金身前,双掌合十祭拜,告知土地公福猪已运抵。随后头家便将一碗饭、一碗面线甜及一杯酒倾倒于铁笼内,供福猪食用。稍待片刻后,头家便开始宰杀福猪,将猪血用盆盛装,此外还须宰杀一只公鸡,鸡血与猪血用同一盆盛装,使二者混合。福猪除头部后侧须留有一小撮毛,其余部位猪毛皆要剃净,公鸡则须数根尾羽,其余部位之鸡毛同样要除净。宰杀完毕后,将猪头及猪腿煮熟,同置于一盆中,供奉在土地公庙神龛正前方。余下部位除猪内脏、猪排骨外均须煮熟,并分为小块,每块约重四两,将之装于一竹笼中,置于庙埕,此小块猪肉俗称"福肉",在祭仪结束后由头家分四路在村中沿路叫卖,每块5元钱。卖肉所得钱财归头家所有,若肉未售罄,则由四位头家平分。

待四位当值头家家人将自家所备祭品带至庙埕,并摆设整齐后,祭仪随即开始。各头家将所备祭品置于盛装福猪猪头及猪腿之盘后方的两张供桌上,供桌由头家自行准备。各家所备祭品一般为:三杯茶、五杯酒、三碗面线甜、茶料、菜碗、米粿、红圆、咸饭、猪肉及水果等,纸钱则备寿金与长钱。在本次祭仪中,除主祭者身着蓝色长衫、头戴黑色高帽外,其余头家及其家人皆着日常服装。主祭人用香烛将香点燃,分与众人,每人三支,众人持香跪拜后,将香插在神龛内的香炉中。随后众人手拿纸钱,简单祭拜后,将纸钱焚化。最后燃放爆竹,祭仪结束。

图7-12　供桌摆设

图7-13　祭拜

(三)千百堂祭仪

绵治村专有一歌谣描述正月初一至正月十六每日的习俗:"初一早、初二早、初三睡到饱,初四要再早,初五大格开,初九九条香,初十人迎尪,十一敬,十二敬,十三尪走境,十四尪落庵,十五要镇符,十六人散吃。"其中正月初十日至正月十六日之习俗与千百堂正月祭仪相关,现依歌谣所述依序介绍。

"初十人迎尪",即初十清早,待当值头家所请师公在千百堂行过简单科仪后,众头家便分别将千百堂六尊形制较小的神像(玄天上帝、圣祖真仙、伽蓝尊王、保生大帝、清水祖师、南朝大帝)置于六顶两人抬的手轿中,以备随后迎请至聚落巡境。六顶手轿巡境时的排序由会首在千百堂神龛前掷筶决定,会首代表各神明掷筶,掷筶规则与遴选头家相似,各神明依所得圣杯数之多寡排序,最多者列于出巡队伍之首。村人说,若当年出巡时以玄天上帝为首,是年农事收成便好,"因上帝公赤脚,农民种田也赤脚";若以圣祖真仙为首,生意人便财源广进,"因仙妈[圣祖真仙之俗称]金脚玉手,不用种田,生意人也一样"。巡境队伍沿聚落主要道路前行,中途并不停留,最后来到邻近桥头林的小溪,年轻人便按习俗将玄天上帝手轿抬至溪水中。盖因玄天上帝本为屠夫,后自行修炼得道,待其将升天成神时,念及昔时屠猪为业,杀生过多,罪孽深重,便自行剖开腹部,将肠胃丢于溪中。玄天上帝成道后,其丢弃于溪中的肠便化为蛇、胃则变成龟,玄天上帝恐龟蛇成精,便将之收服,其金身脚踏龟蛇的形象便由此而来,故绵治人又称玄天上帝为"大龟蛇",且有"大龟蛇要游水"之说法。但现今年轻人并不依此习俗,若头家未及时劝阻,大多数手轿都会被抬至溪中"游水"。"大龟蛇游水"后,巡境队伍前行至绵治楼,将六顶手轿置于楼厅地上,一字排开。等候村人来此敬粿,是日有两场敬粿,时间分别为早上11点与下午4点,敬粿者由头家于正月初八日指定,并挨户分发通知单告知敬粿者,每次四人。村人俗称所敬之粿为赤米粿,制作时并不用油,待结束敬粿后才由敬粿者带回家中料理,一般皆加入猪肉、葱等调味,切成小块后分与邻人。此外敬粿时,师公须行相关科仪,一场敬粿费时约45分钟。是夜千百堂六尊神明手轿便置于绵治楼楼厅,直至正月十四日清早才抬回千百堂。后两日即为"十一敬、十二敬",此二日晨8点、11点及下午4点,在绵治

第七章
绵治的聚落宗教

楼各有一场敬粿,每次皆为四人。十三日早上8点在绵治楼行过一场敬粿后,便开始"尪走境"。村人须抬着六顶手轿在村中"走境",即沿着村中道路走一圈,中途并不停留,走境时手轿队伍排序与"初十人迎尪"相同。走境队伍须在11点前回到绵治楼楼厅,以确保11点的一场敬粿准时举行,是日下午4点另有一场敬粿。十四日待早上8点于绵治楼楼厅敬粿后,村人便将六尊神明迎回千百堂,即称"尪落庵"。此日10点钟千百堂再行一场敬粿,除敬粿者人数减为二人外,此场敬粿与绵治楼楼厅所行敬粿无异。十五日凌晨举行"人镇符",此时须延请师公至绵治村界五路口镇符,师公所用之符共有三种,桃符、竹符及石符,即师公在桃枝、竹片、石块上画符,并行相关科仪将桃符、竹符立在五路口一隐蔽处,此外还须将石符掩埋于同一地点。师公镇符时,当值头家须抬一顶手轿相随,手轿所载之神明即"初十人迎尪"时,列于出巡队伍之首的神明。是日清早师公另于千百堂行相关科仪。正月十六日为"人散吃",当值头家须在千百堂行"杀福猪"祭仪,此祭仪与社头土地公庙"杀福猪"祭仪相似,但祭仪所用之公猪、公鸡、大寿金及长钱皆由千百堂香油钱支付,各头家准备日常祭拜时所用祭品即可。"杀福猪"后头家须挨家挨户派发一份二两重之福肉、两张师公所画符令及一份斗灯米。

除正月祭仪外,千百堂另于四月初一日举行一场祭仪。是日为伽蓝尊王诞辰,当值头家须延请师公,行祝寿科仪。绵治各家自备祭品至千百堂祭拜,祭品与广佑圣王庙"七月尾"祭仪无异,金钱也同为大寿金、长钱。各家至千百堂祭拜时,须携带家中各成员的一件衣服,每件衣服中须包裹米少许,并将之交与师公,让师公在衣服上盖平安印。归家后将置于衣服中的米取出,一同煮熟,供家人分食,在家人穿过衣服后,方可将之洗净。

结　语

在田野调查初期,笔者曾请一报道人简述绵治概况,此报道人笑而不语,追问之下,才提及"绵治很大很复杂"。随着田野调查的进行,与村人渐渐相熟,反倒是村人频繁要我描述自己对绵治的印象,若借用村人之语,以"很大很复杂"回应,总能获得村人的赞同。但此时笔者对此印象的体认只局限于经济、宗族及绵治权力结构等方面,并未觉察到绵治"很大很复杂"之特点对聚落宗教的影响。此种局限自然影响了相关资料的收集,此种影响在寺庙管理部分尤为明显,个人并未意识到不同形式的寺庙管理制度会对聚落宗教产生影响。直至重返绵治,参加"七月末"祭仪时才体认到绵治所行头家制度,在动员大量人力、物力组织聚落性宗教活动时略显无力。与金门陈坑聚落的聚落性宗教活动相较后,才发觉后者相对前者的井然有序,很大程度上源于其寺庙管理制度。方才发现个人在两次对聚落宗教的田野调查中均忽视了寺庙管理制度的重要性,忽视了宗教前的"聚落"两字,也就是说,太过注重于信仰、仪式,而忽略了其背后的人及社会结构。这种忽略导致了在收集资料时,未去了解1949年新中国成立后所行政治体制对地方原有权力体系造成的破坏与绵治寺庙管理制度之变化间的关系。在个人看来,若以此种视角研究闽南地区的民间信仰,比较各聚落寺庙管理制度在新中国成立后的变化,将更有助于我们理解当今闽南农村中各式非正式权威与正式权威之间错综复杂的关系。此种关系在寺庙管理制度上的体现,若仅是区分出"分散断裂型"的头家制度与"集中延续"型的寺庙管理委员会制度将仅是浅尝即止。更重要的是要呈现出在不同聚落中,当正式权威试图介入原本在非正式权威体系下行之有效的领域时,正式权威与非正式权威之间的各式融合、演化、替代方式。

参考文献

不著撰人
    n.d. 绵治邹氏族谱。

邹文龙

1995 邹应龙在华安的后裔。泰宁文史资料 17:128—129。

钟鹭艺

2013 陈坑的聚落宗教。载余光弘、杨晋涛(合编),闽南陈坑人的社会与文化,页326—339。厦门:厦门大学出版社。

Dean, Kenneth

2003 Local Communal Religion in Contemporary South-East China. *The China Quarterly* 174:338—358.

闽南绵治人的社会与文化

第八章

绵治的岁时祭仪 ▶▶▶

◎ 马　越

前　言

　　岁时祭仪是在一年四季某些特定的日子中展开的祭祀活动,一般说来,这些祭仪是与中国传统农耕社会生活密切相关,是中国农耕社会的时间文化。传统中国的岁时祭仪具有悠久的历史,早在先秦时期就已经产生了大部分的节日,到汉朝时,包括除夕、元旦、人日、元宵、上巳、寒食、端午、七夕、重阳等主要祭仪节日就已经基本成型了。在漫长的演变过程中,岁时受到各种地方文化的影响,从而变得越来越丰富,由此也使得某些岁时祭仪呈现出明显的地域性特点,绵治人的岁时祭仪就是一个典型的例子。

　　绵治是一个闽南村落,属于福建省漳州市华安县新圩镇,地处深山之中。从聚落类型来看,绵治是单姓聚居村落,邹姓是村里的主要姓氏。据邹氏族谱记载,本地邹族人由泰宁迁居而来,随后人口繁衍,逐渐发展成为现在的规模。

第八章
绵治的岁时祭仪

根据田野调查所得,本章将绵治村的岁时祭仪分成六节进行介绍,除了前言和结语之外,第一到第四节是按照春、夏、秋、冬四季的顺序对绵治节日祭仪的描述,第五和第六节是对茶酒果肉及香烛纸钱等祭品的归类与记录。笔者在绵治村内亲历的节日仅有端午节、半年节以及七月末祭祀邹应龙的节日,在下文中这三个节日有较为详尽的叙述。

一、春季节日

春季为四时之首,在中国农耕社会里具有十分重要的地位,是万物复苏生长的季节,同时也是农村除旧迎新、安排一年农事活动的开始。春季一般起于立春,终于立夏。尽管春节与立春常常不一致,但在绵治人看来,春节也代表着春季的开始,春季节日主要有春节、补运日、广佑圣王邹应龙生辰、灶君生辰、三月节、清明节等。至于传统上春季开始标志的立春,绵治人并没有相应的节庆活动。

(一)春　　节

春节是一年中最重要的节日。绵治人的春节习俗活动比较丰富,当地一首谚语简明扼要地描绘了绵治人春节的行事:"初一早,初二早,初三睡到饱,初四要再早,初五大格开,初九九条香,初十要迎尪①,十一敬,十二敬,十三尪走境,十四尪落庵,十五要镇符,十六人散吃。"

正月初一日,村人要早起吃素 k'ui so,过去的习俗是要吃一整天素食,而现在只要早餐吃素之后就可以开荤了。菠菜和豆腐是必不可少的素菜,菠菜被称为"长寿菜"teŋ nĩ tsai,豆腐代表财运,两种食物都是烫熟之后蘸酱油食用。但是按照村中习俗,初一日不可使用

---

① 闽南人通指庙中祀奉的神像为尪。

刀具,所以这两样食物都只能用手掰开而不能用刀切断。村人一早还要吃面线甜,即将细挂面煮好后,浸泡红糖水食用。大年初一村人不能吃稀饭,否则一年之内出门都会被雨淋。午时村人例有"开井"之俗,要将冬瓜条扔入井内,之后才可使用井水。村人之间走家户无需送礼,如果离村外出走动才须准备礼物。春节期间村人还有一些禁忌,例如初一日、初二日都不可杀生;初一日到十五日之间不能摔破碗,否则将会破财;新年中不能打骂小孩;不讲不吉利的话等等。孩童过年要穿新衣,寓意新的一年会有一个崭新美好的开始。

正月初二日,村人仍要早起祭拜家中神明和祖先。按照传统习惯,大年初二还要"请女婿",即各家要宴请女婿,尤其是新婚头几年的女婿。届时夫妻会带着儿女回娘家给岳父、岳母拜年,并送上红包,而岳父、岳母一家则要准备筵席款待女婿。

正月初三日,村人不必早起忙于节庆,这天村中开小戒,可以杀鸡杀鸭。根据以前的习俗,新年要到初三才可开始洗衣服,而且只能洗男人的衣物,也直到此日才能扫地、倒垃圾,村人认为过早地除去旧尘会使家中漏财。初三晚上要烧云马和寿金(见本章第六节祭品部分)迎神,烧云马意为让座驾在天宫外恭候神明,以便他们在第二天返回人间。

正月初四日,村人又得早起准备鸡鸭肉、米粿等供品,并再次焚烧寿金用以接待神明返回人间,此日也不可杀生。从初一到初四,村人的出行范围尽量不离村太远,期间常常有村人将一叠揉开的寿金放在土地庙里供奉土地公,以保家人出行平安。

正月初五日,俗称"大格开",绵治人直到此日才能恢复平时的状态,放开手做家务。直到此日村人才可洗涤妇女的衣物。

正月初九日是天公(即玉皇大帝)的诞辰,此日也不可杀生。各家各户都会在这一天隆重地进行拜天公的仪式,通行的仪式是在家门口或是窗前摆放两张相叠的供桌,其上陈列各式供品。叠桌的方式可能是将小桌放置于大桌之上,或是在两张并排的长凳上摆放桌子,至少也须在桌子的四脚之下垫一叠寿金,以表敬奉天公的心意。

第八章
绵治的岁时祭仪

拜天公的供品较为正式,包含三杯茶①、五杯酒和冬瓜糖、橘饼等茶点,还有三碗面线甜、12 碗、一整只煮熟的公鸡、两个红蛋、一盘红桃粿。其中 12 碗包括苹果、花生、豆腐、饼干、糖、米糕、粉粿、梨等素食,村人将其任意组合而成 12 碗供品。香炉总是放置于供桌的最前方,上桌通常只能摆放素盘的供品,而荤菜和酒应摆在下桌或是下方的板凳上。祭拜毕,村人要烧天公金和长钱,拜天公时要特别点上三支大香。

据报道人介绍,以前诚心的祭拜礼仪是向神明叩拜 12 次,也可以是八次或四次,而且应当一叩一起身。现今的礼仪简化许多,只有少数老年人在寺庙内会叩首行礼,更多人只是鞠躬表示心意而已。另有年长的报道人说,对于一般神明叩拜四次即可,而拜天公则须叩拜 12 次。

正月初十日,村人要前往千百堂迎接玄天上帝、圣祖真仙、伽蓝尊王、保生大帝、清水祖师、南朝大帝六尊神明进行游村,通常必须在上午 11 点前到达绵治楼。② 游村相当于请神明前来村中"调研"村中情况,届时会有法师在绵治楼外作法。期间村人依次前来拜神,直至正月十三日在街上游行半天后再送回绵治楼前厅。正月十四日早上敬献后,村人将神像送回千百堂,其间众人还须再次祭拜,以感谢神明关照。从初十日到十四日期间,绵治人在每日三餐之时(即早上 8 点,中午 11 点,下午 4 点)都要举派四名代表在绵治楼外敬奉神明,除却准备茶、酒、食物外,必备供品还有赤米粿、一对花、一盒花粉(即脂粉),因为六个神明中有一位女神(圣祖真仙),所以村民还须供奉花粉。按照当地习俗,游街的队伍一般由乐队、六顶二人抬轿、放

---

① 绵治人用于祭祀的茶水盛放于三个茶杯中,此外还要放置一个茶壶在侧。五杯酒之旁也另放有一个小酒壶。

② 绵治楼位于中心村内,以前曾是绵治邹姓族人居住和祭祀的重要场所,现今虽已墙体坍塌,但因楼前场地较为宽敞,至今村中一些祭祀活动仍在此进行。

火铳者、身着礼服礼帽的长者等组成。而当年有丧事的、家中有妇人坐月子的人家,及正值经期的妇女等都不能参与或围观游街活动。

正月十五日是中国传统的元宵节。绵治人在正月十五日也不可杀生,村中各户在家拜三界公(又称三界神帝、三官大帝,有报道人称其地位超越天公),也是准备两张叠起的供桌,摆放的供品主要有三杯茶、五杯酒、十二碗、面线甜、红桃粿等。通常前一天要杀一只鸡在此日上供,但是烧三支小香即可。绵治人并不十分重视元宵节,现在受外地闹元宵的影响,有的人家也会在当日吃汤圆。据村里的老人说,大约在七八十年前,村里新娶的媳妇在第一个元宵节,会前往追来堂门口参与戴"灯花"(即一种红纸做成的头花)的仪式,意为"出丁",即祈求保佑绵延子嗣。但由于年代久远,村中最年长的报道人也无法回忆仪式细节。

依据传统,正月十六日已不再是春节的一部分,但村人也将其视作过年的日子,在千百堂前杀福猪敬众神。届时头家会负责将猪肉切分成若干份,用竹签串上,每串猪肉大概二两重,再分给村中各家各户。如果猪肉不够分,头家还须额外买猪肉补足。同时分给各家的还有一道红符、一道黄符,皆由法师施法,以保家宅平安、兴旺。

(二)补运日

"补运"是指为补充岁运之不足、祈求转运的民俗信仰。如若村中有人自认时运不济时,即可通过补运设法进行补救。绵治人几乎每家都会在正月之中选择一日进行补运活动,为家人增添福运,以求阖家平安。但是在选择补运日时,要请风水师计算日期或是参考黄历,避免与家中任何一个家庭成员的生肖相冲。补运的祭拜对象是以灶君为主的家中所供奉的神明。

(三)广佑圣王邹应龙诞辰

邹应龙是南宋时期福建泰宁人,因为官清正而受到后世景仰,民间传说他被皇帝追封为广佑圣王,得享香火供奉。绵治邹氏族人自认为是邹应龙后代,一方面将邹应龙视为祖先,另一方面亦奉之为村落守护神。相传正月十八日是邹应龙诞辰,绵治村的邹氏族人在当天要准备供品祭拜祖先邹应龙。通常村人准备的供品主要包含两个红鸡蛋、三杯茶及茶点、面线甜、五杯酒及鸡鸭猪等肉类。祭拜时也要点上大香,祭拜之后,各家焚烧寿金。

(四)灶君诞辰

相传二月初二日是灶君的诞辰,绵治人要祭拜灶君。各家各户在厨房内摆放供品拜灶君,除了茶酒等拜神必备的供品之外,还须额外准备一些赤米粿和爆米花。爆米花是将糯米谷放入锅中爆炒至开花而成,因为村中有个传说认为灶君是个孩童,喜欢吃爆米花,因而村民就投其所好,在这天奉上爆米花以讨灶君之欢喜。

(五)三月节

三月初三日是绵治的"三月节",家家户户在家中祭拜祖先。除了茶、酒和茶点之外,这天村人特别准备的供品有赤米粿、一只鸭子或是猪肉。需要注意的是,在绵治的祭仪中,祭拜祖先所用的香须插在门口,祭拜祖先的仪式也不在自家屋内进行,而应将供桌摆在门口祭拜。

(六)清明节

清明是福建地方一个重要的祭祀祖先节日,绵治人也不例外,各家外出为先人扫墓。通行的扫墓做法是先除掉坟头周围的杂草,摆上带去的祭品,点两根蜡烛后进行祭拜,接着再焚烧银箔、更衣及冥币,最后在坟头燃放鞭炮以示祭礼结束。

村人烧纸钱后常常还要留下一些银箔放在坟头,以石头压住,据说是向旁人展示这个坟头已经完成扫墓。关于扫墓的礼仪绵治人还

闽南绵治人的社会与文化

有一些禁忌,例如,正值经期的妇女不能前往扫墓;而破月①出生的人在过世之后,任何人都不能去他的坟头扫墓,否则会给扫墓者及全家带来不幸。

现在实行火葬之后,绵治人的扫墓活动主要在火葬场进行,仪式已经大为简化。

二、夏季节庆

夏季是四季之中的第二季,一般从立夏开始,到立秋结束。进入夏季以后,作物生长旺盛,农事繁忙,少有闲暇。再加上此时气候炎热,蚊虫繁多,易生疾病。因此这一季节绵治人主要围绕祈求丰收与驱邪避瘟等功能而展开节庆活动,其节日主要有伽蓝尊王诞辰、谷母王诞辰、端午节、关帝诞辰、半年节、观音诞辰等。

(一)伽蓝尊王诞辰

伽蓝尊王在绵治人的传说中司阴亦司阳(即管辖地狱与人间),四月初一日相传是伽蓝尊王的诞辰,是日全村人携带面线甜等供品和香纸等物,分批前往千百堂祭拜。

届时千百堂处会有法师作法,各家都要将每位家人的衣物带一件去庙中,交与法师盖上红色的平安印,衣物在穿过几天之后方能洗涤。以前主要是以孩童的衣物补运,现在大人的衣服也照样送去。衣服内通常会装一把米,俗称灶仔米 ts'ao a bi,村人认为拜过的米带回家煮食可保平安。千百堂另有头家准备的米,村人也带若干回家与家中米同锅煮食,称为"斗灯米"。各家还可携带一张黄符,以保平安。

---

① 在绵治人的传统中,每年都有一个月为破月,而每年的破月时间并不相同。由于村人不知破月的计算法则,每年的破月由村中的风水师确定。

第八章 绵治的岁时祭仪

（二）谷母王诞辰

绵治人认为谷母王的诞辰是四月二十六日，村人虽然知道这是一个司管稻谷的神明，可对谷母王具体所指何人却不清楚。笔者查阅资料得知，谷母王是指神农，民间一般要在其生辰期间举行各种祭祀活动（钟华操 1979：240；铃木清一郎 1978：402）。绵治人对谷母王的祭拜通常是在家中进行，届时各家各户须准备一盆谷子、一盘包子或馒头、茶和茶点、酒和肉类以及面线甜做为供品。如若家中拥有独立粮仓，则在粮仓中进行祭拜。

（三）端午节

农历五月初五日是端午节，也是中国一个重要的传统岁时节日。是日家家户户在门窗周边的缝隙中将艾草和榕枝插入。在绵治人的观念中，端午节是为了纪念屈原，而挂艾草和榕枝的习俗除了驱邪之外，也有为屈原披麻戴孝之意。采摘艾草时须连根拔起，个别人家还偏好采摘小型独枝生长的艾草。

村中的孩童在过第一个端午时须带"记性" ki sen 和天公串。"记性"是用彩线编成的手链，上面挂有鸡心和粽子形状的吊坠，据说孩童佩戴后会变得更加聪明。天公串则是戴在颈上的红色小布袋，一面绣着"天公"字样，另一面绣着佛教的万字符，袋内装

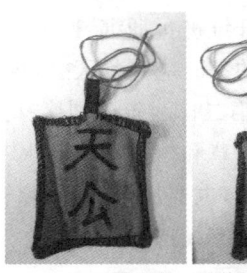
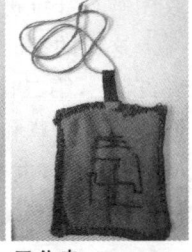

图 8-1　天公串

有硬币和蒜瓣，村人认为幼儿佩带天公串能保平安健康。

五月初五日当天各家都要食用粽子，绵治的粽子多为四角形。村中流传一句关于包粽子的俗谚："初一包乖粽，初二包红粽，初三包神粽，初四包来吃。"绵治人认为初一包的粽子，孩童吃了就会听话，

好好读书；初二包的红粽即碱粽,用于赠送给当年有丧事的亲友①；初三包的粽子是用于供奉神明；初四包的粽子才供自家食用。不过现今不再这般讲究,初三也可制作自家食用的粽子。如果家有孩童,还须特别准备一些牛角粽给他们吃。相传牛角粽的习俗源于家长对务农时代负责看管耕牛的孩童的额外犒劳。另外的说法是家有耕牛的人家也须准备牛角粽。

绵治粽子的馅料包括糯米、豆子、虾米、香菇干、葱炒萝卜干、海蛎干、熟猪肉

图8-2 牛角粽

等原料,大多数人家习惯将原料统一放在一个大盆内,倒入一定量的油,再加酱油等调味品混合而成。也有的人家则习惯将不同的食材分层分批填入粽叶中。

据笔者观察,绵治人多用鲜竹的纤维捆绑粽子,一根竹绳上绑有两个粽子。在询问报道人后得知,村人在十多年前是使用香蕉树的纤维。当村人发现香蕉树的纤维会使得煮熟的粽子不易干燥后,就改用鲜竹纤维进行捆绑,这个习惯延续至今。

这天的午时应当拜天公,供桌上供品的摆放法则为：第一排置五杯红酒②,第二排两碗分别盛有泡着小段艾草和榕枝的雄黄酒,以及同样泡着艾草和榕枝的午时水③。有的人家则是习惯在供桌下摆上一桶午时水,也要加入艾草、榕枝以及少许雄黄酒,在祭拜完成之后用这桶水给家人洗身。供桌之上还点一盏油灯,再往后是一盘猪肉、

---

① 因为有丧事的家庭在第一个端午节不能包碱粽,否则是对父母的不孝,另有说法是死者的眼睛会瞎。但是有丧事的家庭却可以包肉粽,也可以吃别家送的碱粽。

② 当地常见的红酒是由糯米加入一种红色酒曲发酵而成。

③ 昔时的午时水是指午时从井里打起的井水,现在多用自来水代替。

一大盆肉粽和碱粽。由于大家不爱吃碱粽,现在的碱粽常由一串果冻代替。家中为孩童准备的天公串也在此时放于供桌上一同祭拜,以获取福气与灵力。拜过天公之后,报道人将拜过的香插到门边缝隙中,随后再将一叠寿金揉开,在其上方放置一张"改灵经"①,拿在手中拜拜后一起焚烧。拜天公事毕,家中成员都会喝一小口雄黄酒,再将其抹在身上,尤其涂在手脚、腹部和面部等部位以驱邪逐秽。除此之外,村人还习惯用艾草和榕枝蘸着雄黄酒洒在房屋周围,以驱虫驱邪,保家宅平安。

端午节的午饭以面食为主,大多家庭会在这天食用形似馄饨的"饺子",由方形面皮包入猪肉大葱的馅料制成。有些人家会一早在大门的把手上挂一串生粽子,粽内装有稻谷,在午时之后散给家禽吃,以保家禽健康。

按照绵治习俗,端午节前最好去理发,据说不理发者,头发会被鬼怪扯去捆粽子。与闽南沿海地区的节庆习俗不同,端午节这日绵治人并没有龙舟竞渡的活动,这可能与其地处深山之中有关。

(四)关帝诞辰

相传农历五月十三日是关帝诞辰,绵治村中供奉关帝的家户以经商人家为主,是日除在家中进行祭拜,也有人家会赶往漳州的关帝庙敬拜,随后带回护身符放置家中。据村人回忆,以前在祖庙中也供有一尊大型关帝像,被毁坏后一直未重新塑像供奉。

(五)半年节

"半年节"的习俗在闽南地区流传甚广,最早主要是庆祝农作的丰收,民众为了感谢天地神明与祖先的默默庇佑,使得该时节能有丰

---

① 改灵经是一种绵治人在祭拜常用的黄纸,上面工整地印有向神明祈愿的祝祷之词。

硕的农作收成,生活饮食无虞,因而准备应节的供品祭祀。绵治的半年节在六月初一日庆祝,村人会先用汤圆和牲礼祭拜神明及祖先,以示谢恩之意,然后全家才共同食用。汤圆也含有象征团圆的美意,所以半年节又称半年圆。在村人的观念中,半年一过,人的年龄就增长了半岁。

在六月初一日的前一天,各家就将泡好的糯米拿去磨浆,以备制作汤圆。传统的磨浆工具是石磨,但由于用石磨需要花费大量的体力和时间,现在村人更多的是将糯米送交机器打磨。六月初一日的早饭要吃汤圆,但须先用三碗祭拜灶君和家中供奉的神明之后才能供家人食用。按照绵治传统,汤圆不放入任何馅料,且咸、甜两种煮法。无论是何种口味,村人总是先将汤圆下锅与肉、大葱一起煮熟,若是家人偏好咸味,就在锅中加盐和调料品;若是偏好甜味,则将汤圆及肉捞至加有白糖的红糖水中食用。现在也有人家在商店里购买汤圆过节,不过大多数村人还是更偏爱自制的传统半年圆。

(六) 观音诞辰

观音的诞辰是六月十九日,然而绵治人则在六月十八日就做观音诞。村人要在滴水观音庙举行祭拜活动,家家户户会携带面线甜、茶酒等供品分批前往,大部分人家还要备一只鸡为观音做寿。

三、秋季节庆

秋季一般从立秋开始,到立冬结束。进入秋季,新谷登场,瓜果成熟,村人在丰收的同时也不忘祭祀神灵与祖先,因此秋季绵治人的岁时活动主要围绕着上述内容而展开,其节日主要有普渡、七月尾、中秋节暨土地公生辰、重阳节等。

(一) 七月普渡

农历七月是鬼月,是闽南地方的特殊月份,一般将其视为祭祀祖

第八章
绵治的岁时祭仪

先,超度亡魂的日子。整个七月到处都有普渡,是月女人不宜在外多走动,不能出远门。

六月二十九日是绵治的"开巷口"*k'ui haŋ kao* 之日,意为村子从此为鬼魂开放。每家在下午三四点时准备饭菜摆在门口的桌上,通常是一桶饭、六碗(或八碗)菜、三杯茶以及水果。祭祀时村人会焚烧银箔来拜"众公妈"①,以保家中平安。祭拜事毕,供品即为家中当天之晚饭,饭上要插上一枝花,通常是"千日红",以求得吉利。

七月十三日各户在家中先拜神明,再敬祖先,特别要制作赤米粿。闽台地区常常隆重进行的普渡节在绵治显得并不重要,没有相应的大型活动。村人说因为祖先广佑圣王邹应龙当年被皇帝册封,之后又封为神明,带有一种凛然官威,因此在他的庇佑下,鬼魂不敢靠近侵犯。

七月十五日各家各户在门口拜"众公妈"。因为这天是十五日,也是每月例行的祭拜之日,当天也会拜家中神明,但是用的是两套祭品。祭拜神明的祭品和寻常一样,而拜"众公妈"的祭品循六月二十九日之前例,常常插一支"千日红",还要准备糕仔粿。

七月二十九日是绵治的"关巷口"*kuĭ haŋ kao* 之日,和六月二十九日的关巷口对应,意表村子至此对鬼魂关闭,不再接纳鬼魂的到来,鬼魂不可在街上随意游荡。祭拜食品同六月二十九日。

(二)七月尾

相传农历七月二十七日是邹应龙祭日,但此日的意义村人说法不一,有人说是邹应龙的祭日,有人说是封王日,还有人说是生日。但由于村人普遍认同正月十八日是邹应龙的生日,因而笔者认为此日应是祭日。每年七月二十六日至二十八日三天将在全村举行隆重的祭祀活动,为期三天的节日被村人称为"七月尾"。然而无论七月

---

① 意为死时无后者、枉死者,以及死后无人认领者的鬼魂。

闽南绵治人的社会与文化

尾进行得多么热闹,在二十九日"关巷口"这一天活动必须结束。

二十六日早晨,村人在祠堂前集会,当年选为头家的数位长者身着传统蓝衫礼帽①,与其他头家共同负责将邹应龙神像请出祖庙,放置于装扮华丽的金轿中,另外还要准备一顶比金轿略小的木轿,用以插放沿途村民燃烧的香支。当天也有些人家在祠堂前摆出供品进行祭拜。

图 8-3　金轿与木轿

节庆第一天的主要内容是请神明巡游周边邹姓村落——七圩尾、芹菜湖和洋大宅,接受当地居民的祭拜。由于步行全程难免劳顿,届时村中要准备十多辆卡车用以搭载村人及轿子、旗帜等游行物品。队伍一般是由几个身强力壮的年轻人抬着两顶轿子走在最前方,其后跟着两位手持大扇的女子②,举着"回避"、"肃静"等木牌以及扛着彩色旗帜的壮年男子,还有负责奏乐的锣鼓队。跟随神像游村的村人每人手持一根大香,沿途放鞭炮造势,还有数十位男子走在

---

① 仅有已是祖父辈的头家才在仪式中穿着传统服饰。
② 2012 年仪式队伍中的"扇女"由田野实习班的沈宏娜和杨洁琼两位同学担任。

第八章
绵治的岁时祭仪

队伍的前面燃放火铳,声音震天,整个游行过程热闹非凡。沿途每隔一段路程就会置一地点,集中附近的村人设桌祭拜。村人在自家供桌前叩拜完成后,会将三只小香插入盛香的木轿中,然后再焚烧寿金和长钱。此外各家还会准备一份红包投入木轿前方的红色纸箱中,做为供奉广佑圣王邹应龙的香火钱。

二十七日是邹应龙神像在中心村内游行的日子,村人不必集中到祠堂前,而是按照居住地被划分成若干单位,在神像游村的沿途设立数个集中祭拜点。一般是两家共用一张小桌摆放供品,供品包括三杯茶、五杯酒、一只鸡或鸭、猪肉、各种水果、糕饼、红桃粿等,桌下常放置装有寿金和长钱的竹篮。

以往的七月尾还会有乩童坐刀轿、过火堆、掷刺球等表演,以彰显神通。由于老乩童已经过世,而新乩童还未选出,当日未能看到乩童现身的盛况。同正月初十神明游街的禁忌一样,正处月子期或经期的妇女不能参与仪式。关于这个禁忌有两个事例流传很广:一个正在坐月子的产妇曾躲在楼上偷偷观看,造成坐在刀轿上的乩童无法继续稳坐。又有一个正值经期的妇女偷偷参加游行,造成过火堆的乩童当场跌倒,腿上皮肤大面积烧伤。

二十八日上午全村各家各户在祠堂前设小桌拜天公,为能占据较好位置,许多人家会提早数小时将供桌搬到祠堂前摆好。每家每户当天除了必备的茶、酒之外,还会准备一只公鸡,大多数人家还备有红桃粿、米糕、粉粿、糕仔粿等几种特制的糕饼。有的人家在绿色橘子上贴着红纸,如此"染红"供品以求大吉大利。祭拜仪式开始时,各家方才将茶酒斟到小杯中,点燃三支小香进行祈福、叩拜,然后各家再将寿金和长钱拿到一处集中焚烧。

祠堂前会专门留出一块空地,让头家集中进行祭拜,两张方桌高高叠起,最高处端正地放置邹应龙的神像,还有一把红伞为其挡风遮雨,供品也分别摆在两张叠桌之上。此外村人和头家会各杀一只猪供在叠桌两旁,猪的颈部系有红绳,绳上系红包或玉石做装饰,后背贴有红纸,写着"玉皇上帝上叩封"的字样,生猪的四肢上也绑有红带,猪嘴内含一柑橘。绵治人认为将祭品装扮得漂亮精致代表对神明的尊重,也象征一个好彩头。

每年从七月尾之前的几天开始,祠堂对面的洼地上会搭起一个戏台,酬神还愿的人家就在此处请来芗剧戏班表演。演出的起始日期从二十八日晚开始往前推算,场次视当年酬神的家户数量而定,以保证在二十八日晚结束。如果某户人家在一年中将发生大事(如子女将参加高考),他们会在正月初九对天公许愿,或是去祖庙内向邹应龙许愿,承诺如果愿望得以达成,他们就会以某种方式酬神;村人常见的承诺是在七月尾请戏班演出一晚,每场的花费约3000元。①

(三)中秋节暨土地公诞辰

农历八月十五日中秋节当晚绵治人全家团聚赏月,也会备上供品祭拜月亮。供品有三杯茶及茶料、水果、月饼等,水果多为正当季的柚子。不过有些人家并不拜月亮,而是拜祖先。老人协会常在白天组织茶话会,购买月饼、水果等食品招待老人。

八月十五日同时也是福德正神(即土地公)的诞辰,每家早上会准备赤米粿、面线甜、肉类以及茶酒等供品在家中拜土地公。村中的土地庙每年有三次大型仪式,三次时间分别为正月初二日、五月初二日、八月十五日,村人要选出头家在庙前杀猪祭拜。

(四)重阳节

农历九月初九日的重阳节又称"重九"。绵治人重阳节的主要活动是由村中的老人会负责对老人的福利事宜,一般会分发水果。据老人会会长邹国兴介绍,旧时村里一向不过重阳节,直到新中国成立后才有所重视。这天老人协会购买水果糕饼、烟、茶等开茶话会招待

---

① 也有人选择在年终农历十二月时择日在自家门口杀猪酬神,还有人在家门口摆上叠桌,用丰盛的供品答谢神明。

百岁高寿老人,集体过节。漳州电视局网络公司主任邹海山、华安县教育局局长邹瑞国在近十余年来,一直坚持在春节和重阳节携带红包、烟、茶、水果、糖等物品回村看望老人和残障人士。

另外有报道人说,有些家中在这天会准备地瓜、花生、柚子、芋头、桃金娘等食物,让家人食用,意思分别是吃"鬼心"、"鬼脚"、"鬼头"、"扒鬼皮"、"鬼耳",以求驱除邪秽、保佑全家平安。

四、冬季节庆

冬季一般从立冬开始,到立春结束。入冬后天气渐寒,万物萧条,一年的农事活动也基本结束,各家仓廪丰足,这一时期绵治人的节庆活动主要是围绕着答谢神灵与祖先而展开,主要有冬至、谢冬、尾牙、送神等。

(一)冬　　至

冬至节被称为"亚岁","长至"等,是闽南地区重要的传统节日。绵治当地谚语:"冬至在月头,寒冷在年兜;冬至月中央,霜雪落人扛;冬至在月底,冷在正二月。"以冬至在阴历十一月份位置预卜寒气袭来的时间,成为村人安排作息的一个标志;冬至在十一月初,要接近过年时才会变冷,若在月中,则接下来的冬天会很冷,霜雪下得要人扛[①],若冬至落在十一月底,来年的一二月才是寒冷的时间。

冬至过后每人的年龄就要添上一岁,早上各家各户会先用三碗甜汤圆祭拜灶神及家中神明,还要用三碗汤圆、包子粿、茶、酒、肉等在门口设桌祭拜祖先。祭拜完成之后,自家人再食用。祭拜神灵之后常常会放鞭炮。个别人家还要上山扫墓,但是也有报道人说,现在冬至这天不祭拜祖先。

---

① 此句另有报道人说是"无雪也无霜",则预测结果完全相反。

旧时，全村会在冬至日前往追来堂祭祖，甚至华安县的邹姓人家也会派代表前来参加，进行隆重的生羊祭和生猪祭，猪羊的祭品都会被装饰得漂漂亮亮。但新中国成立后此习俗即废止了。

（二）谢　　冬

水稻收割后，各家会择日酬谢福德正神——土地公，绵治人称此为"谢冬 xia ta"。谢冬之日会选在十一月之前，通常是在农历十月进行，全村基本上都集中在两天内完成酬谢仪式。各家早上在家中进行祭拜，除了准备茶酒等常规供品之外，每家多要杀鸡，另外还要制作米粿和软粿。

（三）尾　　牙

尾牙源自于中国古代拜土地公"做牙"的习俗，中国东南地区民间在每月的初一日、十五日或者初二日、十六日要举行祭拜福德正神，称为"做牙"。二月二日为第一个的做牙，故称"头牙"；腊月十六日的做牙是最后一个做牙，所以称为"尾牙"。尾牙是商人一年活动的"尾声"，也是普通百姓春节活动的"先声"。

绵治人也盛行做尾牙的习俗，一般是当天在家中拜拜之后，晚上全家一起吃尾牙饭，常常准备炒米粉、炒面、咸饭。

绵治人在节日与每月做牙之时拜神是有区别的。过节日时，村人通常是分开分批拜不同的神明，而在平时做牙时，则是将神明集中在一起拜，例如有的人家会先到灶君前焚香念祷，诚邀他去往家中神龛中与其他神明一起享纳供品①。

---

① 2012年农历五月十五日做家户访问时，看到一位老人在家祭拜的过程：先点燃六根香，手执其中三根在门口对外拜，然后插在门旁缝隙，名曰"补请"，即将外面的神明邀请入屋。随后她再用另外三根香在家中神龛前参拜，叩拜四次为礼。不过也有数位报道人表示并不如此进行祭拜。

（四）送　　神

腊月二十三日又称小年，是中国传统民间祭灶、扫尘的日子。民间一般在二十三日、二十四日两天举行祭祀灶神、掸尘扫房的活动。而绵治人在腊月二十四日这一天要拜家中神明，烧寿金、云马送神明上天过年，因神仙远离天庭居所，下凡照顾世人，因此村人在年尾隆重送他们上天过年。

春节前要理发，一般在二十七日、二十八日进行，意为焕然一新地迎接新岁。除夕前两天打扫卫生，三十日之前要贴好春联，春联纸为红色，昔时当年有丧事的人家会用黄底和蓝底的纸①写春联，不过现在简化了，有丧事的人家干脆不贴春联。大门用两字对联分别贴于两扇门上。偏门常用七字、八字的对联，各家一般根据门的大小选择对联的长短。单扇门上不贴两字联。以前春联是自写，或是由擅长书法的老人在老人会门口为村民代写对联，近年来许多人家前去商店购买印制好的春联。

另有报道人讲述，在整个春节期间，家中要准备"三粿"用来敬神，即红桃粿 aŋ'to kue、甜粿 ta kue 和发粿 huat kue。但是家中当年有丧事的人家不能在过年期间蒸甜粿，否则会不吉利。

（五）围　　炉

腊月三十日的下午，绵治人要置办鸡鸭等供品，在家中祭拜神明及祖先。祭拜之后的供品用做晚上"围炉"的菜肴。

晚餐是全家人"围炉"聚会的时刻，每家须杀一只公鸡②放在桌子正中，鸡头须对着家中最高辈分的长者。座位排序按照以左为尊的原则，长辈应坐在面朝大门左边的位置。关于过年杀鸡的习俗，绵

---

① 死者为男性时，使用黄纸，若是女性则使用蓝纸。
② 绵治流传着"三十杀鸡"的说法。

治还有一说,新媳妇第一次过年时要杀鸡,新娘坐在上位,鸡头对着她。除此之外,鱼也是必备的菜肴之一。村人常常会在年前就准备一盆发粿,围炉时放在桌上,发粿之上还会插上一段桃枝,意为来年红火、财源滚滚。围炉聚餐之前,通常还要准备一碗发粿去灶君前拜拜,请他前来共进晚宴。据绵治流传的说法,灶君很孩子气,因此村人还要包一份双数数额的红包给灶君做为压岁钱。大年三十日的晚上,也要分别为孩童和老人准备红包,意为压岁以及添福寿。

晚上十点之后,家家户户陆续开始在门口放鞭炮,以求来年顺利红火,鞭炮声持续到凌晨两三点。各家还要在新旧年交接时拜神,敬上三碗面线甜。

五、祭　　品

在进行岁时祭仪的过程中,必须向祖先和神祇奉献物品,以求取福佑。祭品的种类繁多,可以是肉食果馔,也可以是金玉珠帛,还包括香烛纸钱等物品。这些琳琅满目的祭品,构成了绵治人岁时祭仪文化的一个重要组成部分。

(一)肉食果馔类

绵治人选择用做供品的肉类主要包括鸡、鸭和猪肉。其中鸭子常常用于祭拜祖先,据说是因为鸭子嘴不符合凤凰的标准,在拜天公时切不可将鸭子用做祭品,以免显得对天公诚意不够。岁时祭仪中供奉神明的公鸡须煮熟,内脏放在鸡的旁边一起用做祭品,而举行婚礼之时拜天公所用的公鸡则须用生的。旧时羊肉也曾被摆上供桌,但是牛肉从来不可用做祭品。

祭拜的水果选用时令水果,

图8-4 "七月尾"祭拜用的公鸡

苹果、梨最为常见,此外还可见龙眼、菠萝、杨桃等。绵治的祭祀礼仪要求准备茶水的同时还须准备茶料,酒水则须搭配肉类。茶料主要包括橘饼、冬瓜糖、饼干等。

绵治人认为之前用做拜神的祭品还可再次用于祭拜鬼魂,而切不可再次用于祭拜其他神明。在祭拜仪式结束之后,家人会分食祭品,因此村人常会偏向购买家人喜食的食物。

(二)传统糕点

除了制作方法较为复杂的糕饼类食品之外,绵治人用做祭品的传统糕点还包含一些制作方法相对简单的米面类食品。绵治用于祭祀的糕点种类较为丰富,某种程度上也反映出绵治独特的饮食文化传统。

除了在商店购买的饼干糖果之外,某些节日还会用到绵治特有的传统糕饼,如红桃粿、粉粿等。有的村人仍保留着手工制作糕饼的习惯,而另一些人家则会从小贩处够买祭祀所用的糕饼。

1. 米粿 *ki a kue*

米粿为黄色小颗状,制作时先将糯米浸泡两三个小时之后磨成米浆,加入碱进行混合,蒸熟后放入石臼里敲打紧实。食用时用手沾油揪成小颗粒,蘸花生粉、芝麻粉及红糖食用。

米粿主要用做"谢冬"之日祭拜土地公,以及七月尾祭拜广佑圣王邹应龙的祭品。

2. 赤米粿 *tsia bi kue*

赤米粿由多层米粉组成,最上层为红色。制作赤米粿应将大米泡水后磨成米浆,混合花生油一层一层地放入锅内蒸。最上面一层要加入红糖,待赤米粿蒸熟之后,红糖会转黑。

赤米粿通常用于二月初二日祭拜灶神、三月初三日和七月十三日祭拜祖先,八月十五祭拜土地公。家中若有重要的客人来访,好客的村人也会准备一些具有绵治特色的赤米粿来招待客人①。

图 8-5　赤米粿

3. 甜粿 *ta kue*

制作甜粿应将干糯米磨成粉后加入适量的水和红糖,放入锅中蒸上满满一锅,之后再用刀切成小块食用,或是切片后下锅与鸡蛋一起炒食。而现今的方法则常在甜粿进锅之前就用塑料袋分装,然后再放入蒸锅内蒸。

根据绵治习俗,一年只做一次甜粿,通常村人在十二月二十五日、二十六日之时就会制好,但是直到正月十五日之后家人才开始食用。当年有丧事的人家不可制作甜粿,否则是对死者的大不敬,但可接受并食用别家送来的甜粿。

在绵治的习俗中,为当年有丧事的人家送礼一年可送两次:一是在端午之时送上碱粽,过年之时送上糯米;或是在端午送上糯米、过年送上甜粿。送礼时以竹篮盛放,待返回时受礼者会以糕饼装满空篮做为回礼。

4. 发粿 *huat kue*

发粿呈深黄色,通常村人会一次性蒸一大锅,然后切块食用。传统做法是将大米泡水后沥干,再磨成米粉,或在玉米粉内加入适量的红糖水和少量发酵粉,搅拌后入锅蒸熟。现在更简便的做法则是放

---

① 2012 年 7 月,田野实习班的老师和同学刚刚进入绵治村就受到邹元波先生一家的热情款待,初次享用到绵治的传统美味——赤米粿。

入微波炉加热成熟。

若有丧事,亲朋好友会做发粿前去祭拜,随后有丧事的人家会将发粿再分给来访者。由于发粿的制作方法比较简便,绵治人在每月初二日和十六日常用发粿来拜神,三月三祭祖以及拜灶君时也会用到发粿。

5. 红桃粿 *aŋ t'o kue*

传统的红桃粿是深黄色的圆饼,粿面上用模具印有桃形印记。现在常有人家为图方便去商店购买,商店售卖的红桃粿与传统手工制作的红桃粿相较颜色更浅,粿面上仅用红色色素印一红色图案。

图 8-6　发粿

图 8-7　两种红桃粿

传统红桃粿的制作方法是先将糯米泡水后磨成米浆,放入适量红糖加以搅拌,再用带有桃形印花的模具印成扁圆状,放入锅中蒸熟。有些村人还在其中包入花生粉和红糖粉做为馅料。

在绵治所有用于祭祀的糕饼中,红桃粿占有非常重要的地位,在拜天公、拜祖先以及七月尾拜邹应龙,都可在各家的供桌上见到红桃粿。除此之外,红桃粿还被用做婚礼仪式之中的祭品。

摆上供桌充当供品的红桃粿在盛放方式上也很有讲究。12 个圆饼状的红桃粿放于最下方,侧边整齐地摆上 12 个椭圆形的香摊 *hiō tā*,最上面还要放上 12 颗小小的红圆。香摊和红圆的制作方法与红桃粿相同,只是不用模具印花。

6. 软粿 *tsut bi ts'i*

软粿用于谢冬时的祭祀活动,呈圆饼状。传统做法是将糯米泡

闽南绵治人的社会与文化

水后磨成米浆,用白布包着风干,之后再放入锅蒸熟。接着将花生油和蜂蜡合着煮过后晾干成白色膏状物备用。在制作软粿时,双手蘸着这种膏状物将蒸好的糯米捏成圆饼状,最后用筷子蘸红糖在饼上点上一个红点做记号①。与红桃粿一样,有的人家偏好包入花生粉和红糖粉做为软粿的馅料。

图 8-8　红桃粿的摆放

图 8-9　粉粿

7. 粉粿 wan na

制作粉粿的原料是地瓜粉或木薯粉、红糖和水,通常的搭配比例为一碗粉、一碗红糖和三碗水,充分混合后,如制作赤米粿一般将食材一层一层地浇入锅中蒸熟,最后用刀切成平行四边形的小块盛出即可。

粉粿常做为拜天公的供品,于正月初九日和七月尾出现在村人的供桌之上。

8. 包子粿 bao a kue

包子粿很像没有印花的红桃粿,然而较其略厚一些。村人形容包子粿像小月饼一般,常常包有馅料,口味有咸有甜。咸味的馅料常有笋干、肉、大肠和咸菜,而甜味的常常以花生粉和红糖粉为馅。

包子粿常用于三月三的祭祖仪式中。因其美味好吃,绵治人大

---

① 粿上若不点加红点,则被称为白粿 pei kue,是丧葬礼仪中的一种祭品。

都在大年三十前根据家人的口味制作一些,以备过年期间食用。

9. 糕仔粿 ko a kue

现在祭祀中常见的糕仔粿都是从商店中购买的,据村人介绍,传统的糕仔粿呈淡黄色,没有统一的形状。首先将糯米炒熟后磨成米粉,放入红糖水和花生粉加以混合,用模具印好花纹后再入锅蒸熟。糕仔粿的模具一般是圆形或是扇形,上面雕有花卉、神像,以及福寿等吉利的字样。

通常糕仔粿是用于祭祀魂灵,绵治人在七月十五日祭拜众公妈时常以这种糕饼为供品。在七月尾的祭祀中,每位头家也会准备一盘糕仔粿,将其层层叠起后,放于追来堂的供桌上祭祖。

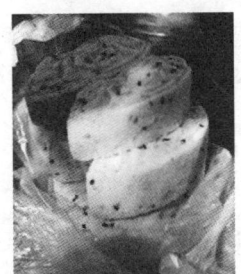

图 8-10 糕仔粿

图 8-11 米糕

10. 米糕 mi ko

米糕的制作方式相对简单,在糯米煮熟之后趁热加入红糖粉即可。

米糕用于祭祀的时机较多,可用做敬天公、拜观音的供品,在正月初九日拜天公、六月十九日观音诞和七月尾祭拜邹应龙时使用;也可用于祭拜土地公,在正月十六日、五月初二日和八月十五日时使用;另外在新生儿满月以及四个月时,也会准备米糕做祭品。

11. 面线甜 mi suā tī

制作面线甜只要将细挂面煮好后,泡入红糖水中即可。神明生辰时要摆上三碗做供品,村人在过生日时也要吃一碗。除了用做生

闽南绵治人的社会与文化

辰当日的食品,面线甜做为象征福气与吉利的食品,也用于其他场合,譬如当有人刑满出狱后,家人会为其准备面线甜以除霉运;孩童首次戴孝参与送葬时家人也会为其准备一碗食用,以求辟邪增福。

图8-12 面线甜

(三)纸　　钱

传统观念认为阳间与冥界的物品传递须经过焚烧才能完成,因此在闽南地区的祭祀活动中,纸钱是必不可少的一项祭品,各式纸钱是在神鬼世界通行的货币及财宝,用于对神明的贿赂以及对先人的孝敬。绵治祭祀所用的纸钱较为简单,常见的有以下八种。

1. 天公金 *t'ĩ koŋ kim*

长方形,宽33厘米,长58厘米,其上印有两幅相同的图案,皆是金粉做底、红线描边,图案常为"福"、"禄"、"寿"三星的肖像,以及"财子寿"、"合家平安"等字样。天公金仅在拜神时使用,且主要用于祭拜天公以及七月尾祭拜邹应龙。常有村人为了美观和好彩头,将其叠成元宝状再进行祭拜。

图8-13 天公金

2. 长钱

长钱为素色黄纸,在完全展开后可达几米长,村人常将其挂在竹竿上进行祭拜活动。长钱在拜天公时使用,也用于七月尾中祭拜邹应龙的仪式。

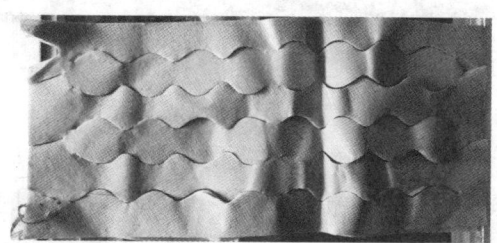

图 8-14　长钱展开前

图 8-15　七月尾祭祀活动的长钱

3. 寿金 *sio kim*

寿金为长方形的黄纸,绵治商店中出售的寿金有两种规格,一种宽 17.5 厘米,长 29 厘米,其上用印有两幅相同的红色图案;另一种只有前者的 1/2,仅印有一幅图案。

寿金纸面上的图案各有不同,有的简单写有一个"寿"或"福"字,有的还画有福禄寿三星的肖像以及"财子寿"的字样。与天公金相比,寿金的金粉面积较小,仅在图案的中央涂上一片金粉方块。寿金只用于祭拜神明,不可用于祭拜祖先及鬼。

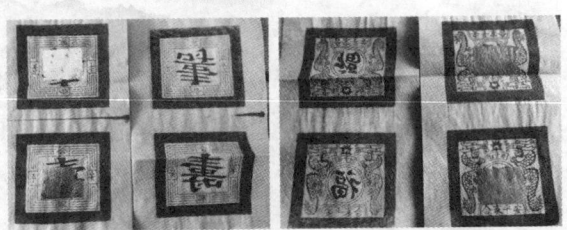

图 8-16 寿金

4. 银箔 *ta po*

银箔长 27 厘米，宽 18 厘米，与寿金相比较为朴素，仅在黄纸中央涂有一片银色方块，没有任何字样图案。银箔只用于祭拜祖先和鬼，绝不可用于祭拜神明。

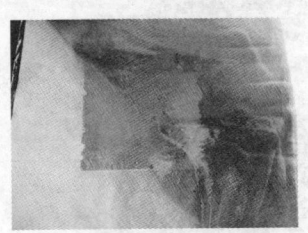
图 8-17 银箔

图 8-18 更衣

5. 更衣 *kiŋ yi*

绵治商店售卖的更衣种类颇多，纸张的大小不一。更衣纸面上的物品种类依据人间生活的标准配置，既有各式衣物，也有手表、水壶、餐具等生活用品，甚至还有冰箱、别墅等大件物品。较之传统的纸扎祭品，更衣的制作方便许多，为了迎合不同喜好，更衣的纸面也分成红蓝黄绿粉等不同颜色。更衣主要用于祭拜祖先和在七月普渡之时祭拜孤魂野鬼。

6. 冥币

冥币依据人民币的规格和式样制成，纸面上印有玉皇大帝的头像,是人们想象中地府流通的钞票。冥币仅用于对祖先和鬼的祭拜中。

7. 云马 *hun be*

长方形黄纸上绘有红色图案的马匹,鞍缰齐备、脚踏祥云。敬奉给神明的座驾,村人在送神、接神之日须焚烧云马。

图 8-17 冥币

图 8-20 云马

8. 改灵经 *kai liŋ kiŋ*

改灵经虽然纸张的大小不一,但式样大同小异,都在黄纸上用红字写着数行吉祥话,如"太上老君元始天尊百官改年,保佑万民添丁进财,五谷丰登,六畜兴旺,清灾消难,吉庆长寿,男女老少合家平安。"相对于口述祷词易有遗漏,焚烧改灵经意味着直接向神明递上明文进行祈祷,村人认为这样的祈福方式更加稳妥,在每次祭拜神明都会焚烧数张。

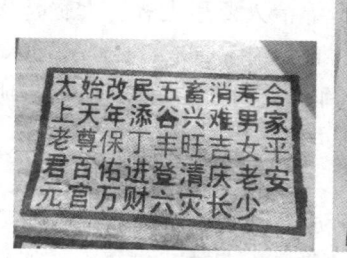 

图 8-21 改灵经

(四) 香　烛

在闽南地区的传统祭祀活动中,香烛做为沟通神鬼世界的桥梁,也是必不可少的祭品。由对绵治人的祭祀活动观察得知,在仪式开始之前就应点上两支蜡烛放置于供桌最前端,宣告着仪式的开始。祭拜神明之时须点燃手持的香支,再面对神明进行祷告。在绵治人的观念中,焚香的行为如同向神明递上名帖,象征着对神明的尊重和礼貌。

值得一提的是,绵治人认为在祭拜神明的过程中,点香之后切不可用嘴吹熄明火,因为这个动作仿若吐痰而极为不雅,如此会触怒神明。若要熄灭香支明火,正确做法是用手扇风将其扑灭。

与往年田野调查的其他闽南村落相比,绵治的香烛分类较为简单,香支仅有一大一小两种线香,对待不同的神明以及祖先所用的香支没有区别。除香支外,蜡烛也是敬神时必备的一种用品。以往绵治人敬神的蜡烛为红色竿状圆柱腊,但是现今绵治人家中祭拜时,则多用一盏油灯或用电烛取代蜡烛。

1. 小香

日常祭祀活动中绵治人通常使用小香。小香是细长条状的线香,长约 40 厘米,颜色多为粉红色。

2. 大香

在祭拜天公和邹应龙时,绵治人要用大香。大香是指相对于小香来说枝条较为粗壮的香枝,直径约 1 厘米,长约 75 厘米,其颜色也多为粉红色。绵治人在祭祀邹应龙时也会使用大香,表明绵治人已将祖先邹应龙视为神明来加以礼敬。

3. 蜡烛

蜡烛也是绵治人祭祀活动中不可或缺之物,通常为红色。绵治人在家中祭拜时,常将蜡烛和供品一起放于供桌上。外出扫墓祭拜祖先时,村人则常在坟前点上两根蜡烛。

4. 油灯 *tiŋ hue*

一种小口杯状的照明用具,绵治人称之为灯火 *ti hue*。现今村人在家中祭拜时,大多只是点上一盏油灯以取代蜡烛。

5. 电烛

一种外表类似蜡烛的电灯。对神龛布置较为讲究的村人在祭祀时,常常用一对电烛取代蜡烛。

图 8-22 神龛中的电烛

结　语

在传统中国社会里,岁时习俗是民间安排日常生活的时间指南,围绕着岁时所举行的各类祭祀活动,构成中国社会丰富多彩的民间文化。与绝大多数东南地方相似,绵治人也沿袭着流传下来的岁时祭祀传统,举行各类祭祀活动,这些活动构成了绵治人的岁时祭祀文化。

在绵治的岁时祭仪中,除了闽南村落较为常见的各种习俗之外,

闽南绵治人的社会与文化

一个突出的地方性祭祀活动就是邹应龙崇拜。通过田野调查,我们发现绵治人一年中至少有两个专门的日子是用来祭拜邹应龙的:其一是正月十八日邹应龙生辰;其二是七月二十七日邹应龙忌日。在这两段特别的时间里,绵治人都要举行盛大的祭祀游神活动,尤其七月尾的祭祀活动中参加人数之多,祭品之丰富,几乎与绵治人另一个重要的祭祀对象——"天公"相同,这也从一个方面表明绵治人对神明化的祖先的某种特殊尊崇。而这种祖先神崇拜,不仅在一定程度上丰富了社区的民间文化内涵,而且也在维系村人宗族认同方面扮演了重要的角色。

笔者利用田野调查所获得的资料,针对绵治人的岁时祭仪进行了记录与描述。我们可以看到,尽管绵治人仍然保持一些传统习俗,但也面临着逐渐减少的境况,这也是中国广大乡村社会的一个现实写照。绵治村所折射出的传统祭仪在现代社会中面临的这种处境,实在值得我们认真反思。

在此次田野调查中,我们受到了绵治村人的热情接待,他们对我们不厌其烦的讲解是我们得以完成调查任务的保障。在我这部分关于绵治岁时仪礼的调查中,国兴会长及文天老师耐心地将绵治的节日传统一一讲给我听,天林一家还为我演示传统食物的制作方法,更要特别感谢智敏一家对我的帮助和关怀,他们可爱的女儿婷婷和琳颖也时常充当我的翻译,帮助我更好地同村里人沟通,还要感谢以齐爷爷、小安一家以及更多不能一一列出他们名字的村人们给予我的支持。

参考文献

铃木清一郎(高贤治、冯作民合译)
  1978 台湾旧惯习俗信仰。台北:众文图书公司。

钟华操
  1979 台湾地区神明的由来。台中:台湾省文献委员会。

华安县地方志编纂委员会
　　1996　华安县志。厦门:厦门大学出版社。
余光弘、蒋俊、赵红梅(合编)
　　2008　闽西庵坝人的社会与文化。厦门:厦门大学出版社。
余光弘、杨明华(合编)
　　2010　闽南璞山人的社会与文化。厦门:厦门大学出版社。

第九章

绵治人的婚姻

◎ 葛赢超

前 言

中国自周代延续至今的传统婚俗有"六礼"之说:六礼,谓纳采、问名、纳吉、纳征(春秋称纳币)、请期及亲迎之礼也。六礼具备,婚姻关系始告成立(陈鹏 1990:200)。所谓纳采指男方向女方提亲,是整个婚姻程序的开始;问名是指由媒人代表男方询问女方的姓名[①]、生辰,以备合婚之用的礼仪;纳吉指的是男女双方合八字,并将卜婚的吉兆通知女方;纳征为男方向女方送聘礼;请期指男女双方共同商订婚姻吉日;亲迎指新郎亲自迎娶新娘,后拜堂成亲。

绵治人的婚姻大致依上述的"六礼"进行。传统的婚姻形式多是"父母之命,媒妁之言"的包办婚姻,婚姻成功与否多取决于父母的意

---

① 《礼记·曲礼》中有云:"男女非有行媒,不相知名",因此男女青年要是没有媒人,不仅不可能相识,更不可能知名和相交往(陈华文等 2004:75)。

第九章
绵治人的婚姻

愿,父母通常会以过来人的经验综合双方的家庭条件、个人素质等因素,替子女做出决定。随着时代的变迁,村人的婚姻观念不断改变,现在婚姻多基于年轻人的选择,更倾向于考虑个人的感情因素,父母的意见仅起辅助作用。青年男女之间往往因为是同学、同事、邻居、朋友等关系,在彼此的接触中互有好感,发展到一定程度后,告知双方家长,并由双方家长出面商量结婚事宜。现今的婚姻习俗虽与传统的习俗大致相同,但由于时代的变迁和村人观念的改变,绵治的婚俗在体现传统婚俗的同时,在其步骤、细节等方面表现出差异性。

此次调查时间自 2012 年 6 月 10 日始至 7 月 26 日止,共计 44 天。调查时正值夏季,本为绵治人结婚较少的月份,所幸 7 月 10 日(农历五月二十二日)、7 月 17 日(农历五月二十九日)村中有两场婚礼,因此得以实际观察绵治的婚姻仪式,通过实地观察为主,报道人补充为辅的方式,对绵治人的嫁娶婚缔结的一般过程、其他婚姻形式的婚礼,以及今昔婚礼之变迁等几方面,进行简单介绍和记录。本章按照时间顺序大致分为婚前、婚礼、婚后三部分记录绵治的婚礼,同时与婚姻有关的禁忌、歌谣等也收录其中。

一、嫁娶婚

绵治人的婚姻形式中,男方迎娶女方,女方出嫁至男家的嫁娶婚比例仍是最高的,是中国传统婚姻的主要形式。昔时嫁娶婚意味着婚后女方须改从夫姓,成为男方家族成员,以男方之住所为住所,所生子女从父姓等,充分表现男尊女卑、传宗接代的父系男权思想。现在嫁娶婚虽仍采取女到男家的形式,但在观念、内容方面与旧时已有本质的不同。受传统的婚姻形式的影响,绵治人婚姻习俗中的各项仪式保留也相对完整。

绵治人的婚俗中,根据请客人数的多少和婚礼仪式的完整程度可分为"大办"和"小办"。所谓"大办",就是邀请亲戚朋友,街坊邻居等众多宾客前来参加婚宴,对外收红包;婚礼仪式会较严格地按照当地的习俗,相对比较完整和正规。"小办"则只是邀请关系比较亲密的亲友;婚礼仪式相对较为简单,会省略掉一些新人认为不重要的仪式环节。在过去经济条件较差的情况下,有的家庭会由于经济的原因简化婚礼的仪式。随着经济条件的好转,大多数家庭皆采"大办"婚礼,让新人隆重的进行这一重要的人生通过仪礼。婚嫁过程完成时间要就新人及双方家庭的实际情况而定,从新人相识到缔结姻缘通常需要半年到两三年不等的时间,婚礼主要仪式通常两天左右完成。

(一)婚前准备

婚前准备是指从新人或双方家庭开始接触,到正式婚礼前的整个准备过程。婚前准备一般包括探家风、相亲、提亲、合八字和选定吉日、订婚、下聘、裁衣、安床八个主要步骤。

1. 探家风

探家风是双方家庭开始婚姻仪式的第一步。传统婚俗认为,婚姻是两个家庭的结合。因此在正式求亲之前,男女双方会通过询问和暗中观察等方法设法去了解对方的家庭情况。通常是通过询问知晓情况的邻舍亲友,以了解对方家庭成员的为人、经济状况、工作情况和社会关系;女方家长可以直接去男方家中拜访,借机观察家中的居住条件、伙食、生活习惯等。但由于本村人之间交流较多、相互比较了解,所以探家风在本村范围内的联姻中较少出现,在对象为外村人时表现得比较普遍。

据一位过去经常主持族内红白喜事的报道人称,探家风在过去的含义与今天颇为不同,昔时探家风是指男女间若有意,男方家长便带糖、烟等礼物到女方家中去,目的多为观察住房的朝向、风水是否吉利或与女方家庭是否相冲等。

往昔绵治人的婚姻中有"门当户对"的观念,男女双方的家庭要在家族的社会地位、经济条件、家族世系、职业等方面实力相当,否则婚姻会遭到反对。但在倡导"自由恋爱、婚姻自由"的现在,这种传统

第九章
绵治人的婚姻

的婚姻观念早已不是缔结婚姻的必要前提。婚姻做为两个家庭的联结,所以无论是过去还是现在,做为传统婚俗之中居首步的探家风往往都是男女双方父母之间的交流,男女当事人在此时并不出面或参与。

2. 相亲

昔时女子深居闺中一般不能轻易见人,因而在定亲前,男方父母要专程到女方家看新娘,称为相亲。也有报道人指出,以往的相亲常是从男方族内挑选一位较俊朗的男子(却不一定是要结婚的男子)去女方家看新娘,此过程称为"眼缘"。相亲的整个过程也往往在媒人的见证下,以男女双方家长的"谈条件"做为主要内容。

我国的礼俗习惯中有"无媒不成亲"的说法,又有"三媒六聘"、"明媒正娶"等讲究。由此可见,媒人是中国传统婚姻中的主要中介,也在婚姻仪式中占有重要的地位。多数报道人称绵治向来无人将媒人做为一种职业,父母亲自做媒的也很少,往往是亲戚(如伯叔、舅母等)或关系要好的朋友,受男方或男方父母的委托,向中意的女子家说合,充当了媒人的角色。若双方满意,婚事八九不离十,男方则要送媒人礼以表感谢。媒人礼一般必有猪蹄(或是猪肉)和红包,除此之外还可根据男方家的心意送五香①、冬瓜糖等礼物。一般来说,为防止婚后两人相处不合或经常吵架而被怪罪当初的"做媒",因而关系不太亲近的人往往不愿担当媒人。

新中国成立后,思想观念相对开放,女性的自主程度提高,相亲的形式和内容有所改变。已经不再"大门不出,二门不迈"的相亲,通常指男女双方经媒人介绍后,在父母的陪同下相约见面。现在许多绵治青年人都在外打工或就学,依相亲定亲已经逐渐变少,"自由恋爱"成为男女之间结合的主要方式。

---

① 五香是以豆皮包肉馅放入油中煎炸制成,为闽南地区节庆之时的地方特色小吃。

3. 提亲

提亲或称说媒,若双方对相亲的结果满意,男家会择吉日派人去女家提亲,做为男女两家主要沟通中介的媒人,要前往做沟通协调的工作。男方提亲的代表一般会带糖、烟、水果等礼品,礼不在多,只表心意。但同去的人数和礼品的数目必为双数①,以示成双成对、吉祥如意。不管是过去还是现在,在嫁娶婚的"提亲"阶段,女方都处于被动地位。女家没有特殊情况,一般不会主动提亲。

绵治村过去有同姓之间不可结婚的禁忌。后来随着村人的思想逐渐开放,同姓婚姻禁忌逐渐演变为同族内的男女不可以结婚。然而现在同姓或同族内结婚的禁忌均已不复存在。在我们调查期间发现,村中同姓结婚的首例发生于20世纪五六十年代,现在村中同姓结婚的数字已经极为可观。

4. 合八字与选定吉日

提亲成功后,就要合八字与选定结婚的吉日。昔时村人崇尚五行相生相克、属相相合相冲之说,因而会将男女八字是否相合做为姻缘成就的关键,有时会发生因为八字不合而不能缔结姻缘的情况。甚至有些父母不看好的婚事,也会以"八字不合"为托辞,极力阻拦。但现在婚俗中的"合八字"与过去之意有本质的不同,是指结合男女双方的生辰八字选定结婚的吉日与时辰。

在绵治村合八字与选定吉日是婚姻筹备中不可缺少的步骤。村人认为若结婚的日子或时辰不对,日后夫妻容易吵架,影响婚后的生活;故结婚可以不拜堂,但是绝不在选择结婚吉日的步骤上马虎。通常由男方请当地的风水先生先选,选定后再由女方请人对男方选的日子进行检验,是否与自家情况相匹配。村中长辈非常重视子女结婚选定的日子,如果双方对所选之日有异议,则须重选。据说最多曾

---

① 通常情况下,只要与婚嫁有关的习俗,男女双方来往涉及的人数和物数都为双数。

第九章
绵治人的婚姻

有选五六次以求得最佳日期的案例。

村中的风水先生指出,全年的每个月份均可选日成婚,但是每月的初一日、初七日、初九日、十五日、十七日、二十三日不宜结婚,村中并无因七月是鬼节不宜结婚之说。吉日选定往往以《周易》为基础,结合男女双方的生辰八字,(须精确到出生日的时分),双方兄弟姐妹的生辰(已婚的兄弟姐妹不在考虑范围之内),以及自家兄弟姐妹属相是否与对方家属的属相相冲。如果出现相冲,在结婚当日则不能出席婚礼,或者不能正面相见。

根据上述原则,风水先生选定的吉日以日课表(见图9-1)的形式告知新人。绵治的日课表共有两个版本,内容大致相同,只是在细微之处略有差别。

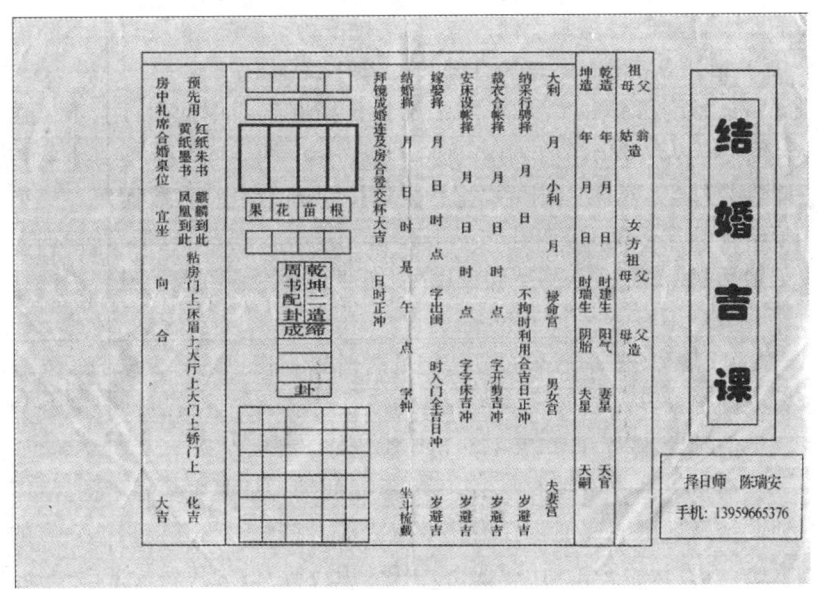

图9-1 择日日课表

日课表上通常有男女双方的父母、兄弟姐妹的生辰,男女双方的生辰八字,与何时令相冲。还包括纳采行聘、裁衣合帐、安床设帐、出闺入门、坐斗梳戴、拜镜成婚等诸多事项的吉日吉时及房内合桌朝向等内容。

此外选择吉日还要结合住房风水、时令节气等因素才能最终确定。例如，季节因素就是影响结婚日期的一个重要因素，绵治村人办婚礼一般会集中在春秋冬季的月份，夏季月份结婚较少，这是因为夏天天气较热，会因食物变质而造成不必要的浪费。

5. 订婚

订婚又称订盟、定亲，一般是男方在择定的吉日派人用扁担携带礼品（绵治人称为"挑担"dā dā）到女方家商定婚事。订婚亦要选择吉日，以期今后新人的生活顺利如意。有的家庭会请专门的风水先生配合男女双方的生辰八字来选择吉日吉时进门订婚，也有的家庭只是选择通常意义上的好日子，如村人认为农历尾数为三或八的日子即是吉祥时日。闽南地区有"订婚随女方，结婚随男方"的习惯，因而订婚主要根据女方家的喜好和风俗习惯准备。

订婚的过程并不复杂，却是婚礼与家庭生活中的一件大事。在订婚当天，男方出门前会在家门口燃放一串鞭炮，并用贴有红纸的竹篮盛装红包、糖、烟等礼品，礼品数量按双方的亲友人数而定。男方须给女方亲戚送"房头礼"，一般是每家送一份糖、一包烟；新娘的兄弟则须送"舅礼"，除了糖和烟以外，还要再加一份红包。红包内的钱数一般是100至600元不等。

礼品准备齐全后须在已选定的吉时以扁担挑进女方家门。女方家人则提前在门口等待，将男方家人接进家中。进门后女方家会拜家中的神明祖先，告知家中女儿订婚之事。

绵治人的订婚没有婚书，国家承认的结婚证是主要婚姻的凭证，领取结婚证的时间通常在婚礼举行之前。订婚时男方要根据女方的意愿，或直接将金饰（比如戒指、手链、项链等）做为传递爱情的信物。女方接受后，须送手表、戒指等物品为回礼。此外双方还会在此时商定聘礼内容和结婚事宜。

在旧时，经济条件较差，男女双方的信物一般根据家庭情况量力

第九章
绵治人的婚姻

而行,多会以红包代表;钢笔或红包往往是女方回赠男方的首选信物。红包的数目也以家庭经济情况而定。

过去订婚并不宴请宾客,现在绵治村人也会在订婚时宴客,庆祝喜事。通常宴请的是女方亲朋好友,男方家则不需要,但女方请客的所有开销均由男方负责,被宴请的亲戚朋友也会送红包表示祝贺。

6. 下聘

在传统的婚俗中,男方订婚后要送聘礼到女家,代表的是两家喜事已定,称为挂项①kua ama。聘礼内容通常是喜饼、鞭炮、红烛、红糖、汤圆、猪肉、猪腿等物品和聘金构成。绵治人的喜饼是在漳州、三平等地订做的一种肉饼,饼的一面印有红色的"囍"字;聘金数额通常由双方家庭事先商定,过去的聘金数额为4800元,现在为6800元、8800元不等。一位长者曾说,过去由于经济条件较差,聘礼有时只是一个形式,没有固定的内容。

下聘的时间亦需择吉日,有的家庭依例会在订婚后择农历尾数为三、八的吉日下聘;有的家庭则在订婚时一并完成。下聘分成"小订"和"大订"两部分。"小订"中包括喜饼24个、一套女用新衣及红包,在过去经济状况不佳时,红包的数量通常是12元或14元等,现在一般是120、200、400等;"大订"中包括喜饼120个、两串鞭炮、两对红烛,以及烟、糖、瓜果等。女方家会收下"小订"、"大订"的大部分,然后回赠一小部分给男方,一般是一串鞭炮、一对红烛、两个饼以及糖果,此过程称为回礼。

男方带回礼品后,首先要拜家中供奉的神明祖先,再燃放鞭炮,并将糖果等分赠亲朋好友,目的同样是通告神明祖先和亲朋好友家中要办喜事。女方将男方送来的喜饼及礼品分发亲朋(每位亲朋发

---

① 沙仁高娃(2010:241)述及璞山人婚礼中的行聘亦有"挂项"的记载。此处"挂项"为报道人所写,注音为笔者所注。绵治与璞山相距不远,笔者推测两地的挂项极可能同义。

两个饼),并告知将要办喜事的消息。受赠的亲朋好友会收下喜饼和礼品,并对新人说祝福的话,他们日后也会赠新人红包。

由于舅舅在婚礼中有特殊仪式地位,因而赠送舅舅的礼品与其他亲戚略有不同。除两个喜饼外,还要再给舅舅一个红包和一斤冰糖;舅舅也会送新人礼品以表心意。女方的舅舅会给新人红包及其他礼品;男方的舅舅则送母舅联,新人会将母舅联挂在大厅以备拜堂之用,也会给新人红包,但新人通常不能收舅舅的红包,男方的舅舅还会送鞭炮和红烛(俗称"凑四样")。新人则在拜堂宴客后,给男方的舅舅回赠猪蹄四斤二两及冰糖一斤为"伴手礼"。

随着时代的变化,"大订"中的 120 个饼也可以换成 120 份糖(每份 4 包),但是,按照绵治习俗,"小订"中的 24 个喜饼是不能换的。调查期间,本村只有一家举行订婚,因故未能参加仪式,所以下聘主要以报道人口述回忆为主。

7. 开剪

绵治人将开剪又称为裁衣。昔时新人结婚所穿的衣服须请人裁制,因而须选择吉日开剪。现在新娘的衣服虽都在商场购买,但开剪的礼俗并未消失,而是演变为成开剪之日在衣物等新婚用品上绣"卍"字,以求辟邪并寓意吉祥。开剪者一般是男方家族中高龄的女性长辈,主人会招待开剪者喝一碗用红糖煮的稀饭,并赠红包以表感谢。需要绣"卍"字的物品通常是新婚时所穿衣服(包括男方的蓝色长袍、女方的红色礼服,以及双方的白色内衣[①]),包婴儿的盖布、婚房门帘、浴巾、毛巾等。

[①] 白色内衣裤是闽南文化中重要的仪式衣物,绵治人在婚礼和葬礼时,都须贴身穿上象征清清白白的白色内衣裤。在开剪之日于衣领处绣有"卍"字,现在绵治多从外面购买内衣裤,开剪仅是象征性为之。

图 9-2　开剪

8. 安床

结婚的前一天,男方家要将新房布置妥当,按照日课表上安床的吉时安放新人的床铺。床上一切用品都要用新的,床铺中央放一小碗甜米糕,以待新人进门时分食,以示吉祥。屋里屋外更要打扫清洁,在婚房的门窗上贴婚联,婚房门口挂布帘,正上方通常以红线悬一桃红色的八卦,八卦的上方用红线绑有桂花和桂叶,有吉祥的寓意。八卦在新婚时挂好并长期保留,因而在绵治的许多家庭中,我们都能看到挂有八卦的门帘。

安床后除新人的父母可以进出新房外,他人不得再进入,等到婚礼仪式结束以后,外人才能入新房参观。安床虽并不存于传统婚俗的"六礼"之中,却仍是重要婚俗仪式,绵治人对此极为重视。

至此婚礼仪式的准备过程大致完成,除了上述基本步骤,对婚礼仪式的准备还包括准备婚宴场所和婚宴食物等许多琐碎的工作。

(二)婚　礼

婚礼是婚姻通过礼仪的核心部分,也是仪式最多且最为隆重的部分。绵治村的婚礼通常进行两天,其中"做新娘"仪式最能体现绵治的传统婚礼特色。

1. 第一天

第一天是进行婚礼仪式的各项准备工作,包括请祖先、贴对联、女方请客、送聘礼、拜天公和祖先邹应龙等步骤。

(1)请祖先

绵治村各家户在婚礼期间会将邹姓祖先邹应龙(又称广佑圣王)的神像请回家中供奉,供奉的时间应为双数,并始终保持香火不灭。村中现共有邹应龙神像三座,皆为村中代代相传之物,如果某吉日要结婚的新人超过三对,则可到祖祠中请邹应龙的大印来代替。

婚礼仪式进行之前(通常是第一天),由男方家中一位男性长辈和一位同辈兄弟选择吉时到村中的祖祠将神像请出。前往请神者须穿蓝色长袍、带黑色礼帽,并携红伞、放神像的红盘,盘上须盖红色或粉红色毛巾、香(每人三支),并将冰糖等供品用红篮装妥一同带去。

图9-3 撑红伞请祖先

图9-4 母舅联

到达祖祠中,须将一壶三茶①以及冰糖、饼干等供品在桌上摆好,将香点燃后拜拜,并祈求祖先保佑。然后将神像从神位上请出,

---

① 一壶三茶,指一红色小茶壶及三个小茶杯,内装冬瓜糖泡的甜茶。

第九章
绵治人的婚姻

放在盖有红毛巾的盘上,同时将邹应龙照片及大印放在原来神像所在的位置以代替神像。在请回神像的路上,由年长者捧邹应龙金身,并持点燃的三炷香,年轻者则在邹应龙的神像上方撑起红伞。

将邹应龙的神像请回家后,供于平日拜拜的供桌中央,在两侧放喜灯,喜灯同样要长明不灭。金身的前方放香炉,香炉中的香亦须不断更新,保持不灭。再将茶料等供品摆放好,等待拜堂时用。

（2）贴对联

婚礼前须提前贴好母舅联（见图9-4）。对联中央是醒目的"囍"字,母舅联的内容为恭贺新人的吉祥话语,如:"金龙彩凤成佳偶,明珠碧玉结良缘""喜结良缘丁财旺,天成佳偶福缘长"等等。对联的左上方贴写着"燕尔新婚"的红纸,右下方写:"劣母舅×××"。有时会在母舅联的"囍"字中间靠下的位置贴上写有福德正神、哪吒太子、广佑圣王、观音佛祖等神明的名字,以备拜神明时之用。

新郎家的厅门、厅柱、厨房、窗户以及洞房的门框上均须贴联纸。联的尺寸要因地制宜;用词要喜庆吉祥,比如:"天赐良缘""人间乐事今宵最乐,盛世新婚此日尤新""吉日佳期谐好合,良辰美景定百年"等等。新郎家的门、窗户正上方要贴写有"凤凰到此、麒麟到此"的方形红纸。

（3）女方请客

女方家会在此日宴请亲戚朋友,这是为次日"嫁女儿"而办的宴席,女家亦邀请男家迎娶新娘的人参加宴席,请客的开销全部由男方负责;男方或是将请客所需的物品准备齐全,或是负责支付宴请所花费的酒菜开支。

（4）拜天公和祖先邹应龙

在新人拜堂的前一天晚上,男方家人会拜天公（即玉皇大帝）和共同祖先邹应龙,告知神明祖先家中将有人结婚,并祈求神明庇佑。祭祀时辰通常要风水先生的测算,一般是晚上10点以后,也有的新人不经过测算,在子时（晚上11时至凌晨1时）开始祭拜。结婚前的祭拜是家中的大事,因而在祭拜时也非常隆重,但在内容和形式上与平日无太大差别。参加的人员是新郎及其祖父、祖母、父、母和兄弟。

祭拜一般在家门的正前方进行。祭拜的供桌一般用家中的大小两张方桌上下重叠摆放,有的还会在桌椅的四脚垫上金纸。"祭坛"搭好后,在上层的正中央位置安放"天公"(天公所在位置用红色丝帕遮盖)和祖先邹应龙的神像,并在天公和祖先邹应龙的正上方撑红伞遮蔽。天公和祖先的正前方放有香炉,香炉前则摆放糖果和面线等供品。两侧摆有"囍"字的红烛各一只,红烛的两侧放12碗祭品,通常会用米粿、米糕、花生、苹果、梨等物品凑齐。下层供桌也放面线、红粿、赤米粿、水果等祭品,与上层用碗装的供品相比,下层物品常用红色袋子或面盆装好,分量较足;祭品并没有统一的要求,一般按照自家人的习惯和喜好准备,常见的祭品还有糖、饼干、糕点、茶、酒、红粿、赤米粿等等,此外祭品上会贴红纸、放两个红包以向神明表明心意。

结婚是家中大事,所以每家必会杀猪祭神。在祭坛的一侧放一桌,上置杀好的全猪。猪头以红线捆绑,口中含一苹果(或贡橘),并用一支撑物撑起猪头,使其头部朝天,猪的四肢和尾巴也用红纸包起,猪颈和尾的毛保留不剔除;猪背置秤杆、秤砣、杀猪用的围裙、致玉皇大帝的疏文;猪血用红盆装好放在猪的一侧;另放一篮内装清洗好的猪内脏的篮子,此外还有一整只杀好的鸡,鸡脚也以红纸缠好。

祭拜的顺序是祖父、祖母、父亲、母亲、兄弟及未嫁姐妹,最后是新郎。其中男性家长(如祖父)会穿蓝色长袍礼服参拜。与平日拜天公一样,此时的祭拜是"十二拜"或"二十四拜"。拜完之后须为神明、祖先烧长钱、元宝、寿金等各类纸钱,烧纸钱前,要先将已祭拜过的疏文烧掉,以祈求平安,烧寿金的前后过程都须再拜

图9-5 拜天公祭坛

第九章
绵治人的婚姻

神明、祖先。拜天公、祖先的仪式结束之后,要环绕自家点燃一串鞭炮,最后将供品分给所有在场人共同享用。

2. 第二天

第二天是婚礼仪式最重要的部分,基本过程包括迎亲、进门、"做新娘"、拜灶神、婚宴。最能体现绵治传统婚俗特色的"做新娘"仪式将在这天完成。

(1)迎亲

结婚当日,男方会派 7 或 11 人到女方家迎亲,新娘被迎回时队伍人数即可凑成双数,即 8 或 12 人。迎亲队伍一般由长辈、兄弟、姐妹、朋友构成;有的会带迎嫁女①参加迎亲队伍。到女方家接新娘的队伍中,不可有生肖与新娘相冲者。迎亲队伍会在吉时到达女方家,将礼车停在距离尽可能接近的位置。新郎以一块绣有红"卐"字的婴儿背带,将一套女式新衣放入其中,另携带一条猪腿或猪肉若干;此外还有一长辈提一个贴有"凤凰到此、麒麟到此"的喜灯一同前往迎娶。

新娘则穿戴整齐在大厅门口等候。新娘的穿戴皆为红色,身穿绣有"卐"字的红色礼服,鞋子、背包亦皆为红色,寓意红红火火、吉祥如意;头戴桂花和茉莉花,以祛除煞气;新娘的身上的每个口袋和背包中都要放红包。

新郎到达后先向女方父母敬茶,再从女方父母手中接过新娘。礼毕由迎嫁女(或随男方迎亲的适龄女子)为新娘撑红伞方可出门。红伞是绵治人婚礼中一项重要物件,新婚时所用的红伞上要缠绕桂花和茉莉花,也要贴上"凤凰到此,麒麟到此"字样的红纸。直到新娘走上礼车以后才能将红伞收起,并放入车中。与新娘一起前往男方家的还有陪嫁人,一般是新娘的朋友或兄弟姐妹,人数也要凑双数。

---

① 迎嫁女,一般从男方未婚的亲戚中选择一女子,跟随迎亲队伍迎娶新娘,负责帮新娘撑红伞等事宜,与伴娘职责相似。

闽南绵治人的社会与文化

以前曾有新娘上车前"撒糖"①的习俗,现在已经不再见。

闽南地区昔时常以轿接新娘。但根据老人的回忆,绵治村的婚礼并不用轿,年纪较大的女子诉说当年是在迎亲人的陪同下步行到新郎家中。现在随着生活水平的提高,绵治人会用小轿车接新娘;轿车通常经过装饰,在扶手处加上彩带,新娘乘坐的婚车前方挂有"百年好合"等吉祥语。

昔时绵治婚礼中新娘有"开脸"的习俗,即结婚当天会找一个儿女双全的"好命人"以红线为新娘绞除面毛,她在为新娘开脸的同时还会讲吉利话。现在已很少见新娘开脸了。

新娘的嫁妆跟随新娘之后,其中小件物品装于贴有红纸(用于辟邪)的篮子;大件物品则搬上车。据多位报道人讲,嫁妆的内容也有不同:独生女的嫁妆一般是现金,数额因家庭经济条件数额不等;如果男方家有兄弟或日后可能会分家,女儿的嫁妆则会准备家用电器。此外女方家会给新娘带上脸盆、热水瓶、水桶等各种生活用品,以免新娘生活不惯。新娘还会随身携带一两个皮箱,内装新衣服,每件衣服的口袋中都要装红包。皮箱的四个角也要放红包,衣服装好后在表面也要放红包。红包内的数额不等,其中衣服表面的红包钱数最多,其次是皮箱四个角的红包,每件衣服里的红包数额最小。皮箱中的物品会在新娘到达后,由喜嫁婆打开展示给众人参观。此外女方还须从娘家带两棵美人蕉到男方家中,寓意吉祥如意,早生贵子。

图 9-6　新娘到达新郎家门口

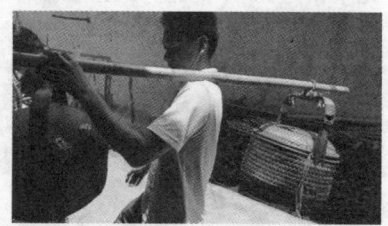

图 9-7　随新娘一起进门的嫁妆

---

① 新娘上车前在"撒糖",观看的众人会争相捡起,希望抢得好彩头。

(2) 进门

新娘到达时,新郎家人会在门口点燃鞭炮迎接。搭载新娘的礼车会停在新郎家门口前或是离家门口较近的位置。新郎的母亲在礼车到达之前会为新娘清扫将走过的路,新郎家人及亲朋好友则在门口等候,属相与新娘相冲者不可在此迎接。

喜嫁婆是引领新人完成婚礼仪式的人,村中有两位专任此职的中年女性。据报道人指出,村里的两位"喜嫁婆"在引导内容和形式上大同小异。喜嫁婆并不参与婚礼仪式之前的环节,而是提供新人"做新娘"时所用衣物,负责在婚礼仪式上说吉利话,并引导新人进行各项流程。根据笔者的观察和报道人的描述,喜嫁婆的身份介于媒人和司仪之间。

在仪式中说吉利话是喜嫁婆的重要工作,绵治人又称"说好话",通常前后押韵或对仗,所说内容通俗易懂,常与祈子有关。喜嫁婆所说吉利话皆为前辈所传,并无文字记录,下文吉利话的翻译皆在报道人的帮助下完成,但翻译为普通话后吉利话并不押韵。

礼车到达后,喜嫁婆携带贴有红色八卦(现多数家庭简化为圆形红纸)的米筛在新娘下车处迎接,具有辟邪的作用。礼车停妥后,喜嫁婆会将米筛放到新娘的车门下,以便新娘下车时恰好踩在米筛上。有报道人称,也有的家庭会在米筛上放板凳,让新娘下车后站于板凳上。

新娘下车后,喜嫁婆会立即为新娘撑起红伞,同时说道:"新娘下车,快快生孩儿"。新娘下车在米筛上站定后,首先进行"喝茶"仪式。端茶人是新郎家中属相与新娘相合(一般认为属龙最为吉利)的男童。新娘要拿起男童端来的茶杯,喝茶并赠送小男孩红包。如果新娘并不想喝茶,则要稍微挪动茶杯位置。随后新娘进门,喜嫁婆会在一旁依次说:"新娘来走路,快快生孩儿;新娘进大厅,新郎快快做父亲;上楼梯,生个孩儿真可爱。"

村中一位熟知婚俗的报道人说,过去有种说法是新娘到达男方家时,男方的父母一般不能出面迎接新娘,新娘须在喜嫁婆的引领下进门,否则就会冲了新人,影响日后的生活。但在笔者观察的两场婚礼中新郎父母均在婚礼现场。也有新娘进门时,要灭掉家中灶火,否则新娘以后会经常发火的说法,此说法亦未得到验证。

(3)"做新娘"仪式

"做新娘"即指新人身着传统服饰进行拜堂的过程。"做新娘"是绵治人婚礼仪式的核心部分,也是绵治婚俗中最具传统特色的部分。在绵治人看来,男女青年在结婚时进行"做新娘"仪式,代表他们已经长大成人,是人生过程中的一个重要的通过仪式。昔时有的父母因家庭经济条件或是未选定合适时日而未进行"做新娘"仪式,可在儿女结婚时与儿女一起补"做新娘"仪式。过去不曾"做新娘"的母亲不能接受新娘的行礼。"做新娘"主要包括新人穿衣、进房、拜神明祖先及长辈、拜灶神等环节。

新娘进门后,并不能马上开始进行"做新娘"仪式,也不能进新房,要在另外的房间休息,待到选定的吉时才可进行仪式。"做新娘"一般在家中请来的邹应龙神像前进行,"喜嫁婆"是主要的引导人,新人在"喜嫁婆"的引导下依次完成仪式。仪式前须准备十二碗"红圆"(即用红糖煮的汤圆)、新娘从娘家带来的小镜箱、秤、梳子、毛巾等。

图 9-8 "做新娘"前准备

新人穿衣仪式是"做新娘"的第一个步骤。《华安县志》曾记载新婚服饰的特点:"新中国成立前后一段很长的时间内,新郎头戴剪章帽,身穿蓝色长衫,套黑马褂,脚着黑绒布鞋,肩披一红绸带,胸前结绸花。新娘拜堂盛装艳抹,头梳凤髻,戴凤冠,另饰多种首饰,外衣青

第九章
绵治人的婚姻

裙红袄,内衣一律白色,脚穿红绣鞋,新娘内系白兜肚,装铅线若干称'抵肚',意为有钱花或'有缘';新娘伴穿绸衫绸裙"(华安县地方志编纂委员会1996:623)。

上文记载的装束与绵治人"做新娘"仪式所穿衣物有类似之处。报道人指出,新人在仪式之时的内衣均为绣有"卐"字的白色衣裤。新娘穿的是红袍粉裙,传说此衣物是戏曲中娘娘所穿衣物,头戴凤冠,并配许多首饰;新郎一般身着蓝色长衫,头戴黑色礼帽。"做新娘"时新娘所穿的衣物一般是从喜嫁婆处租用,因而不同家庭"做新娘"时使用的衣物略有差异,新郎的衣服则无不同。

穿衣仪式前,喜嫁婆会在事先准备好的铜盆中装油,中间放入灯芯①,由长辈点燃灯芯,并将其放于板凳下方,新人便在此处进行穿衣仪式。

穿衣仪式从新郎开始,新郎在喜嫁婆的带领下坐于凳上,喜嫁婆依次为新郎梳头、穿长袍、戴礼帽。同时还要说吉祥话:"秤儿拿高高,生子中状元,头发绑得松,新郎新娘吃到白头发,头发绑得圆,出丁又发财,帽子戴的正,厝边挑拨也没用。"新郎穿好衣服,来到婚房门口,此时喜嫁婆又说:"落地子孙多,新郎来走路,新娘快快生男孩;[婚房]门帘掀高高,生儿中状元,门帘放低低,快快做父亲"。新郎穿衣仪式完毕,在喜嫁婆的带领下先进婚房。

新娘的穿衣仪式较新郎更为复杂。新娘首先坐于凳上,等待喜嫁婆依次梳头、戴花、穿衣,喜嫁婆会说:"梳子拿高高,生儿中状元;梳得松,新郎新娘吃到白头发;梳得圆,出丁又发财;梳头绑发,新郎新娘吃到一百二十岁;腰绑高,生儿中状元;腰绑圆,出丁又发财;腰绑低,新郎快快做父亲;裙绑高,生儿中状元。"

在绑裙之时,喜嫁婆会将装有十二样物品的红色布包放在新娘

---

① 闽南话"灯"与"丁"发音相同,寓意为添丁。

的腹前,按顺时针或逆时针方向连续比划两三圈后取下,此行为称为揭腰①ka yo。据报道人称,昔时揭腰的布包是用四尺二的白布做成一个小包,现在则是用红色毛巾制作。小包制成后,内放尺、剪刀、鸡腿、鸡心、瘦肉、饼干(或冬瓜糖)、茶仔丝②、棉花、铁钉、竹叶心、桂花、硬币等12项物件。依次进行上述仪式后,新娘在"喜嫁婆"的带领下进婚房。

新房内桌上放一对红烛,新婚之日要将红烛点燃,并使红烛同时燃尽熄灭。新房内事先铺好新婚使用的床单被褥。有报道人指出,新床下须放红底茶壶、砖等物品,多为辟邪和早生贵子之意,也有人家在新房的衣柜中放硬币和钉子,其寓意也为"添丁进财"之意。

新人进房时除新人和喜嫁婆外,其他人不可进入。新娘进房时,喜嫁婆会将一个提前准备好的米筛拿给新郎,米筛的背面用红笔画有八卦(也可用圆形红纸代替)。新郎持米

图 9-9　新房门口

筛在新娘的头顶上罩一下,或者让新娘从米筛下走过,据说是象征结婚以后家中大事须由男方做主。

进洞房后,新人须吃"十二碗"。吃十二碗是闽南婚俗中较为普遍的现象,在过去对闽南璞山、顶城、陈城等地的调查中都有此记载。③ 十二碗中多为五谷杂粮,因地域不同而有所差异。包括用红

---

① 揭腰即《华安县志》提到的"抵肚",但过程有所不同;往昔会将布袋绑于腰上。据报道人称,已经怀孕的新娘不必揭腰。

② 茶仔丝即苎麻。

③ 参见沙仁高娃 2010:258;沈嫒 2012:218;伦慧强 2012:284 等。

第九章
绵治人的婚姻

糖水煮过的猪肝、猪心、猪腰、猪肚、猪肉,并将这些物品混合在一起后装五碗;整只的公鸡煮熟后装一碗;此外将芋头、黄豆、柑橘、鱿鱼、米糕、鱼头各盛一碗。桌子的方位是由算日子的先生摆放,不可随意乱动。新人只象征性的每碗吃一点,并非要全部吃完。

吃十二碗仪式进行的同时,喜嫁婆会在一旁说好话:"吃猪心,好贤妻;吃猪心,两人同心;吃猪肝,同心肝;吃猪腰,孩子很好养;吃猪肚,好走路;吃豆,夫妻相处到很老;吃柑橘,生孩子大大的;吃鱼下巴,快当爸;吃鱼嘴,快当妈;吃米糕,生儿子;吃芋头,中状元;吃猪肉,夫妻好相处。"

随后请一个属龙或蛇的男童到新人的床上滚床,喜嫁婆此时也会在旁边说好话。滚床的男童一般是新郎的亲戚,年龄在15岁以下。滚床以后,新郎会给男童红包,红包内数额以偶数为佳。据一位报道人说,滚床是向"床母"表达祈子的期望。

婚礼当日与新人八字不合者与属相为虎者不能进新房,新房内的物品不可随意乱动,若非要动,须先用扫把打扫后方能移动。

(3)叩拜神明祖先及长辈

进房诸仪式完毕后,新人从新房来到大厅,叩拜神明祖先及家中长辈。

叩拜祖先邹应龙的桌子置于大厅中央,桌上除祖先邹应龙神像

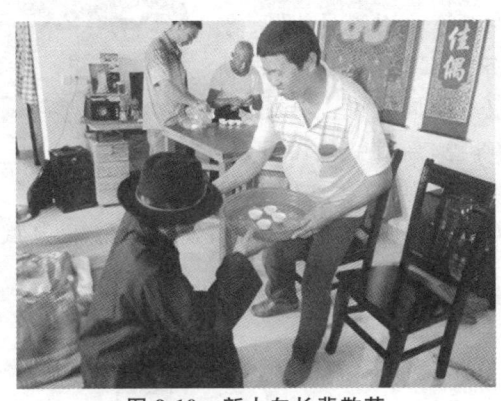

图 9-10　新人向长辈敬茶

外,两侧是烛台和喜灯。此外还有供奉的香炉、一壶三茶以及糖果、饼干等供品。一旁另放红色托盘和冬瓜茶以备使用。

叩拜时先拜祖先邹应龙以及家中祖先,再拜家中长辈。首先新娘与新郎一起三拜祖先邹应龙,之后按照已故长辈的先后顺序叩拜,并根据每一代的人数摆放冬瓜茶和香。最后新人依次叩拜家中长辈并向长辈敬茶,长辈则赠送新人红包以表祝福。

(4)拜灶神

叩拜神明祖先及长辈的仪式结束后,新人在"喜嫁婆"的带领下拜灶神。灶台上准备"一壶三茶"和各种糖果做为供品,灶神的牌位上贴有"凤凰到此、麒麟到此"的红纸,灶台中央摆放香炉、红烛和喜灯。拜灶神时,家中男性长辈和新郎持香、新娘拱手,一起叩拜。喜嫁婆在新人叩拜时会说:"新娘拜灶君,快快生男孙。"

拜完以后,新娘在喜嫁婆的带领下,依次用刀切猪头、猪下巴、发糕等日常食物;触摸锅把、大漏勺、洗锅勺①、铁铲、竹刷等常用厨具;还要象征性进行家务琐事。喜嫁婆带领新娘进行这些仪式的同时说:"开猪头,富流流,开猪嘴巴,新娘快快做母亲,开猪下巴,新郎快快做父亲。开发糕,有家财,发糕开圆圆,出丁又发财,发糕四角开,新娘进门后有好

图 9-11 新婚时的灶神

---

① 洗锅勺是绵治人洗锅时舀污水的勺子,形状与锅相合,多次使用可舀出全部污水。

家规。摸锅把儿,新娘快快有孩子;摸大漏勺,会生子;摸洗锅勺,新郎快快做父亲;摸铁铲,生儿好养;摸竹刷,有财产;摸灶头,富流流,摸灶后,婆婆媳妇好到老。摸桌布,桌布黑,新娘快快生男孩;摸箸笼,做事有始有终;摸碗,碗圆圆,出丁又发财;摸碗底,生儿真可爱;新娘坐金凳,有气要吞忍;搅灶洞,生火没烟,大伯大叔回来笑哈哈。新娘舀水,生儿美;裙合圆,出丁又发财;馊水搅得匀,养猪比牛大;搅得起,新郎新娘坐金交椅。'肥猪'①放到土地上,养猪肥嘟嘟;'肥猪'放上墙,养猪很快长大。大的抓去杀,小的送妯娌。撒谷种,养鸡大;撒东边,出公鸡;撒北边,出鸡仔,大的抓去杀;撒得均匀,养得十二斤半(大);撒得圆,出丁又发财;留谷种头(前),富流流,留谷种尾,有家伙(财产)留谷种头(前),富流流,留谷种尾,有家伙(财产)。"

(5) 婚宴

绵治村中的粮站一般是婚宴场地的首选,也可选择离家较近的空地。婚宴开始前一天,主人会打扫场地、备好食物、找好帮手,将一切准备工作做好。

"天上是天公,地上是舅公",母舅的地位在婚宴上很重要。其位置要安排在正前方左边一桌,舅母则在正前方右边一桌,以示地位尊贵。母舅的桌上必有一碗鸡头、鸡翅膀、鸡尾,鸡头要对准的是大舅,因而有"有母舅必有鸡头"之说,鸡尾则对准二舅,其他位置可随意安排。此外喜宴开始后,母舅没动筷前其他人不可开动。如果男女双方的舅舅都来参加婚宴,以男方的舅舅为重。

婚宴一般为流水席,主人会请精于厨艺的师傅做菜,饭菜都具有甜食多、味清淡、重海鲜等浓郁的闽南特色,比如:鲍鱼、花蛤、各种鱼类等。婚宴宴请的桌数根据邀请的亲戚朋友的数量而定,每桌的菜肴以双数为佳。

---

① 肥猪,学名无患子,是用于洗衣服的植物,因其土语发音与肥猪相同,而做象征之用。

分鸡胎蛋(又称盐鸡胎)是绵治人婚宴中特有的风俗。婚宴上每个宾客都可以分得一个用盐水煮过的鸡蛋,这种鸡蛋经过母鸡孵卵、在蛋中已形成鸡胎,故名鸡胎蛋。村人认为鸡胎蛋不仅营养价值高,而且包含着"早生贵子"的寓意。

婚宴上,新郎的父母、兄弟会向参加婚宴的各位宾客敬酒,感谢他们对新人的祝福。绵治村传统的婚俗并没有闹洞房的习俗,但是在现代社会中,婚礼是亲朋好友难得相聚的机会,因而新人的年轻朋友,会在婚宴上给新人出各种各样的"难题",活跃婚宴的气氛。

(三)婚后礼俗

婚礼仪式结束后,新人仍有婚后礼俗需要完成。绵治村的婚后礼俗以亲家间的做客和相互拜访为主。

1. 做客

做客又称为回门,即婚礼的第三天新娘携夫婿回娘家的习俗,有的新人两家距离较近,可能会选择婚宴结束后的当天即回新娘家做客。

做客毕在新人离开时,新娘的母亲会给女儿、女婿各带一份赤米粿,这种赤米粿有独特的式样,中央是糯米饭,周围则是十二块甜米粿。此外还要带两公两母的四只小鸡,是谓"带路鸡"。据报道人说,带回婚房以后,要将"带路鸡"放到床下,并将房门打开。若先走出门的那只为公鸡,则代表新人头胎为男孩;若为母鸡,则代表头胎是女儿,村人以此来预测生子性别。

2. 相互拜访

此外新郎新娘双方家中的亲戚以及亲家之间也会在大喜之日相互拜访祝贺,以增进了解和感情。

绵治人一直有大年初二日女婿回门的习俗。此外据年纪较大的报道人说,昔时每年正月十五日新婚夫妇有到千百堂挂灯的习俗,现在这一习俗已消失。

二、其他婚姻形式

绵治村除嫁娶婚外,过去也不同程度地存在着招赘婚、童养媳婚和买卖婚的现象,这些婚姻形式多存在婚礼相对简单、开销较少等特点。现在随着经济的好转和观念的转变,这些婚姻形式已逐渐减少或出现变迁。

(一)招赘婚

招赘是指男子婚后到女方家居住的婚姻形式,也称为"入赘"。招赘婚多是因为女方家庭较男方家庭更为富有,或新人在生活上更为方便等原因。男女双方在订婚时便商定婚后的相关权利与义务。行招赘婚时男方一般不需要送聘礼、拜堂时须拜女家祖先,子女姓氏随女方,但由于绵治村中同姓结婚较多,所以很少发生因为子女的姓氏问题发生争执的案例。

据报道人称,现在绵治村存在一些半招半嫁婚。男女双方的婚姻形式既不同于传统的嫁娶婚,也不是简单的"入赘"婚。双方家庭是在订婚之时即商定新人在结婚时的居住、族谱以及未来子女姓氏等问题。此种婚姻形式与1978年国家的计划生育政策有直接关系,大多数家庭为独生子女,父母大都希望子女在婚后能留在身边,所以出现女方父母不赞成女儿出嫁,男方父母则不赞成入赘的情况。

(二)童养媳婚

童养媳婚是指收养女性婴幼儿,长成后与其养兄弟相配的婚姻形式。昔时的童养媳常在一两岁时即被抱养,十六七岁便结婚生子。村中的童养媳婚多发生在20世纪50年代以前,现在已基本消失。根据我们的调查,童养媳婚存在的原因是双向的,女方家太穷,无法养育太多子女,便将女儿送人当童养媳,也有的父母还抱着再生一个男孩的愿望;男方家的父母受传统观念的影响,深恐儿子未来娶不上媳妇,无法为家族传宗接代。改革开放以后,这种婚姻形式逐渐减少。虽然现在抱养女儿的现象依然存在,但较少是做为童养媳的目的,多是出于喜爱女儿,或者膝下无女的缘故,养女长大成人后也多是按其意愿进行婚配。

童养媳婚较嫁娶婚的仪式更为简单,但仍然受到重视。童养媳婚无送聘、迎娶等礼仪,但是拜神、"做新娘"、请客等婚俗皆不能省略。童养媳结婚前,男方会向女子娘家送糖果、猪肉等物品,跟对方说明女儿婚嫁时日,结婚当日则直接在男方家中进行仪式,有时童养媳婚的隆重程度也并不亚于嫁娶婚。

(三)再婚与买婚

再婚与买婚是比较特殊的婚姻形式,在绵治婚姻中所占比例很少。传统观念认为,这些婚姻形式并不光彩,尤其再嫁的女子是不被祝福的,被买来的女子也会长期被人另眼相看。但随着村人观念的逐渐开放,对待此种婚姻的态度也发生了很大的变化。

再婚是指离异或丧偶后再次结婚。再婚的缔结较为简单,男方通常不送聘礼,或者仅送少量聘礼;女方家也不会给女儿过于贵重的嫁妆。婚礼仪式也一切从简,只是宴请双方近亲。过去受传统观念的影响,再嫁的女子会被人看不起;随着时代的变化,这种影响越来越小。

在绵治村,我们也发现了买婚的现象,较多发生在20世纪50年代以前,女子一般来自云南、广西、四川等地的山区。买婚主要分为两种情况,其中远亲介绍居多,女方由于家贫,将女儿卖给男方家当媳妇,男方则出大额聘金,当作女子远嫁的补偿。另一种则是被人贩子购买,女子多在不知情的情况下被骗到远方,因此有的被骗女子会千方百计寻找出逃机会,也有的女子在已经生儿育女的情况下渐渐适应了村中生活,为了孩子选择留在村里。据报道人指出,每名女子大概要花20000~30000元不等。

结　语

随着时代的变迁,绵治人的婚礼仪式、婚姻形式以及婚姻观念都受到现代社会的巨大冲击,绵治村的婚俗正在悄然发生改变。例如,新娘出嫁前的"开脸"风俗、上车前的撒糖习俗等均已被略去,揭腰、下聘等也做了内容上的简化,但是这些改变多为形式和环节上的差别,以"做新娘"为主要特色的绵治传统婚俗的内涵是没有发生改变的。

笔者希望可以利用这次的田野实习机会将当地的婚俗尽所能地记录下来,为正在变迁中的婚俗留下一些文字资料。由于调查时间短暂,所收资料以对两场婚礼的实地观察和报道人访谈为主。但是通过笔者的观察,两场婚礼在细节之处存在差异,报道人所述理想行为与实际行为之间也有所差距。在调查期间,绵治村的乡亲们以极大的热情配合我们的工作,向我们提供了丰富而有价值的资料,使我们的调查工作得以顺利地开展,在此要向所有绵治的乡亲们表示衷心的感谢!

参考文献

石奕龙、余光弘
　　2007　闽南乡土民俗。福州:福建人民出版社。
余光弘、杨明华(合编)
　　2010　闽南璞山人的社会与文化。厦门:厦门大学出版社。
余光弘、杨晋涛(合编)
　　2012　闽南顶城人的社会与文化。厦门:厦门大学出版社。
沙仁高娃
　　2010　璞山村的婚姻形式。载余光弘、杨明华(合编),闽南璞山人的社会与文化,页232-268。厦门:厦门大学出版社。
沈媛

2012 顶城的婚礼及礼物交换。载余光弘、杨晋涛（合编），闽南顶城人的社会与文化，页205－228。厦门：厦门大学出版社。

伦慧强
 2011 陈城村的婚姻习俗。载杨晋涛、余光弘（合编），闽南北山人的社会与文化，页264－294。厦门：厦门大学出版社。

华安县地方志编纂委员会编
 1996 华安县志。厦门：厦门大学出版社。

陈华文、朱良、陈淑君
 2004 婚姻习俗与文化。黑龙江：黑龙江人民出版社。

陈鹏
 1990 中国婚姻史稿。北京：中华书局。

杨晋涛、余光弘（合编）
 2012 闽南北山人的社会与文化。厦门：厦门大学出版社。

第十章

绵治的丧葬习俗

◎ 杜　鸣

前　言

　　本报告以 2012 年 6 月—7 月在华安县绵治村为期 44 天的田野调查资料为基础,概述绵治村的丧葬习俗。田野调查期间,在绵治村共观察记录两场葬礼,一为红明小组的 69 岁女性亡者,其葬礼相对简单。另一为红卫小组的 80 岁女性,其葬礼较为隆重,并有做功德仪式。

　　除对葬礼仪式的实地观察外,对报道人的访谈也是本文的主要资料来源。村中熟谙丧葬仪式者如风水师、葬礼主事、葬礼用品制作者、常在葬礼上帮忙的长者及丧家成员等皆为主要报道人。

　　综合实地观察为主,报道人补充为辅的田野调查资料,本章从丧葬仪式、互助行为、坟制等方面记述绵治的丧葬仪式,并对仪式中的细节与本地特色做到尽量详尽和明确。然而观察绵治村发生的两次葬仪虽大致相同,但又存在不小的差异,报道人所述理想行为与实际

闽南绵治人的社会与文化

行为之间也有所差距,至于调查丧葬仪式的变迁,则只能依靠报道人的讲述,有挂一漏万之处望方家指正。

一、丧葬仪式

传统的绵治丧葬仪式过程冗长繁复,从临终、搬铺、请水,到小殓、大殓、出殡、返主,最后做七、做功德、做百日,乃至做对年、做三年,历经两年十余个阶段才算完成。伴随时代发展、社会进步,绵治目前的葬礼已在节奏上大幅加快,不再经历漫长的时间,但仪式大体程序仍未有太大变化,只在许多细节上有些微调整。本章在写作时尽量兼顾昔时传统与现代变迁。

(一)临 终

在绵治村若人在临终时意识尚清醒,会尽其所能对送终亲人说最后的吉祥话,如"祝大家平安"、"祝大家发财"等等。临死之人几乎都不立遗嘱,因为一般情形下,年迈老者早已将分家事宜安排妥善。相应的,子女则会对父/母告别道:"请安心!我们已经长大了,可以好好持家!您放心地走吧!"无论此时父/母的意识是否还清醒,此类言语都须讲。

子女还会在父/母断气前为他/她换上白衣服,称"白衫裤"*pesāk'o*。此类白衣服是绵治人在结婚时所穿贴身单衣,临死时子女须找出并为其穿上。白衣服袖口和腰围上皆绣有红色"卐"字,"卐"字上方又有"王"或"春"字(见图 10-1)。此时将死之人只穿此贴身单衣。若人死

图 10-1　卐字符

得突然,则只好在断气后、搬铺前换上。换白衫裤时子女会对父/母说"爸/妈,自然一点,手脚不要太僵硬",以方便更衣。

人死后孝眷将亡者面部以床单遮盖。孝子女要分"手尾钱"

tɕiubueji；一般死者身上都会带有钱财，通常是生前随身的日用现金，以及生病时亲友前来探望时送的金钱，这些钱被称为"手尾钱"，死后取出交由与死者关系较亲密的亲属（如配偶、兄长）保管，至葬仪某特定阶段再分发给孝子女。

（二）搬　　铺

所谓搬铺，即将人从原先的卧房搬至家宅大厅中，此仪式在闽南与台湾地区非常普遍。《台湾通史》称："父母病笃，置床堂左，谓之'搬铺'，易簀之义也"（连横 1920[1984]：611）。在绵治村，搬铺却须在人死亡后进行。对绵治人而言，搬铺表示人确已死亡，方可进行随后一系列丧葬仪式；未搬铺则表示人"还未死"，孝子女不得在卧室内烧纸，此因卧室之后要供后人居住，烧纸被认为不吉；村中也有人家等孝子女都回家奔丧后再行搬铺，过去甚至还有父/母过世而未搬铺，其子在家宅内举行婚礼的例子。这一风俗与漳州市南靖县梅林镇璞山村相同（参见郭娇斌 2010：271），但在闽南及台湾大多数地区，都如连横所述是在人死前进行搬铺。

搬动尸体前孝眷要在厅中搭一张由多块木板拼成的床，再由孝子抬头，孝女抬脚，将尸体抬至厅中木板上，并且长子须将金银纸垫于死者头下以充枕头。以立屋内朝门外为基准，以左为尊，则须将死者的头朝向左边，脚朝右边，并无男左女右之分。死者得年 50 以上（按传统为 60 岁，当地有"六十老翁不称'夭'"的说法），称为"寿元"ɕiuguan，若死者未婚，或得年五十岁以下，或意外死亡，此类死法绵治人称"夭寿"yaoɕiu，则只能将尸体放于大厅一旁，不得"正寝"。搬铺后须在床上支起称灵帐的白色蚊帐，以防蚊蝇、猫狗等动物侵扰，同时也为消除吊唁者的恐惧。又在床边立纸扎小人，一男一女，约手掌高，男称"奴才"，蓝色，女称"tɕabok'an"，意为女婢（见图 10-2、10-3）。

若死者家中没有合适的大厅，则在死者原来的卧房"搬铺"。搬前须整理遗物，将房间收拾干净，并供上遗像。此种搬铺只将床铺抬

315

起后略微搬动几步。

图10-2 纸扎奴才

图10-3 纸扎女婢

若人死在家外，则由长子背尸体进屋，视其为生者。进屋时要有人请亡者饮用茶水，长子要说："爸/妈，回家了"，佯装待死者喝茶后进屋，随后众人方可哭丧。尚未生育者，死在家外则不得搬回家内，一般停尸于走廊中、屋檐下，主要目的是为避免影响到家人，因未有后代而死不是善终，为不祥之事，有可能为家族带来灾祸。火葬实行后，家人一般将非善终老之尸体立刻送去火葬场。

搬铺后孝眷换上孝服，另要在腰上绑一件死者生前的衣或裤，一般挑选较新较好的衣物，因为传统社会中物资匮乏，孝眷在丧事结束后会将该衣物带回家再做利用，死者用过的其他物品包括床铺、桌凳等则须立即丢弃，死者房间也须彻底打扫干净。昔时遗物都弃置村内河中，现村委倡导环保，村民遂将遗物弃至村外野地。随后孝眷在铺旁点上灯火，置一陶砵，双膝跪地哭丧、烧纸钱。哭丧时亡者孝女会说"爸啊/妈啊，这让女儿怎么办啊！"或"爸啊/妈啊，你怎么没交代就走了！"等等，不一而足。烧纸钱时有内外之分，烧在陶砵内意为专门烧给死者，在砵外则是烧给其他祖先。另外孝眷也会烧寿金给土地公。烧纸必须烧净，否则到阴间的纸钱不完整。

孝子女等要坐或躺在稻草上守灵，可轮流替换休息，但至少须有一人看守，防止猫鼠等动物破坏尸体，以求全尸。守铺除驱赶动物之外,也有表示儿女孝心,陪父/母过完最后一夜或数夜之含义。守灵人在过去不得入睡,但约在1949年后,可在稻草堆上睡觉休息。守灵时还要在尸体与守灵孝子女之间点一盏灯,并保持其不熄灭。

(三)报　　丧

　　家中亲人亡故,报丧是首要安排的事务之一。由于葬仪事务繁杂,丧家无法独立承担,因此须立刻告知村中熟悉葬仪者帮忙。首先要请风水师择日,随后丧家联系各方准备葬礼。

　　因孝子女须守在灵前,不得离开,故报丧事宜须委托其他亲友,否则村邻会认为孝子女人缘不佳。目前报丧基本都以电话通知,在外的孝子女必须立刻赶回家中为老人送终。除非事关重大,否则孝子女不回家送终会被村邻认为其与父母不和。若孝子女回家路途遥远,丧家便会租用殡仪馆的冰棺(费用100~200元/日)。若死者为嫁入女性,则须派一位亲友去其娘家(俗称祖家或外祖)上门报丧。祖家须请报丧人喝酒,以除秽气。若未被请喝酒,报丧人则会主动去祖家厨房,从水缸中舀一瓢水,在灶神面前饮用,以示祖家之不友善、不懂礼;村民认为此类做法是一种对祖家的轻微报复。但若亲家关系较好,现在多半丧家只是电话通知祖家,并不请人登门报丧。

(四)吊　　唁

　　在亲友前来奔丧之前,丧家须布置灵堂以供吊祭。丧家一般会将老宅正中的大厅改做灵堂使用。办葬礼时大门上春联等并不做特别处理,但若灵堂正对大门的墙边有楼梯,则要以黑色布幕遮掩。

　　孝眷吊唁时所穿孝服、麻衣均由村中邹秀金女士制作。包括白孝巾在内的孝服会在葬礼上现场制作,村民认为请邹秀金女士开剪乃是丧事开始的标志,因此丧家要致送红包。同时也会有其他妇女前来帮忙制作孝服,丧家必须准备糖果招待,以除秽气。

　　孝女回娘家奔丧要在进村时开始哭丧,以悲痛声调叫喊父/母,直至进入家门,此称"半路哭" puā lo k'ao,到家后孝女及其家人换上孝服。若过世的是嫁入的妇女,则其娘家人往往背一包袱前来奔丧,丧家方以长子为首到村口的路上跪接,此称"接外祖"*jihkuazo*。外家来要先"探生",即对待死者如生时一样,进行问候;再"探死",即面朝门外拜四下,再转过身,烧香祭拜,最后换上孝服。传统上,嫁入的妇女过世须等娘家人前来"探生"、"探死"后才能收敛入棺埋葬,目的是使娘家人得以检视亲人有无遭受不公对待,是否冤死,另外则看葬礼办得是否体面。故当地俗语有云:"老爸死了扛去埋,老母死了等娘家来。"

　　街坊邻里也会前来吊唁,并赠予丧家50至数百元不等的现金,但不戴孝,丧家则要马上象征性地回赠内含一元钱的红包,以除秽气。在过去,邻里只送纸钱,丧家则要等做完"百日"后才回赠馒头或糖果,随着时代的变迁,后来都改为现金往来。关系较好的亲友前来吊唁时,会揭开盖在死者头部的床单,瞻仰遗容,但一般人只焚香祭拜。丧家往往会请来村中声望较高者代孝眷分发点燃的香火,其发香时按礼数要恭敬递上,并向吊唁者微微鞠躬。吊唁者若是第一次戴孝,则须在进门前踏上置于竹笾上的板凳,吃一口长辈喂食的加红糖面线,最后手持竹竿走下板凳,方可穿戴孝服,且其所戴的孝巾须"点红",即在白孝巾末端点上拇指腹大小的红色印记。

　　如今丧家还会从周边村庄请来锣鼓乐队,在灵堂外演奏。一般乐队有弦乐师二人、锣鼓师一人、音响设备一套,以及两位唱"哭调"的戏曲演员做为哭丧人(均为女性,一扮男一扮女);也有乐队只携音响设备,并无乐师演奏。乐师每人每日费用约为100元,哭丧人每人每日约为180元;一般由孝女家出钱,若家中无女或孝女未出嫁,则由孝子出钱。

　　(五)接　　棺

　　目前华安全县虽已实行火葬,但绵治村的葬礼上依旧会使用棺材。棺材必须从华安县殡仪馆统一购买,否则无法送进火化炉,其价格按质量定为100至400元不等。棺材一般为暗黄色或红色,长约

第十章
绵治的丧葬习俗

2米,宽约半米,两头有黑色"福"字,有些棺盖上则写有"望乡思远"。

将从殡仪馆运来的棺材搬运回家称为接棺。长子带领全体孝子、孝孙在半路跪等,并携带用死者生前衣服包的生米,上插筷子一双,待棺材抵达后将米包放于棺上,口念吉语,意为购棺,随后众人抬棺回家。昔时实木棺材极重,需多人帮忙搬运,如今棺材以甘蔗渣压制而成,非常轻便,一二人即可抬回。抬至家中的棺材置于灵堂的一侧,以备入殓。

(六)请　水

绵治村没有本地的土公①,土公一般都从邻村请来,通常穿蓝衣黑裤,工钱100多元一日。土公到后,先由长子带领众孝眷去河边举行请水仪式,长子投掷两枚硬币于河中,以示向"海龙王"买水,也有村民认为河边的土地公同样掌管河水,因此是向土地公买水,并在岸边烧寿金、纸钱,再从河中舀一砵水。来往途中众孝眷(尤其是女性)要一直哭泣。回家后孝子女用请来的水为亡者象征性地盥洗,也有用布沾水后在尸体上方来回摆动者。请水盥洗后,土公在死者口中放入银钱、硬币,望死者带至阴间使用,此称"嘴咬银"*cui k'a kin*。

(七)小　殓

小殓是丧葬仪式中至关重要的一步,小殓后孝眷便无法再见死者遗容。小殓时,50岁以上的亡者,男性穿七件上衣,女性穿五或七件,第一件上衣为"白衫裤"*pesāk'o*,另有一件"黑衣服"(男女剪裁略有不同,男性对襟,女性斜襟)穿在第二或三、四层,最外层为寿衣,称袄,为蓝色绸缎衣。若死者为女性,且有第四代后裔,则穿红色寿衣。其他衣服都为死者生前所穿的普通衣服,但须较新、没有破损,并且为对开衫,不能是套头衫,以方便更衣。男性所穿寿衣为旧式长衫,

---

① 绵治人称丧事中操办入殓等事宜的人为"土公"。

另外需头戴圆檐毡帽。50岁以下的死者不能穿"黑衣服"和袄。下半身衣着男女不同,男性穿三条裤子,最内是"白衫裤",其他两条挑选保存较好的裤子即可;女性穿两条裤子,三条裙子,最内是"白衫裤",另一条也是状况较好的裤子,三条裙子一般是特意为丧事定制,里面两条较为短小,里白外蓝,最外层则是黑色长裙。

土公为死者穿上寿衣前,须先将衣服一件件套在长子或长孙身上。长子或长孙会站上大厅门外放在圆形的大米筛上的凳子,暂时摘除白孝巾和腰间旧衣,肩上披挂一块蓝布,并头戴斗笠,笠上插一片麻竹叶和一个红包,面朝屋内,手攥麻绳,张开双臂。土公将衣襟开口正对长子或长孙一件件反套上去,套完全部衣服后,长子或长孙抽出双臂,土公用麻绳拎起衣服,身上套的衣服全部脱下来,土公又将斗笠扔到房顶上,口念:"斗笠扔高高,子孙中状元。"若死者无子,则让孝女穿,不可由女婿代替,此为财产留给自家人之意。最后土公象征性地喂长子或长孙吃红糖炒面线,长子或长孙才能走下凳子。

灵堂中孝眷将灵帐拆除,以方便土公做事。土公先以两块白布(称"面套")用绳子系起合拢,将死者头部前后包起,并露出头顶,面套正面一般绣有一小块红布,为的是避免引起前来悼念者的恐惧感。随后土公将死者身上的金银首饰等取下,交给孝眷,并为尸体换上可燃的假首饰,如手镯、戒指等;又在死者的双手、口中各放入一枚硬币,再将死者双手用白布袋套上,在手腕处用白线系紧。至更衣阶段,则先套下半身衣物,腰间用白绳系住,再套上半身衣物。最后孝子女协助扣好扣子,平整衣角裤脚等。死者脚穿袜而不穿鞋,鞋子分置于脚两边。

小殓后土公将尸体搬到棺盖上,头朝里,脚朝门外。棺上垫有十余条绳子,昔时为黄麻绳,如今放棉绳。小殓后孝子掷筶 *puapue*,以询问父/母对以上程序是否满意。

(八)辞　　生

辞生即众人与死者的告别仪式。仪式前须先在死者脚后置一供

第十章
绵治的丧葬习俗

桌,上陈一盏小灯和各色祭品,供桌中央为一只全鸡及其内脏,朝向死者的前端有白米饭及配菜各一碗,其他有黄豆、糕点、猪肉、咸饭、煎蛋、眼子粿(红色,也称灯子粿)、豆腐、丸子、生芋头等各一碗,旁置酒盅、酒壶各一,另有筷子一双斜置于菜碗中并靠于米饭上(见图10-4)。孝眷焚香在堂前面对尸体祭拜,拜毕将一叠纸钱放于供桌上,其他亲属则在灵堂外烧纸。土公要在火堆上洒黄酒。烧钱时乐队开始奏乐,两位哭丧人轮流在堂前念悼文、唱哭调。哭丧人演唱时声泪俱下,感人肺腑。唱罢若亡者为女性,则孝媳还要为亡者梳头,完后土公将梳子掰成两半,一半丢弃,一半放在死者头边;孝媳再为死者插簪子,左右各一。最后孝女为亡者穿鞋,且两只鞋要两人同时穿,因为绵治人认为亡者穿上鞋后就立刻上路了。

图10-4 辞生时供品

(九)大 殓

大殓时棺前放有茶壶、茶杯,和用银纸垫底的糖果。在铺前,两位哭丧人对唱哭调,不断跪拜,孝眷则在后效仿。最后哭丧人跪地对亡者奠酒①。为表示敬意,丧家往往会为哭丧人提供垫子,供其跪拜,以保持戏服清洁。哭丧人退出灵堂后,孝眷又向死者跪拜四次,

---

① 右手持酒杯,旁人将杯斟满后遂将酒前后左右来回地洒于地上。

再由长子奠酒,供一杯于棺前。土公在棺前倒茶,说吉祥话,孝子女应好①;据报道人说,以前应由孝子倒茶、说好话,后交由土公代劳。外家此时献上鸡、肉、酒、粿等祭品,土公用筷子在每一碗上轻点一下,口念吉祥话。乐队起奏,孝眷向死者围拢,越亲越长者越靠近头部,有亲者还会抚摸死者,以示不舍之意。土公则在棺材底层铺好草木灰、茶叶,原先是为了除湿、去异味、吸收尸水,现仅保留形式;又在上面铺纸钱,最上层则盖白布或绸缎;棺头放一白色小枕头,内实金银纸。然后土公将尸体置入棺中:先将尸体以麻绳绑好,胸部、腰部、脚部各捆一道。土公口中念吉祥话,再双手攥起麻绳,将尸体抬入棺中②。入棺时,孝子女会说:"爸/妈,你的病好了,可以安息了。"但哭泣时泪水不得滴入棺内。土公将尸体上的麻绳解开,又将用酒浇过的纸钱放于尸体脚边,并在棺内放入蓝、白布条,象征"手尾钱"(布条在之后会与真钱一同分给孝子女),原用于捆尸的麻绳被割成数段横放于棺材上。土公协助孝子为女性死者戴上蓝色帽子,男性死者戴上圆檐毡帽,在腿两边放置两瓶水,下半身盖上一套生前衣裤,在头的右上侧放置三个白布袋,内置金银纸,另有"过山裤"一条,内实金银纸,据说是死者到了阴间以后向过世的长辈还债之用。在棺内又放入许多金银纸钱,土公撒纸钱时口念:"棺内是死人的,棺外是子孙的。"落在棺外的纸钱遂被孝子女拾起插于腰带,棺内的纸钱则由亲属协助铺满尸体全身,据说目的是为了塞紧遗体和棺材之间的缝隙,使之固定。随后孝子去宅外烧寿金、金银纸和纸轿,土公在纸灰上洒酒,烧完挑拣若干纸钱与纸轿灰烬,在水中浸湿确认已完全熄灭后放入红色布包。进屋后,土公在供桌上放几片甘薯叶,取谐音"返世";再将装有纸钱、纸轿灰烬的布包放入棺内,以期死者亡魂在阴间享用。若死者生前嗜烟,则棺材中还会放入香烟、火柴(火柴头必须事

---

① 仪式中土公或风水师口念吉语时,在场孝眷均须喊"好"或"有",后不赘述。
② 因调查时所观察两场葬礼死者均为老年女性,体重较轻,故可由土公一人抬起。若死者较重,则孝眷会协助土公。

第十章
绵治的丧葬习俗

先燃烬),嗜茶者则放入茶壶。若死者未婚,则放入柴米油盐等,示意死者在阴间自行开灶成家立业。孝眷先行跪拜,再以手持寿金、银纸站立而拜,随后在棺前烧纸。土公口念吉语;长子上前跪地掷筊,询问父/母是否满意,掷完将硬币放入辞生时供上的芋头碗中。土公将蓝白布条"手尾钱"拿出,随后盖棺,将合上的棺盖用两条连在棺底的粉色布条绑紧,再在四个角落用图钉和红、白、蓝三块布花象征性地封钉;过去土葬时所用棺材为实木制,需大钉、斧头配合将棺材封好,封钉的顺序,若死者是男性为左下—左上—右上—右下,死者是女性则为右下—右上—左上—左下。最后土公将棺上的麻绳分发给孝子女,令其系于腰间。

若死者死于晚饭后、子时前,已将一日三餐用完,土公则会将周围插有十二双筷子、中间放有抹红色颜料的肉块的一锅米饭交给长子,此称"乞饭"k'ihbu ĩ(见图 10-5)。村民认为亡者须为子孙留饭;若死者只吃过一日中的两顿或更少,则无需乞饭。其他孝眷按男女长幼跟随长子顺时针绕棺材三周,又逆时针绕棺三周,

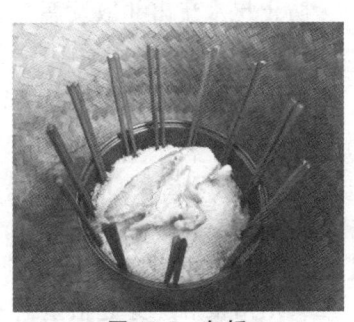

图 10-5 乞饭

此称围棺;围棺过程中幼辈往往搀扶悲痛的长辈,其中又以子女搀扶母亲为主。

年轻丧偶者,则要在配偶尸体入棺后"跃棺头"。跳跃时,身背包袱、雨伞,一副要移居海外、不再回家的模样,众人则在一旁说:"跳过棺,跑过番。"以期亡魂安息,不会在配偶未来再婚时纠缠。

之后孝眷走出灵堂,在天井、厨房内烧纸钱。若搬铺后尚未清理死者卧室,则也可在此时将死者生前所用床架、床板、被褥等遗物搬出,至宅外较远处的田地丢弃。棺材则请邻舍合力抬出屋外。关于抬棺人有一个禁忌,即不能正面拍照留下影像,否则认为不吉利,是对抬棺人的冒犯。之后大厅要打扫干净,守铺时用的稻草则要拿出

屋外焚烧。

若丧家租用冰棺,则入殓的程序会略有不同。小殓后,土公会在床上铺好一块长条白布,白布下垫有三条布条,随后将尸体搬到白布上,三条布条位置大约在尸体的胸部、胯部、踝部。最后用白布将尸体裹起来,用白布条系好,放入冰棺。几日后正式入殓,土公再将尸体从冰棺抬入棺材,并解开白布条。

十余年前,入殓后丧家往往要停棺数日,待下葬的吉日来临才会出殡。而孝眷在守棺时,在死者面前不能喝水喝汤,须要找僻静地方躲起来喝,否则认为棺材会因此流出尸水。另外孝眷每餐要蹲在棺前进食,不可进厨房烹饪,而须请邻里亲属帮忙。若停棺时间较久,为防止尸水流出并散发恶臭,则要用石灰、桐油、红糖搅拌后的混合物"打桶",即在夜间用烛火沿棺材缝隙移动,若烛火晃动,则表示有空气从缝隙进出,棺材尚未密封,要以上述混合物填充。后来则改用塑料袋密封包裹棺材。

(十)祭棺头

棺材抬出屋后,在出殡前,还须举行"祭棺头"仪式。棺材被乡亲四人用两根麻绳穿起抬至宅外大路上已经搭好的架子上。以出殡行进方向为前方,则供桌放于棺材前,棺中尸体亦脚朝出殡行进方向。棺材架下放有斧头和毛毯,斧头原是土葬时封钉用,现在依然保留形式。若在阴雨天,棺材还须套上透明塑料布。

供桌上放有面朝出殡行进方向的遗像,右上侧写死者生辰,左下侧写死者死期,另有纸钱、香、饭一碗、菜两碗(煎蛋和配菜)、煮熟的猪头肉(头朝向棺材)、发粿(意为发财)和黄酒;其中猪头和发粿盆内各插有三炷香。哭丧棒和财灯,置于供桌上。哭丧棒用 $k'iobo$[①] 树枝制作,每位孝子人手一根,包括被他人抱养的儿子和亡者收养的义

---

① 某种树木,学名待查,与"姜母"同音。

子,但其木棒的一侧被削去一条,哭丧棒一头从内到外包有白、蓝、红三层布,并用红线系住(见图10-6)。财灯要分发给每位孝子女,以红纸包塑料瓶,瓶口用白绳打结形成吊环,灯上分别写有"五谷丰登"、"百子千孙"、"财丁两旺"、"百业兴旺"、"富贵双全"、"房房发福"等吉语(见图10-7)。纸扎金银山(见图10-8)则在一边。

图 10-6　哭丧棒

图 10-7　财灯图

祭棺头时常常有歌舞演出,村民称之为"西乐"。其音响震耳欲聋,全村皆可闻,以吸引众多村民观看。此类歌舞乐队演出一天的费用约1500元。据报道人说,在20世纪80年代以前,丧事中往往只有一面鼓;后来请"八音"乐队演出,其中两人演唱、一人击鼓、一人吹唢呐、一人拉二胡、一人敲锣;20世纪90年代始有丧家请乐队演奏、请戏子唱哭调。最近五年,才有富裕人家办丧事时从邻村请来西乐乐团表演歌舞节目。哭丧人和歌舞表演轮番上演,哭丧人唱时,孝眷则按长幼亲

图 10-8　纸扎金银山

疏排列，随哭丧人跪拜。哭丧人还会拿遗像到孝眷面前，让其抚摸、悼念。随后，孝眷按顺序奠酒，将酒洒于银纸和寿金上，又拿干的纸钱去一旁焚烧，待全部亲属都奠完酒后再焚烧金银山，最后再随哭丧人跪拜一轮。之后同一辈分的孝眷先行一次跪拜，再请歌舞队表演一首歌曲，献给死者。

若无歌舞乐队，则祭棺头仪式相对简短，只是献上供品，孝眷披上麻衣，面朝棺材跪拜、奠酒，并在场地一旁烧纸。之后风水师[①]肩挂一条毛巾（不能为红色）立于供桌左侧，面朝供桌，开始念白纸写就的《棺前奠文》（见附录一），内容为颂扬死者之德行，并望子孙时刻怀念死者，继承其美德等。孝眷均面向棺材跪地恭听。念完孝眷转身面朝出殡行进方向，背对棺材而跪，长子此时位列最后，双手反背捧起遗像，风水师在后手拿毛笔沾红色颜料，在亡者遗像的发、眼、鼻、口、耳、肩、胸、腹、手、足上依次轻点，其中不在相片范围内的部位则象征性空点，每点一个部位都口念与该部位相应的吉语，祈求子孙发达、家族兴旺，此称"点主"。在土葬时代，棺材入土，先行祭拜之后，长子面朝回家方向，反手背托遗像，由风水师点主；点主完毕，长子将遗像捧在胸前，返回家中。火葬实行后，因火葬场太远，风水师不方便同去，遂改在出殡前"点主"。另外照相技术未在村中普及之时则在灵牌上点主。

"点主"仪式结束后，土公象征性地以斧头敲钉，风水师再将酒洒于棺材上。长女上前哭棺，与父/母告别。而后长子手持竹笾和酒，次子手捧遗像，其余亲属手持香，按照长幼亲疏排列，一同绕棺顺时针三周又逆时针三周，此称"围棺"。围棺时长子将酒洒于棺盖的钉子上。随后长子拿酒壶，次子背米袋（内有米和红包），三子拿竹笾，四子捧遗像，若孝子较少，则请其他男性亲属代拿，或一人拿多样。

[①] 村中有风水师陈瑞安、邹天文二位先生，丧家一般赠予1～200元红包。风水师以自学或拜师习得本领，并无世袭。

第十章
绵治的丧葬习俗

遗像被放入魂轿中,魂轿上贴有黄纸写就的对联:"体貌犹存归西天,音容菀①在亲何往"及横批:"音容菀在"(见图10-9)。棺材以麻绳从底下穿过,并被盖上红毛毯。

(十一)出　殡

出殡村人又称"出山"cuhsuā,因传统都是将棺材抬到山上埋葬。出殡前财灯先被分发给诸孝子女,哭丧棒只分发给孝子,随后所有孝眷和前来帮忙者便

图 10-9　魂轿

列队出发。出殡队伍最前方一般为死者女婿举铭旌引路,若无女婿也可请三代同堂、妻子健在,在村中德高望重的老人(称"好命人")代替。铭旌是一根带叶的细竹竿悬挂红色长布条,上由风水师以新毛笔沾姜母汁和水粉书写:"中华　恭旌　储倬四代大父(母)讳　××谥　▽▽　享寿于 N 十有 n 龄◇公○○(◇氏△妈)之铭旌　阳世　□□　敬题②"③,其中"××"、"▽▽"、"□□"几字为黑色,其余均为白色,"N 十有 n"并非死者的实际年龄,而是虚加数岁(见图10-10)。铭旌规格在传统社会有严格的品级划分:三品用布九尺、四品以下用布八尺、六品以下用布七尺、士庶用布六尺。④　土葬时风水师要去山上看坟地,铭旌则由家中合适的亲属代写。走在第二位的是二女婿,肩挑"大灯",又称白灯。"大灯"为一根扁担两头挑白色纸板

---

① "菀"应为"宛",疑为笔误。
② ◇代表本姓,○代表名,△代表妇女的夫姓,□□代表落款人名或法号。
③ 铭旌、灵位、墓碑上的文字书写,须算"生老病死苦",若合"生"、"老"字才可用;第一生、第二老、第六生、第七老,余可类推。如铭旌,每字按顺序对应"生老病死苦"中一字,最后一字须对应"生"或"老",一般 36 或 37 字。
④ 摘自村中一位地理先生的手抄笔记。

制方灯,方灯从上往下依次盖着:白麻、蓝布、白布,灯下则有红穗子,每个灯在前后左右四面写有四字,分别为"百子千孙"和"科甲联登","大灯"上侧边书"四代大父/母"或"四代大父/母冥灯"(见图10-11)。若亡者只有一位女婿,则铭旌只能由老人代扛,而"大灯"则须由女婿挑。随后是两位邻舍抬"魂轿";后面一位邻舍举花圈,花圈左右分别贴有白纸黑字"沉痛悼念×××女士/先生"、"福建省漳州市×××单位"或写上个人名字。棺材在队伍中间,由四位头戴斗笠的邻舍用两根竹竿穿绳扛起,棺材两旁有孝子守护,送完父/母最后一程。传统抬棺人穿草鞋,较利于登

图10-10　铭旌

山,一说可除秽气,但现在出殡不上山,则不必穿草鞋。锣鼓乐队紧随其后,一路演奏震耳欲聋的丧乐。最后是依关系亲疏排列的送葬亲友。一路上并无人撒纸钱。若丧家留有火葬制度前购置的棺材,则要在此时请邻舍将棺材抬至村口烧毁。

图10-11　大灯

队伍行至村外不远处,包括女性死者娘家人等未穿孝服的孝眷止步跪拜,告别其他人,不再前行。孝子女也向他们跪拜以表感谢,又继续前行,至不见村庄处,将棺材卸下,送上等候的灵车中,铭旌、花圈、魂轿也就放在此地,而魂轿中的遗像则被取出,由长子捧在胸前带去火葬场。上车时,棺材上的红毯被取下。孝眷坐上灵车,前往位于华安县境内车程约45分钟的漳州市长富山殡仪馆。

(十二)火　　化

灵车到火葬场后棺材由火葬场工作人员抬出。孝子女与工作人员核对《死亡证明》,之后又逆时针、顺时针围棺各三周或一周,土葬时代则是在山上安葬后绕坟各三周。围棺队列中长子手捧遗像,做最后告别。随后棺材被移至焚化炉的传送带上。孝眷将死者遗像放在炉门边,并在门前下跪,哭喊:"爸/妈[按每人具体身份而定],快跑啊,水火要来了!"最后眼看焚化炉的门关上,至此与亲人永别。

1~2小时后,长子手捧遗像,携众孝眷至"取灰室"窗口领取骨灰。室内的工作人员将冷却后的骨灰装入骨灰盒中,大块碎骨垫底,细灰填入中层,上层盖上大块碎骨。骨灰盒价格按品质百余元至上千元不等,盒上贴有死者小号遗照。长子接过骨灰盒,率众孝眷至火葬场一边的空地,进行安位仪式。

安位时,骨灰盒置于火葬场专门搭建的水泥台上,骨灰盒后供起遗像,孝眷点起红烛和白烛各两支,分立于骨灰盒前方两侧,财灯放于一旁;另有一个红包,原先土葬时代须赠予同去山上的风水师,如今火葬风水师虽不同往,但红包依然由孝眷带来,事务完毕后又带回家中。骨灰盒两边有供品:猪肉、苹果、梨、白米、眼子粿、酒等。孝眷先拜土地公,面对香炉,敬酒三杯,每人点三支香后插于香炉,随后每人焚烧寿金,再拜亡者,面对遗像焚烧金银纸,酒只敬一杯,长子在骨灰盒前掷筶,心中默问父/母是否满意,不论结果如何只问一次,掷完在一旁烧纸。仪式结束,由长子捧骨灰盒至一旁的"福寿堂"存放骨灰。一切办妥后,便上车返回绵治。在车上次子一路撒纸钱,若死者仅有一子则由长孙或关系较近的人代替。

众孝子带来的哭丧棒遗留在殡仪馆,土葬时代则留在坟堆顶上;财灯由孝子女各自带回家中。

(十三)返　　主

从殡仪馆回家称为返主。孝眷即将乘车进村时,电话通知在家的亲属。出殡时在半路止步的亲属又重回原地跪等送葬归来的孝眷,其中外家须去村口迎接灵车。灵车停在原先孝眷上车处,乐队立刻奏乐上前迎接。长子先捧遗像下车,将遗像放入还在原地的魂轿中,由帮忙的邻舍抬回,火葬实行后,魂轿也经常放在灵车出发处不管,遗像由长子捧回家;花圈则都遗留在灵车出发处。返主队伍基本与出殡时相同,但无棺材,并且须由次子一路撒纸钱。返主路上,外地赶来奔丧的孝女须将财灯挂于沿途树上。

家中原先的灵堂中已设好灵位:供桌上铺盖一块垂挂及地的白布,白布中部上方又挂有一只麻袋,桌上供有酒、米饭、两碗菜(煎蛋和配菜)、猪肉、白米糕、丸子、黄豆、芋头等八碗,另置有灯、香、纸钱、财灯;供桌上方墙上贴有上书大号"奠"字白纸一张,"奠"字两侧则是黄纸对联:"守制不知红日上,思亲惟望白云飞",上方横批为:"追孝堂"(见图10-12)。孝眷归来,由长子将遗像放于供桌正中;昔时则要放在纸糊"饭亭"中,女婿将铭旌立于供桌一侧,另一女婿将两盏大灯分别挂于灵堂门外左右,其作用是昭告村人或登门拜访者,家中有丧,财灯也置于供桌旁。另外要在门外悬挂去皮的竹筒,此称鹄 k'oh (见图10-13)。

哭丧人在乐队伴奏下开始唱哭调,孝眷手持一根香立于哭丧人后,随其跪拜。随后孝眷跪拜四次,再按长幼上前,在供桌前掷筶,询问死者是否满意,投完后将硬币放于桌上,再烧金银纸。

最后土公为孝子孙分"手尾钱"布条,孝子得白色,孝孙得蓝色,系于手腕;先前保管亡者身上余款的长辈为孝眷分发"手尾钱"现金。祭棺头围棺时次子背的米袋中所装红包,也在此时被孝子和长孙平分。关系较远的亲属和来帮忙的邻舍在此时供上祭品和纸钱,又行烧香跪拜礼后,分发红线系于手腕、胸前或发梢,除去秽气,万事大吉,此称转红。众孝眷则将腰间的麻绳在灵堂中挂起。至此葬仪完毕。

图 10-12　灵位

图 10-13　鹄

(十四)谢　　客

丧家必须对外地前来吊唁和本村帮忙者进行答谢和宴请。筵席上一般有米饭、面条等主食,猪肉、白菜等各色配菜。另外绵治人认为酒具有驱邪之用,因而参加完丧事必须饮用丧家提供的酒,以除秽气。

准备筵席时还须请人杀一只鸡,并用鸡的胃套住鸡头,据说可除秽气,防止来宾发生不吉之事。丧家则要致送杀鸡人红包。

用餐毕,丧家就要辞别吊唁者。其中送别女性死者之娘家亲属须举行"送外祖"saŋ kua zo 仪式:丧家须先送祖家亲戚糕点、缎花(即妇女所戴的一种头饰,见图 10-14)、毛巾等回礼,长子在家

图 10-14　缎花

门口跪地,将一红盘高举过头顶,盘上从最底下往上依次是折叠整齐的七尺二白布、七尺二蓝布、四尺二红布,最上则是一个红包。长子送外祖时不可言语,须静候母亲娘家人拿取红盘上物件,若祖家拿走其中红包,则表示他们在做百日时还会再来,若不收,则可能对方觉得往来不便,不会于百日时再来祭拜。另外外祖按传统一般不得在丧家过夜;若因客观原因必须过夜,则过夜者要先到村外绕一圈,选择与白天来时不同的道路进村,到丧家时,家人要问:"你刚来?"

孝子须在回家前将财灯拿到村里离家较远处的树上挂起。在家中,若门上有春联则要用白纸条斜封起来,以示此家正在服孝。死者为男性则纸条向左倾斜,女性则向右倾斜。

二、葬后仪式

绵治的丧葬仪式结束后,还有一系列的葬后仪式,包括"做七"、"做百日"和"做忌";而做忌中,又有"做对年"、"做三年"等。现在这些仪式,与旧俗相比虽然时间缩短、过程简化,但仍然与葬仪一起构成绵治村完整丧葬仪礼的一部分。

(一)做 七

"做七"又称"做旬",在"百日"内完成。据报道人说,约在1980年以前,丧家须做七次"七",有"正七"、"假七"之分,正好间隔七天称为"正七",因日子不吉等原因间隔五或六或八天称为"假七";头七也可请风水师择日,但日期不得超过死者过世的第七天。"头七"、"尾七"较受重视,会有较多孝眷参加,丧家则须供白米粿(白色与白事对应),其他五次"七"则相对简单随意。

后来"做七"的仪式大幅简化,一般先由孝子女焚香、跪拜、烧纸、敬饭2、4或6次,最后再较为正式地做"七"1次,总共合计次数须为单数,即3、5或7次。如今丧家往往将正式"做七"与"做百日"集中在同一日进行。也有丧家将"做七"、"做百日"和葬仪放在同一日进

第十章
绵治的丧葬习俗

行,此称"五八夜"ŋobehya,"五八夜"结束后,其后不再"做七"。

"做七"先由孝眷每人点一支香祭拜,拜毕在灵前烧纸钱。又有人抬入一竹笾,上置十二碗红糖汤圆及十二双筷子,取一家团圆之意,另有几根麻绳整齐地放于碗筷两侧。孝女、孝媳象征性地吃几口汤圆,又将麻绳拿起,其中孝女朝门外方向抽取,孝媳则往屋内抽取;随后孝女将麻绳拿至屋外远处的树上,孝媳则将其挂在供桌下横杠上,待做百日时焚烧。而后碗筷被收起。

碗筷收起后,先由关系较远的亲友献上供品、烧纸祭拜后系红线转红。之后奉上酒、米饭、猪肉、菜和白粿等供品,由孝眷按亲疏长幼敬饭、奠酒。敬饭奠酒时都须跪地,持碗或盅向遗像敬三下;饭敬一碗,酒敬三杯,敬完饭放于供桌上,敬过的酒洒在地上。最后众孝眷再焚香烧纸跪拜。

上述仪式结束后,孝眷除孝,白孝服重新收起,麻衣则须于夜里子时前拿至屋外焚烧,而在"做七"与"做百日"时间接近的情况下,孝眷只是暂时除孝,百日时重新穿上。据说昔时孝子女除孝要做完百日后进行。挂在门口的大灯须取下,与麻衣和其他仪式用品一起焚烧,门口的鹄则保留。但因目前"做七"往往与百日在同日完成,因此很多用具都与做百日仪式共用,可在做完百日后再丢弃或焚烧。此外昔时孝眷除孝前不得沐浴,须始终穿着孝服,也不可理发,故在"做七"当晚,丧家会请剃头师傅到家中为家人和吊唁者理发,以除秽气,因而当时吊客还需缴纳理发钱,后来逐渐转变为第二天吊唁者自行理发,理发钱遂取消。

（二）做百日

绵治人为亡者做百日也经历一系列的变迁,不同的报道人在回忆过去情况时常常莫衷一是,本章尽量保留各报道人前后较能一致的说法。有报道人指出在"文革"以前做百日是在死后 120 日左右,实堪称为"百日",但后来变为在第 49 日左右办,故有报道人认为百日即尾七。另一说是"文革"后开始请风水师择日,所选日期一般不超过死者阳寿数,例如死者享寿七十,则在死后六十余日做百日;享寿六十,则在死后五十余日做百日,依此类推;未满五十过世者,所选日期距死期约为得年之半数。又说做百日在改革开放以前纯粹根据亡者享寿而定,并不特别择日。按传统礼数,百日内丧家不可外出访客。

百日内除须做七,孝子女每日早晚还须敬饭,供上米饭、配菜各一碗,并焚香烧纸跪拜;敬饭前须敲打鹄,示意亡魂回家用餐。在集体所有制时代,因家中女人也外出劳动,每日早晚敬饭便成为负担,其中程序遂逐渐简化,日程渐短。目前在绵治村,做百日皆就近于数日内或葬礼同一日内完成。

虽然日期发生变化,但做百日的仪式过程大致未变。做百日时亲友会带糕点供品前往丧家祭拜,并需带米饭与配菜各一碗,若死者配偶亦过世,则带两碗米饭。孝眷的供品则以份论,包括猪头、全鸡、蛋、猪肉、米饭、配菜、发粿、白粿各一碗,其中饭菜碗上搁一双筷子;又有一屉蒸笼,内有咸饭、黄豆、煎蛋各一碗,及眼子粿若干,蒸笼内的食物上均插上许多竹叶;另有酒壶、酒盅各一和纸钱一袋。诸孝子可合供一份祭品,孝女则要各奉一份,又因孝女家要在此日"转红",故又须多供一份红粿,孙辈若成家也须单独供一份祭品。孝女的供品一半要留在丧家,另一半由孝女带回,包括猪头也须切一半对分;已经成家的外孙女供品全部带回家,故当地俗语有云:"女儿收一半,外孙女借你看。"但如今孝女的祭品已很少再留一半在娘家。

陈列祭品后,孝眷开始祭拜。先在宅外烧金银纸,随后孝眷立于灵堂左右。每人焚一炷香,再行跪拜礼。而后开始"致祭",一般先由孝子拜,再依次由母舅、姑妈、姨妈等拜;母舅拜时,长子须将在供桌前准备好的草席、毛毯展开,以示尊重,知礼的母舅则会将草席、毛毯叠三次还原,照样席地而拜。每一辈分致祭时都要由同辈内的年长者先敬饭一次、奠酒两次,其余人再行跪拜。奠酒时除儿女辈最终将酒供于灵前之外,其他人奠酒都将酒洒于水盆内,并不奉上。风水师则在亲人祭奠时诵读《致祭祭文》(见附录二),身份不同,祭文内容也

第十章
绵治的丧葬习俗

不同,按身份分为儿女、女婿、兄弟姐妹、孙辈、外孙辈、侄辈等等的祭文,不一而足;孝子女辈祭父/母文是用白纸写就,其余都用红纸。致祭结束后众孝子携家眷再次跪拜。

拜完之后孝眷在宅外围圈,将金银山、纸轿等仪式用具焚化,风水师在一旁念念有词,将手中的稻谷、黄豆、铁钉(意为出丁)和纸钱掷入火堆。纸扎金银山由孝女家每家献一对,山头贴红纸,示意将转红;诸子可合供一对,也可每家各献一对,山头贴白纸。孝眷又手持纸钱绕火堆三周,将纸钱丢入火堆。之后灵堂中"奠"字、对联等被撤去,最后与所有仪式用具如大灯、麻绳等一同焚烧。众孝眷回灵堂再行跪拜,每人烧一炷香并插于香炉。旁人将一盘红粿供奉在遗像旁,孝子女便在身上绑红线,进行"转红"①。绵治人认为,孝眷在"转红"之前敬神无效。如有要事须出门,则可暂时系上红线"假红",回家后再解下红线。上述转红规矩如今在村中依然有一些人家恪守。

丧家在谢别亲友时须以内置一枚硬币的酒一瓶、红花一对、红线十二根、点红的馒头十二个做为回礼;母舅所奉供品丧家须以金钱加倍奉还。最后孝子须将香炉、鸽、饭亭等用具摸黑悄悄送去竹林,安放于竹丛下,随即立刻回家,且不能回头张望;这一程序在昔时要在做完"三年"后才进行。

昔时,百日后每逢初一日、十五日也要祭拜,直至"对年"。祭拜时由孝子、孝媳向亡魂供米饭、配菜各一碗,并焚香烧纸跪拜,若父母双亡,则须祭饭菜各两碗。

(三)做 忌

亲人过世后第一个忌日称"对年",第二个忌日称"三年"。做对年是在忌日当天,祭拜时须供上白粿、发粿,孝子女每家另须供上一

---

① 昔时孝子正式转红须在做完三年后,故做百日时金银山头为白色。但为与现代生活相适应,如今孝子都在做完百日时与孝女一同转红。

份"红粿山",即相叠高耸似山的红粿。在天黑后,孝眷一同在供桌前面对遗像焚香烧纸跪拜。

"做三年"即亲人过世后两年,在忌日前三天左右进行,与做对年供品、仪式大体相同。众孝子还须购买一对金银山,山头贴红纸,意为正式"转红"。至此广义上的整套丧葬仪式才算完成。寄存于火葬场的骨灰盒要做完"三年"后才可去祭拜,土葬时代也要做完"三年"后才上坟祭拜。上坟时间不定,孝眷须先祭拜坟墓旁的土地公,为其焚香、燃烛、供奉祭品。随后再祭拜祖先,一般会奉上茶、酒、水果、肉、糕点等供品,另须烧纸、焚香、燃烛;祭拜时酒杯和茶杯的数量一致,是丈夫加上妻子的数量(即便夫妻不合葬),一般为茶、酒各二杯,昔时若一夫二妻则供茶、酒各三杯。

在岁时祭仪中,也会有祭祖的节庆:如农历三月初三日的三月节、农历七月十五日的七月半,以及春节。值得一提的是,亲人过世后的第一个春节,家中大门还须贴上新的春联,绵治人认为母孝重于父,且黄色为大,因此若母亲过世,则第一年贴黄色春联,第二年青色,第三年转红;若父亲亡故,则第一年贴青色,第二年接近红色,第三年才是红色。并且丧家过年时也不能制作"甜粿",否则丧家认为会发生不祥之事。

三、做功德

做功德又称做和尚,也是绵治村丧葬习俗的重要组成部分,但与前面所述丧葬仪式与葬后仪式不同的是,并非每次葬礼都会做功德,丧家根据经济条件和具体情形决定是否安排做功德。一般来说,父母一方先过世时并不做功德,至二人皆过世后才在后逝者葬礼完成后请人做功德;也有丧家会上溯几辈先祖与新近过世的亲人一起做功德。本节基于田野调查中观察到的一次做功德仪式和相关报道人的口述资料,从基本概况、场地布置和仪式过程三方面概述绵治村的做功德仪式。

第十章
绵治的丧葬习俗

（一）基本概况

做功德的主要目的是为超度亡魂，送亲人上天堂，以报答亡者的恩情。在当前仪式过程简化的情况下，"做功德"常与"做百日"结合，具有令孝眷迅速"转红"的功能；村民普遍认为做完功德葬礼便全部结束，秽气也消失殆尽，丧家及吊祭者即可恢复正常生活。

与其他仪式一样，做功德也经历一系列的变迁。据说在 1949 年以前，只有非常富裕的人家才有实力请和尚做功德。1949 年以后，做功德仪式从简，尤其在"文革"时期，全国进行"破四旧"运动，做功德仪式被视为迷信活动取缔。1978 年之后，村中又渐渐恢复传统习俗，其中便包括做功德仪式。现在的绵治村，几乎每家每户都会为逝去的先人做一次功德。目前做一次功德花费约为五六千元，主要用于购置供品，另一部分须付 1500 元左右给从华安县境内请来三位做法事的"和尚"（或称法师）以及两位乐师。这些所谓的"和尚"区别于正规佛教体系中剃度出家的和尚，也非平日在家吃斋念佛的斋公，而被村民笑称为"土和尚"。他们在生活中跟普通村民并无二致，照样吃荤、结婚、种田，但自称习得法术，可为亡魂超度。"和尚"中有一位为首者，年纪略大、经验较丰富，接到丧家通知后，召集其他的"和尚"和乐师。一般费用也由为首的"和尚"向丧家收取，再分给其他"和尚"和乐师每人约 100 元。除了"和尚"与乐师，丧家还须请人负责准备供品和点香烧纸等事宜，每人也要致赠红包一个。

做功德的日期原先也须由风水师选定，一般选在"做七"过后，该日的黄历上不能出现"神号"、"鬼哭"等字样，而近年来往往都在亡后第七日，与"做七"、"百日"同日进行，不再择日；也有为方便而与出殡同日进行者。但若死者为非正常死亡，则必须在死亡当日做功德，否则村民认为亡魂会不得安宁，从而对家庭造成不利影响。

（二）场地布置

做功德须将场地分为法坛与灵堂。灵堂一般以原先大厅的灵位为基础,在灵位正面设一张供桌,上有六或八碗供品,一般包括:猪头、整鸡、米饭、猪肉、配菜、水果、白粿、糖果等。桌上又置一座香炉,两侧各点一支白烛。丧家须为死者购买一人多高的纸扎"灵厝"(见图10-15),以期亡魂栖居其中;另购纸扎"魂身",男做男身,女做女身,身上写有死者生辰(见图10-16)。"魂身"数量与做功德超度人数相同。大厅门口张贴白色对联及纸门帘(见图10-17)。

图 10-15 灵厝

图 10-16 魂身

图 10-17 灵堂门口

法坛设置于大厅另一侧或家宅大埕中,其正面悬挂三张佛像,两侧为两张天王画像;挂像下为高低两张供桌,高桌较窄,上有一排共13座神位,低桌较宽有13座神位,另有苹果、冬瓜、饼干、花生、糖果、红米粿、菜丸、梨子等供品八碗,又有一份茶点,即在一张寿金纸上放有茶叶和点心,以及红烛、香炉等仪式用品(见图10-18)。法坛左右侧又各挂四张画像,象征天、地、水、狱四府,大致讲述亡灵经历一系列劫难从地狱超度到极乐世界的过程;画像下又各有十个神位,称为"左右班";下面供桌上摆放八碗供品、茶点,及红烛、香炉。正面佛像前两三米远处,又有一张八仙桌,做法事时放其他供品用。与灵堂类似,法坛前也须张贴对联和门帘,但为红色(见图10-19)。法坛一般由法师在做功德第一阶段时布置。

图 10-18　法坛正面

图 10-19　法坛门口

(三)仪式过程

做功德一般从清晨 5 点开始持续到夜间 10 点多,法师须按亡者情况进行十一至十四个阶段的仪式,每阶段结束后都要由专人烧寿金纸、放鞭炮,其他人员则会稍做休息,或一两分钟,或半个小时。另外还有专人在每阶段结束时添置法坛中的供品。丧家为表敬意还须准备毛巾供法师在做法期间擦拭汗水。

做功德时三位法师都须穿戴僧侣服饰,一人主持法事,两人在一旁辅助,乐师一人打鼓、一人吹唢呐。所有孝眷则须在家中静候法师的安排,准备在仪式中祭拜先人。

做功德的第一阶段是起鼓,代表整个仪式的开始,时辰由风水师选定。一法师击鼓约5分钟,其余人挂起神佛画像,烧纸焚香。画像和遗像前的每座香炉中须由法师诵经点三炷香,香烧完后,须立刻续点,直至做功德结束,香炉中的香都不可中断。法师读文诵经时,似读似唱,语调独特。

第二阶段是请神。法坛外的供桌上,奉有八碗供品及一份茶点,长子手持纸制"表盘"(见图10-20)立于桌前,其他孝眷在后;法师点三炷香,插于手炉,站于孝眷之前,诵经作法,诵读"请帖",此称"发表";后持碗以手指弹水,并焚烧"云马"(见图10-21)和寿金纸,意为向神提供交通工具与路费,继而诵经并带领众孝眷跪拜。之后法师又将表盘供于正面佛像前,孝眷则回灵堂,对灵位焚香跪拜。

图10-20 表盘

图10-21 云马

第三阶段是引魂。只有当亲人死于外地时,才须在请神仪式之后进行引魂,一般丧家做功德时省略。仪式在村口进行,置一张供桌,上有酒、肉、米粿等八碗,且供品须以两个竹制馔盒提去,一个供佛,一个供亡灵,不可混淆。法师面朝向死亡发生地(如死于漳州市区则朝漳州方向),诵经作法,将亡魂呼唤返家;如果是死于河中,则在河边引魂。法师取一白毛乌鸡,将其绑在约两米高的新竹竿上,竹竿须留有枝叶;孝眷拉手成圈围绕法师而立,法师则念经并摇动竹竿，令绑在竹竿顶端的白鸡自然压弯竹枝，据说此时死者亡魂已寄托于白鸡身上，而竹竿会倒向死者最亲近的亲人，故由此人将白鸡取下，将其抱回家中。此仪式结束后众人跪拜，村中邻舍帮忙烧金银纸和寿金。

第四阶段是为死者沐浴。灵堂中供桌上有猪头和猪尾一盆，猪肉、鸡肉各一盆，供桌下置一小型纸厝，前有盛有水和毛巾的脸盆（见图10-22）。长子持纸制幡（见图10-23）跪拜，其他孝眷拉手成圈围绕纸厝而立。法师在一旁作法，并往盆内注水，又将以彩纸制的"金纸衣"，放于纸厝屋顶，以供亡灵在阴间穿戴。随后香炉又移置于纸厝前，其数量与做功德超度的人数相等，每个香炉插三炷香。长子上前以毛巾象征性地擦拭香炉，另须奉上一盘点心，并用茶杯、茶壶向死者敬茶。此后香炉再移回法坛，孝眷随之在佛前持香而拜，礼毕香炉又移置于灵前，法师、孝眷也同回。此时法师先点燃两支白蜡烛放于灵前，再烧金银纸，最后吹熄蜡烛。孝眷再随法师回法坛前跪拜。

图 10-22　小型纸厝

图 10-23　幡

第五阶段是拜佛。仪式前，先请来两位"做公"（已为人祖父）的老人，仪式进行时老人穿深蓝色长衫，戴圆礼帽。法师在佛前诵经，两位老人在后随之跪拜。法师所念为《慈悲三昧水忏》，劝人有行善之心，共上中下三册，上本诵地藏王，中本诵观世音，下本诵释迦牟尼；拜佛在做功德仪式中共有两次，每次念一至两本。法师念完一本后在灵堂带孝眷跪拜，之后又回法坛。

第六阶段是献供，又称献敬，意为将供品献给神明。仪式用物有：一红盘置于佛像前，上有大米，米上置12或24枚硬币、"花粉"，即妇女头上装饰用的塑料花或纸花，以及红丝线束、酒杯两个，其中一个杯中放有甘草（见图10-24）。另外在法坛外的供桌上列供品八种，但分量上较佛前供奉为多，一般有饼干、方便面、苹果和梨各一，及花生、红粿等；遗像前向亡灵供上饭菜各一碗及其他点心等。法师在法坛作法，孝眷则排成两列，分立于供桌后，待法师对供桌上的供品施法之后，长子从法师手中一件件地接过供品并递给后面的孝眷，直到每一件供品都经过每一位孝眷之手。此阶段仪式结束后，供品会被众人分食，绵治人认为这些供品具有强身健体、驱除厄运之功效。

图10-24　献供用品

第七阶段是与第五阶段相同的拜佛，过程不再赘述。结束后丧家须赠送拜佛的老人红包，以示感谢。

第八阶段是金山，大意为献神以礼物，过程与献供大致类似。孝眷先在法坛每人点一炷香，随法师跪拜。随后进行"献宝"，即孝眷将随身现金、首饰等放于红盘上，由法师供于佛前，念经作法。法师又手持插香的苹果对佛祭拜，再将苹果递给长子，长子则传递给后面的孝眷，直至最后；其次是插花的苹果①，再次是插红烛的苹果，分别由三个法师祭拜传递。传递插红烛的苹果时，法师强调烛火不能灭。随后再依次递清水、甘草茶、苹果、白米饭碗（饭上有菜丸和米糕）、盛

---

① 苹果上被剜出一小洞。

有花生和糖果的碗,以及献宝的红盘。结束后法师又将红盘中的现金和首饰归还孝眷。随后法师携孝眷在灵前作法焚香跪拜。最后再回法坛。此阶段完成后所有人又分食供品。

第九阶段是解结 kaikeh。只有当亡故的亲人生前做过生意,才会要求法师做解结;此因绵治人普遍认为凡是做生意者皆做过或多或少的不正当行为,故须由法师解结以替死者除罪。若亡故亲人非生意人,则此阶段可跳过。仪式时供上一斗生米,中间插入一杆秤,置于供桌上,另奉上新的供品八碗。供桌两侧各站两位女性孝眷,一般为孝女和孝媳,两侧又放有一铁盆,内盛水,上架两块木柴,中留空隙,女性孝眷用筷子夹金银纸在空隙中焚烧,令纸灰落入水中,法师则在一旁诵经作法。结束后再将灰水泼掉。

第十阶段是还库 hank'o,其全称为还库钱,意即替亡灵在阴间存入足够的金钱。象征亡者的香炉先被置于法坛正面供桌上。法坛右侧则又挂起一幅画像,象征地狱阎王殿(见图 10-25);画像前置一供桌,上有:鸡肉猪肉一盘、酒一瓶、大米 20～50 斤、方便面一箱,以及供品八碗、茶点一份、酒盅 18 个(呈"八字"形围住盛鸡肉猪肉的盘子)、红烛两支,分立茶点两边(见图 10-26);每碗供品随后又被法师插上一炷香。法师持祭文

图 10-25　还库时挂像

在法坛正面佛前作法,之后孝眷上前在祭文上一一签名。再由法师封库钱,即将纸钱用黄色纸盒封起来,并盖章于封条上,代表获得了阴曹地府的认可。随后法师继续在殿前作法,向孝眷分香,令其祭拜。诸孝子又用两根香夹金银纸、寿金、祭文在香炉上焚烧。而后所有孝眷携香炉移步至一口铁锅前,牵手成圆圈围绕铁锅。铁锅下放有柴草,锅中则整齐叠放金银纸、寿金、福纸(长条形黄纸)和木柴,封

起来的库钱则放于顶端,最后空隙处又被填入福纸(见图 10-27)。烧纸时,同时在锅下和锅内点火,但燃烧时不可搅动,须将纸灰保持原有形状,以期在地府可以流通。烧纸时长子洒酒于锅周围,孝女、孝媳则手持铁锨,在火烧过旺时,刮锅沿以防粘锅;法师则一直在殿前诵经作法。烧完库钱后长子向香炉上三炷香,最后取香炉与孝眷一同回灵堂。

图 10-26　还库时供品　　　　图 10-27　还库时用铁锅

　　第十一阶段是整个仪式中最关键也最冗长的打地狱。先将纸扎地狱城抬至法坛中央,城上有纸人十个,最高者为观音,其余为守城鬼卒,每个纸人上都插有一炷香,幡也被放于城上;城的四角各放一个碗,碗中有白蜡烛和鸡蛋;城下放魂身、香炉和大米一盘;城前置水果、点心、肉等供品六碗,以一蒸笼盛装(见图 10-28)。扎纸人的师傅须先对地狱城焚香烧纸祭拜,而后法师开始作法,由两位法师进行角色扮演,一位扮演解救亡灵的法师,一位扮守城鬼卒,二人一问一答,插科打诨,令旁观者忍俊不禁,解救亡灵的法师手持雨伞,不时挥舞,还会点燃纸钱,在空中舞动;其所演内容大致是法师嬉笑怒骂令守城鬼卒晕头转向入迷失神,最后不觉城门洞开,解救亡灵出城。随后是"过桥"仪式:众孝子分捧魂身、香炉、白布、福纸,孝媳、孝女每人手持一炷香,在法师带领下走过象征"金桥"、"玉桥"与"奈何桥"的铺有三色布的长条板凳,并环绕地狱城三周,法师在板凳一旁持幡用雨伞护送每位孝眷过桥。待孝眷绕完数周,法师将板凳踢翻,从孝子处递过魂身和香炉放回城底。而后法师继续作法,手持法杖绕城,并令

第十章
绵治的丧葬习俗

孝眷跟随;每绕两周,法师便打破地狱城边的碗一只,并取出碎碗中之蛋安放于供桌上,绕完六周,则剩下最后一只碗。同时孝眷将地狱城上的小鬼花纹一点点撕下,丢入烧福纸的火堆中。绕完最后两周,法师将油灯取走,打破最后一只碗,并将碎碗中的蛋安放于供桌上,随后又以雨伞撕毁地狱城,将魂身及香炉取出,象征将死者已从地狱超度到天堂。孝眷围拢,眼看地狱城被法师推倒,并用福纸点燃。魂身则被捧回灵前,孝眷遂烧纸祭拜。村民认为做过法事的雨伞具有强大法力,可做治病驱邪等用。

图10-28　纸扎地狱城

第十二阶段是祭拜。因现在绵治人常将做百日与做功德安排于同一日进行,故增加此阶段。仪式由风水师主持,与前述做百日过程相同。

第十三阶段是相对简单的除灵,孝眷在灵前奉上盐米、水,供法师作法。遗像从供桌上拿开,并被反转。

第十四阶段是送神,为做功德的最后一个阶段。法坛中神位被摘除,放置送神祭文的"文字架"(见图10-29)、云马、寿金纸、福纸等一同被焚烧。法师作法将每位神送走。

至此法师的工作已完成,丧家又请出风水师主持焚烧纸扎灵厝。焚烧灵厝时放入风水师所撰写的"房契",金银山、幡则放在灵厝一旁。灵厝前供奉下述物品(见图10-30):整鸡、红蛋、红粿三份,供品前则有香炉、纸扎男女奴婢、魂身、红烛,有孝眷尚未转红的,则还须准备红线。风水师口念"添丁发财"、"大吉大利"等吉语,以剪刀剪开大门,从大门将魂身放入内,又将纸钱、纸扎奴婢放在纸厝上,继而又口念吉语洒谷子、豆子、钉子于纸厝周围,最终点燃纸厝,燃放鞭炮。

图 10-29　文字架

图 10-30　灵厝前供品

最后所有人除孝,由孝子将麻衣及其他仪式用具送出门外随寿金一起焚烧,随后又将燃尽的香丢弃于溪边。至此所有孝眷皆"转红"。

四、孝　服

绵治人在葬礼上穿戴的孝服较为复杂,性别、辈分等等差异都会在孝服体现,故在此专列一节讨论。

在绵治的葬礼中,搬铺过后,在场孝眷都须穿上白色的孝服,孝子、孝媳是将结婚时的"白衫裤"[①]取出穿上,待丧事结束后再收起;诸孝女穿白衣白裙,女婿穿白长衫;亡者的养子女也与亲生子女相同;孙辈中仅长孙穿孝服,其在葬礼上的穿戴大体与子辈相同,本地话称"大孙尾子孝",意即将长孙视同为幼子;玄孙则身穿红色孝服。众孝眷又须佩戴白头巾,称"白手巾"。男性孝巾将头顶包裹并露出头心(见图 10-31),其中孝子的孝巾又有讲究,若父母只过世一位,

---

① 这些白衫裤往往因存放年久而略微发黄,在葬礼上与其他新买的孝服看上去有所不同,但其原为白色。未婚的孝子则须另备孝服。

则孝巾只垂下来一端,另一端包裹在内,若父母双亡,则将头巾两端垂下。女性的孝巾则经过缝合,将整个头顶包覆(见图10-32),中间高起,呈尖帽状。从孙辈往后,孝巾无男女之分,孙辈孝巾为白色,曾孙为蓝色,玄孙则为红色。其他关系疏远的亲属,则往往只是将孝巾拿在手上或披于肩头,并不佩戴。若有孝子、孝孙年龄太小或在外地无法返家祭拜,则父母或祖父母要将后代的孝服、孝巾系挂于身上,以象征其在场。

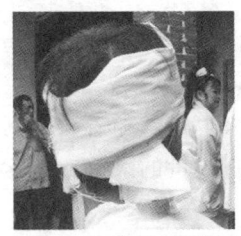
图10-31 男性孝巾图

图10-32 女性孝巾图

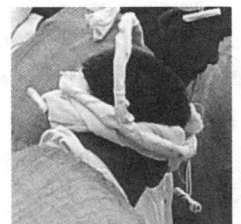
图10-33 "头盔"

图10-34 "济公帽"

图10-35 孝女盖头

图10-36 孝媳盖头

待丧葬仪式进行到祭棺头时,孝眷纷纷走出家门,须在孝巾上加戴外形各异的头饰。孝子所戴头饰称"头盔",由草绳编制,呈环状,外包白麻,中间有一半圆拱起,正好符合头部形状,圆形两侧又垂下两根白麻包的小段稻草(见图10-33);长孙若已成婚,则与孝子所戴相同,若未婚,则戴白麻制头饰,村民戏称其为"济公帽"(见图10-34);孝女则头戴另一种头饰,称"盖头"*k'amtao*,制作时将白麻袋向内凹,使一对角与另一对角重叠,尾部拖在背后(见图10-35);孝媳所戴头饰亦称"盖头",由黄麻袋制成,只包住头,后部无长尾(见图10-36)。另外孝子、孝媳须披上黄麻衣,孝媳还须围上黄麻裙,其他人不披麻衣;孝子、孝媳当初在结婚时若未拜堂,亦不披麻衣。

上述披麻衣、戴头饰的行为在土葬时代一般都是出殡到山上埋葬时才进行,火葬实行后改为出殡前祭棺头时进行。

五、坟　　制

在土葬时代,坟制是丧葬习俗中极为关键的一环。墓地不但是祭祀祖先的重要场所,村民也认为风水好的坟墓能令家族人丁兴旺、万事亨通;反之,风水不好的坟墓则会给家族带来厄运。随着火葬制度的推行,村中几乎已无人再开发新的墓地,新近过世的人都在火化后寄托于华安县殡仪馆,或埋葬于公共墓地。

(一)建　　墓

传统的墓地由风水师根据墓主生辰八字和去世日期选定。每开挖一处墓地,风水师都要在一旁立土地公"福神"牌位,其位置由风水师依地势而定,居左侧较多。开坟时孝眷与风水师要对土地公进行祭拜。

图 10-37　钟形坟

图 10-38　椅子形坟

绵治村中的坟墓分布较为零散,并不集中于某处。坟墓依地形和主人家的经济实力而建,从外形区分,最多属建于半山坡上的"钟形"(见图10-37),其次为在半山平地上的"椅形"(见图10-38),建在平地上的"龟形"则极少,唯有村中名士邹文谦①父母合葬墓一座。究其缘由是因绵治村位于山区,平地稀少而珍贵,丧家要在平地建墓须支付较多费用,普通家庭难以负担。

(二)二次葬

如今绵治村尚保有二次葬的传统习俗。火葬制度推行后村中为数不多的新坟墓即因二次葬而建。二次葬一般因墓主家中遭遇不顺,家人认为坟墓风水不好,故须重新开坟埋葬。土公和孝子女挖开旧坟前须烧香、献供品、念咒语等,之后由前来帮忙的村人挖开坟墓,再由土公将尸骨一根根取出,称"捡骨"。捡起的骨骸先放于箩筐中,经金银纸钱擦拭后按从脚趾骨至头骨的顺序从下往上安置在黑色、高及膝盖的"金斗"中;原先擦拭骨骸须由死者儿孙来做,后来都请土公代劳。捡骨通常要花半天到一天的时间,又在当天或第二天将尸骨埋入风水师选定的新墓中。

六、互助行为

对以农业生产为主要生计方式的绵治人来说,丧事中所消耗的大量人力、财力都非一家人可独立承担,因此村民互助便成为从传统到现代唯一有效的解决方法。绵治村丧事中的互助行为也有许多特别的讲究,值得讲述。

(一)邻舍互助

村中各种消息都传播得很快,一家发生丧事,邻舍会立马得知,继而主动前去帮忙制作孝服和麻衣、张罗筵席、管理财务、出殡抬棺等事务,人数在10~20人不等,土葬时代因有开坟挖土等工作,会有

---

① 关于邹文谦其人其事,详见本书第五章杨洁琼一文。

更多人前来帮忙,据说最多可达80人。

除了出力,亲友邻舍还须出钱。由于医药费相对昂贵,丧家常为死者生前治病花费大量积蓄,所以葬礼上的开销往往令其捉襟见肘,而此时邻舍的礼金便成为丧家的及时雨。去葬礼上帮忙与吊唁者都须送礼金,金额因关系亲密程度从50乃至200、300元不等。此类约定俗成的互助也有一定的演化过程,最早村邻只是送纸钱,约在20年前则渐渐开始送现金,大概在2005年之后,基本都送现金。礼金的额度也是随着生活水平提高,从1~2元逐渐提升到如今的以50元为底限。

丧家为表示感谢也有所回馈,须向每位来宾提供一小把掺过酒的米饭回家喂饲家禽,以除秽气;另外丧家还须在吊客送礼金时回送一封1元红包,吊客则会在回家后用红包钱买糖果吃,以除秽气。昔时是由丧家在做完百日后送馒头给吊客,后改送糖果。

当丧事接近尾声,在村中住得稍远的人先回家,住得近的则帮忙到最后,直至完成所有收尾工作。村邻回家后,认为自身带有秽气,往往一言不发,沐浴更衣后才开口说话。

(二)互助组织

在绵治村还发现一个丧事互助组织,该互助组织自称互助会,由村中邹益平、邹清国两位先生于1997年的一次葬礼上商议发起,成员共17人。互助会成员相互约定,若会员之父母过世,其他成员有义务给予金钱400元和人力上的帮助;若会员不在村中,则委托亲友代履行义务;该组织也对受益后不履行义务者制定处罚规定;每位成员只受惠一次,待所有成员都受惠过后组织便自动解散,故其实质即为"父母会"(参见余光弘 1980)。

该互助会书面章程全文如下:

互助会

我们本着互助之心。自愿组织互助会,为使此会自始至终地进行，一致认为：

一、其中一家发生不幸，必须自觉将资金（肆佰元）人力到位帮助。

二、若中途有不参加者，取消他对别人帮助资金。

三、若受惠后，不再参与此会义务，并自此会成效日起，所受惠资金计月息20％的处罚。

四、会员中有人无能力继续参与，必须由其继承人承担此会义务到结束。

［成员名单］

年　月　日　　金额　　　　　　受惠人

［背面表格：丧事互助记录］

村中还曾有数个类似的互助会，但往往因过去政治、经济环境变动剧烈，成员间互助的金钱难以统一衡量，最终不了了之。

七、变　迁

上文部分小节都已对绵治村丧葬习俗中的变迁有个别的记录，但相比绵治村丧葬习俗几十年来的历史，这些零散的资料并不能完整和连续地展现其具体过程。因此本节专门从仪式、筵席和火葬三方面来叙述绵治村丧葬习俗的变迁，这种种变迁都从不同角度体现出传统风俗在现代社会中所受的影响。

（一）仪式简化

据老年报道人介绍，在1949年以前，村中的丧事往往办得非常隆重，也都恪守传统古制，1949年以后，新政权反对"封建迷信"，提倡丧事从简，尤其在1960年代，全国经济困难，又加上"破四旧"运动的开展,丧事不得不大为简化。直到1978年改革开放以后,政治、经济环境好转,村人才又逐渐恢复丧葬习俗的原来面貌,但毕竟事过境迁,在数十年的历史激荡之后,想要完全恢复传统古制已不可能。

在1990年代的市场经济浪潮下,中国农村与城市的联系日益密切,整个国家的现代化进程一步步深入到农村,绵治自然不例外。在这样的背景下,丧葬习俗又出现新变化,最大的变化即葬仪的时间。1990年代以来,村中有越来越多的人外出打工、就学,以致最终在城镇中安家落户,因此反复地来往两地之间,或长时间地待在村中处理丧事,便成为这些人的难题。但在一开始,村中存在来自年长者的舆论压力,在外地居住的人并不敢太简化祭拜仪式,直到十余年前附近的上坪村人率先简化仪式过程,缩短做七及做百日的间隔时间,以方便身在外地的孝眷回村一次性完成所有仪式,绵治人也终于渐渐认可与效仿。最近两三年,村中甚至出现在一天之内完成入殓、出殡、做七、做百日、做功德等全部仪式的模式。目前村中还有年长者认为,孝眷采取这种处理方式是对亡者的不敬,但另一种观点认为,在孝眷客观上无法长时间请假在家的情况下,短时间内完成所有的仪式,尽到对亡者该有的义务,亦是孝心的体现。面对来自传统观念的非议,一些村人以"形势所造,不是儿孙不孝"一句来诉说仪式简化的无奈。葬礼的简化也有经济方面的考虑,譬如,在搬铺同一日出殡可减少租用冰棺的高昂费用,在同一日内做七、做百日则可节省人力、供品和相关仪式用度。

(二)筵席变化

在最近几年,绵治村葬礼中的筵席也经历了几番波折变化。由于丧葬礼仪往往能显示家族力量、巩固家族地位,因此原先绵治人在丧事上办筵席时菜色丰盛,每桌必备十样菜,其中有大鱼大肉,以彰显丧家气派,可谓奢侈。但在两年前,经村民代表提议,村民委员会在一次村民代表大会上通过决议,决定当年5月1日之后去世者,其葬礼必须从简,尤其是对于葬礼中的筵席,其菜色一律简而化之,不

第十章
绵治的丧葬习俗

得奢侈浪费。从当年5月1日之后,每逢丧事必有村委会派调解人去葬礼上监督,劝阻前往丧家帮忙的村民接受丧家赠送的香烟及其他回礼;而丧家置办筵席时,只可提供卤面、猪肉稀饭等简易餐食。但因丧事中常有邻村亲属参加,大约一年之后,村中以风水师邹天文为代表的村民普遍反映,过度节俭会影响绵治村的形象,故建议村委对丧事筵席的限制勿过于苛刻,于是之后村委的监管有所放松,但丧事上的筵席并未再达到原有盛况。

(三)火葬推行

土葬改火葬则是绵治村丧葬习俗中另一项重大变革。但与前两项不同的是,此项变迁由上级政府强制推行,而非村民自觉实行。在2007年,华安县政府在绵治村强制推行火葬,由于过往的传统,许多村民在一开始并不乐于接受此项政策。所以当年村委通过广播宣传、分发传单等方式试图赢得村民的理解与配合。而巧合的是,火葬政策在村中颁布后,亡故的第一位老人其一子正是在漳州市政府机关中担任职务的领导,另一子则是绵治村干部兼县民政局协理员,因此该家治丧自然一丝不苟地遵从国家规定,村民也从此心服口服,照章办事,无有违犯。一项本来饱受排斥的政策,就此得到了贯彻落实。

结　语

生老病死是人类永远不可避免的,其中"死"则是所有苦难的终结。死亡一般也被认为是宗教信仰的哲学出发点。此次笔者的田野调查,正试图通过了解绵治人的丧葬仪式去理解他们对死亡的认识与对人生的态度。

从绵治的种种丧葬习俗来看,尽管其主题是死亡和来世,但目的却指向活在现世的家人。这一结论也符合国内学界对中国丧葬仪式的一种认识,即中国的丧葬仪式很大程度是对生者的安抚。当然,绵治的丧葬仪式与众多文献所记载的闽南各地葬俗乃至其他地区汉族的葬俗相比，亦有其特点。这些比较分析涉及各地区的地理、历史、文化等方面的背景知识，本人学力有限，只能将此留作未来的课题。

参考文献

连横
　　1984　台湾通史。台北：大通书局。
郭娇斌
　　2010　璞山村的丧葬习俗。载余光弘、杨明华（合编），闽南璞山人的社会与文化，页269－293。厦门：厦门大学出版社。
余光弘
　　1980　绿岛汉人的丧葬仪式。中央研究院民族学研究所集刊　49：149－173。

第十章
绵治的丧葬习俗

附录一

棺前奠文（祭母）

维

公元二〇一二年岁次壬辰××月望日××越××日之良　阳世

　　孝男　　××　　××　　××　　孝妇　　××　　××　　××

　　孝女　　××　　××　　孝女婿　　××　　××

　　孝仪子　××　　孝仪妇　××　　孝孙男　××　　××　　孝孙女　××　　××

　　孝外孙男　××　　××　　孝外孙妇　××　　孝仪孙女　××

　　孝曾孙　××　　　　　　　　　　　　　　　　　　　　　　等

　　谨以肠元牲粢　酒礼　八音　金银二山　香楮之仪敢致奠于中华储佫四代大母讳　××　谥　××　享寿于×十有×龄×氏×妈之棺前曰

　　鸣呼慈母之逝　晴天霹雳天地昏　棺上母亲登西程　儿孙跪在棺前珠泪滚　哭去三魄跑二魂　该死阎君人人恨　无堂鬼吏不奉情　好人歹人都收命　善良邪恶都不分　我母生前很恭敬　忆吾母一生　品德贤良　支宾接客　考虑周详　操持家务　一生奔忙　克勤克俭　处事有方　任劳任怨　有功不扬　教育我辈　行动影响　上和下睦　四邻敬仰　对待戚友　温良恭让　爱护儿孙　如珠在掌　寒暑关照　山高水长　如斯美德　人间榜样　功高德旺

　　应寿疆　黄天不佑　胡为一疾　羽化登仙　丢下儿孙上天庭　人说善良寿长永　我母为何不高龄　哭断肝肠咽喉哽　铁石人闻亦伤情　从而要见亲人面　除非南柯梦三更　母灵如在　鉴此清延　消遥乐外　直往西天

　　　　　　　　　　　　　　　　　　哀哉　　尚享（飨）

附录二

致祭祭文（子祭母）

维

公元二〇一二年岁次壬辰××月望日××越××之良辰阳遇

孝男　××　××　-××　孝妇　××　××　××

孝女　××　××　××　仪子　××　仪妇　××

孝孙男　××　××　孝孙女　××　××

孝仪孙女　××　　　　　　　　　　　　　等

谨以肠元牲粢　酒礼　汤饭　馔盒　金银二山　香楮之仪敢致奠于

中华储佸四代大母讳　××　谥　××　享寿于×十有×龄×氏×妈之铭旌

呜呼慈母之逝　母懿德兮　敬慎慈贤　生我育我兮　训海渊源

我期寿兮　忆万斯年　胡为一疾　馆舍遽捐　使我儿辈兮　呼天抢地兮　风木凄然　音容何适兮　杳隔黄泉　四顾彷徨兮

如狂如癫　无胸呼号兮　欲见无缘　幽明永诀兮　天久地长兮

抱恨绵绵　母其有灵兮　鉴此清延

哀哉　尚享（飨）

第十一章

绵治人的草药运用

◎ 汪春春

前　言

绵治村隶属于福建省漳州市华安县,地属南亚热带北缘,为南亚热带与中亚热带过渡地带,西北高而东南低的地形对冬季冷空气南下起着阻碍作用。据1960—1983年全县各地平均气温统计显示,绵治村一月平均气温6.3℃,七月平均气温29℃,年平均无霜期312天,年平均日照时数为1889.2小时,年平均降水量1620.6毫米(华安县地方志编撰委员会 1996:71-73)。温暖湿润的气候使绵治村四季常青,造就了丰富的植被景观,也为绵治人提供了可观的草药资源。

田野调查之初,原本计划对绵治人的医疗选择进行整理描述,到

---

* 本文得以完成须感谢绵治村的诸位报道人,特别是童阿梅、邹爱梅、邹丽珠、邹海菊女士的悉心指导,在此谨致谢意。

达绵治村开始熟悉周遭环境,并约略了解绵治村医疗状况后,研究面临的问题逐渐显现。绵治村人口众多,田野工作时间只有四十余日,加之个人能力有限,要进行医疗选择的研究并不容易。所幸与村人熟络后,观察其日常生活为我提供了思路。夏日炎炎,村人嗜好汤饮,且常加入草药以降火祛热;鉴于绵治人丰富且显见的草药运用,便决定搜集草药的资料。不过草药的界定涉及对植物的认知,具有较大的地域性、文化性差异;本章着重探析的是绵治人对植物的运用,故将村人熟知的,具有药用价值的,且在村落周遭易于采得的植物列入搜集的范畴;因村人所用草药多为草本植物,故常以"青草"代称。

在绵治调查的44天中,第一阶段近一个月时间,多以观察及非正式访谈方式收集资料,并记录草药药性、用法,共得常见的草药105种;最后的十余日,为了解村人常用草药并达反复验证之目的,将这105种草药制成表格,并请21位报道人分别勾选出认识并知悉用法的草药、认识却不知用法的草药,再详细描述草药药性及用法,最后补充其所了解但未列于表格中的草药。通过对报道人的反复询问,剔除重复记录2种、错误记录7种,报道人补充8种,得到村人常用草药名单(表11-1),共计104种。

本章除前言、结语外,共分为五节;第一节先叙述绵治人草药的分类,第二、三节分述草药采摘与运用,第四节探究村人草药知识的来源,最后结合文献资料,对部分草药运用进行比较分析。

一、草药分类

绵治人对草药药性、药理的认识因人而异,但也倾向从"毒性"的有无,"冷"、"热"两方面进行区分。青草是否可食是村人的首要划分标准,并在此基础上运用。断肠草为绵治最常见的毒草,亦称钩吻[*Gelsemium elegans*(Gardn. & Champ.)Benth.],人不可食,但可做畜用,有通肠道、助消化之效;对钩吻的辨认是村人最基本的草药

第十一章
绵治人的草药运用

知识,部分人表示田间地头可见的草"除了断肠草不能吃之外,其他的草都可以吃"。此外农药的使用使原本可食的草药,被村人排除在使用范围之外,通常采摘草药时,亦多避开稻田、茶园等农药密集使用区域;多生长于稻田、路边等常见之处的车前草(*Plantago asiatica* L.)便属此例,农药的使用几致其绝迹,即便幸存,村人亦表示植株上或有农药残余,应避免采摘。亦有村人保持着"是药三分毒"的观念,认为青草虽好,但对药效均一知半解,恐有误用,不可常食。故草药毒性的界定,除植物本身的特征外,亦包含农药等外在因素以及个人主观判断。

村人亦依据药性与使用季节对草药做"冷"、"热"的划分。夏季天气燥热且正值采摘辣椒、种植水稻、护理茶园的农忙时节,在强烈的日照下劳作,身体难以保持原本的平衡,极易上火;若饮食再趋干燥,上火则更加严重。此外制茶这一接近火、热的工作也是上火的原因。因此适当地为身体降火是村人夏日保持健康的重要方法,青草药为其首选。部分村人表示青草药大多于夏季使用,故大多为凉性。值得注意的是,村人又将凉性草药做"降火"与"吃清"(*tsia tsŋ*)的区分,部分人认为"吃清"即"吃清淡"之意,对上火起着预防的作用;"降火"则是上火后采取的应对措施。但在实际运用中,村人大多表示无须细做区分,并采取"随便吃"的态度;如猫尾草[*Uraria crinita* (Linn.) Desv. ex DC.]、薏仁根(*Coinx chinensis* Tod. var. chinensis)、鸢尾(*Iris tectorum* Maxim.)等常见的"吃清"草药,亦常做凉茶饮用。而冬日较夏日湿冷,身体热量容易流失,故冬季常食"热"性草药,用于治疗筋骨酸痛的香仔藤(学名待查)、过山枫(*Celastrus aculeatus* Merr.)、梨子黄(学名待查)便属此列。

表 11-1 绵治人常用草药一览表

序号	地方性称谓	闽南话注音①	学名	科属	拉丁学名	认识并知其用法	认识但不知其用法	认识比率（%）	认识并知其用法比率（%）
1	猪母菜/鱼腥草	ti bo ts'ai / yi ts'ou ts'ao	蕺菜	三白草科	Houttuynia cordata Thunb.	21	—	100	100
2	六角英	lak ka yiŋ	爵床	爵床科	Rostellularia procumbens (L.)Nees	21	—	100	100
3	虎尾轮	ho buei lun	猫尾草	蝶形花科	Uraria crinita (Linn.) Desv. ex DC.	18	3	100	85.71
4	野菊花	ya kiok hua	马兰	菊科	Kalimeris indica (L.) Scho-Bip.	21	—	100	100
5	杨梅	tsuō m	杨梅	杨梅科	Myrica rubra (Lour) Sieb. et Zuce.	18	3	100	85.71
6	红对面黑	aŋ tui bin o	萹蓄	蓼科	Polygonum heterophyllum L.	20	1	100	95.24
7	白对面黑	pe tui bin o	腋花蓼	蓼科	Polygonum plebeium R. Br.	18	3	100	85.71
8	薏仁根	yi ʨin kin	薏米	禾本科	Coinx chinensis Tod. var. chinensis	21	—	100	100
9	香仔藤	hiaŋa tin	待查	待查	待查	21	—	100	100
10	鬼针草	kui tsiam ts'ao	鬼针草	菊科	Bidens pilosa L. var. pilosa	21	—	100	100

第十一章 绵治人的草药运用

续表

序号	地方性称谓	闽南话注音	学名	科属	拉丁学名	认识并知其用法	认识但不知其用法	认识比率(%)	认识并知其用法比率(%)
11	兔耳头草	t'o a yi t'ao ts'ao	待查	待查	待查	19	2	100	90.48
12	蕨菜	kui a	食蕨	蕨科	Pteridium esculentum. (Forst.) Cokayne	20	1	100	95.24
13	丁站巫	tiŋ k'ia ʉu	地胆草	菊科	Elephantopus scaber L.	21	—	100	100
14	乌拉草	o la ts'ao	待查	待查	待查	19	2	100	90.48
15	白菊花	pe kiok hua	甘菊	菊科	Dendranthema lavan dulifolium (Fisch. ex Trautv.) Ling et Shih	21	—	100	100
16	马蹄跟	be te kin	马蹄金	旋花科	Dichondra repens Forst. [D. evolvulacea (L.F.) Britton]	21	—	100	100
17	遍地锦	p'ian te gi ma	天胡荽	伞形科	Hydrocotyle sibthorpioides Lam.	20	1	100	95.24
18	风栀斗草	hoŋ kui tou ts'ao	东方肉穗草	野牡丹科	Sarcopyramis bodinieri Levi. et Van. var. delicata(C. B. Robins.)C. Chen	21	—	100	100
19	苦菜	k'oh ts'ai	败酱草	败酱科	Patrinia Scabiosaefolia Fisch. ex Link.	18	3	100	85.71
20	站枝菇粪草	k'ia ki ko ga m ts'ao	野牡丹	野牡丹科	Melastoma candidum D. Don	20	1	100	95.24

361

续表

序号	地方性称谓	闽南话注音	学名	科属	拉丁学名	认识并知其用法	认识但不知其用法	认识比率（%）	认识并知其用法比率（%）
21	艾草	ai ts'ao	艾	菊科	Artemisia argyi Lévl. et. Vant.	17	4	100	80.95
22	穿山龙	ts'u ĩsuā lioŋ	过山枫	卫矛科	Celastrus aculeatus Merr.	19	1	95.24	90.48
23	丝虫叶①	si t'aŋ hio	桑叶	桑科	Morus alba L.	17	3	95.24	80.95
24	丝虫根	si t'aŋ kin	桑树根	桑科	Morus alba L.	20	—	95.24	95.24
25	金簪花根	kim tsam hua kin	待查	待查	待查	20	—	95.24	95.24
26	黄皂	wi ki	栀子	茜草科	Gardenia jasminoides Ellis	18	2	95.24	85.71
27	斩竹根	tsam te kin	淡竹草	禾本科	Lophatherum gracile Brongn.	20	—	95.24	95.24
28	牛将军	gu jioŋ kun	待查	待查	待查	20	—	95.24	95.24
29	梨子黄	lai a hoŋ	待查	待查	待查	20	—	95.24	95.24
30	断肠草	tuan tŋ ts'ao	钩吻	马钱科	Gelsemium elegans (Gardn. et Champ.) Benth.	18	1	90.48	85.71

第十一章
绵治人的草药运用

续表

序号	地方性称谓	闽南话注音	学名	科属	拉丁学名	认识并知其用法	认识但不知其用法	认识比率（%）	认识并知其用法比率（%）
31	白毛藤	pe mo ti	白英	茄科	Solanum lyratum Thunb. Fl. Japon	18	1	90.48	85.71
32	九节茶草	kao tsat te ts'ao	草珊瑚	金粟兰科	Sarcandra glabra (Thunb.) Nakai	18	1	90.48	85.71
33	满铜糊	muā tiā koa	待查	待查	待查	17	2	90.48	80.95
34	金银花	kim gin hua	忍冬	忍冬科	Lonicera japonica Thunb.	18	1	90.48	85.71
35	铁耙边	t'i pe p'ĩ	马鞭草	马鞭草科	Verbena officinalis L.	18	1	90.48	85.71
36	蜈蚣草	ŋia kaŋ ts'ao	待查	待查	待查	14	5	90.48	66.67
37	节骨筒	tsiet ku taŋ	木贼	木贼科	Equisetum hyemale L.	15	3	85.71	71.43
38	车前草	suā kao a	车前草	车前科	Plantago asiatica L.	17	1	85.71	80.95
39	蝴蝶花	bue ya hua	鸢尾	鸢尾科	Iris tectorum Maxim.	18	—	85.71	85.71
40	含铃草	han liŋ ts'ao	待查	待查	待查	18	—	85.71	85.71

续表

序号	地方性称谓	闽南话注音	学名	科属	拉丁学名	认识并知其用法	认识但不知其用法	认识比率(%)	认识并知其用法比率(%)
41	七叶莲	tsih hio liân	多蕊木	五加科	Tupidanthus calyptratus Hook. f. & Thoms	15	3	85.71	71.43
42	秤杆草	tin ꞓin na ts'ao	待查	待查	待查	18	—	85.71	85.71
43	山甘草	suá ka m ts'ao	玉叶金花	茜草科	Mussaenda pubescens Ait. f. f. pubescens	13	4	80.95	61.90
44	菇粟草	ko ga m ts'ao	地菍	野牡丹科	Melastoma dodecandrum Lour.	17	—	80.95	80.95
45	苍蝇翅	ho sin sit a	鸡眼草	豆科	Kummerowia striata (Thunb.) Schindl.	9	8	80.95	42.86
46	柑杞	kam ki	枸骨	冬青科	Ilex cornuta Lindl. et. Paxt.	16	1	80.95	76.19
47	爱玉	ai ꞓi a	薜荔树	桑科	Ficus pumila L.	17	—	80.95	80.95
48	蛇泡草	tsua p'o ts'ao	蛇莓	蔷薇科	Duchesnea indica (Andr.) Focke	14	3	80.95	66.67
49	梨壁归	le piah ts'ao	杠板归	蓼科	Polygonum perfoliatum L.	13	4	80.95	61.90
50	臭青芽	ts'ao ts'e yiŋ	大青	马鞭草科	Clerodendrum cyrtophyllum Turcz.	16	1	80.95	76.19

第十一章 绵治人的草药运用

续表

序号	地方性称谓	闽南话注音	学名	科属	拉丁学名	认识并知其用法	认识但不知其用法	认识比率（%）	认识并知其用法比率（%）
51	水瓜头	tsui kua t'ao	待查	待查	待查	12	5	80.95	57.14
52	笔仔草	pit a ts'ao	金丝草	禾本科	Pogonatherum crinitum (Thunb.) Kunth	16	1	80.95	76.19
53	金丝莲	kim si lian	待查	待查	待查	13	4	80.95	61.90
54	龙虾草	lionghia ts'ao	待查	待查	待查	15	1	76.19	71.43
55	向天盏	hiang t'ian tsuā	韩信草	唇形科	Scutellaria indica L.	13	3	76.19	61.90
56	三脚虎	sā k'a ho	长萼鸡眼草	豆科	Kummerowia stipulacea (Maxim.) Makino	13	3	76.19	61.90
57	石橄榄	tsih kn nah	石仙桃	兰科	Pholidota chinensis Lindl.	16	—	76.19	76.19
58	仙人掌	sian ʦin tsuā	仙人掌	仙人掌科	Opuntia dillenii (Ker-Gawl.) Haw.	5	11	76.19	23.81
59	藤癀	tine la hiong	待查	待查	待查	16	—	76.19	76.19
60	屎瓜头	sai kua t'ao	王瓜	葫芦科	Trichosanthes cucumeroides Maxim.	7	9	76.19	33.33

365

续表

序号	地方性称谓	闽南话注音	学名	科属	拉丁学名	认识并知其用法	认识但不知其用法	认识比率(%)	认识并知其用法比率(%)
61	辣条草	lua tiao ts'ao	软叶水蓼	蓼科	Polygonum flacidum (Meisn.) Stew.	4	11	71.43	19.05
62	罗汉果	lo han ko	鸡蛋果	西番莲科	Passiflora edulia Sims. in Curtis's Bot. Mag.	11	4	71.43	52.38
63	血路草	hue lo ts'ao	假杜鹃	爵床科	Barleria cristata L. var. cristata	12	2	66.67	57.14
64	金丝薄荷	kim si po ho	积雪草	伞形科	Centella asiatica (L.) Urban	8	6	66.67	38.10
65	叶下珠草	ya hia tsu ts'ao	叶下珠	大戟科	Phyllanthus urinaria L.	12	1	61.90	57.14
66	蚶壳柑	ham k'ak kŋ	待查	待查	待查	9	4	61.90	42.86
67	竹籽	tiek a	菝葜	百合科	Smilax china L. [S. japonica (Kunth) A. Gray]	8	5	61.90	38.10
68	黑茸根	o m kin	待查	待查	待查	12	1	61.90	57.14
69	水刀莲	tsui to lian	水竹叶	鸭跖草科	Murdannia triquetra (Wall.) Brückn	9	3	57.14	42.86
70	茅根草	mo kin ts'ao	茅根	禾本科	Perotis indica (L.) Kuntze	10	2	57.14	47.62

第十一章 绵治人的草药运用

续表

序号	地方性称谓	闽南话注音	学名	科属	拉丁学名	认识并知其用法	认识但不知其用法	认识比率(%)	认识并知其用法比率(%)
71	铺姜头	p'o tsiaŋ t'ao	黄荆	马鞭草科	Vitex negundo L.	4	8	57.14	19.05
72	水樟布	tsui tsaŋ bo	石菖蒲	天南星科	Acorus gramineus Soland.	7	5	57.14	33.33
73	包合黄	pao ko hoŋ	豨莶	菊科	Siegesbeckia orientalis L.	8	2	47.62	38.10
74	藤三七	tin sam tsit	待查	待查	待查	5	4	42.86	23.81
75	坡剌子	p'o tsi a	茅莓	蔷薇科	Rubus parvifolius L.	5	4	42.86	23.81
76	过路蜈蚣	kue lo ŋa kaŋ	蜈蚣草	待查	Nephrolepis cordifolia (L.) Presl	5	4	42.86	23.81
77	红玫瑰	aŋ mui gui	玫瑰	蔷薇科	Rosa rugosa Thunb.	3	5	38.10	14.29
78	现天红	hian t'ian aŋ	待查	待查	待查	6	2	38.10	38.10
79	荔枝草/臭脚草	le tsi ts'ao / ts'ao k'a ts'ao	荔枝草	唇形科	Salvia plebeia R. Brown	4	3	33.33	19.05
80	剌苋菜	ts'i hen ts'ai	剌苋	苋科	Amaranthus spinosus L.	3	4	33.33	14.29

续表

序号	地方性称谓	闽南话注音	学名	科属	拉丁学名	认识并知其用法	认识但不知其用法	认识比率(%)	认识并知其用法比率(%)
81	指甲花	tsin ka hua	凤仙花	凤仙花科	Impatiens balsamina L.	3	3	28.57	14.29
82	狗睾丸花	kao lan huh hua	待查	待查	待查	4	2	28.57	19.05
83	凤草	hoŋts'ao	伏石蕨	水龙骨科	Lemmaphyllum microphyllum C. Presl	4	2	28.57	19.05
84	益母草	yek bo ts'ao	益母草	唇形科	Leonurus artemisia (Lour.) S. Y. Hu	4	1	23.81	19.05
85	红菜	aŋts'ai	紫菜苔	十字花科	Brassica campestris var. purpuraria L. H. Bailey	4	1	23.81	19.05
86	虎鬃坡	ho pin p'o	待查	待查	待查	1	3	19.05	4.76
87	山素英	suā suo yiŋ	待查	待查	待查	2	2	19.05	9.52
88	凤吹不动	hoŋts'ui put toŋ	蔓九节	茜草科	Psychotria serpens Linn. Mant.	3	—	14.29	14.29
89	红草	aŋts'ao	待查	待查	待查	3	—	14.29	14.29
90	李金丹	li kim tan	待查	待查	待查	2	1	14.29	9.52

第十一章 绵治人的草药运用

续表

序号	地方性称谓	闽南话注音	学名	科属	拉丁学名	认识并知其用法	认识但不知其用法	认识比率（%）	认识并知其用法比率（%）
91	牛舌草	gu tsi ts'ao	石苇	水龙骨科	*Pyrrosia lingua* (Thunb.) Farwell	1	—	4.76	4.76
92	观音串	kuan yim ts'uan	黄花倒水莲	豆科	*Polygala aureocauda* Dunn.	1	—	4.76	4.76
93	凤凰抱蛋	ho ho p'ue nuI	肾蕨	骨碎补科	*Nephrolepis cordifolia* (L.) Presl	1	—	4.76	4.76
94	粉藤	hun tin	白粉藤	葡萄科	*Cissus modecoides* Pland. Var. subintegra Fagnep.	1	—	4.76	4.76
95	凤尾单	hongbue ts'ao	井栏边草	凤尾蕨科	*Petris multifota* Poir.	1	—	4.76	4.76
96	谷精草	kok tsiŋ ts'ao	谷精草	谷精草科	*Eriocaulon buergerianum* Koern.	1	—	4.76	4.76
97	青龙抱柱	ts'Iiong p'o t'iao	绶草	兰科	*Spiranthes sinensis* (Pers.) Ames.	1	—	4.76	4.76
98	紫花地丁	tsi hua te tiŋ	紫花地丁	堇菜科	*Viola prionantha* Cav. Ssp. Munda W. Beck.	1	—	4.76	4.76
99	龙芽草	lioŋ ye ts'ao	龙芽草	蔷薇科	*Agrimonia pilosa* Ldb. var. *pilosa*	1	—	4.76	4.76
100	绿豆⑬	liek tao	绿豆	豆科	*Vigna radiata* L.	21	—	100	100

续表

序号	地方性称谓	闽南话注音	学名	科属	拉丁学名	认识并知其用法	认识但不知其用法	认识比率（%）	认识并知其用法比率（%）
101	苦瓜根	k'o kua kin	苦瓜	葫芦科	Momordica charantia Linn.	13	8	100	61.90
102	蒜瓣	suan pan	蒜	百合科	Allium sativum L.	12	6	85.71	57.14
103	丝瓜叶	ts'ai kua hio	丝瓜	葫芦科	Luffa cylindrica (L.) Roem.	5	12	80.95	23.81
104	陈皮	tan p'ue	柑橘	芸香科	Citrus reticulata * Blanco	5	8	61.90	23.81

注：
① 草药注音据报道人录音整理而成。首先感谢邹艺娟提供音频资料，还要感谢余光弘老师对注音的再三核对。
② 收集草药名称，用法时，村人多将"桑叶"及"桑树根"分开表述，后来对草药运用做熟悉程度排列时，二者表现出一定的差异性，故未将其合并为"桑"，而依据村人习惯做分述。
③ 绿豆、苦瓜、蒜瓣、丝瓜、陈皮在绵治除做日常食用外，亦具药用价值，为使不与其他草药混淆，故将此5种植物列于表末。

第十一章
绵治人的草药运用

二、草药采摘

　　植物的生长与分布依其对温度、湿度、土壤的要求而呈季节性、地域性差异。绵治草药一般于春夏生长、夏秋采摘,若无霜冻,部分草药全年可采。草药各依其特性,生长于田间地头、林荫幽壑、溪边湖畔,有些须依附他物、攀缘而上,村人欲采草药须先对其生长习性有所了解。近年茶叶种植的推广给草药的生长带来了一定的威胁。围绕绵治村的砍破山、马山、桥头林、大墓前、后山头(见附图)曾是村人采药的好去处,随着2001年茶叶种植的大规模推广,村人积极拓荒,将原本的植被砍伐,并辟成适合茶叶种植的梯田。加之农药的广为使用,使原本生长于山谷间的野生植物逐渐减少。近年村人采药的路程增加、难度增大,所耗费的时间亦加长,距绵治中心村东西约两三公里的洋大宅与长者地是目前村人采药的常去处。

　　村人采药具有一定的随机性,外出劳作时偶遇草药便采回,以备不时之需;有时亦根据自身需要采摘降火、退烧类草药。村人若于某处发现平日难以采得的草药,会在该地做出标记,但亦不希望被他人发现;若亲友有需要,则可告知其地点,或相邀前往。村人采药时亦保持着永续利用的观念,一定留存幼株,以待其成长繁衍,再予以采摘。因采药的种种不便,村人也自主栽种若干常用草药备用,蕺菜(*Houttuynia cordata* Thunb.)便是其中一例。因其叶揉碎后有鱼腥味而被称为鱼腥草,亦因其可做猪草料又称猪母菜;蕺菜性喜水,曾大规模生长于水田沟壑边,近年农药的大量使用以致其不断减少,现在野生的不多见,常见其栽种于菜地中。

　　绵治村中除一般村民在山野间采药外,还有四位本村草药医生及若干外来采药者,这些人可谓职业的采药人。草药医生是使用草药的专业人员,草药的运用相应地具有一定的经济价值,故每位医生的草药知识多秘而不宣。四位草药医生中的三位知识源自家传,均擅长治疗皮肤生疗、无名肿痛、刀伤、烧伤、烫伤等;另一位专治蛇咬伤的草药医生曾以抓蛇为业,与其一起工作的伙伴便将如何治疗蛇咬伤的方法传授予他,以求自保,后转为亲友、村民医治,渐渐建立名声。四位草药医生多采外敷、煎服之法为患者治病,查看病情后,立即外出采药;为保持草药知识的秘密,一般先将草药捣碎后再交予病人使用。因此草药医生所采草药与一般村民具有一定的差异,采摘地点亦尽量保持隐秘。外来采药者具有很大的流动性,故通常采取地毯式的采摘方式,亦未将植物生长习性与长远发展考虑其中,村人时常提起因外来采药者的短视,终致石仙桃(Pholidota chinensis Lindl.)绝迹的例子。石仙桃依附岩石生长,因果实状似橄榄亦称石橄榄,以之入汤甚是美味,且有降火之效,县城中各大饭店、小吃店纷纷推出石仙桃汤品,一时掀起采摘的热潮。因绵治相对于其临近的高车、沙建等村镇海拔较高,石仙桃生长较为丰富,外来采药者因经济利益的驱使纷纷入村采药,本村的石仙桃现已采摘殆尽,原本常见的草药已难得一见。

三、草药运用

草药运用涉及对药性的认识、用法用量的考量,以及用药的禁忌。下文先述绵治人常见草药处理方法、草药使用的禁忌,再依据其对草药的熟悉程度介绍药性。

(一)常见草药处理方法及使用禁忌

绵治草药除部分外敷外,大多可食用;可食草药可煮水当茶、煮汤、炖水、炖汤。做凉茶时将草药放入茶壶中,加少许水煮沸,为保证药性,水煮时间不可太长。煮汤即将采摘的草药洗净后,扎成小束与常食肉类①同煮。"炖"即"大锅套小锅"的隔水煮食方式,炖水即在炖锅中加水后,将放入草药与水的小锅套入其中,再加热至小锅中水沸腾即止;炖汤则再在小锅中加入肉类。做药用时,常采榨汁、冲泡之法。榨汁时须将洗净的草药包裹于纱布中,用力揉搓直至汁水流出,再收集汁水饮用;榨汁所得汁水较为苦涩,但村人普遍认为其疗效最佳。冲泡即将鲜草或干草放入茶壶中,再加入滚烫的开水冲泡饮用。

使用草药时,须明确草药自身的特征、处理的禁忌,方可确保药效,并保证使用者的安全。有毒草药不可食是草药使用的首要禁忌。其次用于治疗蛇咬伤、皮肤生疗、无名肿痛的外敷草药亦不可食;曾有外地务工者因长脓包向村人讨草药,村人采摘后令其捣后加酒外敷,却因语言不通、沟通不良而误将外敷草药煮水内服,险遭生命危险。此外即便无毒草药服用时亦应根据个人体质慎重选择,村人表示青草较伤胃,且多为凉性,有胃病或胃寒者尽量少服;亦可将青草晒干,待其刺激性减少后再服用。草药处理过程中亦应注意某些细节方可安全有效,如草药煮汤、炖汤时,为使药性不至损耗,可加少许盐,但切不可加入味精;服用时为使药性不至相冲突,应不与其他中药、西药同时使用。

(二)绵治人常用草药药性及用法

表 11-1 中所列草药按村人熟悉程度排列,下文的叙述也将按此顺序展开。这 104 种草药中,同种草药大多具有多重功效,故对草药做药效的分类整理后,不同药效的草药所占的比例之和超过 100%;其中可降火的草药 34 种(32.69%);可治疗筋骨酸痛的草药 21 种

---

① 绵治人常用于煮汤、炖汤的肉类包括猪肉、猪骨、猪肠、猪肝、鸡、鸭等,村人表示选择时无严格规定,以个人偏好及方便与否为准,亦多认为猪肠与降火类草药同用,效果最佳。

(20.19%);可治疗皮肤疾病的草药与可治疗感冒咳嗽的草药均为 14 种,所占比例各为 13.46%;可治疗胃肠相关疾病的草药 12 种(11.54%);可治疗眼睛相关疾病的草药 7 种(6.73%);可护肝的草药 6 种(5.77%);可利尿、可消炎的草药均为 5 种,所占比例各为 4.81%;可退烧、可做畜用的草药均为 3 种,所占比例各为 2.88%;可治疗蛇咬伤的草药 2 种(1.92%);可治疗耳痛的草药为 1 种(0.96%);具有降火功效的草药在村人日常生活中运用最为普遍。

1. 蕺菜亦称鱼腥草、猪母菜,可榨汁饮用,可加少许盐煮水饮用,亦可与猪肉、大肠炖食,均有降火、吃清、降暑、清热解毒的功效;常晒干备用。

2. 村人亦称爵床为六角英,性喜阴湿,房前屋后四处皆有,采摘方便。煮水饮用,可降火;加少许盐或冰糖煮水,对咳嗽有较好的疗效,且可化痰;加入橘饼煮水饮用,可治感冒。

3. 猫尾草(图 11-1)盛开的花束卷曲直立,状似虎尾,亦称虎尾轮;可于山间谷地采得,但费时费力,村人多于庭院中种植,或于市场购买。可降火、吃清,亦可调香,即做为香料入汤,是村人眼中可"随便吃"的草药。

图 11-1 猫尾草

4. 马兰亦称野菊花,茎叶煮水饮用,可降火;与猪肠、猪肝炖食,可缓解上火引起的眼睛疼痛。多数村人认为花无任何药效,一般不予使用;但亦有部分人表示,花泡水饮用,可养颜美容。

5. 部分村人认为杨梅只做普通水果食用,并无药用价值;另有人认为其可助消化,直接食用、腌制后食用、泡制杨梅酒饮用,均有此效,且经过进一步加工后的杨梅效果更佳;此外杨梅酒亦可缓解筋骨酸痛。

6. 萹蓄亦称红对面黑,是村人眼中极好的退烧药,煮水饮用、榨汁饮用,或与洗米水榨汁服下,均可降火、退烧。此外加入少许黄酒与猪骨或鸡炖食,可缓解筋骨酸痛;与猪鼻炖食,可治疗流鼻血。

7. 腋花蓼亦称白对面黑,亦是极好的退烧药,用法与红对面黑相同;煮水饮用可降火、吃清、解毒、助消化。

8. 薏仁根加少许盐煮水饮用,或与常食肉类炖食,具有降火、吃清的功效,是可"随便吃"的草药。

9. 香仔藤与猪骨炖食,可缓解筋骨酸痛;再加入少许白酒,可缓解风湿骨痛;因其炖汤后芳香四溢,村人取其调香,亦可"随便吃"。

10. 鬼针草煮水饮用,可助消化,缓解盲肠炎,兼具降火、吃清的功效。

11. 兔耳头草是极好的止咳药,村人常用以止咳,煮水饮用即可;加生姜、花生煮水饮用,可治疗感冒;亦因其味道香美,兼具调香,可与常食肉类炖食。

12. 蕨菜可助消化,许多不同的调理方式均可达此效果;一般于农历四月采摘,水煮后制成蕨菜干,经年不坏。鲜草可煮水饮用,但味道苦涩,村人一般少用;多用蕨菜干与常食肉类炖食;或端午时包裹于粽子中,既美味亦可缓解糯米带来的饱胀感。

13. 地胆草亦称丁站巫,煮水后加入少许白糖饮用,可助消化;与鸡炖食,可降火、吃清、降暑。

14. 乌拉草(图11-2)煮水饮用,可治疗咳嗽;与猪肉、猪肠炖食,可降火、治疗头昏;其亦可祛风除湿,与鸡炖食,可祛除妇女坐月子期间的风痛。

15. 甘菊亦称白菊花,煮水饮用,可缓解眼睛红肿,兼有降火功效;泡水饮用,可养颜美容。

图 11-2　乌拉草

16. 马蹄金叶形似马蹄，村人亦称马蹄跟。为幼儿常用草药，或煮水或榨汁，可降火、退烧、解毒，亦可为小儿收惊。

17. 天胡荽叶铺散于地，团团紧簇，形似花瓣而被称为遍地锦。是极好的小儿退烧、降火药，煮水、榨汁均可，可与马蹄金交替使用。

18. 东方肉穗草（图 11-3）亦称风柜斗草，喜阴湿，多生长于高山小溪边，较难采得。是极好的护肝药，煮水后加冰糖饮用即可；与猪肉、猪肠炖食，兼具降火功效。

19. 因败酱草味苦涩，村人称其为苦菜。可做日常炒食，煮水饮用或与猪肉、猪肠炖食，均可降火。

图 11-3　东方肉穗草

20. 村人称野牡丹为站枝菇寒草，为幼儿常用草药，果实可食。取少量枝叶煮水或与猪肠炖食，可治疗小儿小便浓稠；取洗米水炖水，可为小儿开胃。

21. 艾亦称艾草，运用广泛。端午时与榕树枝倒挂于门口，可驱虫驱秽；取艾叶和茶油揉搓后贴于肚脐，可治疗腹胀腹痛；艾草根与猪肉炖食,或与茶油同炒后,加黄酒炖猪肉食用,可治疗头昏头痛。

22. 过山枫植株矮小,但根可深入土中数米,因此亦称为穿山龙。取根与猪肉、猪骨炖食,可缓解筋骨酸痛;煮水后加少许冰糖饮用,可止咳。

23. 因桑叶为蚕饵料,村人将蚕称为丝虫,故桑叶亦称为丝虫叶。桑叶泡水后,取其覆于眼上,可治疗眼睛红肿,饮用汁水可清热解毒。

24. 村人称桑树根为丝虫根,煮水或与常食肉类炖食,可降火、吃清、降血压、缓解眼睛红肿。

25. 金簪花(图 11-4)多生长于高山小溪等阴湿多水处,花可做日常食用;根煮水饮用,或与常食肉类炖食,可降火、吃清。

图 11-4　金簪花

26. 栀子果实成熟后,果肉呈黄色,是冬至做粿时的天然色料,故亦称为黄皂。取成熟果实佩戴,可治疗小儿面黄;剥皮后掺入少许面粉,分左右挂于小儿脚边,可为小儿收惊。泡水饮用,可降火。根煮水饮用,可治疗牙痛、黄疸型肝炎。

27. 淡竹草亦称斩竹根,煮水饮用,可降火、吃清、利尿;汁水味甘甜,亦可做凉茶饮用。

28. 牛将军煮水或加茶叶煮水饮用,可止咳、缓解喉痛;与秤杆草煮水后加冰糖饮用,对咳嗽有较好的疗效,亦可预防流感;加白酒与青壳鸭蛋煮食,可治疗气喘。

29. 梨子黄因根表皮呈梨黄色而得名,与猪肉、猪骨炖食,可消炎止痛。

30. 村人称钩吻为断肠草,人不可食,但可为小猪通肠胃,采后切断,均匀掺杂于猪草料中即可。钩吻的采摘有着如下禁忌:(1)其七尺之内的其他草药不可采,因草药多用根,根于地底盘绕,汁水互相渗透,一旦错挖则有致命的危险,村人时常提及误采断肠草附近草药,酿成七口之家四人惨死的悲剧;(2)经叶滴下的水亦有毒,若滴于其他草药上,该草药亦不可采。此外,因草药本身的毒性常使人对采摘用途产生怀疑,以为采此药者多用此加害他人,随之做出道德评判,并认为常采钩吻者魂魄会被鬼摄。

31. 白英茎叶上密生白色短绒毛,呈藤状,亦称为白毛藤。为较好的护肝草药,加白糖或红糖煮水饮用可达此疗效;与常食肉类炖食,可护肝;亦可晒干备用。村人常提及洋大宅的一位老人,曾被诊断出患有肝病,食量日减,身体虚弱,后采白毛藤食用,逐渐恢复饮食,并能从事一定的体力劳动。

32. 草珊瑚枝呈节状,村人大多宣称其植株无论大小,定为九节,故称为九节茶草。整株可用,对耳痛、耳鸣有较好的疗效,可煮水饮用,可与常食肉类炖食,尤以与猪耳管炖食效果最佳;可晒干备用。

33. 满锅糊为小儿常用草药,其根煮水或与猪肉、猪肠炖食,可为小儿降火、开胃;按上述方式使用,亦可祛除妇女坐月子期间的风痛;加白糖煮水饮用,有护肝之效。

34. 忍冬又称金银花,整株可用,其花泡水饮用,清热解毒亦降火;根与猪肉炖食,可降血压。

35. 马鞭草花束与传统农具铁耙相似,亦称铁耙边。煮水饮用,可降火、助消化,亦可缓解劳累引起的筋骨酸痛,榨汁服用效果更佳,但味苦涩,村人少用。

36. 蜈蚣草有疗伤之效,与猪肉、猪骨炖食即可,亦可缓解筋骨酸痛;泡酒外用,效果同。

37. 木贼茎呈节状,亦称节骨茼。煮水饮用,对慢性肝炎有一定的疗效;与猪肉、猪骨炖食,可缓解筋骨酸痛,加少许黄酒食用,效果更佳。其茎纤维粗壮、密实,可擦洗炊具、桌椅等,在现代洗涤用品广泛使用前,村人多用此法。

38. 车前草煮水或榨汁饮用,可解毒、降火、降血压,治疗妇科尿道炎;与金丝草煮水饮用,利尿效果佳。

39. 鸢尾(图 11-5)亦称蝴蝶花,其根煮水饮用,可缓解喉痛,兼具吃清功效。

图 11-5 鸢尾

40. 含铃草(图 11-6)花朵状似铃铛而得名,多生长于高山阴湿处,较难采得。泡水、煮水、炖水饮用均有极好的止咳功效;亦可加冰糖、白糖、橘饼煮水或炖水,可治疗感冒、发烧。

41. 多蕊木亦称七叶莲,为外用草药,捣碎外敷,可消炎;加醋搅拌后外敷,可治疗腮腺炎、无名肿痛;加酒外敷,可治疗蛇咬伤;煮水后水洗患处,对皮肤生疗有一定效用。

42. 秤杆草(图 11-7)枝上密生小点,状似秤杆刻度,故得名。煮水或加冰糖煮水饮用,可止咳、治疗感冒,与牛将军煮水服用,效果更佳。

图 11-6　含铃草

图 11-7　秤杆草

43. 玉叶金花亦称山甘草,多用根,与常食肉类炖食,可缓解筋骨酸痛、扭伤等;加生姜或红糖煮水饮用,可治疗感冒。

44. 地苓(图 11-8)亦称菇寒草,果实成熟后呈紫红色,可食用。煮水饮用或与猪肠炖食,可降火,可治疗小儿腹胀、腹中蛔虫,为小儿开胃,亦可治疗唇干、唇裂、口腔溃疡。

图 11-8 地苍

45. 鸡眼草(图 11-9)叶小而密生,远观与苍蝇相似,故亦称苍蝇翅。煮水饮用,可为小儿退烧,但量不宜多;加红糖煮水饮用,可降火;与猪肝炖食,可缓解眼睛疼痛。

图 11-9 鸡眼草

46. 枸骨亦称柑杞,煮水饮用,可降火、明目;与常食肉类炖食,可缓解上火引起的牙痛。

47. 膨泡树(图 11-10)亦称爱玉,果实加工后柔软冰凉,可降火,是村人较常食用的夏日凉品;制法如下:采成熟果实切开,取内瓤晒

图 11-10 膨泡树

干,用纱布将其包裹,再加凉水揉搓,放置片刻,凝结后方可食用,可加入少许红糖。此外其根煮水或与猪骨炖食,可消炎止痛,亦可缓解筋骨酸痛。48. 蛇莓亦称蛇泡草,果实可食,小儿食用可促进牙齿的生长。其叶煮水或榨汁,可治疗小儿腹痛、腹泻;亦可做外用,取叶洗净后擦拭,可治疗唇干、唇裂;若牙龈肿痛,可取叶加盐揉搓患处。

49. 杠板归叶与旧时农具犁头相似,村人亦称犁壁草。为外用草药,多用于治疗皮肤痒、生癣、生疔等,可加盐煮水后清洗患处,亦可捣后外敷。

50. 大青叶带鸡粪味,故称为臭青芽,花分红白二色,均有降火功效,可与猪骨、鸡炖食,亦可加冰糖煮水饮用。

51. 水瓜头煮水饮用,可降火;与大肠炖食,对胃肠相关疾病有缓解之效;与猪骨炖食,或加少量白酒、白糖榨汁服下,可治疗扭伤;捣后外敷亦可消炎。

52. 金丝草(图 11-11)花束柔软,呈金黄色,状似毛笔,村人称之笔仔草。可做凉茶饮用,有降火、利尿、治疗妇科尿道炎之效,与车前草煮水服用,效果更佳;加入少许生姜煮水饮用,可治感冒。

图 11-11　金丝草

53. 金丝莲多生长于高山幽壑,极难采得,加之其对肝病有极好的疗效,故市场价格昂贵。泡水饮用,加冰糖、冬瓜条煮水或炖水,可

第十一章
绵治人的草药运用

护肝;与常食肉类炖食,可降火,对糖尿病亦有疗效。

54. 龙虾草与少量白酒煮水饮用,或与常食肉类炖食,均可治疗眼干、眼涩、眼睛红肿;与猪骨炖食,可缓解筋骨酸痛。

55. 韩信草(图 11-12)花瓣似酒杯,且向天空伸展,村人称之向天盏。煮水饮用或与常食肉类炖食,可降火,治疗头昏、头痛;与青壳鸭蛋煮食,可治疗牙痛;亦可做外用,捣后外敷可治疗蛇咬伤。

图 11-12 韩信草

56. 长萼鸡眼草叶片形似虎蹄,又称三脚虎。煮水或加入少许白糖、冰糖煮水,可治疗感冒、咳嗽,对肺结核亦有一定疗效。

57. 石仙桃与常食肉类炖食,其有极好的降火、吃清功效;与猪肾炖食可养肾;亦可泡酒做日常饮用。

58. 取仙人掌茎去刺捣后外敷,可治疗烫伤、腮腺炎。

59. 藤癀煮水或与猪肉、猪骨炖食,可消炎止痛。

60. 王瓜亦称屎瓜头,果实可食。与咸猪肉炖食,可治疗皮肤生疮;煮水或与猪肠炖食,有祛毒功效;取糯米、灶灰所泡之水与煮熟的王瓜根搅拌外敷,可治疗无名肿痛。

61. 软叶水蓼叶与辣椒叶相似,且轻嚼时有辛辣之感,故又称辣条草。多做外用,捣后外敷可治疗皮肤生疗;亦可做猪草料。

62. 鸡蛋果又称百香果,因其形貌与罗汉果相似,村人误将野生百香果称作罗汉果。成熟果实可食,晒干后泡水饮用,可缓解咽喉疼痛。

63. 假杜鹃别名血路草。泡酒外用,或与猪肉、猪骨炖食,可缓解筋骨酸痛、风湿骨痛。

64. 村人称积雪草为金丝薄荷。煮水饮用,可助消化、缓解腹胀,对胆结石亦有疗效;加冰糖煮水或与白糖、冰糖捣碎后服下,可护肝胆。

65. 叶下珠草泡酒后可治伤,内服、外用皆可,可缓解外伤淤青;煮水或与猪肠炖食,可缓解眼睛肿痛,亦可为小儿祛风。

66. 蚌壳钳煮水饮用,可清热解毒,加入少许冰糖饮用,有降火之效;与小母鸡炖食,可解暑。

67. 菝葜(图 11-13)叶与竹叶相似,生节串状圆形果实,故亦称为竹仔。果实可食,根煮水饮用或与猪骨炖食,可缓解筋骨酸痛、风湿疼痛。

图 11-13　菝葜

68. 黑苇根多用于治疗皮肤生疗、小儿麻疹,可煮水饮用,亦可加入少许冬瓜糖。

69. 水竹叶又称水刀莲,喜水,多生长于水沟旁。加白糖或冰糖煮水饮用,可治疗腹泻;加少许白酒与猪骨炖食,可缓解筋骨酸痛、风湿骨痛。亦可做畜用,干草炒后加木炭碾磨,再与草料混合,可治疗猪、牛腹泻;根有催乳之效,亦可制作止痢散。

70. 茅根加少许白酒与猪骨炖食,有缓解筋骨酸痛的功效;煮水服用,可降火、治疗腹泻,外用可消炎、治疗皮肤生疗。

71. 黄荆亦称铺姜头,富含植物性碱,是制作碱粽的天然原料;使用时取枝叶燃烧的灰烬泡水,再将糯米放入水中揉搓,待其充分吸收水分后,便可包粽。黄荆茎叶与茶油同炒后,与猪骨炖食,可祛风。

72. 石菖蒲(图11-14)生长于水中,根密生,又称水樟布。煮水饮用,可降火、吃清;加冰糖煮水饮用,可降血压;与猪肠炖食,对糖尿病有一定的疗效;煮水外用,可缓解风湿骨痛。亦可为牲畜祛风,牛脚若不能动弹,采石菖蒲根绑于其上,数日即愈。

图 11-14　石菖蒲

73. 豨莶又称包谷黄,与猪骨炖食,可缓解筋骨酸痛,亦可消炎,再加入少许白酒,可治疗头痛;加酒与鸡炖食,可祛除妇女坐月子期间的风痛。

74. 藤三七植株肥嫩多汁,根、茎、叶均可炒食,有活血之效;煮水或与猪肉炖食,可治疗筋骨酸痛。

75. 茅莓又称坡刺子,果实可食,成熟后呈紫红色。煮水外用,可消炎止痒;与猪骨炖食,可缓解风湿疼痛。

76. 蜈蚣草别名过路蜈蚣。泡酒外用,可治疗皮肤生癣;炖青壳鸭蛋,可治疗牙痛。

77. 红玫瑰花有降火、补血、养颜美容的功效,可泡水饮用,亦可泡制玫瑰酒。

78. 现天红草茎为白色,经水洗后即刻变为红色。泡酒可治伤,内服、外用皆可,内服时量不宜多,否则腹泻;煮水饮用或与猪肉炖食,可祛毒,治疗皮肤相关疾病。

79. 荔枝草因叶脉与荔枝外壳纹路相似而得名,又因其与隔夜米饭捣后外敷,可治疗脚臭,亦称臭脚草。与适量白酒捣后外敷,可治疗无名肿痛;亦可做日常食用,将叶稍烫软后切碎,加木薯粉搅拌,做成丸子,再与猪肉炖食。

80. 刺苋可做日常炒食,亦具药用价值;煮水饮用,可治疗胆结石;与猪骨炖食,可缓解筋骨酸痛。

81. 凤仙花的花瓣可涂染指甲,亦称指甲花。多做外用,捣后外敷,可治疗皮肤生癣、无名肿痛;指甲痛时亦可取花、叶擦拭。

82. 狗睾丸花的根茎加冰糖煮水或炖汤饮用,可治疗肺结核;与猪骨炖食,可治疗筋骨酸痛。

83. 伏石蕨又称风草,与猪骨炖食,可治疗筋骨酸痛。

84. 益母草加茶油炒后炖黄酒饮用,可治疗痛经、月经不调;煮水饮用,可消炎。

85. 紫菜苔叶呈紫红色,亦称红菜。煮水饮用或做日常炒食,均有降火之效。

86. 虎鬃坡与青壳鸭蛋炖食,可治疗无名脸肿。

87. 山素英加少许盐煮水外用,可治疗皮肤发炎、生疗。

88. 蔓九节又称风吹不动,与猪骨炖食,可治疗筋骨酸痛、风湿骨痛。

89. 红草加冬蜜煮水饮用,可治疗腹痛;加黄酒与猪骨炖食,可治伤;加白酒与猪骨炖食,可缓解筋骨酸痛,量不宜多,多食便血。

90. 李金丹煮水饮用,对头昏有一定功效;与猪肺管炖食,可治疗气管炎。

91. 石苇叶长如牛舌,又称牛舌草。取其置于瓦片上焙干,捣后和茶油外敷,可治疗皮肤生癣。

92. 黄花倒水莲,别名观音串。其煮水饮用或与猪肠炖食,可降火、吃清,兼有壮阳功效。

93. 肾蕨(图 11-15)叶状似凤尾且根须下生球形果实,与鸡卵相似,故又称凤凰抱蛋,村人多于秋季采其根下果实入汤。

图 11-15　肾蕨

94. 粉藤的藤、根均可入汤,有降火、吃清的功效。

95. 井栏边草又称凤尾单,搅碎后与冬蜜服下,可治疗小儿腹泻。

96. 谷精草(图 11-16)与常食肉类炖食,于眼睛有益。

图 11-16　谷精草

97. 绶草又称青龙抱柱,煮水饮用,可治疗小便浓稠。

98. 紫花地丁捣碎外敷,可治疗皮肤出疹、生疔。

99. 龙芽草煮水饮用,有降火之效。

100. 绿豆可泡水饮用,村人夏日多用其煮水,与糯米煮食、或与大肠炖食,均有降火、吃清、清热解毒之效;部分村人将其制成豆芽、绿豆饼食用。

101. 村人除食用苦瓜果实外，亦取其根煮水，有降火、治疗腹泻之效。

102. 蒜瓣除做佐料外，可捣碎外敷，有消炎之效，尤以对外伤淤青、蚊虫叮咬有极佳的效果；其与冰糖煮水饮用，可止咳。

103. 丝瓜叶捣后加少许白酒外敷，可消炎；与新鲜的牛粪搅拌外敷，可治疗无名肿痛。

104. 村人取柑橘皮制作陈皮以做调香之用，其与常食肉类炖食，可止咳化痰、健胃、助消化。

四、绵治草药知识来源

绵治人的草药知识主要来自家传、朋邻间的口耳相传、参考书以及现代传媒四个方面，其中家庭内代际间的传播是村人获取草药知识的基础，朋邻间的口耳相传为其主要途径，参考书与现代传媒则为其补充。

上辈人的经验是村人获取草药知识的重要途径，家庭内代际的传播使此种知识得以代代相承，形成知识的纵向流动。草药医生知识的获得有赖于专业化的训练，亦得益于日常生活的濡化；绵治的四位草药医生年龄均在六十岁以上，其中三位知识的习得源自父辈，无文字、书本传承，报道人称幼时多见父辈行医，后渐渐累积，再得到长辈的指点，从学习之日起，十余年后方才独立为他人医治。家庭内草药知识的流传亦是一般人获取知识的起点，一位报道人曾明确表示，愿将所知草药用法悉数教予后辈，亦让其欣慰的是，家中幼儿已能辨认一些常用草药，并知其用法。朋邻间的口耳相传形成知识的横向流动，也是草药知识传播的另一途径。一日的劳作后，村人多于晚间聚于邻里院内闲谈，邻舍亲朋聚谈是村内信息最强有力的传播渠道，村人被问及草药知识的来源时，往往答道："听别人说的。"

在田野调查期间共收集三种草药书，第一种为福建省医药研究所编著的《福建中草药》第一册，依据常用草药名称编印成册，共记录

400种草药用法，并辅以清晰的图像。第二种为1970年由福州军区后勤部卫生部编著出版的《福建中草药》，按草药药性编印成册，方便按病症查找，且图像清晰、一目了然，村人普遍认为此书是众多草药书中记录最完善的。第三种为1989年由学术书刊出版社出版，李彬之、杨医亚编著的《家用中医灵验便方》，书中未添加图像，与前面两种草药书相较，更具专业性。报道人称"文革"期间，农村医疗尚待完善，毛主席号召同人因地制宜、充分利用丰富的草药资源自救，福建省政府在此号召下将常用草药出版成册，绵治村人也争相购买，几乎家家户户均有草药书。时至今日，草药书年久或已损坏，或转赠他人，最后大多不知所终。即便保留的家庭亦因阅读能力有限，加之对效率的追求，病痛时大多采用"见效快"的西医，草药书因此束之高阁，成为"没事翻翻"的闲书，故草药书虽增长村人部分的草药知识，但终究不是村人知识的主要来源。

现代传媒亦加速了草药知识的传播，如电视上的养身类节目、农业频道等，均对植物利用做一定的介绍。这些信手拈来的信息，亦在某种程度上丰富了村人的草药知识。

五、草药运用对比

绵治草药运用系民间智慧，与正统中医相较具有鲜明特征。草药运用固然因其分布而具地域性、文化性差异，然亦因草药效用的客观性而呈一定的相似性。下文先述绵治草药运用特征，再结合杨蓉2007年在庵坝村、田建平与赵婧旸2009年在璞山村、徐珂2010年在顶城村的田野调查资料，以及笔者家乡四川省绵阳市洛水村生活经验，加上《福建中草药》、《本草纲目》、*Ethnobotany of Pohnpei* 三书资料，从草药药性、用法上做简要比较。

（一）绵治草药运用特征

中医多用干草，一方面因干草性温和，另一方面因所有草药并非可即采即得,故用干草较利储藏,且可随时取用。而绵治人多用青草,所用的草药中,除缓解筋骨酸痛的草药(香仔藤、梨子黄等)、可泡制药酒的草药(叶下珠、假杜鹃等)、兼具调香的草药(猫尾草、兔耳头草等),可晒干备用外,运用最为普遍的降火、吃清类草药均用青草,此类草药多生长于田间地头,容易采得。可用于榨汁的草药因其特殊的处理方式而须用青草,如退烧的草药(红对面黑、白对面黑、马蹄金、天胡荽等),清热解毒的蕺菜,用于利尿的车前草。治疗皮肤生疔、无名肿痛的外敷类草药(杠板归、软叶水蓼、多蕊木等),也因药性需要而用青草。

此外绵治草药多单独用药。在收集到的 104 种草药中,村人提及可混合使用的草药仅 4 种,治疗咳嗽、预防流感的秤杆草可与功效相同的牛将军同时使用,具有利尿功效的金丝草可与车前草一同使用;其余草药均单独用药。村人草药运用多为验方,且只了解部分药效,若随意将几种草药混合,而不知药性是否相冲突,可能导致中毒的危险;故多采取最保守亦最安全的使用方式。此亦与中医开具药方,并将多种药草配合使用,以使药性相辅相佐,形成鲜明的对照。

(二)草药药性运用对比

对照绵治、庵坝、璞山、顶城四地的田野资料,并回顾家乡生活经验,若任意两地均有对同一种草药的使用,则将该草药列于草药药性对比表(表 11-2)中,共计 17 种;随后再于《福建中草药》、《本草纲目》、*Ethnobotany of Pohnpei* 中查找所列草药的用法。下文将按表中顺序对草药的相似性与差异性做简要说明。

绵治人用蕺菜降火、吃清、降暑、清热解毒的功效。璞山人多做日常食用,仅有"其叶也可以同猪骨和猪肉煮食"(田建平 2010:326)的记录。而洛水人对此达到了充分利用,根茎至叶,无一浪费。蕺菜在四川被称为泽尔根,不仅可降暑,亦是餐桌上的美味佳肴。冬季叶未长出时,嫩根已在地底蓬勃生长,将其采挖,洗净后可凉拌,亦可于热水中稍烫软后再凉拌食用;春季叶长出后,采其嫩叶凉拌食用;夏

表 11-2 部分草药药性对比一览表

	绵治村	庵坝村	璞山村	顶城村	洛水村
蕺菜	降火、降暑、清热解毒	—	日常食用	—	日常食用、降暑
鬼针草	助消化、降火		降火	清热解毒	
马蹄金	退烧	—	—	清热解毒	
天胡荽	退烧	清热解毒		清热解毒	
艾	叶:治腹胀腹痛;根:治头痛	清热解毒			
桑	叶:治疗眼睛红肿,清热解毒;根:降火、降血压,缓解眼睛红肿	—		清热解毒、祛风祛湿	叶:治疗眼睛红肿、降火,入粥饭食用;根可止咳
淡竹草	降火、利尿	清热解毒	降火	—	—
草珊瑚	治疗耳痛、耳鸣	外伤、身体淤青			
忍冬	花:清热解毒;根:降血压	清热解毒	防暑		防暑
马鞭草	助消化、降火	外伤、身体淤青		清热解毒	
木贼	治疗筋骨酸痛	—	祛风散热		
车前草	利尿	清热解毒	去火	清热解毒	降暑
积雪草	助消化、缓解胃肠疾病,治疗结石,护肝胆	清热解毒	祛风	—	感冒后入汤,防止寒气淤积体内;消肿止痛
凤仙花	涂染指甲,治疗指甲疼痛	—	治疗脚趾肿痛		
石苇	皮肤生癣	—			降火
凤尾单	小儿腹胀	清热解毒	治疗便秘		
紫花地丁	皮肤出疹、生疔	—		清热解毒	皮肤生疮

季采叶洗净,再切断晒干,可于农忙时泡水饮用,有降火功效。《福建中草药》载蕺菜清热解毒、利尿消肿、止咳化痰功效,并对其可

食用做出说明(福州军区后勤部卫生部 1970:168)。绵治人、洛水人所用药效与《福建中草药》中所载"清热解毒"相符,璞山人与洛水人对蕺菜的食用亦与书中"可食"相吻合,而绵治人称蕺菜有浓重的鱼腥味使其难以下咽,故不食用。

鬼针草在绵治多做降火、助消化之用;璞山人、顶城人用法与之相似,均取其做凉茶,以降火、清热解毒。《福建中草药》载其活血祛淤、消炎解毒、清热、镇痛、止咳平喘的功效(上引书:160);而《本草纲目》中仅载其汁水可解蜘蛛、蛇毒,"蜘蛛、蛇咬,杵汁服……涂蝎虿伤"(李时珍 n.d.:1005)。绵治、璞山、顶城三地所用降火功效与《福建中草药》中"清热"相符,而未用《本草纲目》中所载"解毒"之效。

马蹄金汁水为绵治人极佳的小儿退烧药,顶城人取其做凉茶饮用;《福建中草药》载其祛风利水、行气活血、清热解毒的功效(福州军区后勤部卫生部 1970:376)。绵治人取其退烧,乃用其"清热"之效,顶城人取其做凉茶,用其"降火"之效,"热"与"火"均是对身体多余热量的排泄,故所用药效无本质差异,此亦与"清热解毒"之记载相同。

天胡荽汁水亦是绵治人极好的小儿退烧药,可祛热毒,且药性温和,适宜幼儿使用;庵坝人、顶城人均取其清热解毒功效,并于盛夏时做凉茶饮用;故绵治与庵坝、顶城用法相异,适用人群亦有所不同,但所用药效无甚差别,此亦与《福建中草药》中"清热解毒、利水通淋"(上引书:393)的记载相符合。

绵治人取艾叶外用,以治疗腹胀、腹痛,取根治疗头痛;庵坝人仅取艾叶做凉茶饮用。《福建中草药》载其温气血、逐寒热、调经安胎、止血、解毒的功效(上引书:76),《本草纲目》亦载其杀蛔虫、安胎、治心腹冷气鬼气、治痢后寒热、腹胀满的功效(李时珍 n.d.:845)。对比各地用药与典籍中的记载,可见艾的药用甚为广泛,而民间仅知其中的一部分,并表现出相应的地方适应性。

桑叶泡水后外敷于眼,可治疗眼睛红肿,饮汁水可降火、清热解毒;桑根可降火、吃清、降血压、缓解眼睛红肿。顶城人取桑叶做凉茶以清热解毒,并用其祛风除湿功效。洛水人则采嫩叶与粥饭同煮,以

第十一章
绵治人的草药运用

清热降火;并取根去皮切断,与枇杷叶同炒,再与红糖煮水饮用,以止咳。《福建中草药》载其"根皮泻肺行水,止咳平喘,降血压;叶祛风清热,凉血明目。桑枝祛风除湿;过补血"(福州军区后勤部卫生部 1970:284)的功效。《本草纲目》亦载叶的明目、根的泻肺功效,"桑叶:煮汁熬膏服,去老风及宿血……治老热咳嗽,明目长发……桑根白皮:泻肺,利大小肠,降气散血"(李时珍 n.d.:1865)。绵治人、顶城人、洛水人虽用法各异,所用药效互为补充,且与典籍记载相符合。

绵治人、庵坝人、璞山人均取淡竹叶做凉茶,以降火、清热解毒,此外绵治人亦用其利尿功效。《福建中草药》载其可清心烦热、退热凉血、利尿通淋、化痰止咳(福州军区后勤部卫生部 1970:352);《本草纲目》分述了叶与根的用法,"叶:去烦热,利小便,清心。根:能堕胎催生"(李时珍 n.d.:939)。对比记载与各地用法,可知绵治人、庵坝人、璞山人虽未用根的功效,却充分运用了叶的效用。

草珊瑚在绵治多入汤,以治疗耳痛、耳鸣;庵坝人取其外敷,治疗外伤、身体淤青;用法差异较大。

忍冬花泡水可降火,绵治人亦用根降血压的功效;庵坝人用此做凉茶以清热解毒;璞山人取其防暑功效;洛水村附近似无野生忍冬生长,村人夏日多于药店购买,泡水饮用以防暑。《福建中草药》载其清热解毒、利尿(福州军区后勤部卫生部 1970:149)等功效,《本草纲目》载忍冬花的散热解毒,治疗寒热身肿、腹胀满的功效(李时珍 n.d.:1203)。绵治、庵坝、璞山、洛水四地忍冬运用的地域性差异较小,"降火"、"清热解毒"、"防暑"均取"祛热"之效;绵治人对根的运用较为特殊。

马鞭草煮水或榨汁,可降火、助消化;庵坝人取其外敷,以治疗外伤、身体淤青;顶城人取其做凉茶饮用,以清热解毒。《福建中草药》载其通经散瘀、活血消肿、散热燥湿、杀虫解毒的功效(福州军区后勤部卫生部 1970:52),内服、外用皆可。绵治人所用"降火"与顶城人所用"清热解毒",实为"祛热",与书中所载"散热燥湿"较一致;庵坝人取其外用以治疗淤青的用法,与书中所载"通经散瘀、活血消肿"之效相符;各地用法形成互补。

绵治人取木贼缓解筋骨酸痛,璞山人取其驱散风热之效。而绵治、璞山两地的运用均与《本草纲目》中的记载有较大差异,"目疾,退翳膜,消积块,益肝胆,疗肠风,止痢,及妇人月水不断,崩中赤白……止泪止血,去风湿,疝痛,大肠脱肛"(李时珍 n.d.:916)。对照书中所载与绵治、璞山的用法,仅绵治所言"缓解筋骨酸痛"与"去风湿"或有些许关联。

车前草在绵治的日常运用中,多取降火、解毒、降血压之效,并可治疗妇女尿道炎;庵坝人、璞山人、顶城人均取其做凉茶,以降火、清热解毒;洛水人多采其晒干后泡水,以降火、消暑、利尿。《福建中草药》载其"利尿清热、祛痰镇咳,种子可明目"(福州军区后勤部卫生部 1970:348)的功效;此与《本草纲目》中的记载相同,此外亦载其养肺强阴益精、止暑湿泻痢(李时珍 n.d.:969)之效。绵治、庵坝、璞山、顶城、洛水五地用法虽略有差异,但均用"降火"、"祛热"之效,此亦与文献记载中的"利尿清热"相符。

绵治人用积雪草缓解腹胀、助消化、治疗结石、护肝胆的功效;庵坝人取其做凉茶,以清热解毒;璞山人用其祛风功效。洛水人称其为透骨消,村人认为偶感风寒定要忌吃鸡肉,以免寒气淤积体内而浑身酸痛,但若在鸡汤中加入少许积雪草,可通筋活络,防止寒气淤积,且味道鲜美;此外亦可消肿止痛、活血化瘀,将积雪草捣后放入碗中,加入少许白酒并点燃,随后将其取出揉搓患处。Pohnpei 岛民取积雪草做食料入汤,并治疗腹泻、痢疾、烫伤、婴儿打嗝,以及恶心引起的胃痛(Balick 2009:328)。《福建中草药》载其"清热解毒、利尿、消肿、凉血"(福州军区后勤部卫生部 1970:48)的功效,此与《本草纲目》中治疗身热、小儿寒热、风疹疥癣、眼睛红肿(李时珍 n.d.:829)的功效有所差异。绵治、庵坝、璞山、洛水四地用法各不相同,与典籍中的记载亦有较大出入,仅庵坝人所用"清热解毒"之效,与《福建中草药》中的记载相符合;Pohnpei 岛民与洛水人均取积雪草入汤,岛民取其治疗腹泻、痢疾等疾病,与绵治人用其缓解肠胃相关症状或有共通

第十一章
绵治人的草药运用

之处。

凤仙花在绵治多做外用,可治疗皮肤生癣、无名肿痛,指甲痛时亦取花、叶擦拭;此用法与璞山相近,"村人常常使用其叶子治疗脚趾肿痛"(田建平 2010:331);亦与《福建中草药》中"活血祛淤、消肿解毒"(福州军区后勤部卫生部 1970:621)的记载相符合,此外亦载其"种子有通经、催产、祛痰、消积块的功效"(上引书:621);《本草纲目》未载其治疗指甲痛、活血祛淤的功效,而载根叶可治疗骨哽,"鸡鱼骨哽,误吞铜铁,杖扑肿痛,散血通经,软坚透骨"(李时珍 n.d.:1092),与《福建中草药》的记载有较大差异。

石苇多做外用,治疗皮肤生癣;洛水人采其晒干后,于夏日做凉茶饮用。《本草纲目》中载其可"利尿、清热"(上引书:1247),绵治人所用药效与此差异较大,而洛水人所用降火功效与"清热"较相符合。

在绵治草药日常运用中,井栏边草多用于治疗小儿腹泻;庵坝人取其做凉茶,以清热解毒;璞山人取其治疗便秘。《福建中草药》载其消炎解毒、利尿通淋、圆肠止痢、凉血止痛功效,并可治疗"痢疾、咽喉肿痛、尿路感染、急性胃肠炎、慢性肝炎、腮腺炎、湿疹、外伤出血、血崩、淋巴结核"(福州军区后勤部卫生部 1970:740)。绵治、庵坝、璞山三地用法各不相同,然绵治人所用止泻功效与《福建中草药》中"圆肠止痢"相符合,庵坝人所用"清热解毒"与"消炎解毒"、"凉血止痛"或有一定程度的相似,而璞山人所用通便之效与"止痢"之说则相冲突。

绵治人取紫花地丁捣后外敷,治疗皮肤生疔;顶城人取其清热解毒的功效;洛水人亦取其外敷,治疗皮肤生脓包。绵治人、洛水人的用法相同,所用药效与顶城人所用"清热解毒"之功效,无实质上的差别,因绵治人、洛水人普遍认为出疹、生脓包多系热毒所致,紫花地丁可解热毒;此亦与文献记载相符,《福建中草药》载其消炎解毒、清热凉血功效(福州军区后勤部卫生部 1970:148),《本草纲目》载其可治疗"一切痈疽发背,疔肿瘰疬,无名肿痛恶疮"(李时珍 n.d.:1004)。

(三)草药处理方式的异同

绵治、庵坝、璞山、顶城同属八闽之地,饮食上喜食汤饮,故草药处理上多采用煮水、煮汤、炖水、炖汤的方式;然而庵坝蒸制凉茶的方式与璞山、顶城两地煮制凉茶的方式存在明显差异,庵坝人先"将晒干的草药剁成一寸左右,清水洗净后置放小盆中,根据需要加适量的水,放至锅中(加水)蒸……用小火蒸一小时左右将盆中的水倒出,趁热饮用"(杨蓉 2008:348);而此即为绵治人常用的"大锅套小锅"的炖水、炖汤之法,不同之处在于,绵治人多用青草,极少使用干草。绵治草药除桑叶、金丝莲外,鲜有泡水服用的。而地处西南的洛水村,夏季降火草药(蕺菜、车前草、石苇等)均泡水饮用,因草药生长有限,村人多于春末夏初采摘,晒干后以备夏秋农忙时使用,故降火类草药亦多用干草;治疗皮肤生疗的草药在处理上与绵治村相似,均采用捣后外敷或煮水水洗的方式。

Pohnpei 岛民处理草药时,与上述地区存在明显差异。采集游猎的取食方式使岛民生活具有很大的流动性,故通常采取最为简便的方式运用草药,多将其包裹于布中,用力揉搓使汁水流出,再将汁水溶于水中饮用,极少借助工具加热(Balick 2009)。

结　语

综上所述,绵治人依据对环境的认知,将植物进行分类,并由此划定了其可兹利用的范围,"有无毒性"的区分实则采取排除的态度,将不安全的因素剔除,并在安全的范围内做出选择;将草药进行"冷"、"热"的划分实则是对身体状态与环境变化的感知,村人依其变化选择适当的草药维持身体内部的平衡、身体与环境的平衡,夏日吃凉、冬日吃补。绵治人依照此原则,采取多种方式对所知药草的药效予以利用,并将草药知识进行纵向、横向的传播,使其在现代西医为主流的医疗环境中依旧占据一席之地,并成为村人日常生活不可或缺的一部分。

草药运用因地制宜,并表现出一定的地区、文化差异,使生活于不同环境中的人对草药药效的认知、处理方式、使用程度上均有所不同,这些差异或彼此矛盾,或形成互补;然亦因植物药效的客观性而表现出一定的相似特征。无论是对草药的运用,抑或对此进行跨文化的比较研究,均有助于对植物做深入的了解,同时加深对环境的了解;草药运用是民间智慧的体现,并做为地方文化的重要组成部分而存在。

参考文献

中国科学院中国植物志编写委员会
    1959—2004 《中国植物志(第一至七十一卷)》。北京:科学出版社。

田建平
    2010 璞山村的植物利用。载余光弘、杨明华(合编),《闽南璞山人的社会与文化》,页 322-340。厦门:厦门大学出版社。

华安县地方志编撰委员会
    1996 《华安县志》。厦门:厦门大学出版社。

李时珍
    n.d. [2003] 《本草纲目》。北京:人民卫生出版社。

杨蓉
    2008 庵坝医疗体系。载余光弘、蒋俊、赵红梅(合编),《闽西庵坝人的社会与文化》,页 325-356。厦门:厦门大学出版社。

赵婧旸
    2010 璞山村的医疗保健。载余光弘、杨明华(合编),《闽南璞山人的社会与文化》,页 294-321。厦门:厦门大学出版社。

徐珂
    2012 顶城村的医疗与保健。载余光弘、杨晋涛(合编),《闽南顶城人的社会与文化》,页 260-284。厦门:厦门大学出版社。

福州军区后勤部卫生部
    1970 《福建中草药》。福州:福州军区后勤部卫生部。

闽南绵治人的社会与文化

福建省科学技术委员会 《福建植物志》编写组
  1982 《福建植物志(第一卷)》。福州：福建科学技术出版社。
  1987 《福建植物志(第三卷)》。福州：福建科学技术出版社。
Balick, Michael J.
  2009 *Ethnobotany of Pohnpei*. Honolulu: University of Hawai'i Press.

第十一章
绵治人的草药运用

附图 绵治人草药采集示意图

第十二章

绵治的传统童玩

◎ 江腾飞

前　言

在物质条件相对匮乏的年代,孩童通过就地取材,或依靠地形、地物进行画线设界,即可制作简单的游戏道具或开始游戏。现今随着生产技术进步,玩具的制造日益标准化和批量化,加之电视、手机、电脑等科技产品的普及,与城镇化生活方式影响,孩童不再成群结队在户外嬉戏,往往独处玩弄电子产品,几乎不再动手自制玩具,昔时的童玩渐渐无人问津。传统童玩不仅为我们提供了解当地人日常生活的不同视角,再现村人童年时代的娱乐内容和生活面貌,同时也是集体历史记忆的保存。因而记录传统童玩具有重要的意义。

此次在绵治村的调查通过入户访谈和实地观察等方式,收集记录有关绵治村童玩的资料,了解孩童游戏的变迁。本报告是根据在

第十二章
绵治的传统童玩

绵治村为期20天（7月5日—7月24日）的田野调查资料整理而成①。访谈过程中不少村人对儿时的游戏津津乐道，特别是在群体访谈时，众人往往争相发言，相互补充，甚至就地取材，向我们展示游戏的具体过程，他们或是在地上画出棋盘，用路边的瓦片石子或木片充当棋子；或是折叠纸玩具、编织小动物、制作木偶；从实际展示中我们可以深深地感受到他们发自内心的兴奋与情不自禁的融入。然而此次调查亦发现不仅孩童不知传统童玩，老一辈人或因时间久远逐渐淡忘，或因幼时即忙于农活，极少有游戏的时间，这些原因都加大了搜集童玩材料的难度。加之调查时间短暂，访谈人数有限，访谈对象存在贫富、年龄、性别情况差异等因素的影响，本报告难免有遗漏或记录不周之处，请大雅方家指正。

本报告将绵治村的传统童玩分为游戏和玩具两大类：游戏类主要包括猜拳、弈棋、闯关、迷藏、弹跳、比手巧等项；玩具类则包括装饰与编制、折纸、弹射、声响、旋转等项。在调查过程中总共发现了90种童玩，其中有28种与2012年陈晓丹在顶城的报告（陈晓丹2012；以下简称"陈文"）相似或重复，"陈文"中已有比较详细描者，下文即不再赘述；本报告仅对绵治村的独特童玩进行描述，并对与"陈文"相似却存在细节差异或玩法不同的童玩进行补充。

一、游　　戏

本章借鉴"陈文"的分类将绵治童玩的游戏分为可清楚界定的猜拳、弈棋、闯关、迷藏、弹跳、比手巧6项，以及较难界定的其他项。此次调查共收集到7项35种游戏，其中象棋、军棋、跳棋、围棋、老鹰捉

---

① 感谢厦门大学余光弘老师和人类学系的同学们，暑假能有机会和他们一起到绵治村参加田野调查让我受益良多。绵治村的村民热情好客，对问题的耐心解答和童玩的细心讲解让我印象深刻。谨此向他们致以最诚挚的谢意。

小鸡、骑马战、斗牛、搭轿子、翻花绳、弹珠、跳马、踢足球、玩竹圈、玩卡通牌、敲梭、打寸、拍手游戏等17种游戏与"陈文"相同的或极少有差别,本章即略过不提或只做简单概括,以便读者了解绵治村游戏的多样性,下文将对其余的18种游戏进行详细描述。

(一) 猜　　拳

猜拳常是其他游戏的辅助,用于决定游戏者的先后顺序,并非单独存在的项目。猜拳主要分为比手指头、翻手背、剪刀石头包袱三种,根据不同的游戏规则可选用一种或同时使用多种猜拳方式,如先用翻手背分组,再采用剪刀石头包袱决定最后一人。

1. 比手指头

两两为一组,两人同时任意出大拇指、小指或食指之一,按"大拇指大于食指,食指大于小指,小指大于大拇指"的规则来决定输赢。该方式常用于人数较少的游戏中。

2. 翻手背

所有参加游戏的伙伴围成圈,参与者在喊出"抢抢背"的同时伸出手的正或反面,淘汰伸出的面数较多的人,反复多次,最后一名未被淘汰者为胜。此法的优点是可迅速将人员分成不同组。另外当要选取一人的时候,可将参与者分成三人组,通过翻手背选取每组唯一的不同者,让这些不同者继续以翻手背形式逐步淘汰人选,直到剩两人时用剪刀石头包袱来确定最终人选。

3. 剪刀石头包袱

剪刀石头包袱主要是以手指组合的不同形式来命名,伸出食指和中指是剪刀,手握拳形是石头,手掌展开是包袱,简称包。参与者同时任意出"剪刀、石头、包袱",依据剪刀"剪"包,石头"捶"剪刀,包"包"石头的规则决定输赢。

(二) 弈棋类

绵治村人也玩平时常见的军旗、象棋、围棋、跳棋等游戏,其他棋

第十二章
绵治的传统童玩

类游戏主要有走直、围金瓜、虎豹狮象等。在玩上述三种棋类游戏时,可在地面上以砖瓦画出棋盘,任何可以区分敌我不同颜色的砖、瓦、石或木片皆可做为棋子。

1. 走直

走直的棋盘如图 12-1。双方各持 12 子,以猜拳决定先后,甲在棋盘纵横线交叉点上可随便放一子,接着轮到乙,如此交替,若有一方三子一线(纵横斜线皆可)即称为"一直",此时即可任意取下对方一子。所以要阻止对手排成一线,在对手所在的线上制造障碍,以己子围堵。当对方的两子分别置于三个正方形所在线条(其他线条不可)两端时,对手将己方棋子放到中间位置即可拿走对手这两子,是为"挑棋"。如果己方的棋子放在一端,中间是对方的棋子,将己方的另一子放到另一端,则不被"挑棋",因是己方主动的策略选择。在正方形以外的线(含对角线)上,如果对方在中间放一子,己方在一端原有一子,可放一子在另一端,将对方中间棋子取走,称"卡子"。同理主动放上去的不被卡死。双方用尽手中棋子时开始走棋,棋子的每次移动都只可到最邻近的线与线之交点上,每次只可走一步,不允许跨越任何一个点。将己方棋子连成一线,又可拿掉对方一子。如果走棋走到"挑棋"与"卡棋"的位置依然有效。走棋时要让己方尽量多走直,另一方面也要阻止对方走直,所以在拿掉对方棋子时要综观全局。走直游戏有时差一子或只差一步可能就处于完全的劣势,而不小心走错一步,被"挑棋",损失两子,对方可能就会反败为胜。另外尽量提供多的走直机会,最好的位置是几个棋子相连,即移动到上面(或左右面)可将上面走直,而退下来又可走直,如此每移一步都可取走对方一子,对方不久就会立刻服输。

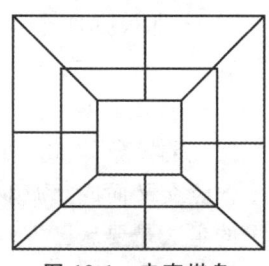

图 12-1 走直棋盘

2. 围金瓜

围金瓜游戏棋子共十二个,双方各六个,分别置于如图 12-2 的位置。猜拳决定下棋先后,游戏的规则类似围棋,只要走的棋将对方的任一或数个棋子围住,即可"吃掉"。比赛目的是将对方棋子全部吃掉。如果双方都无法吃掉对方的所有棋子,即根据所余棋子数判定胜负,多者为胜。

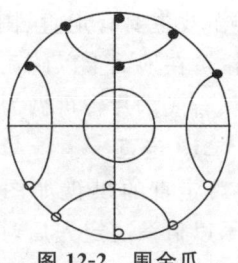

图 12-2　围金瓜

3. 虎豹狮象

虎豹狮象的棋盘如图 12-3,由两个长方形横竖交叉而成。游戏规则是在竖长方形的两端,每端摆放四子,棋子的走法是要从己方棋子所在一格算起,数"虎豹狮象"四字,正好可打得到的对方棋子就被吃掉,但中间无论有己方或对方之子则不可越子吃棋。如果吃不到棋子,就只能走到相邻的线与线的交点上,同时也要考虑不要被对方吃掉,可适当的将己方的棋子退后或侧移。如果无法吃到对方的棋子,留有棋子多的一方为赢,棋子同数为平局。该游戏玩法虽然简单,却较为耗时,一开始双方一般会很轻易地互相杀掉对方一子,之后就开始按步移动棋子,为了不让对手吃己子,又会在

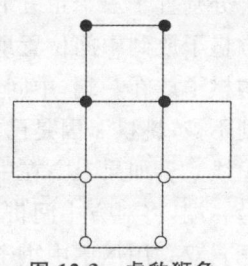

图 12-3　虎豹狮象

对方的路上数不到的地方堵上棋子,有时候来回移动,很久不会有突破。为了不过于费时,常会规定一定的走棋时间,加快走棋速度。

(三)闯关游戏

闯关游戏以跑动为主,游戏中包含抓人的"鬼"和"跑动者"两种角色,以红砖或瓦片在地上简单的画出图形与界限,通过猜拳决定一人或数人为"鬼"即可开始游戏,跑动者要躲过"鬼"的堵截,跑抵指定地点。此类游戏至少需要三个以上参与者,人越多越有趣。

1. 直线拦关

闯关游戏中最简单的一种,只需三人即可同玩,用红砖瓦片画一

长方形,再将其三等分(如图12-4)。有两个"鬼"分别在两条线上游走把守,有一人从出发点跑过两"鬼"的拦截,"鬼"只可在其所在横线上移动,跑过去未被抓住者算赢,跑不过去被抓住的人则要充当"鬼",继续闯关。因为人数有限,线路单一,一般较易被抓住,人"鬼"更换频繁。

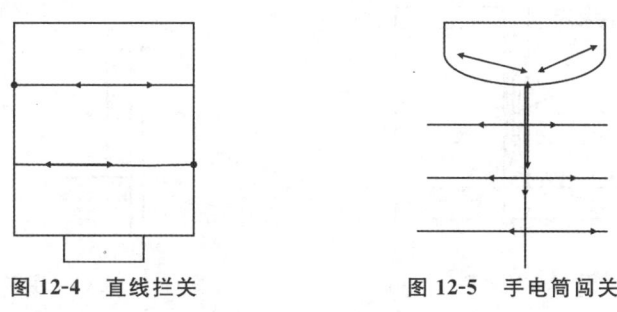

图 12-4　直线拦关　　　　图 12-5　手电筒闯关

2. 走手电筒

此游戏是绵治村较独特的一种,因场地形状像手电筒而得名(如图12-5)。该游戏中闯关的人数不限,守关的是四或五人;四人守关时手电筒区域和竖线区域各由一"鬼"把守,但因竖线的距离在六米左右,加之电筒内距离,跑动范围过大,分二"鬼"分别把守更为合适。另三横线上各安置一"鬼",横线和横线间的距离要保持两人伸手无法相接,同样半圆弧线上和第一根横线之间也要有相同的距离。每一"鬼"只能在自己岗位的横线上跑动,须完全抓到闯关者,仅轻微接触无效。从最下方横线前为起点,到完全闯过手电筒内部,然后返回横线下端,即为闯关成功,只要一人过关即赢。成功的人越多,赢的越大。如果都无人过关就换另一组来闯关,刚才闯关的至少选出同样的人数当"鬼"守关。比赛胜负依成功闯关的人数多寡而定。

3. 之字形、王字形闯关

第三种闯关游戏类似走之字形(如图12-6),闯关者按规定的跑动方式闯关。拦截的"鬼"也只能在规定的区域内,按照粗箭头所示的方向和范围防守,即只能在长方形的上下各不同半边和中间二直线范围内。跑动者要按照单箭头所示的方向闯关。此外,还有与之相类似的"工"字形,以及更复杂的"王"字形闯关(如图12-7),王字形即增加中间虚线位置。"鬼"要在"工"字形或"王"字形的字形线上跑动,"王"字形即多加一"鬼"防守,须安全跑过再跑回原地才算成功闯关。

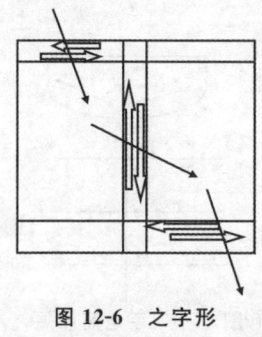

图 12-6 之字形

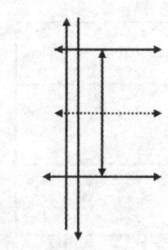

图 12-7 王(工)字形

4. 救国

本游戏有"鬼"拦截,但无需闯关。甲乙双方均为十人或五人,并依次编号后,排列在两条横线外,甲1到长方形区域接近乙方"国境"去挑衅乙方,乙1去拦截甲1,甲1返回己方地盘同时甲2去抓乙1,然后乙2抓甲2,甲3抓乙2依次类推;在两方横线区域内可任意跑动,但抓人要严格按照编号。被抓者排列在横线的左上侧,只有己方队员在不被抓住的情况下跑到被抓队员排列区触碰、并确保此过程不再被抓,方可将其救回己方地盘。游戏过程中一次只能抓住对方一名成员,如此循环往复,甲乙互抓,未被抓获的成员越多最终成功的可能性越大(如图12-8)。

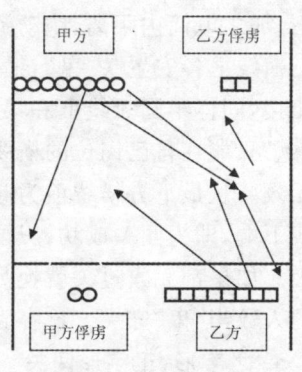

图 12-8 救国游戏

（四）迷藏类

这是我国传统的儿童游戏，流行于全国各地。下文介绍的迷藏类游戏都需躲藏与寻找，寻找者以下统称为"鬼"。

1. 救贡

先以猜拳方式选定一人为"鬼"，参与游戏者约定以屋外的某处（例如一辆摩托车或一根电线杆）做为标志物，鬼在屋外约定处闭眼从一数到一百，其他人跑进屋内设法躲藏，数到一百后鬼即入屋找人，被鬼见到身影、点出名字者即须到屋外等待，当鬼找出全部参与游戏者，第一个被找到的人即充当下一轮的鬼；若有任何一人在鬼未察觉的状况下抵达标志物，并大喊一声"救贡"，已被鬼发现者全部得救，游戏重新开始。

2. 捉迷藏

该游戏人数不限，多在天黑后进行。"鬼"蒙住眼睛数数，数到一百等待另外的人藏起来后，问三声"藏好了没？"，没人回答，"鬼"开始去找藏起来的人，直至所有人都被找到；游戏的参与者只有一次躲藏机会，不可更换躲藏地。在规定的时间内"鬼"如果没有找全就要继续做"鬼"，找全就换第一个被找到的人。捉迷藏的另一种玩法是"鬼"要蒙起眼睛，其他人在指定的范围内来回躲闪，不被他碰到，如果碰到了就换他来做"鬼"，游戏继续。

（五）弹跳类

弹跳类游戏主要有跳绳、跳皮筋、踢瓦片、跳大肚、踢毽子/沙包、荡秋千等。这些游戏大都以巧见长，凭借竞赛者身体的上下肢配合来表演踢、跳、蹬等多种技巧。

1. 跳绳

昔时所用绳子多以稻草编成，跳法分为一人自甩自跳或两人甩绳一人或多人跳两种。跳绳技法包括甩、转、计时跳绳（固定时间内固定动作）、双脚跳（双脚并拢）、单脚跳（只单脚落地）、"蹲跳"（蹲着跳)等；跳绳过程中或可加入唱歌戏乐；或可互相追逐，亦可通过缩短两甩绳人距离，变换绳子距离与地面的高度，以增加跳绳的难度与乐趣。跳绳游戏的关键在于绳的甩动要和跳跃动作协调配合。此类游戏普遍，和荡秋千游戏均可参考任一游戏参考书。

2. 跳皮筋

跳皮筋主要是女童的游戏，两人或多人拉住长约2~3米的橡皮圈，依次调整橡皮圈的高度，从脚踝依次升高到颈部。主要的动作有点（用脚尖）、迈（用脚掌）、摆压（脚掌缠绕后下压）、摆勾（脚尖勾住绳子）、踩（全脚将绳子从高踩下一截）等。高度越高难度越大，当高度高到无法直接跳进去时，摆压摆勾这些动作特别有效。

3. 踢瓦片

绵治人称踢瓦片为踏给 *takei*。首先将瓦片丢入第1格内（见图12-9），不可出界，以单脚跳入第1格后将瓦片踢入第2格，同样单脚跳入第2格，将瓦片踢入第3格，如此继续到第4至7格，然后再回踢到第3格，依次回踢到第1格，即可跳出格子捡起瓦片。完成第一回合再将瓦片扔到第2格，此时起双脚可以一起落到第1格，再按照上述顺序从第2格单脚跳及踢瓦片，如此依次到第3格以致所有的格子都跳遍即算胜利。过程中瓦片若超出指定界限，则换另一人开始。

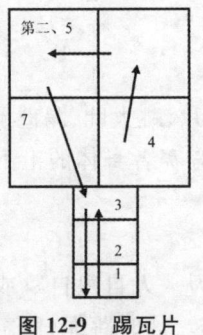

图12-9 踢瓦片

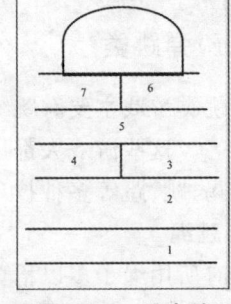

图12-10 跳大肚

4. 跳大肚

首先将一瓦片置于地上的起跳线上踢入第 1 方格（见图 12-10），单脚跳入第 1 方格内，再用单脚将瓦片踢入第 2 方格，依次继续直到踢到半圆内；瓦片在半圆内时，单脚落地后跳转，双脚分别跳到第 6、7 格的两半格线内，然后跳着转身两脚交换位置，并弯身从两脚之间捡起后面的瓦片，最后手执瓦片跳回到起跳线，回程上双格可以双脚回落在两个格内；在成功踢一轮后即可将瓦片掷入第 2 格子，开始第二轮。如此一直从第 1 格跳完所有格子一轮，即可在第 1 格外背对格子往后扔瓦片，可占有瓦片落入的格子，再跳达此格可双脚着地。占有越多格子游戏会更容易。被占有的格子另外的人不可以踢入瓦片，也不可在其上落脚，必须跳过已被别人占有的区域。如果对方占的格子太多，无法跳越，可以征得同意后借对方或与对方交换格子跳；另外抛瓦片时若瓦片落在线上或被踢出格外，则换对方开始游戏。

5. 踢毽子/沙包

鸡毛毽子由数根鸡毛及切成小圆柱的萝卜组成，鸡毛插在萝卜上后以布条缝合即可，但因萝卜易踢碎，后来有人将废电池前的红底盘拆下，再以毛线折成鸡毛状插于其上；或在铜钱方孔中竖缝一细皮管，管中插入一撮鸡毛即可。沙包则多用旧布片盛装沙子或谷粒缝成。

（六）比手巧

以下各种游戏是通过灵活运用手指或者手腕的力量，巧妙地将障碍物分离或结合，或击中目标，或打出各种规定动作，比赛准确性及灵巧度的技术型游戏。

1. 博金

首先找两片长木板或瓦片，游戏双方各找六个小瓦片及两个硬币。猜硬币正反面决定博金顺序。先开始的甲方将两个硬币、两片木板和十二个瓦片全捧在手中后往地上撒，两个相叠者即可取出，再以取出的瓦片去砸开集结成堆的瓦片,有单独两个相叠可再取出;或可以手指尖挑动,使木板或瓦片旋转分开,使其两两相叠,直至没有配对的瓦片时,再由另一方在此基础上继续,依次轮换,直到所有的瓦片和硬币等都收尽。双方结束后各自计算所得金数,硬币计十个金,木板计五个,每个瓦片计一金;总数相减,多出者胜,并可以多出的金数击打对方手心做为赌注(如图 12-11)。

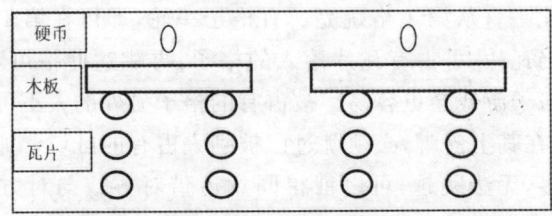

图 12-11　博金游戏

2. 玩泥巴

放牛是昔时农村儿童的工作,小牧童为打发时间常会在放牛时一起游戏,玩泥巴是小伙伴常玩的游戏之一。先从河边挖出湿软的泥巴,捏成各种各样的形状,再互相去砸对方捏好的泥人,被砸烂的泥人的泥归胜利者,用以修复其泥人可能出现的损伤,并加大其泥人的分量。伙伴们也会以一面墙为目标,在一定的距离外往墙丢掷泥团,以砸出来的泥饼更大更高者为胜。

3. 拾石子

以龙眼核大小的小石子 5 颗,用手反复抛掷、拾取。规则是将其中一颗小石子握在掌中,其余四个掷在桌上或地上,称为"放子仔",随后可开始连续的抛掷、拾取;"拾子"由"拾一"到"拾五",掷上一子接而俯拾一子为"拾一",掷上一子接而俯拾两子为"拾二",掷上一子接而俯拾三子为"拾三",掷上一子接而俯拾四子为"拾四","拾五"是指五子全部掷上然后反手接住石子,接到的子数为得分。如此循环拾子,拾到约定的点数为胜。拾子的过程中出现失误就换对方,从失误时的子数继续拾起。简单地说,每次拾石子的顺序可概括为

1111、22、31、4 四类依序为之。

4. 水漂

又叫漂瓦片，这个游戏在平坦的田地、水田、溪流边都可玩，选择薄而圆的瓦片，身体后倾，胳膊旋转一个半圆的弧度，用手腕的力量将瓦片贴着地面或水面平掷，瓦片便会出现数次弹跳，以弹跳次数多又远者为胜。

5. 丢瓦片

丢瓦片讲究的是控制，画出两条远近不同的直线，两线距离三到五米，所有人站在近线三到五米远处，分别向两线之间丢瓦片，不到近线或超出远线者均不计，瓦片在两线之间且距近线更远者为胜。

6. 建沙房子

村中有人家建新房时，孩童常在做为建材的沙堆上玩耍，将脚插入沙中再抬起，沙上会形成一个大洞，以之为基础，再用手调整修饰，搭桥梁、挖门窗、建造沙堡、沙屋取乐。

（七）其他类

传统童玩游戏丰富多彩，分类方式也不尽相同。由于游戏的品类众多，形态复杂，有若干游戏无法归类，总结为其他类。

1. 驯化小动物

昔日绵治孩童常在河中捉泥鳅、上树捉知了（蝉），或将蜻蜓的尾部插入稻草秆等物，追逐蜻蜓玩耍。或自制鱼竿，装上诱饵到河边钓鱼，将钓到的鱼放在脸盆中，看游鱼嬉戏；或抓来萤火虫包在透明的纱布内玩耍。

2. 吹泡泡

将少量盐巴和肥皂水混合，盛放在小圆筒中，再以空心的小管子如葱叶或竹管的一段蘸着自制的泡泡水，在另一端轻轻吹气即可吹出肥皂泡。

3. 玩手影

昔时村中使用煤油灯，光线不足，并不适合玩手影。在停电时用手电筒,明暗程度较适合玩手影。通过手的摆动弄出如狼(图 12-12)、小兔子(图 12-13)、老鹰(图 12-14),等图像,这个游戏可能因为条件限制玩的并不普遍,在绵治村也并没有收集到变化多端的手影图形,主要是以上几种简单的图像。

图 12-12　手影:狼　　　图 12-13　手影:兔子　　　图 12-14　手影:老鹰

4. 打野战

打野战属于男童的游戏,分成两支敌对的队伍,双方手中持玩具枪剑或使用某些植物的果实为"子弹"对打,被击中者须装死或被俘虏。如过被抓就要归顺对方继续参与游戏,直到全歼或俘虏一队为止。

5. 抓特务

有甲乙两队人马,通过抓阄确定某一人当特务,潜藏在已分好的队伍中。双方进行野战,特务可在适当时机对潜伏队伍队员背后捅刀,以协助己方将其消灭;特务在游戏过程中要注意双方实力,不要过早暴露。每支队伍也要留意己方队伍中是否存在特务,以便及时清除,确保队伍安全。

6. 智力移动火柴棒

以火柴或牙签排列成形,限定移动火柴或牙签的数目,以改变成某形状,或维持原形状,但改变其方向。以下为一例,原图为火柴排成的苍蝇拍,通过移动三根火柴,图形不变,而原图内的"苍蝇"将被移到图形外。该游戏的关键在于其中一根火柴(①号火柴)只能移动一半,即图形底部的火柴(②号火柴)变成单独一竖,其侧面火柴(③号火柴)正好可以充当正方形的一边,如图 12-15。

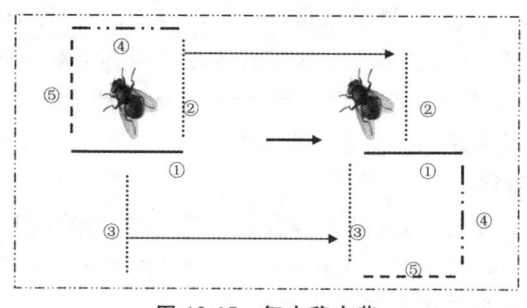

图 12-15　智力移火柴

7. 跑擦/肚子疼

由一"鬼"追捕参加游戏者,被追者感到快被碰到时可自行喊"擦"(或"肚子疼")后保持不动,"鬼"继续追赶其他参与者,直到所有人喊"擦"不动时,且过程中"鬼"并未成功抓到参与者,则由第一个喊擦者做下一轮的"鬼"。在该游戏中参与者可充当医生,通过拍打以解救已定住的队友。

8. 划冰棒

该游戏规则与跑擦相类似,"鬼"抓人时,参与者若觉得快被抓住可喊"冰"自行锁定,以逃过"鬼"的抓捕。该游戏的不同之处在于已锁定者不可移动身体的任何部位(跑擦游戏只要脚不动即可),否则就须充当"鬼"。但参与者可在适当时机喊"棒",自行结束锁定,恢复移动。

9. 三步回老家

在房间内,限定一条起始线以及一个空间范围,猜拳决定一人为"鬼",剩余者从起始线出发向任意方向跳出三步,"鬼"从起始线任一点向前跳一步;"鬼"和任一人以剪刀石头包袱定胜负,"鬼"赢可往前再跳一步,并试图接触对方,若被接触到该参与者即被抓住接替为"鬼","鬼"没赢,则对方可再跳一步,参与者须考虑移动的方向和步伐,以便迅速回到起点。而其他人被抓住就要锁定在被抓地,安全回到起始线的人可以解救过程中被"鬼"锁定的参与者,他可与"鬼"在回到起始线处猜拳,获胜后获得六步移动机会,在此移动机会下靠近并接触到被解救者,步数不足接触到解救者须再猜拳靠近解救,如果步数有剩余可带解救者一起任意移动,无法移动回老家须营救者继续猜拳带解救者跳回老家或一起被抓。

10. 丢手绢

该游戏男女皆宜,人越多,圈越大,越有趣。游戏时参加者围成一个圈,一人扮"鬼",其他人闭上眼睛,"鬼"制造各种声响干扰,绕圈走动在任一人身后丢下手绢。丢手绢后"鬼"绕圆疾走一圈,被丢手绢者未发现,则须表演唱歌、跳舞、讲故事等节目。表演结束后表演者做"鬼",开启新一轮游戏。游戏过程中参与者须经常伸手到身后摸索是否有手绢,一旦发现,即可取手绢去追"鬼","鬼"被追上要继续做鬼丢手绢,没有追上即受罚表演节目充当下一轮的"鬼"。本游戏仅限围绕圆圈的范围跑动。

二、玩　　具

玩具主要是借助一定的材料,通过一定的手艺加工制作而成的玩耍道具。玩具的制作体现了民间智慧,是民众生活经验中的发明创造。绵治村的玩具和顶城的有颇多类似,其中包括弓箭、弹弓、飞镖、竹枪、水枪、筷子枪、竹木刀剑、竹蜻蜓、风筝、瓶哨、铁管高跷等11种,此部分玩具可参考〈陈文〉所述,本章不再赘述。以下主要对装饰与编制、折纸、弹射、声响、旋转等5项27种玩具进行描述。

(一) 装饰与编制类

编制是人类最古老的手工艺之一。据《易经·系辞》记载,数千年前的人类即已知编结制作网罟。至明清两代福建地区的草编、藤编、竹编等工艺技术有了发展,并在19世纪末开始出口。装饰与编制密切相关,在装饰方法上,编制工艺就经常运用纸贴、布贴、刺绣、蓝印花布、绒绣等工艺。

第十二章
绵治的传统童玩

1. 薏米项链

薏米（*Coix chinensis* Tod），椭圆形，长 8～12mm，宽 4～7mm，表面乳白色，光滑，偶有残存的黄褐色种皮。一端钝圆，另一端较宽而微凹，有淡棕色点状种脐。背面圆凸，腹面有一条宽而深的纵沟。质坚实，断面呈白色粉质。昔时绵治河边多见，现在并不易找到。薏米项链主要是将薏米果实剥下，用针线穿制成项链，可戴在脖子或手腕上，是女童喜爱的装饰品。

2. 剪纸

剪纸主要是女童较为喜爱的手工，源于过年时剪"福"字习俗，最初的剪纸是针对女童的女工教育，现在可做平时消遣，以手工玩具形式教给孩童。剪纸的图形样式越来越多样化，可剪出各种图案或文字；剪纸时候可先在纸上画出模型，依线条剪出图形；娴熟者则无需先有画稿即可直接剪出。

3. 竹人偶

该玩具需竹子、纽扣三个、线、小刀及木或竹制刀剑等素材。竹子一般选用斑竹 [*Phyllostachys bambusoides* Sieb. et Zucc. f. lacrima－deae Keng f. et Wen]，因其茎中空，竹节较大较易制成竹偶人头的形状；也可选用质地坚硬的火管竹 [*Sinobambusa tootsik* (Sieb.) Makino var. dentata Wen] 或桂竹（*Phyllostachys bambusoides* Sieb. et Zucc.），但桂竹茎密实，须花时间打通。首先将竹子切成若干段，其中稍长的一段保留竹节，以制作头部，该段长约 6 厘米，其余均切成长 5 厘米的竹段。在头部下 4 厘米处，两面对称各挖两小洞；用线分别穿过两个纽扣以充当脚掌。两条线分别穿过两节腿部的竹子，线头一端继续穿过大扣子两孔，从头部竹子里两洞分别钻出，再分别穿过两节竹子做的手臂，最后将线头分别绑上刀剑，张开双臂绑牢固（如图 12-16）。也可将两手绑成射击的姿势。玩时将线放到两桌子空隙之间两手操作线，可通过线带动让两竹偶摆动，做出类似搏斗的动作。田野调查时一位报道人当场自制了一个，因纽扣一时不易找到，即以矿泉水瓶盖代替，利用铁钉做刀剑，其

闽南绵治人的社会与文化

是灵巧(如图 12-17)。

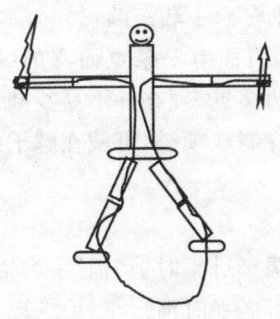

图 12-16　竹木偶草图

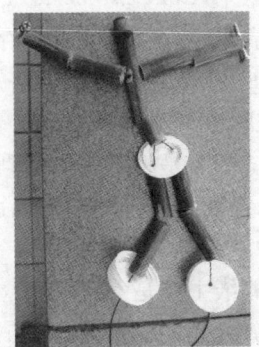

图 12-17　竹木偶照片

4. 编草蛇

编草蛇采用棕榈树［*Trachycarpus fortunei*（Hook.）H. Wendl.］的叶子(图 12-18)。抽出每一片叶子的叶脉即可将叶子分成两半，形成两片叶片。完成一只草蛇共需四片叶片。首先将两叶片分别对称折上一折痕，将其中一片平放，另一片折叠成 V 字，并用 V 字底部包含平放的叶片，将平放的叶片一侧绕过 V 形叶片与另一端平行，再将直线的另一端折到 V 形下端压好。依照此法折两步，继而一上一下，一片压住另一

图 12-18　棕榈树叶

片，使其形成格子状，如此折叠一段长度后可用手指夹住一端，弄出蛇口，然后按照同样做法将口封住。制作草蛇讲求指法的运用，指头不可松开，且要灵活移动，另外须注意每一片都是顺势与另一片叶相叠，不能遗漏。直到出现完整的蛇形后方可把剩下的叶子缠绕一起绑成蛇尾，只要牢固不会松开即可(图 12-19)。编好后指头可以伸进蛇口试着外拉，如果编得足够紧密，叶片晒干后，会将伸入的手指咬紧，不易拔出(图 12-20)。

图 12-19 草蛇

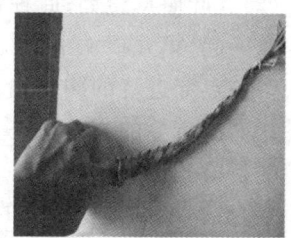
图 12-20 "咬住"指头

5. 编铃铛

编铃铛使用的是一种蔺草（*Schoenoplectus trigueter*(L.)Palla）俗称石草、席草。草茎圆滑细长，粗细均匀，壁薄芯疏，软硬适度，纤维长，富有弹性，抗拉性佳，色泽鲜艳，清香浓郁（图 12-21）。编制时将多条对折，经过像织布一样有节奏的细腻编法，形成一定形状。编制到最后可选一颗小石子包裹其中，编好后可挂在手上像小铃铛一样当做装饰品。此外，蔺草还可编锅盖提手。根据所用材料及数量不同可将所编制铃铛分为三叶蔺草铃铛、九叶蔺草铃铛、九叶棕叶以及十叶棕叶铃铛四种。

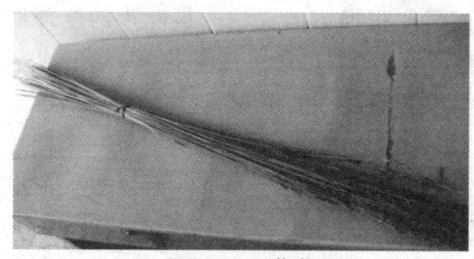
图 12-21 蔺草

（1）三叶蔺草铃铛：此种铃铛需三根蔺草，首先三根互相交叉，形状为六角形的三条对角线交叉，分为六个半根，从任意一根开始，折过中间一根到第三根。依序从刚才的中间那根，继续隔过中间一根到下一个第三根，这样依次类推按照顺序折叠弯曲，一直到可以围合。封顶后剩下的蔺草根部剪掉或保留均可（如图 12-22）。

(2)九叶蔺草铃铛：此种铃铛需九根蔺草。首先将八根蔺草竖直聚拢在一起，第九根从下面绕圈将这八根固定在一起，绕到最后将第九根留一点穿进绕的圈里给压住。接着将八根各自散开，按照与第一种相同的折叠的方法，从一根开始隔过一根折叠到第三根处，依序娴熟的折叠到上面聚拢。将多余的蔺草剪短。折叠时需注意编造的大小要合适，最终是一个个的平行弯曲上升的斜圆圈（图12-23）。

图 12-22　铃铛(1)

图 12-23　铃铛(2)

(3)十叶棕叶铃铛。与上述编草蛇相同的手续取得叶片，将每十个叶片从中间对折后选择较长的两个叶片平行相反的拿在手上，剩余的八叶片有规律的先是夹住一根的全部叶片，然后从另一根的叶片中间穿过，而另一根换方向夹住一根叶片的全部后从另一根的中间穿过，八根都弄好后，可将每一根都拉紧，就形成一个中间是长方形，且一根根叠压又形成小的正方形。将长方形的长边对折，多余的叶片穿过有叠压的小长方形，按顺依次将每一个叶片穿过不同的与其方向相同的小长方形，在最后剩下一个比较大的空隙时可放上一些小石子以便摇动时可出声。最后形成的类似正方形已经完全合并之后，将剩余的比较长的叶子都集中到同一边，最后的修整是将一些短的叶片剪掉，或都全部倒插入铃铛内。

(4)九叶棕叶铃铛。也都要将每根对折。开始的时候使用三根，弄成一个互相交叉的三角形，通过两两交叉，形成每一根都穿过其中一根压住另一根。将其他的几根一层层扩大此三角形，以形成较大三角形，再将多余的插入形成一个完整的三角形。三角形内部展开，膨胀为粽子形,里面放了石子也可做铃铛。

综合来看,运用棕榈树叶编的铃铛,一种是拨浪鼓式的正方形铃铛(如图 12-24),一种是三角形铃铛,将其填充饱满时其形似粽子(如图 12-25)。

图 12-24　铃铛(3)

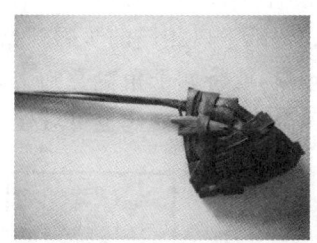

图 12-25　铃铛(4)

6. 编草帽

编草帽较为简单,可随手摘一些较长的藤条或草叶,将其弯曲缠绕成圆形帽状即可,用于遮阳,亦可装扮成野人。

7. 编小狗

选用十二根狗尾草[*Setaira viridis*（L.）Beauv]先制作小狗的四肢,选取两根狗尾草,每一根的尾巴打结并套在另一根秸秆上,之后将两个打结点移动至杆中间,依照此法一共制作五个,其中一个短一些可以当做头部,再选长短不一的两个,连接头和脚;再将小狗的另两只脚和尾巴连在一起,用同样的编法编织身子连接后各个拉紧,脚就可以拉下去,然后把秸秆按照

图 12-26　草小狗

相邻的绑在一起,把多余的剪掉,这样就完成了小狗的腹部(如图 12-26),在拉紧时要注意每一个秸秆所对应的部位,以免错位。

（二）折纸类

折纸艺术在我国民间广为流传,具体起源和流行时间没有确切的考证,本章仅对流行在绵治的本土折纸进行描述,来自国外的折纸艺术(千羽鹤)则不涉及。

折纸常以相同的步骤开始,正方形纸常会沿两个对角线对折,形成印痕,或将四个角对叠到中心,或将正方形对折成长方形再对折形成四个正方形,如此也可方便后续将四角折叠到中心(图12-27)。

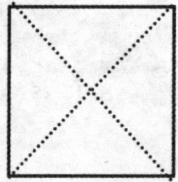 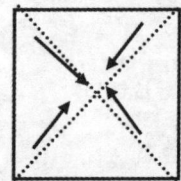

图12-27　折纸示例

1. 东南西北

绵治人称之为折猪脚或折东南西北。主要步骤如下:(1)将方形纸的四角折向中心点,形成一个小正方形;(2)将纸翻面,再一次将四角折向中心;(3)再对折形成一个长方形;(4)用手指撑开纸片,一个东南西北就折好了。图示可参考任一折纸游戏著作。可分为内外两面。有四个小正方形的一面是外面,在外面的四个角分别写上东、南、西、北四个方向。能看到8个小三角形的一面是里面,在8个三角形上写上八种不同的称谓,一般玩时写的都是电视剧、动画片中的角色,比如孙悟空、猪八戒、葫芦娃等,一般好人、坏人、美角、丑角各占一半。玩时要同伴要东几下或北几下等,将两拇指和食指分别放入,一张一合的数,数到要求的次数,即可打开看看选中的角色,比较好的会很开心,选到丑角之类的不免被嘲笑一番。

2. 纸飞机

纸飞机有很多不同折法,但绵治孩童并不是折好飞机用手抛投,而是折叠最简单的飞机,用剪刀在其背上剪一小口,再以橡皮筋拉住这开口弹射出去(如图 12-28)。进行到图示步骤后继续将机翼沿着每个对角线折后对折,在一半处剪一个开口,如图所标示。纸张最好选用硬质油纸,飞机的头部要折尖,因为本村很多房屋是未装修的砖体墙面,飞机可插入砖与砖之间的空隙,可展开比准比赛。

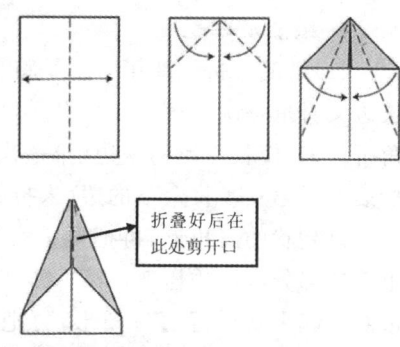

图 12-28 纸飞机

3. 甩纸炮

这是在绵治儿童仍在玩耍的折纸游戏。以 A4 大小的纸,如图 12-29,折好后,用力一甩,便能发出巨大的响声。纸炮的发声原理是因为纸张的震动发出声音。纸炮发出声响的音量主要受纸张大小、厚度、光滑度及甩动力度影响;较厚、较大、光滑度较高的纸能制造的声音较大,当然越用力甩动也能制造更大的声音。

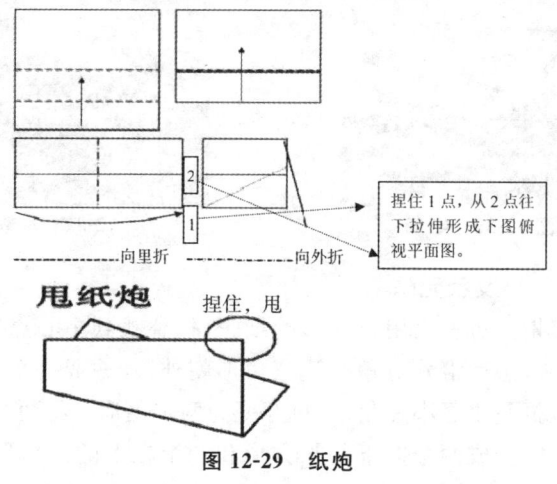

图 12-29 纸炮

4. 纸船及军舰

(1)纸船。折纸船第一步是将呈方形纸沿长边对折,再沿折好的长边又对折一次。第二步展开第二次的对折,沿折痕将长方形的两角折起来,使长方形的一边(第一次的折痕)分别落在第二次对折的折痕上。第三步将余下的边(未折的一小部分)左右各一面折起形成一个口袋状的三角形,再把两手大拇指伸进口袋,折成正方形,再将重叠的部分有序的压齐。第四步将正方形开口处的两个角向左右两边对折起来变成等边三角形,再把两手大拇指伸进口袋,折成正方形,再将折后的两个角分别向外拉即成小船(图12-30)。纸船折好后在小溪上漂流,比赛漂远,有时会在岸上浇水制造障碍,另外也会在船上放上一点小东西,因此折纸船的纸最好选择较硬又有油质的。

(2)军舰。折纸船过程稍做改变即成军舰。在做纸船第三步时,将折好的口袋状三角形压平,一面向上再折一个三角形,剩下的一面打开折过去形成一个梯形后,将梯形的两个短边沿对角线折向长边,继而打开后边的三角形,整理一下就变成一个军舰了(图12-31)。

图12-30 纸船

图12-31 军舰

5. 官帽以及状元帽

(1)官帽。折官帽用正方形的纸张,折叠找到中心点,将四角都对折到中心,然后沿着对角线让三角形朝外,折叠成一个大三角,再沿着中线,折叠成更小三角形,打开变为两个菱形。将两个菱形沿中线缝隙打开,变成两个向下的长方形和一个在上的三角形。然后四个梯形都沿着中线折叠到中心,即都向里折一个小梯形,再把三角形的两面沿着小梯形的上面长方形边向下折叠。最后撑开即是有四个棱的官帽(见图12-32)。

(2)状元帽。状元帽的步骤是:1. 同样的先弄一个正方形的纸张,然后折叠找到中心点,将四角都对折到中心。2. 将正方形的四个角向中心折形成新的小一号正方形,之后折角这面向上从中心向下(后)对折成长方形——此时的形状为左下和右下有两个三角,正上方有一个大三角。3. 将左下侧三角向后折,右下侧三角向前折——此时外观是一个大三角。4. 从三角的底部中心处打开变换一下角度使其变成一个上下有一条中心缝的菱形。5. 然后将菱形的一个面沿着对角线打开变成一个长方形在下面,另一面沿着没有缝的对角线折叠下来,变成三角形。6. 换一个方向折叠过来,然后将梯形沿线正好对折到中间,两个三角形也是沿着中线让三角形的尖部对着中心点。7. 将上面的三角形沿着中心点折叠下来,撑开即是状元帽,两突起处可供插金花(见图12-33)。

图12-32 官帽

图12-33 状元帽

6. 纸青蛙

一张正方形的纸张,正方形进行两两对折后将四角都折向中心,翻过来再折向中心,再翻面折向中心一次,如此反复折三次,将相邻的两个正方形展开变成青蛙的两个眼睛,后面的两个整体的展开往下折叠变成青蛙的两只脚,如此折叠之后可以在青蛙的后面吹气让其移动(见图12-34)。

7. 叠小狗

小狗采用的是几个叠纸组合的方式。首先准备三张正方形的纸,相同的两张用来做身子,较小一张用来做头部,再以另一纸条折成长方形线条做尾巴。正方形进行两两对折后将四个角都折向中心,翻过来再折向中心,再翻过去折向中心一次,一共反复折三次。在有四个小正方形的一面,将相对的两个正方形打开,变成可以连接的槽,另外两个正方形给完整的翻下去,变成一个类似狐狸的耳朵的形状,如图头部两个耳朵,对身子来讲就是脚部。最后将三个链接起来,中间可以用订书机装订,使其牢固(见图12-35)。

图12-34　纸青蛙

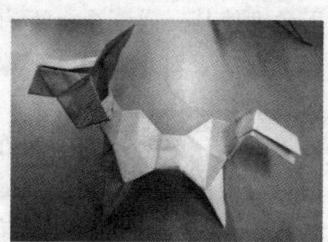

图12-35　纸小狗

(三)弹射类

弹射类是男童钟爱的玩具,与〈陈文〉收集到的材料有较多重复,例如弓箭、弹弓、飞镖、水枪、筷子枪、竹木刀剑等。下文重点讲解火药枪和竹枪的制作。

1. 火药枪

火药枪是用铁丝、胶带、橡皮筋和自行车链条等制成,先用铁锤和水泥钉从自行车链条上截取六到八节,再加链条相叠合,取一枚单车辐条螺帽用锉刀挫细,使帽身直径稍大于链条孔,将子弹壳去了底,一起通过水泥钉挤压钉到一起,螺帽被挫到的长度应恰可穿过子弹壳下壁和第一节链条。将剩余的链条用胶带绑在一起,外面再套上一条细管包紧链条。橡皮筋一直绑到最前面的链条,下节链条都穿过铁丝,固定好后面的链条,后面有一根铁丝做枪栓,枪栓头磨尖当撞针,撞针用橡皮筋和扳机都挂在挂钩上连在一起。当扣动扳机时就可挤压撞针,使最前面的第一节里面的螺帽与撞针一起挤压放在第二个链条节中的不安全火药(一般从鞭炮中取得或早期非安全火柴头),即可发出声响弹出火柴。之所以火药会发出响声,是因为撞针快速撞到了装有火药的链条孔里,撞针的动力来源于套上的很多橡皮筋。

2. 竹枪

竹枪是用一截小竹管和一根筷子制成,制作方法和图示可参见〈陈文〉,竹枪使用蘸水的草纸做的子弹,在绵治也会使用苍耳(*Xanthium sibiricum* Patrin ex Widder)的种子,大小合适,打出去后会粘在衣服上。

(四)声响类

昔时村中孩童可接触到的乐器很少,但也会用植物叶片或竹子自制简易的乐器,可吹出动听悦耳的声音或小调。

1. 吹芒草/竹叶

芒草[*Epimeredi indica* (L.) Rothm.]叶片呈锯齿状,可做牛的主要饲料。芒草叶片较锋利,置于嘴上吹气,使震动发声。若用竹叶,可将两三片叠加,左右拉动,调音的高低,可吹出歌曲。

2. 吹竹笛

削笛子一般选择竹节较长称为小直木的竹子,上下根据音阶位置挖出八个小孔,区分出高低音阶,即可吹奏。

3. 吹口笛

选用紫竹[*Phyllostachys nigra* (Lodd. ex LindL.) Munro]等截取十余厘米左右的竹节,在一段短而细的竹管上,保留一端的竹节,中间开一吹孔,利用另一管端的自然孔,成为两孔口笛。也可在近吹孔处再开几个音孔(如图 12-36),可通过吹小孔发出尖锐刺耳的声响,甚至可模仿鸟叫。这种口笛较多,主要通过气流的振动发声。孩童一起比赛,以吹得更响、吹气时间更长为胜。

图 12-36　口笛

4. 粽子叶的芯

将粽子叶,取出主叶脉的叶芯,对着叶芯的口可吹出悦耳的声响。

(五) 旋转类

这类游戏主要是利用相关的物理原理,如空气的浮力或拉力,水的重力等制作而成,包括转胶梨、水车、风筝、竹蜻蜓、风车等;其中风筝、竹蜻蜓、风车较为普遍,〈陈文〉已有详细描述,本章不再重复。此外〈陈文〉中金龟转、芒果车等其他游戏在绵治并无人言及,有兴趣者可以参照〈陈文〉。

1. 转胶梨 *galei*

一般采用质地坚硬的油茶树(*Camellia oleifera* Abel)黄色树枝制作而成,也可使用杨梅树,最好选择嫩枝,在压上钢钉时才不易破裂(如图12-37)。从树上截下木块后在底下钉入钢钉或木钉为转轴,然后从下端绕线,快速抽动线条甩出胶梨可使之转动。此种游戏玩法较少,常是多人进行比赛:一是抽打后比赛转动的时间长

图 12-37　胶梨

短,或是数人一起,通常以四人最佳,由三人一起去攻击另一人转动的胶梨,在重重包围攻击下都未使其停止转动,即赢得比赛。另外还可将线缠绕在胶梨上倒甩出去,钢钉着地会快速的转动,转动的越快越久则表示水平越高。胶梨即陀螺,只是此类陀螺落地后不能通过抽打来维持转动,它依靠的是甩出去时绳子传递的力量来维持转动。由于此种游戏需要一定的力气,因此喜欢玩此游戏的多为男孩。

2. 水车

先截取一小段扁平圆形的萝卜,用小刀将其刻成水车叶片形状,然后将竹条穿过水车中间,便制作完成。之后可选择小水沟或溪边较窄处,运用泥土将水沟的两端堵住,留出缝隙可适当控制水流流速,把做好的水车放到水里,水的冲力便会带动水车转动。

结　语

开始访问村民收集绵治传统童玩时,很多村民提到幼时物质生活艰苦,很早就帮家里干活,所以童年并无太多闲暇嬉戏。但随着关系的深入,不少报道人逐渐回想起儿时的游戏与玩具,一方面感慨当时生活的贫困,一方面也感叹在艰苦的条件下还是有很多足以自娱自乐的童玩。绵治人用勤劳的双手与智慧丰富着村庄娱乐生活,正如一位报道人对早年艰苦岁月的描述:老年人会围在墙根下棋,孩童围拢在一起观看,看够了在一边组织嬉戏玩耍,玩累了继续观看。而他的爸爸生性乐观,可以竹子自制竹笛,会吹出悦耳动听的音乐,农闲时也会在一旁吹吹笛子,自娱自乐一番。这样的聚集,可让村民把艰苦的生活暂时先抛在脑后,得到精神的愉悦,这些传统童玩游戏调剂着村人的娱乐生活。

绵治的很多游戏属于团体游戏,孩童三五成群一起玩耍;很多玩具是通过就地取材,如竹子、树枝、稻草、砖瓦等,自制而成,这些童玩丰富了孩童对生活环境的了解,充分激发他们的想象力与创造力。但是令人遗憾的是,很多传统游戏已淡出现今孩童的生活,甚至有不

闽南绵治人的社会与文化

少老一辈人记不清那些满是童年回忆的童玩了,现在社会娱乐方式的单一化,削弱了村里文化生活的多样性。

传统童玩体现着村人在集体的智慧下创造出来的珍贵文化传统,理应受到足够重视;因而要及时整理即将消失殆尽的游戏、玩具;选择能够适合时代发展的童玩,通过学生游戏方式让其融入孩童的生活中,并通过这些童玩建立孩子与父辈童年的联系。通过对传统童玩的考察研究,我们加深了对绵治村人娱乐文化的认识,真心的希望这些游戏还有重见天日,广为传播的一天。

笔者在访问的过程和一位主要的报道人智敏聊天时,他不无感慨的提出他预计这个社会以后的发展可能会面临倒退,因为现在孩子都只知道玩电脑、看电视,再也不会动手制作玩具,缺少实践能力,在家中足不出户,也不到地里干农活,父母挣了钱就给他们花,他们以为钱来得很容易。缺少游戏的生活使孩童智力没有发挥的余地,也不会去做跑动这样的游戏,对身体的健康也有不利影响。另外也缺乏和小伙伴一起嬉戏成长的坚定友谊,团结协作的能力也在下降,对于自幼生活的土地的动植物的熟悉程度也下降,对土地的亲热感下降,"疏离了土地"。而且也不利于传统乡村文化,代与代的沟通,现在的孩子对父辈玩过的玩具不感兴趣,父辈现在对电脑游戏也不了解,两代人的沟通隔阂加大,也缺少共同的儿时回忆。听到这一番叙述,让人感觉心酸和遗憾,就更加觉得做传统童玩的整理是迫在眉睫的事情。

参考文献

陈晓丹

  2012 顶城的传统童4玩。载余光弘、杨晋涛(合编),《闽南顶城人的社会
     与文化》,页285-315。厦门:厦门大学出版社。

郭泮溪

  2006 《民间游戏与竞技》。北京:中国社会出版社。

吴瀛涛

1987　《台湾民俗》。台北:众文图书股份有限公司。

李腾狱

1990　台湾儿童的游戏。载林川夫(编)《民俗台湾》(第一辑),页7—14。台北:武陵出版有限公司。

黄连发

1990　台湾儿童的玩具。载林川夫(编)《民俗台湾》(第二辑),页84—94。台北:武陵出版有限公司。

杨达三(编)

1994　《中国折纸大全》。长沙:湖南科学技术出版社。